成为波伏瓦
Becoming Beauvoir : A Life

[英]凯特·柯克帕特里克 著

刘海平 译

中信出版集团|北京

图书在版编目（CIP）数据

成为波伏瓦/（英）凯特·柯克帕特里克著；刘海平译. -- 北京：中信出版社，2021.3（2025.5重印）
书名原文：Becoming Beauvoir: A Life
ISBN 978-7-5217-2342-7

Ⅰ.①成… Ⅱ.①凯…②刘… Ⅲ.①波伏瓦（Beauvoir, Simone de 1908-1986）—传记 Ⅳ.① K835.655.6

中国版本图书馆 CIP 数据核字（2020）第 196376 号

Becoming Beauvoir: A Life by Kate Kirkpatrick
Copyright © Kate Kirkpatrick, 2019
This translation of Becoming Beauvoir is published by arrangement with Bloomsbury Publishing Plc.
Simplified Chinese translation copyright © 2021 by CITIC Press Corporation
ALL RIGHTS RESERVED

本书仅限中国大陆地区发行销售

成为波伏瓦

著　者：[英]凯特·柯克帕特里克
译　者：刘海平
出版发行：中信出版集团股份有限公司
　　　　　（北京市朝阳区东三环北路 27 号嘉铭中心　邮编 100020）
承 印 者：北京盛通印刷股份有限公司

开　本：880mm×1230mm　1/32　　印　张：13.75　　字　数：285 千字
版　次：2021 年 3 月第 1 版　　　　印　次：2025 年 5 月第 21 次印刷
京权图字：01-2019-7335
书　号：ISBN 978–7–5217–2342–7
定　价：78.00 元

版权所有·侵权必究
如有印刷、装订问题，本公司负责调换。
服务热线：400-600-8099
投稿邮箱：author@citicpub.com

快速地回想一下，所谓的文学经典里那些虚构的女性角色。我觉得她们之间的关系都太过于简单了。省略的东西太多，根本没有人尝试过……我们所看到的无一例外，几乎都是在展示她们与男人的关系。

——弗吉尼亚·伍尔夫，《一间自己的房间》

解放女性意味着不再把她禁锢在与男性的关系中，但并不是割裂这种关系。

——西蒙娜·德·波伏瓦，《第二性》

献给帕梅拉

怀着爱悼念

目 录

前言：西蒙娜·德·波伏瓦——她是谁？　001

第一章　像个女孩一样长大　027

第二章　端方淑女　039

第三章　信仰上帝还是相信自己？　071

第四章　传奇之前的爱恋　087

第五章　女神和花花公子　102

第六章　她自己的房间　108

第七章　原本是四角恋的三角恋　142

第八章　内心的战争，外界的战争　168

第九章　被遗忘的哲学　194

第十章　存在主义女王　212

第十一章　美国困境　236

第十二章　备受诽谤的《第二性》　260

第十三章　再次面对爱情　282

第十四章　感觉被欺骗了　318

第十五章　老年　361

第十六章　风烛残年　390

后记：西蒙娜·德·波伏瓦将会成为什么？　407

参考文献　415

致谢　425

译后记　427

前言：西蒙娜·德·波伏瓦
——她是谁？

1927年的一天，西蒙娜·德·波伏瓦跟她的父亲对"爱意味着什么"这个问题产生了分歧。在一个视结婚生子为女性归宿的时代，19岁的波伏瓦却如饥似渴地阅读哲学，并梦想着从中找到一种她可以身体力行的哲学理念。波伏瓦的父亲认为"爱"意味着"奉献、爱慕和感激"。对此，波伏瓦无法认同，她惊愕地反驳道，爱绝不仅仅是感激，不是我们因为别人为自己做了些什么，而感到亏欠他们的东西。第二天，波伏瓦在自己的日记中写道："竟然有那么多人不懂爱！"[1]

当时年仅19岁的波伏瓦还不知道自己日后会成为20世纪最著名的女性知识分子之一，也不知道她的人生经历会被后人如此大量书写，并广为流传。光是她的书信和自传就达到了一百多万字[2]，她的写作范围极广，囊括了哲学论著、获奖小说、短篇故事、戏剧、旅行见闻、政治时评以及新闻报道——而她的代表作《第二性》(*The Second Sex*)，更是被誉为"女性主义的圣经"。当时年纪轻轻的波伏瓦也许想不到，之后的自己能够与人合办政治期刊，成功地推动立法，为遭受不公的阿尔及利亚人伸张正义,到世界各地发表演讲,甚至领导政府设立的委员会。

与此同时,西蒙娜·德·波伏瓦也成为 20 世纪最声名狼藉的女性之一。她和让-保罗·萨特是一对饱受争议的知识分子伉俪。但不幸的是,几乎在整个 20 世纪,大众都认为是萨特贡献了"知识分子",而波伏瓦只是贡献了"伉俪"。1986 年,波伏瓦在巴黎去世,法国《世界报》(Le Monde)的讣闻标题里赫然写着:"波伏瓦的作品名过其实。"[3] 波伏瓦研究者托莉·莫伊教授在 1994 年写道:"在阅读现有的波伏瓦传记时,如果你会觉得西蒙娜·德·波伏瓦的地位之所以重要,主要是因为她跟萨特以及其他情人们离经叛道的关系,这也是可以原谅的。"[4]

在这些文字写下之后的几十年里,一系列关于波伏瓦的新发现渐渐浮出水面,让很多原以为了解她的读者大吃一惊。但讽刺的是,这些发现并没有破除这样的错误认知——最有意思的是,波伏瓦的爱情生活,反而进一步掩盖了她思想家的身份。然而,让波伏瓦纵情一生并且不断反思自己人生的,正是她的哲学理念。用她自己的话说就是:"哲学和生活从来都是不可分割的。生活中的每一步都是一个哲学的选择。"[5]

当波伏瓦作为一个公众人物执笔写作时,她不仅仅是为了她自己,也是为了她的读者。人们认为,波伏瓦最畅销的自传都体现出一种哲学抱负,即力图展现出"人的自我是如何不断地被他者所塑造并与他者产生联结的"[6]。约翰·多恩曾说:"没有人是一座孤岛。"然而,波伏瓦所表达的观点并未停留在这个层面。因为,除了与他者的联系,波伏瓦的自传背后还有一种信念在支撑:做(being)自己并不意味着从出生到死亡都做同一个自己,做自己意味着,要在一种不可逆转的"成为"(becoming)的过程中,与同样在改变的他者一起不断改变。

自柏拉图以来，哲学家们就一直在探讨，认识自我对于过好一生有多么重要。苏格拉底说，想要成为一个明智的人，你必须"认清你自己"；尼采写道，生而为人的任务就是"成为你自己"。对此，波伏瓦提出了她的哲学反驳：如果作为女性，不被允许"做你自己"，那该怎么办呢？如果成为你自己的同时就意味着，你在那些你本该成为的角色上是个失败者——一个失败的女人、爱人，抑或是母亲，那该怎么办呢？如果成为你自己会让你成为众矢之的，被嘲讽、怨恨、羞辱，那该怎么办呢？

波伏瓦所生活的时代见证了女性所能拥有的可能性发生的剧烈变化。在她的一生中（1908—1986），女性可以像男性一样接受大学教育，也获得了选举、离婚和避孕的权利。波伏瓦的一生，经历了20世纪30年代巴黎的波希米亚风潮以及20世纪60年代的性解放。在这些文化的转折点之间，波伏瓦《第二性》的面世标志着一个革命性的时刻，在这之后，女性能够公开地自我思考，甚至最终坦诚地谈论自己。波伏瓦所接受的哲学教育在她的同辈人中已经算是前所未有的，但尽管如此，当年近不惑的波伏瓦开始思考"作为女人对于我来说意味着什么？"这个问题时，她还是被自己的发现震惊到了。

在20世纪，"女性主义"这个词争议不断，波伏瓦对长篇累牍的关于女性的愚蠢论点感到厌烦，为"女性主义的争吵不休"[7]所浪费的大量笔墨也让她感到疲惫，因此，她决定创作《第二性》。但当波伏瓦落笔写下她的名句"女人不是天生的，而是后天成为的"时，她并不知道这本书会给她以及追随者的人生带来多么巨大的影响。

人们已经着墨很多去解读波伏瓦的名句以及"'成为'一个女人意味着什么"，因此，在本书中，我要探讨的则是波伏瓦如何成为她自己。

18岁时，波伏瓦写道，她认为她没法把自己的生活在纸上有秩序地表达出来，因为它处在永恒的"成为"的过程中；她说，读自己前一天写下的日记时，就像在读已经死去的一个个"自己"做成的木乃伊一样。[8] 波伏瓦是一个哲学家，她始终反思和质疑她所在的社会的价值观念，以及她自己的人生意义。

波伏瓦认为时间的流逝对于人的经历至关重要，因此，这本传记是遵照她的生平年表展开的。波伏瓦说，随着年龄的增长，这个世界以及她和世界的关系都发生了改变。她之所以写下自己的人生经历，是希望"展现出变化、成熟的过程，以及他者和自我不可逆转的老去"。因为生命在时间的长河里徐徐展开，而波伏瓦想要"追随年轮的线索"[9]。在这一点上，波伏瓦依然是那个读亨利·柏格森的少女。柏格森认为，一个人的自我并不是一个静止的物，它是一个"进程"，一个"有活力的行动"[10]，一个充满变化的"成为"的过程，至死方休。

波伏瓦之所以成为这样一个女性，一部分是她自己的选择。然而，波伏瓦清楚地意识到自我驱动与他人成就、个人欲望与他人期望之间的冲突。几个世纪以来，法国哲学家们一直在讨论一个问题：过一个被他人所看见的一生，还是不为他人所看见的一生更好？笛卡尔借用奥维德的话说："想要过好自己的一生，你必须不被看见。"[11] 萨特不惜笔墨来论证他者对自我的物化"凝视"。他认为这种"凝视"会将我们囚禁在臣服的关系中。波伏瓦对此持不同观点，她认为要过好一生，人应当被他者看见，但必须以一种对的方式被看见。

而问题是，什么才是对的方式呢？这取决于谁在看你，以及在什么时候看。想象一下，你是一个刚刚年过50的女性，你最近决定开始书写自己的人生故事。你从少女时代写起，然后回顾自己风华正茂的过往，已经接连出版了两卷回忆录。在书里，你记录了自己 21 岁时和一个男人的对话，这个男人后来成了你的恋人，也成了一个国际知名的哲学家。虽然你和他一样功成名就，名驰天下，但那是在 20 世纪 50 年代后期，女性写作还没有到达那个分水岭的时刻。那时的女性还不能公开承认她们的勃勃野心，也不能表达她们的愤怒，更不可以说出那个名扬天下的大哲学家满足不了她的性欲这样的话。想象一下，你们的爱情故事已经成了传奇，以至于人们用它作为唯一的视角来解读你的整个人生，虽然它只是你漫漫人生中的一些片段。

波伏瓦回忆录里的两个故事塑造了她的公众形象，从某种程度上来说，甚至是扭曲了她的形象。第一个故事把我们带回到 1929 年 10 月的巴黎，两个哲学系的毕业生坐在卢浮宫外面，大胆地讨论着如何定义他们的关系。他们刚刚在竞争激烈的法国国家哲学教师资格考试中金榜题名（萨特第一，波伏瓦第二），马上要开始他们哲学教师的职业生涯。那一年，萨特 24 岁，波伏瓦 21 岁。按照回忆录里的故事记载，萨特不想要那种忠于彼此的传统伴侣关系，因此他们制定了一个"契约"，按照这个约定，他们是彼此"本质的爱"，但同时他们准许对方同时拥有"偶然的爱"[12]。这是一段开放式关系，前提条件是他们的心是属于对方的。他们对彼此毫无隐瞒，无话不说，刚开始是一个两年的契约，以后将会延续下去。萨特的传记作者安妮·科恩－索拉尔写道，这对伴侣将会成为"一对值得效仿的楷模，他们拥有一场长久的秘密合谋，他们实现了卓越的成功。显然，他们实践了难以调和的伴侣关系：伴侣双方始终保持自由、平等以及对彼此坦诚"。[13]

萨特和波伏瓦的多元恋"契约"激起了人们强烈的好奇心。有许多本传记是专门围绕着他们的恋爱纠葛来写的；在《法国人如何创造了爱情》(*How the French Invented Love*)一书中，作者用一整个章节的篇幅来写他们俩；BBC(英国广播公司)的头条称他们为"第一对摩登情侣"[14]。卡洛·莱维称波伏瓦的《盛年》(*The Prime of Life*)一书讲述了"20世纪最伟大的爱情故事"[15]。黑兹尔·罗利2008年出版的书中描写了波伏瓦和萨特的关系，她写道："就像阿伯拉尔和爱洛伊斯[1]一样，萨特和波伏瓦最终合葬在一起，他们的名字永远地连在了一起。他们是世界上的一对传奇的情侣。我们不能把'西蒙娜·德·波伏瓦和让-保罗·萨特'分开来单独看待。"[16]

从某种意义上来说，我之所以写这本传记，也是因为我们很难撇开波伏瓦或者萨特，去单独思考另一个。在此之前，我花了几年的时间去研究萨特的早期哲学思想。在这个过程中，我越发怀疑波伏瓦和萨特受到的关注是不对等的。为什么波伏瓦去世时的每一篇讣告都提到了萨特，而在萨特去世时，却有一些讣告对波伏瓦只字未提？

在20世纪的大部分时间，甚至在21世纪，波伏瓦都没有被人们当作一位独立的哲学家去看待。一部分原因是波伏瓦在自传里讲述的第二个故事。1929年初，在巴黎卢森堡公园的美第奇喷泉旁，波伏瓦终于下定决心同萨特分享她在自己的笔记中酝酿了很久的一个哲学灵感：多元的道德(pluralist ethics)。然而，萨特对这个想法"嗤之以鼻"，这一下子让波伏瓦对自己智识上的"真正能力"[17]产生了怀疑。在那个法国哲

---

[1] 阿伯拉尔（1079—1142），是欧洲"12世纪最重要的思想家"，中世纪最重要的经院哲学家之一。他与爱洛伊斯由师生变为情侣，由私通走向婚姻之后，却由于基督教禁欲主义的清规和社会的压力而被迫分离，双双遁入修道院。（若无特殊说明，本书脚注均为译者注。）

学星光闪耀的年代,波伏瓦无疑是一颗冉冉升起的哲学新星;那个夏天,年仅21岁的她成了有史以来通过竞争极为激烈的法国哲学教师资格考试最年轻的人。同萨特一样,那时崭露头角的哲学新秀莫里斯·梅洛-庞蒂也会找波伏瓦对话,在接下来的几十年里,他们也在生活里保持对话,并在出版物里对谈彼此的哲思。但即便如此,在后来的人生里,波伏瓦都坚称:"我不是哲学家……(我只是)一个文学作家,萨特才是哲学家。"[18]

美第奇喷泉旁的这段对话让后人们不禁发问:写出了《第二性》的波伏瓦是否低估了她自己,抑或是故意隐藏自己的锋芒?为什么她要这样做?波伏瓦是一个令人敬畏的榜样:她有很多成就都是史无前例的,她的所作所为更是为后来的女性开辟了新的道路。在女性主义的圈子里,波伏瓦被奉为一个理想榜样,"她的存在象征着可能性,作为一个女性,能够不顾一切,按照自己的意愿过一生,为了自己,不受成见和偏见约束"[19]。然而,《第二性》的核心观点之一便是,没有一个女性能够"不受成见和偏见约束"地过她自己的一生。波伏瓦显然也没有做到。这本传记正是要讲述波伏瓦是如何在成见和偏见里苦苦挣扎并勇敢反击的。

仔细阅读过波伏瓦传记的人常常会怀疑,波伏瓦是否在自传里故意改变了自己的形象。不过,往往大家都不是很清楚她为什么要这么做。毕竟,那个爱情契约的故事给我们呈现了一个誓要真相的女性形象,同时,《第二性》着力展现女性真实的境遇和遭逢。是否是因为公众的关注迫使波伏瓦放弃袒露真实的自我?如果不是,为什么她要隐藏起她哲学智识和个人生活里的重要部分,不让公众知道呢?为什么现在重新思考如何铭记她的人生尤为重要?

这些问题的答案，首先来源于我们接触到的关于波伏瓦的新材料。波伏瓦的自传在1958年到1972年间以四卷本的形式出版。她一生中也写就了很多其他作品，其中包括自传性的内容，比如1948年出版的西部美国游记，1957年出版的中国游记，1964年出版的关于母亲的回忆录，1981年出版的关于萨特的回忆录，以及1983年出版的萨特写给她的部分信件。[20]

波伏瓦在世的时候，在萨特和她的小圈子，也就是那个被称为"萨特家族"——或简称"大家族"——的圈子里，不少人都自认为他们很了解波伏瓦写自传的目的。他们认为波伏瓦写自传不过是为了塑造她自己和萨特的公众形象。很多人甚至认为波伏瓦这么做是出于嫉妒，认为她是想在萨特的罗曼史上独占鳌头，作为"本质的爱"被永远铭记。

然而在几十年后，1986年波伏瓦去世之后，她的日记和信件被公之于众，打破了小圈子里那些人一厢情愿的猜想。1983年波伏瓦出版了萨特写给她的信，因为曝光了他们关系的细节，波伏瓦失去了一些朋友。在波伏瓦去世后的第四年，她的战时日记以及写给萨特的信件也被出版了，很多人大吃一惊，发现原来波伏瓦不仅有过女同性恋关系，而且交往的恋人还是她之前的学生。她写给萨特的信件也让人们认识到他们的友谊有很大一部分都是建立在哲学交流上的，人们也发现波伏瓦对萨特的作品有很重要的影响，但这一点并没有引起很多讨论。[21]

1997年，波伏瓦写给她的美国情人纳尔逊·阿尔格伦的信件出版。这些信件的出版让大众看到了一个他们意料之外的波伏瓦：一个温柔敏感的西蒙娜，饱含激情地给情人纳尔逊写情书，而且这些情书比之前写给萨特的要热情百倍。直到2004年，她与雅克－洛朗·博斯特的信件出版，人们这才发现，在波伏瓦与萨特爱情契约的第一个十年里，波伏瓦就与别的男子有过十分热烈的爱恋，而且直到她生命结束，他们都保持着亲密的关系。在大众原来的想象中，萨特才是那个站在波伏瓦和萨特浪漫情事顶峰上的神，但现在，他跌落了神坛。是萨特努力地让波伏瓦留在他哲学世界的中心，甚至公开承认她对他作品的重要影响。但是，评价波伏瓦的一生显然需要我们毫不留情地把萨特从那个中心位置移开。

在过去的十年里，更多的新材料和文件不断面世，让我们能更清楚地认识波伏瓦。波伏瓦学生时代的日记让我们得以一窥她在遇到萨特之前的哲学思考，以及她对他们俩关系的早期印象。这些材料让我们发现，波伏瓦真实的生活其实和她之前在回忆录里呈现给公众的相去甚远。但是这些日记是在2008年以法语出版的，因此只有学术小圈子里的研究者了解波伏瓦的这一段人生经历。2018年，研究者们也接触到一些新的材料，包括波伏瓦写给她的情人克洛德·朗兹曼的信件。他们发现，朗兹曼是唯一一个被波伏瓦用法语中最亲昵的第二人称"tu"去称呼的人。[22] 同年，波伏瓦的回忆录被法国最具影响力的伽利玛出版社收录于七星文库中[1]，这个版本包括了波伏瓦之前从未出版过的日记和创作手记。除了这些新的法语出版物以外，最近几年，玛格丽特·西蒙斯和西尔维·勒·邦·波伏瓦也一直在编辑一套波伏瓦系列丛书，她们搜集、翻译、出版和再版了很多波伏瓦早期的作品，不仅包括波伏瓦关于道德和政治的哲学散文，还有给《时尚》(*Vogue*)、《时尚芭莎》(*Harpers' Bazaar*)撰写的杂志文章。

---

[1] 作为法国最具影响力的出版社，伽利玛自1931年起编订"七星文库"（La Pléiade），出版对法国影响卓著的世界作家的作品。

根据这些新材料，我们发现，波伏瓦在她的回忆录中隐去了很多内容。当然，这些省略背后不无原因。在如今这个充斥着各种媒体的网络时代，我们很难想象波伏瓦出版自传给当时的隐私惯例带来了多大的挑战。她的四本回忆录（如果算上她在母亲和萨特去世后写的两本回忆录，一共是六本回忆录）已经让她的读者对她的生活十分了解。而且波伏瓦并没有承诺说要交代所有细节。实际上，她明确地告诉了读者，在自传里她有意地模糊了一些事情。[23]

从最新发现的材料，也就是波伏瓦的日记和给情人克洛德·朗兹曼的信件里，我们可以发现，波伏瓦在回忆录里模糊和隐去的不仅仅是她的情人们，还有她早期关于爱情的哲学思考，以及她的哲学创作对萨特的影响。波伏瓦一生曾遭到不少人质疑，质疑她的学术能力和原创性。其中有人猜测，波伏瓦的书都是萨特帮她写的。更有甚者，指控说波伏瓦的长篇巨著《第二性》不过是拙劣地照搬了萨特《存在与虚无》（*Being and Nothingness*）中的两个假设，然后借此发挥出来的；也有人谴责她盲目地把萨特的作品奉为圭臬[24]。虽然后来波伏瓦在她的一些作品里明确地反击了这些不实的指控，但这种怀疑和指控在她生前死后从未消停过。波伏瓦去世时，有一篇讣告说她只不过是萨特思想的普及者，另一篇更是贬低她"完全没有能力做哲学性的原创思考"[25]。

也许今天的读者会很愕然，像波伏瓦这样的女性竟然会被谴责没有原创性。但是很遗憾的是，无论过去还是现在，很多女性创作者都会面对这种指控，而且很多时候她们甚至内化了这种自我贬低和轻视。波伏瓦当然是有她自己的原创哲学思考的，而且其中一些和萨特的哲学论述很相像。波伏瓦曾有一次用萨特的署名发表了她自己的文章，当时萨特很忙，都没有人注意到这件事。萨特也承认，他那备受舆论好评的首部作品《恶心》(Nausea)，之所以以小说形式而不是抽象的哲学大部头形式呈现，实际上是波伏瓦帮他出的主意。在萨特漫长的职业生涯中，波伏瓦一直帮他阅读手稿，提了很多宝贵的修改意见。在20世纪四五十年代，波伏瓦写作和出版了不少哲学作品，在这些作品中她也批判了萨特，甚至最终改变了他的想法。在波伏瓦后来的作品中，她回应了那些污蔑她没有能力的指控，严正声明其实早在遇到萨特之前，她就有关于存在与虚无的哲学思考，只不过他们对这个问题的结论不一样。当然了，萨特还是继续以独立署名的方式出版了《存在与虚无》这本书。实际上，很多人称为"萨特式"的思想其实并不完全是萨特自己独创的。但可惜的是，波伏瓦所做的关于她的哲学创作独立性和原创性的辩解都没有受到重视，甚至是有意无意地被无视了。

这就引出了为什么我们现在需要重新审视波伏瓦的一生这个问题的第二个答案。传记往往能够向我们透露出一个社会真正在乎和重视的是什么。去了解另一个时代人们的价值观，其实能够让我们对自己的时代和价值观有更多的认识。在《第二性》中，波伏瓦批判了很多关于女性气质的谬论。她指出女性气质其实是男性对女性的恐惧的投射和幻想。[26]很多谬论的产生，是因为男性无法把女性当作有主观能动性的个体去对待。波伏瓦告诉我们，女性同样是有自我意识的人，她们能够为自己做决定，能够为自己的生活去努力创造。她们想要以自己本来的样子去爱人和被爱，因此当他人用物化的眼光去看待她们的时候，女性会感到痛苦。在波伏瓦遇到萨特之前的一年，她和自己的父亲有过一段关于爱情的争执。18岁的波伏瓦在日记中写道："关于爱情，我憎恨几样东西。"[27]

其中一点便是，人们从来没有要求男性像女性一样把爱情当作自己的毕生理想。波伏瓦在一种传统文化氛围中长大，她接受到的教育是一个有道德的人要学会"像爱你自己一样地去爱你的邻居"。但在波伏瓦的经验中，她发现真正做到这一点的人寥寥无几。在她的观察里，人们似乎总是要么过度自恋，要么不自爱，波伏瓦从书籍和真实生活里都找不到让自己满意的道德范例。

波伏瓦后来的情感生活有没有让她感到同样失望，我们就不得而知了。但有一点我们可以肯定，那就是波伏瓦一次又一次地决定一生要以哲学为伴，不断反思，用她的哲学思考去指导生活，自由地过一生。为了实现这一点，她尝试进行不同形式的文学创作，同萨特保持终生的对话。在大众的想象里，波伏瓦和萨特被一个很模糊的词语捆绑在了一起："爱"。而"爱"是波伏瓦用几十年的时间去反复思考和认真审视的一个哲学概念，也是我们现在要重新审视波伏瓦一生的原因。

重新审视波伏瓦的另一个原因是，一直以来，波伏瓦对于人们描述她人生的方式感到不满。她拒绝了传统婚姻，却被大众误会成了另一种情欲纠葛的老套情节。甚至在她去世后，很多人还是用"女人想要什么"是一回事，但"女人真正能做到什么"却是另一回事这种思路，来臆断她的一生。在他们的想象里，波伏瓦不仅沦为了萨特的爱情猎物，在智识上也对他甘拜下风。

在他们俩的关系里，波伏瓦之所以被看作受害者，是因为人们仍然坚信所有的女人打心底还是想要一个男人能够一辈子只爱她。萨特和波伏瓦做了五十多年的传奇伴侣，在这期间，萨特无数次打着"偶然的爱情"的名义，去公开追求各种女性，拈花惹草。然而相比之下，波伏瓦就显得小巫见大巫，她的回忆录里只记载了屈指可数的几次偶然的爱情关系，而且都在她50岁出头的时候切断了联系。虽然，我们现在知道其实波伏瓦是故意在回忆录里隐去了其他的情人，但很多人都认为，是萨特巧妙地哄骗波伏瓦进入了这段不对等的关系里。他们相信，尽管波伏瓦和萨特一直没有结婚，但实际上萨特还是玩着已婚男人最熟悉的桥段：外面彩旗飘飘，家里红旗不倒。有时候，波伏瓦的生活被描述成父权制的牺牲品，当然，这种看法影射的其实是，一个老去的知识女性远没有一个同样老去的知识男性有魅力。也有人认为，波伏瓦上当完全是因为她的愚蠢。她教过的学生比安卡·朗布兰是这样评价她的：波伏瓦拒绝婚姻和家庭，实际上是"亲手种下了她日后不幸的种子"[28]。路易丝·梅纳德在《纽约客》杂志上写道："波伏瓦是一个可敬的女性，但她也不是千年寒冰。尽管她有不少风流韵事，但她的文字却让人有这样的一种感受：如果能够独占萨特，她愿意不惜代价放弃一切。"

对比之下，波伏瓦学生时期的日记向我们呈现了故事的另一面。认识萨特之后的几周，波伏瓦感到很高兴能邂逅这样一个人，于是认为他是不可替代的。她在日记中写道："我的心灵、我的身体，但最重要的是，我的思想收获了一个无可比拟的朋友。身体和心灵的伙伴，别人也可以做，但思想的朋友只有他，不可替代。"[29] 在后来给纳尔逊·阿尔格伦的信件里，她向阿尔格伦解释道，萨特于她，与其说是爱情，不如说是友谊。因为萨特并不是很在意性生活。波伏瓦坦言："萨特到哪儿都是一个温暖、活泼的男人，但在床上他不是。尽管我之前没有什么经验，但我跟他相处之后不久就感受到了这一点。而且渐渐地，我觉得继续跟他做情人不仅没用，甚至是不礼貌的。"[30]

这个所谓的"20世纪最伟大的爱情故事"会不会其实只是一段友情故事？

作为一个知识分子，波伏瓦同样被描绘成了萨特的手下败将、父权制的受害者，以及她个人失败的产物。波伏瓦究竟有没有自己内化厌女症情结？她是不是对自己的哲学能力没有信心？很多人认为波伏瓦终其一生，只不过是"普及宣传"了萨特的思想。借用弗吉尼亚·伍尔夫的比喻来说，波伏瓦就好像一面反射放大镜，拥有"诱人的魔力，能够把男人的形象放大到他真实大小的两倍"。[31]更糟的是，有人指责波伏瓦就这样满足于做一个反射镜的角色。

我们很难判断波伏瓦这样的"从属"地位到底应该归咎于波伏瓦和萨特，还是我们文化里针对女性的无所不在的性别歧视和偏见。甚至在今天，我们也常常从个人或家庭的人际关系角度去描述女性，而不是把她们当作专业人士去看待；在描述女性时，我们用的被动语态多于主动语态，各种消极负面的性别差异也渗透进我们的语言中。举个例子，"尽管身为女人，波伏瓦却可以像男人一样思考"。此外，在传播女性言论时，人们常常用转述和概括，而不是直接引用。

当代有影响力的文化评论出版物一直把波伏瓦定义为萨特背后的女人，甚至会用一些不堪入耳的表述：

1947年2月22日，《纽约客》
"萨特身旁的女知识分子"；"你见过的最美的存在主义者"
1958年，威廉·巴雷特（哲学家）
"那个女人，他的朋友，就是写了女性抗议的书的那个"[32]

1974年,《小拉鲁斯》

"西蒙娜·德·波伏瓦：女性学者，萨特的信徒"

1986年，伦敦《泰晤士报》

"在政治和哲学思考中，她都追随他的指引"[33]

1987年,《小拉鲁斯》

"西蒙娜·德·波伏瓦：萨特的信徒和伴侣，一个热情的女性主义者"

1990年，戴尔德丽·贝尔，波伏瓦首本传记的作者

萨特的"伴侣"，她"应用、传播、澄清、支持、践行"了他的"哲学、美学、道德和政治思想"[34]

2001年,《泰晤士报文学评论副刊》

"萨特的性奴？"[35]

因为许多波伏瓦自己的言论直到最近才被公布，所以很多有见地的评论者在此之前也都把她看作一个臣服在萨特光环下的被动角色。有人形容波伏瓦是"一个深柜里的哲学家"，分析说她是因为发现学识渊博和性别诱惑不可兼得，于是不愿承认自己有哲学思考的能力，甘愿沦为萨特的附属品。[36]托莉·莫伊分析波伏瓦的爱情时写道，与萨特的关系是波伏瓦生命里最神圣不可侵犯的一部分，甚至她一贯的批判精神在这儿都失灵了。[37]贝尔·胡克斯认为"波伏瓦被动地接受了萨特挪用她的哲学灵感而不承认出处的做法"。[38]但在波伏瓦心里，尤其是在与萨特相处的早期阶段，她对萨特是怀有批判态度的。她也为自己的哲学思考原创性辩解过。当然，这些批判和辩解都是波伏瓦在后半生看到人们总是

误解萨特对她的影响，给出很多不实的指控和一边倒的论调之后，才逐渐强烈起来。

除了被刻画成一个受剥削的受害者之外，波伏瓦也被描绘成一个陷害他人的坏女人。波伏瓦去世后，她在"二战"期间写给萨特的信件和她自己的日记相继出版。从这些材料中，我们得以发现，在20世纪30年代后期和40年代初期，波伏瓦曾经和三位年轻女子有过性爱关系，而且她们都是波伏瓦曾经的学生。她们中有人后来也成了萨特的性伴侣。于是有人认为波伏瓦是故意把比她年轻很多的女子作为猎物，引诱她们进入不平等的关系中。波伏瓦真的是特地为萨特去诱骗这些年轻女性的吗？这对制定了传奇契约的伴侣显然都追求绝对的真相，并对彼此坦诚，这也是公众神化他们的一个主要原因。所以当他们的"三人行"细节曝光后，人们感到无比吃惊和恶心，波伏瓦和萨特的形象也轰然倒塌："这两个言之凿凿地鼓吹要讲真话的人，竟然一直在对一群情绪不稳定的年轻女孩子满嘴谎言。"[39]

但萨特和波伏瓦因这件事招致的鄙视和唾弃，又一次不在一个量级上。也许是因为波伏瓦是个女性，也许是因为她后来写就了《第二性》，人们接受不了她做出这般行为。2009年，波伏瓦的《战时日记》(*Wartime Diary*)在英语国家出版，有个评论者觉得恶心至极，于是以"谎言与虚无"为题写了一篇评论，讽刺波伏瓦在自己的回忆录里谎话连篇[40]。在有些读者的眼里，波伏瓦成了一个只顾她自己的自私者，她创作小说也只不过是因为虚荣心作祟。1991年，波伏瓦给萨特的信在英语国家出版的时候，理查德·赫勒评价波伏瓦是个"索然无味"的女人，感慨她的信件让人失望透顶，她自己却自我陶醉[41]。

当有些读者读到波伏瓦是如何描述这些女性的时候,也许会忍不住从此放弃她。波伏瓦的一个女性情人,也是一个跟她保持了一辈子友谊的女性,后来在波伏瓦给萨特的信出版之后也写了自己的回忆录。在回忆录中,她写道,尽管几十年已经过去了,但读到波伏瓦那时候的信,看到波伏瓦那样描述自己,她感觉自己被利用,被背叛了。我们到底应该相信谁?我们该如何去理解这个集赞美和污名于一身的女性?这个因为私人生活和感情纠葛贬低其他女性的波伏瓦,和那个在作品中呐喊应当把女性当作有自主意识的自由人类个体去尊重的作家,是同一个人吗?我们暂且将此按下不表。因为波伏瓦,"性别歧视"(sexism)这个词才被加入法语词典中。[42]她也被托莉·莫伊和贝尔·胡克斯这样重要的女性主义者深深崇拜。贝尔·胡克斯甚至这样描述波伏瓦:"唯一的女性知识分子、思想家兼作家,她用我梦想的方式,把自己的生活过到了极致。"[43]

现如今,我们去寻找这些问题的答案,显得尤为重要。虽然波伏瓦已经不在人世,但她被很多女性主义者拿来做证明自己观点的万灵药,并且屡试不爽。而波伏瓦会不会同意这些观点显然是不得而知了。西蒙娜·德·波伏瓦成了一个女性主义者的图腾,以及一个后女权时代的消费品。有人这样总结,波伏瓦已经成了"她自己的一个商标,她被变成了一个品牌"[44]。但波伏瓦这个品牌的形象却是以变幻无常而臭名远扬。一些女性主义者赞叹她鞭辟入里地分析了女性所受到的压迫,但波伏瓦对人们爱情理想的批判却在她那个时代触犯了众怒,因而遭到了报复性的贬低和侮辱。1949年5月,波伏瓦在一家期刊上发表了《第二性》里的一个选段。在这段节选里,波伏瓦论证说,女性其实并不想挑起两性之间的战争，她们只是想要从男人那里获得欲望的同时也能得到尊重。当时著名的作家弗朗索瓦·莫里亚克讥讽地评论道："这是讨论严肃哲学和文学的地方，西蒙娜·德·波伏瓦夫人来讨论这种话题真的合适吗？"[45]当17世纪法国著名哲学家和数学家帕斯卡探讨爱和正义之间是否矛盾时，人们认为他是在做哲学讨论。当德国哲学家伊曼努尔·康德和英国哲学家约翰·穆勒讨论爱在道德中的位置时，人们认为他们也是在做哲学思考。[46]而当波伏瓦把爱和正义的讨论延伸到两性亲密关系的范畴时，有人却用"夫人"来戏称波伏瓦，借此来羞辱她未婚的身份，讥刺她降低了哲学的标准和格调。

站在今天往回看，我们不难发现，波伏瓦当时是陷入了一场完全针对她个人的人身攻击。有的人批判她是个失败的女性，说她背离了女性该有的样子；有的人批判她是个失败的哲学家，说她没有自己的原创性，只是在套用萨特的东西；有的人甚至批判她是一个失败的人，说她丧失了基本的道德水准。因为各种各样的人身攻击，人们不再把波伏瓦的哲学思想当回事，觉得它根本不值得拿到台面上来讨论。

实际上，这种对人不对事的刻意人身攻击不仅会发生在女性身上，也会发生在男性身上。人们常常用这种手段去转移注意力，不去讨论眼下真正的话题，转而诋毁当事人的品，或者说他们动机不纯。但波伏瓦所遭受的，并不仅仅是被指责人品不好、动机不纯，人们甚至指责她没有人性，而且做女人做得一塌糊涂。心理学最近有研究表明，那些位高权重的女性拥有主观能动性，充满竞争力，有自信和魄力，但也经常因为拥有主导地位而受到惩罚。她们通过赢得竞争打破固有的性别等级，占据那些往往由男性占据的位置。于是人们对她们指指点点，说她们为人傲慢，具有攻击性，等等。人们会有意甚至是无意识地把这些女性"拉低"，打击她们，让她们回到"应该在的"位置上，从而维持住男性至上的性别等级秩序。[47]

波伏瓦在理论上和实践上都打破了传统的性别等级秩序。她的思想颠覆了千千万万男性和女性的生活，而且她也尝试了按照自己的思想去过自己的人生。从这个角度来说，波伏瓦自己的故事和她与萨特的故事所涉及的，不仅仅是这个女性和这个男性的真相是什么，而是我们今后该如何去谈论男性和女性。在今天的学界，"男人"和"女人"这样的概念已经不再是放之四海而皆准的，人们也开始质疑这样的分类。我们能走到这一步，跟波伏瓦的思想是分不开的。但当年的波伏瓦却因为敢于这样思考而受到惩罚。

从她的学生时代起，到写完最后一本理论作品《老年》(*Old Age*)，波伏瓦在哲学上一直把"成为自我"分为两个方面：一个是由内而外对自我的审视，一个是从外向内对自我的观察。想要更清楚地看波伏瓦由内而外的自我审视，也许我们只能依靠她的回忆录。但我们显然得对回忆录里的内容存疑，因此，当新发现的材料能够证明波伏瓦在回忆录里刻意隐瞒了一些事情，或者与她在回忆录里所写的内容相左时，我会尽量地在这本传记里呈现出来。

同时，我也尽力去关注，波伏瓦对自我的理解是如何随着年龄的增长而变化的。我们知道，人类对自己的看法会随着时间的流逝不断地变化。心理学的研究也反复表明，"自我"的概念一直处在变化当中，而且我们会选择性地用我们的记忆与变化的自我相呼应。[48]我们也知道，人类会根据"观众"的不同而用不同的方式去呈现自己。对于波伏瓦人生中的某些部分，我们可以通过阅读她的私人信件和日记去了解。但信件往往是写给某个特定的人的，日记也有可能是带着给后人看的心理写下的。伏尔泰有句名言可以拿来借鉴：对于生者，我们应给予尊重；对于逝者，我们应还他们真相[49]。但是，我们讲给自己的故事，和讲给他人的故事，以及他们所讲述的关于我们的故事，这三者又孰真孰假呢？

想要回答这个问题很难，而在为一个女性写传记时要回答这个问题就是难上加难了。卡罗琳·埃尔布兰曾说："撰写女性人物的传记，往往要考虑人们可以接受什么样的讨论，以及应当删掉什么样的内容，然后作品才有可能刊行于世。"[50] 波伏瓦的一生都在反抗传统，如果她真的完全诚实地记录了她的生活，且不谈会不会暴露他人的隐私，以及是否触犯了大众的道德规范，她的故事必然会引起一片哗然，惊世骇俗，也会让她的读者对她感到陌生。因此，她在自己的回忆录中，故意把自己的哲学思考，以及她的个人感情关系等排除在外，隐去了很多由内而外的自我审视。她之所以这样做，应该是有很多原因的，我们会在后文把这一点还原到她生活的场景里去探讨。但在这之前，因为波伏瓦是一位哲学家，我们还有一个问题要解决，那就是为什么对于理解波伏瓦的生活和哲学作品，一部传记显得尤为重要。

有些哲学家认为，伟大思想家的生活与他们的哲学是无关的，因为他们的思想已经存在于作品中了，不管哲学家们的生活是充满趣味的，还是单调乏味的，都应当与他们的哲学分隔开来。相反地，有些人认为，一个人的作品不可以被单独孤立起来解读，而是必须要对照着他的生活来看。了解一个哲学家的生活，对我们了解他的哲学作品的真正含义是很必要的。首先，割裂生活和作品的做法，有着潜在的缺陷，那就是脱离历史的解读常常会带来误读。比如，这种阅读哲学的方法就使我们误以为是萨特创作了存在主义的道德观，但事实上是波伏瓦先写作和出版这部分内容的，而萨特直到去世也没有出版过这方面的内容。

第二种把作品和生活合在一起看的做法，会有把人简单化成一系列外因的产物的风险。这种类型的传记作家，常常热衷于将本来没有的意思加进去，试图去解释一个人的人生，而不是实事求是地去呈现它本来的样子。这种做法的确有可能给我们带来很多启发，但同时也有可能让我们忽略传记主人公的主观能动性，仅仅把他们当作某种童年影响或社会阶级的产物，而不是他们自己选择成为的人。[51]

上面这种做法所代表的理念其实是：作品不等于生活，生活也不需要创作。可想而知，波伏瓦应该会拒绝这种把个人生活和哲学作品粗暴割裂的做法。波伏瓦的一个核心的哲学观点就是，每一个人都处在一个特别的环境中，存在于一个特别的身体、特别的地点和时空里，存在于和他人的关系联结中。这种处境的种种变数影响着他们想象自己在世界上的位置的能力，而且这会在一生中随着时间流逝而产生变化。此外，几个世纪以来的性别偏见和歧视也一直在影响着女性的处境。

书写波伏瓦的传记，也面临着另一种挑战。除了找寻她童年经历的影响，还要从心理分析的角度去切入，分析经济、阶级、社会的因素，也需要考虑性别歧视和性别偏见的结构性影响。波伏瓦的作品曾经遭到大幅删减，译本错误百出，有的根本没被翻译成英文。这些删减和误译有时候已经严重到完全扭曲了波伏瓦的哲学思想和政治立场。波伏瓦的作品遭到删减和误译，也让我们去思考另一个问题：为什么在21世纪的今天，女性主义仍然是一个饱受争议的概念，甚至意义都不明确？一个女性的"自由选择",在另一个女性那里,有可能就成了"压迫"。一个男性的幽默风趣,在另一个男性那里,有可能就成了性别歧视。而这种模糊性,正是波伏瓦后来想要从哲学角度去探讨的话题。

波伏瓦的哲学作品和自传向我们展示了,自由和限制之间的张力对于成为一个道德的"自我"是多么关键。波伏瓦的小说常常被认为是她自己生活的影射,因而饱受争议。但她的文学作品里所探讨的"自由和限制之间的张力与道德的自我"这个主题,很值得我们注意。在1945年波伏瓦出版的小说《他人的血》(*The Blood of Others*)中,她笔下的主人公埃莱娜十分反对把她的想法和行为简单归因于她的底层出身:"总是用外部环境来解释人们行为的做法,实在是很可笑。这就好像我们怎么想,我们是谁,根本不是由我们自己决定的。"[52] 波伏瓦的哲学作品也探讨了自由和限制之间的张力这个主题。在散文《模糊性的道德》(*Ethics of Ambiguity*)中,波伏瓦写道:"如果历史只是在机械性地往前推进,人在其中只是被动地传导着外界的力,那行动这个概念将变得毫无意义。"[53]

我写这本传记,并不奢望能够看到一个"真正"的波伏瓦,因为任何传记都不可能用上帝之眼去看待一个人的人生。我写作这本书的出发点是想找到一条新的出路,既不会割裂地看待波伏瓦的生活和作品,也不会只聚焦她的私人生活。我想通过这本传记去证明,波伏瓦取得的成就靠的是她自己的努力,以及成为一个女人并不意味着要掌控你所成为的那个人物的方方面面。在《第二性》中,波伏瓦写道,女性总是"面临对立角色的两难选择:要么成为奴隶,要么成为偶像。而且女性从来没法选择自己的命运"[54]。在波伏瓦的后半生,她逐渐意识到成名后的自己,必须做那个公众眼里的"西蒙娜·德·波伏瓦",而且这个"波伏瓦"拥有很大的影响力。但是,波伏瓦的人生哲学让她始终铭记,她所能做的一切,只有忠实于自己,并成为她自己。

从 15 岁开始,波伏瓦就强烈地感受到自己必须从事写作事业,但她对于自己变成这样一个作家并没有很开心。在她早期的一篇哲学作品《皮洛士与息涅阿斯》(*Pyrrhus and Cinéas*)里,波伏瓦认为没有一个人会一辈子想要同一样东西,她写道:"生命中没有那种一切都被和解的瞬间。"[55] 有时候,西蒙娜·德·波伏瓦觉得她的生命是一孔供他人不断汲取的泉水。但有的时候,波伏瓦又被自我怀疑所淹没,待人待己的方式都让她深感后悔。波伏瓦不仅改变了自己的想法,也改变了世人的想法。波伏瓦曾沮丧不已,但她也热爱生活,害怕变老,恐惧死亡。

波伏瓦晚年同意了戴尔德丽·贝尔为她写传记的采访邀请。她答应这个要求的一部分原因,是贝尔提出想要为她写一本不仅仅关于女性主义,而是关于她整个人生的传记。[56] 波伏瓦从来都不喜欢他人片面地解读她的人生。1990 年,贝尔写的书出版,作为波伏瓦去世后的首本传记,它仍然是很多人了解波伏瓦的第一选择。虽然这本传记的取材得益于作者对波伏瓦本人的采访,但其中很多内容也只是重复了波伏瓦已经公之于众的故事。

我所写的这本传记将会取材于波伏瓦之前从未公开过的故事。在这本传记里,我会去展现在遇到萨特之前,波伏瓦变成一个知识女性的过程:她如何进行哲学创作,如何为了激发读者的自由而去创作小说,写《第二性》如何改变了她的人生,以及在她希望自己作品的影响不只停留在读者的想象中,而是切实地改变他们的生活时,又是如何转向生命写作以及参与女性主义活动的。

撰写这本传记让我感到紧张不安，有时候甚至到了战战兢兢的地步。波伏瓦是一个有血有肉的人，我不想扭曲她的记忆，哪怕是其中那些让人费解、望而生畏和感到不安的部分。不管再怎么好地去记录一个人的一生，生活的记录永远也不能等同于生活本身。对于这本书的选材，我显然被自己所在的处境影响着，同时我也不得不依赖于波伏瓦已经选择性地呈现出来的材料。即便如此，我仍试着去展示一个完整的波伏瓦：她的踌躇满志与自我怀疑，她的意气风发和万念俱灰，她的求知若渴和恣情纵欲。在这本传记里，我没有将波伏瓦的每一次讲演、每一个朋友和每一个情人都囊括其中，但我在尽己所能完整地呈现波伏瓦的哲学思考。因为如果没有这个部分，我们很难理解一个复杂矛盾的波伏瓦。

波伏瓦是个云游四海的人，传奇的一生中跟很多人有过交集：从西班牙画家毕加索、瑞士雕塑家和画家贾科梅蒂，到美国黑人舞蹈家约瑟芬·贝克、歌手路易斯·阿姆斯特朗，以及爵士音乐家迈尔斯·戴维斯，更不用提20世纪一系列著名的文学、哲学和女性主义的偶像级人物。喜剧大师查理·卓别林和著名建筑家勒·柯布西耶曾到纽约参加专门为波伏瓦举办的派对。波伏瓦自己甚至透露曾经连吸六支大麻烟卷都没有感到"嗨"[57]。这一切固然很精彩，但如果没有哲学，波伏瓦不会成为今天我们所知道的"西蒙娜·德·波伏瓦"。记住这一点很重要，因为"波伏瓦是萨特跟班"这个误解已经存在太久了，而他们之间的平等对话和哲学讨论才是波伏瓦成为她自己的关键部分。

但这些也只是其中的一部分。1963年，波伏瓦写道：

> 作者在公众面前所呈现的生活，只是这个作者众多面中的一面。与我的作品有关的一切，也只是我个人生活的一方面。这也是为什么我一直在努力地，为了我自己也是为了读者，去弄明白作为一个公众人物，拥有一个公众形象，从个人的角度来说到底意味着什么。[58]

尽管波伏瓦对萨特的哲学和爱情都是持批判态度的，但他一直是她思想上无可比拟的挚友，这段友谊开始于他们初见之后的几周，之后持续了整整一辈子。波伏瓦的许多想法在她所生活的时代是惊世骇俗的，她因此被禁言、被嘲笑、被讽刺。但是她选择了一生坚持思考和写作，因为她珍惜自己的思想，也坚信自己能够一直思考下去。19岁那年，波伏瓦在日记里写道："我的生命中最深刻的部分就是我的思想。"[59]之后的59年里她经历了很多，但78岁那年，她仍然保持初心："对于我来说，最重要的就是我的思想。"[60]

弗吉尼亚·伍尔夫说过："每一代人都有自己的故事要讲述。"[61]但波伏瓦有很多故事都被隐藏在了黑暗中，等待着被讲述。我们在她的日记和信件里读到的——她对哲学的热爱和她想要用前所未有的方式去爱的渴望——改变了我们这些后辈度过人生的方式。

第一章　像个女孩一样长大

1908年1月9日，凌晨4点30分，在社会陈规令人窒息的巴黎第六区，面朝拉斯帕伊大道的一个二楼房间里，西蒙娜·露西·欧内斯廷·玛丽·贝特朗·德·波伏瓦[1]出生了。小波伏瓦长到4岁的时候，跟着她母亲一起外出拜访，就已经能熟练地从自己的天鹅绒小包里拿出精美的名片来。尽管她出生时，波伏瓦家族已经开始没落，但波伏瓦几乎一辈子都住在时髦的巴黎第六区。[2]

贝特朗·德·波伏瓦家族是来自勃艮第的贵族后代。1786年，他们的一位先人被授予贵族头衔，不料在1790年法国大革命之后被砍头。尽管这件事发生在波伏瓦出生之前的一个多世纪，但波伏瓦的传记作者对她的家族社会地位的看法却存在着分歧：贝尔十分看重波伏瓦的家世，但波伏瓦的妹妹埃莱娜则认为家世并没有那么重要。受人敬仰的先人被砍头之后，整个波伏瓦家族都对自己的贵族身份保持低调。[3]

尽管如此，波伏瓦家族还是顺利继承了他们在法国利穆赞的一座庄园。但由于波伏瓦的父亲乔治·德·波伏瓦并不是长子，因此没能继承这座庄园。乔治天资聪颖，外表迷人，梦想成为一名演员，但他的志趣并不符合他父母的期望。他父亲劝他从事一份更体面的职业，最终体面

1908年夏，在法国蒙提涅克，被家人环绕着的西蒙娜·德·波伏瓦。从左至右依次为：乔治、埃内斯特（波伏瓦的爷爷）、弗朗索瓦丝、玛格丽特（波伏瓦的伯母）和她的丈夫加斯东（乔治的哥哥）。

占了上风:乔治研习了法律,随后入职巴黎一家著名的律所工作。乔治并没有太多野心,他的父亲和长兄也都不需要为了生计而工作,尽管他母亲曾经试图向他灌输工作的价值,但是他似乎从来没有放在心上。不过,乔治却很想结婚成家,因此,他最终辞掉了律所秘书的工作,出来自己单干,希望能够拥有更好的发展前景。

乔治的父亲通过媒人给乔治找到了一个合适的结婚对象:弗朗索瓦丝·布拉瑟尔,一个家在巴黎北部、拥有丰厚嫁妆的年轻女子。尽管布拉瑟尔家族不像贝特朗·德·波伏瓦家族那样,名字中间有代表贵族身份的"德"字,但相比之下,他们家族要富有得多。弗朗索瓦丝的父亲古斯塔夫·布拉瑟尔在凡尔登是个成功的银行家。弗朗索瓦丝是他的第一个女儿,同时也是最不受喜爱的孩子,因为她的出生让父母获得男性继承人的愿望落空了。弗朗索瓦丝从小在一所女修道院里接受教育,但她父母鲜少对她表示关心,直到遇到了经济上的困难,他们才想起已到适婚年龄的弗朗索瓦丝。布拉瑟尔家族重男轻女,不止一次地因为女孩的诞生而感到失望:弗朗索瓦丝为人女时遇到过,而为人母时再次遭遇,终其一生都承受着她父母冷漠态度的折磨。[4]

1905年,两个家族在诺曼底乌尔加特的一个度假村首次见面。弗朗索瓦丝对这次见面并不是很憧憬,而且一想到不得不参与这种仪式就感到有点紧张。根据当时的风俗,待嫁的女孩和追求者的初见,必须发生在一个精心安排好的场景中。在度假村的酒店里,弗朗索瓦丝被她的修道院同学们簇拥着,她的美貌与社交礼仪在喝茶聊天时的举手投足中一一呈现,乔治据此判断她作为他的未来伴侣是否合适。这次见面几周之后,乔治就向弗朗索瓦丝求婚了。尽管他们的婚姻是包办婚姻,但两人也是因为爱情而结合在一起的。1906年12月26日,两人举行婚礼。[5]

在波伏瓦的早期回忆里,无论是在情感上还是在身体上,她父母的关系都是充满激情的。[6]他们结婚一周年纪念日刚过没多久,波伏瓦就出生了。乔治和弗朗索瓦丝对这个孩子的到来感到兴奋不已。不过,当时21岁的弗朗索瓦丝和31岁的乔治仍在为共同的生活以及不同的期待磨合着。他们住在巴黎塞纳河左岸的蒙帕纳斯大街103号,这足以体现出乔治的贵族地位,但房屋的室内陈设则不然。乔治想要再现祖宅往日的辉煌壮丽;但弗朗索瓦丝少不更事,又来自乡下,周身的一切都让她感到不知所措。

尽管两人之间存在着分歧(或许是因为所处的环境,这些分歧并没有暴露出来),他们一家三口仍过着幸福、和谐的生活。仆人路易丝每天给波伏瓦洗澡、喂食,还负责做饭和其他的家务事。乔治每天早晨去法院上班,晚上回家都会带一束弗朗索瓦丝最爱的花。夫妻俩会趁着路易丝没带他们的宝贝女儿上床睡觉时陪她玩一会儿,再等路易丝回来为他们端上饭菜,一起享用晚饭。饭后乔治会大声朗读,而弗朗索瓦丝则在一旁做刺绣,一起愉悦地消磨夜晚的时光。夫妻俩各自肩负着责任:乔治为自己的妻子提供与其阶级相称的文化生活,弗朗索瓦丝则要保证她的学识不超出自己的性别所允许的范围。

乔治和弗朗索瓦丝结婚两年半之后,弗朗索瓦丝的嫁妆仍然没有着落。当时弗朗索瓦丝的父亲古斯塔夫·布拉瑟尔在凡尔登出了事,灰头土脸地逃走了。1909年7月,古斯塔夫的银行被破产清算,所有东西都被没收变卖,甚至连他们家族的财产也未能幸免。更糟的是,古斯塔夫被送进了监狱,等了13个月才被审判,要坐15个月的牢。布拉瑟尔之前的势力稍微起了一点作用,让古斯塔夫提前结束了他的牢狱之灾。古斯塔夫出狱后,带着妻子和小女儿搬来了巴黎,跟弗朗索瓦丝住得近一点,打算重头来过。

这件事让弗朗索瓦丝的嫁妆彻底泡汤了。好在这并没有打乱乔治和弗朗索瓦丝小家庭的和谐,他们仍然心怀希望,开心地过着自己的日子。至少目前看起来,他们的财产状况还是比较稳定的,因为乔治的工作有一份不错的收入,他继承的财产虽然不多,但也进行了投资理财。乔治对弗朗索瓦丝一直很温柔,弗朗索瓦丝过得很开心。[7]

1910年6月9日,乔治和弗朗索瓦丝的第二个女儿出生了。她的名字叫海丽特-埃莱娜·玛丽,但在家族里大家都只叫她埃莱娜,或者"Poupette"(意思是小洋娃娃)。尽管埃莱娜只比波伏瓦小两岁半,但波伏瓦当时已经把妹妹看成是一个需要自己教导的学生了。小波伏瓦在那时就已经是个小老师了。大家本来都期盼能迎来一个男孩,因此埃莱娜出生时,波伏瓦明显感觉到了家人的失望。在回忆录里,波伏瓦用她常用的低调陈述的口吻谈到这段时期:"也许小埃莱娜的摇篮旁总是有叹气声并不是没有意义的。"[8]埃莱娜在自己的回忆录中也提到,她出生以后,她的祖父写了一封信恭喜乔治和弗朗索瓦丝喜获麟儿。当时的乔治和弗朗索瓦丝都懒得纠正他们生的其实是一个女儿,只是在回信的附言里潦草地加了一句:"上帝送给了我们一个小女孩。"[9]

波伏瓦描述自己的童年有一种"不可动摇的安全感",这种安全感直到她意识到自己不再是个孩子,才不复存在。小时候的波伏瓦喜欢到户外探索大自然,她常常在草坪上跑来跑去,蹲下来欣赏叶子、花朵和豆荚,还会盯着蜘蛛网看好久。每年夏天,全家都会去乡村待两个月度假，其中一个月在姑妈的房子里，这是一座19世纪建造在拉格里耶尔的城堡，另一个月则待在爷爷在梅里尼亚克占地200多公顷的大城堡里。在这里，波伏瓦有足够的空间去探索和欣赏大自然之美。波伏瓦一辈子都很喜爱大自然，也一直认为乡村生活可以享受孤独和极致的自由快乐。[10] 爷爷的城堡虽然很大，但没有电力和自来水供应这点让一些来自巴黎的拜访者很是吃惊。[11]

波伏瓦在巴黎的家，相比之下就显得非常豪华，闪闪发光，而且洋溢着红色。公寓里铺着红色地毯，文艺复兴风格的餐厅也被布置成了红色，餐桌上的刀整齐地放在银质盘子里。窗边挂着红色天鹅绒和丝绸质地的窗帘，画室的墙上装着一面大镜子，映照着水晶吊灯的光芒。家里有时候会高朋满座，弗朗索瓦丝会和穿着天鹅绒纱裙的女儿道一声晚安，然后去为客人们弹奏钢琴。在巴黎的家里波伏瓦很少能像在爷爷家那样享受孤独，如果想在大自然中玩耍，波伏瓦只能去巴黎的卢森堡公园。[12]

波伏瓦从很小的时候就开始读书了，家里人也很用心地去培养她的阅读兴趣。父亲乔治专门整理了一部诗集送给波伏瓦，并教她如何声情并茂地背诵这些诗，母亲弗朗索瓦丝也经常带波伏瓦去图书馆。[13] 波伏瓦出生那年，法国的国立学校终于开始允许女孩参加大学的入学考试了。但那个时代的女孩一般不会上国立学校。在1913年，波伏瓦5岁半的时候，家里决定让她去上一所天主教的私立学校，艾德琳希望学校（这是她给学校起的昵称）。波伏瓦这种贵族出身的小女孩是不应该去学校上学的，家庭条件比较好的会请私人女教师。但当时的波伏瓦对于自己能去学校感到兴高采烈。她一周只在周三和周六上课，其他时间都是由她母亲在家监督学习，波伏瓦的父亲也会辅导她学习。[14]

波伏瓦和妹妹埃莱娜的感情很好,在波伏瓦去上学的日子里,埃莱娜会想念她。一方面是因为埃莱娜和波伏瓦相处得很好,另一方面是因为她们的母亲不允许她们拥有很多的小伙伴,所以她们没有什么机会和家庭以外的人玩。

乔治和弗朗索瓦丝对大女儿波伏瓦投入很多,而对于二女儿埃莱娜,他们还没把她看成一个独立的小人儿。埃莱娜也知道父母一直以波伏瓦为骄傲,因为波伏瓦在班级里得了第一名的时候,母亲会大大地表扬她,而当埃莱娜得第一的时候,母亲却说这是因为有姐姐波伏瓦的帮助。埃莱娜那时候就认识到自己作为二女儿,不是一个受欢迎的孩子。但是埃莱娜很喜欢姐姐,她在回忆录里写道:"波伏瓦并没有站在父母那边来欺负我,她总是对我很好,帮助我,所以我们俩关系很好。"[15]虽然当时家里没有什么玩具,但是小姐妹俩总是发挥自己的想象力,在一起玩得不亦乐乎。[16]

在 7 岁那年,波伏瓦第一次参加了教堂里的领受圣餐仪式。在那之后,波伏瓦一周去三次教堂,有时候跟母亲一起,有时候是在希望学校的小教堂里。同样是在 7 岁那年,波伏瓦写出了她人生里的第一个故事——《玛格丽特的不幸》(Les Malheurs de Marguerite),共有 100 多页,是在她的外公布拉瑟尔送的小笔记本上手写完成的。[17]

小时候的波伏瓦一直觉得,没有哪个小孩子能让她心生佩服。直到 8 岁那年,波伏瓦找到了一个例外,她的表哥雅克。虽然雅克只比波伏瓦大 6 个月,但是他接受了很好的教育,而当时只有男孩子能接受到这种教育。波伏瓦被雅克的自信满满迷住了。有天雅克送了一块彩色玻璃给波伏瓦,上面还刻着她的名字。两个小孩子决定要在上帝的见证下结

弗朗索瓦丝和她的女儿们,左为埃莱娜,右为波伏瓦。

为夫妻,波伏瓦甚至称呼雅克为自己的未婚夫。[18]后来埃莱娜回忆说,如果不是因为儿时没有什么玩伴,波伏瓦可能不会对青梅竹马的表哥如此倾心——毕竟之后的十年里,波伏瓦都觉得自己将来真的会嫁给雅克。

在9岁那年,波伏瓦遇到了第二个小家族以外的让她心生佩服的人。这个人的生与死对波伏瓦产生了深远的影响,她就是伊丽莎白·拉库万,波伏瓦亲昵地称呼她为扎扎[19]。扎扎和波伏瓦是希望学校里的同学,扎扎是个活泼调皮的学生,她和波伏瓦形成了一种友好的竞争关系。扎扎的出现,让波伏瓦体会到了生命中一种全新且美好的维度:友谊。和埃莱娜在一起,波伏瓦学会了"我们"意味着什么,而和扎扎在一起,波伏瓦第一次品尝到了思念的滋味。

埃莱娜·德·波伏瓦印象里的扎扎是个很冲动的人,她"像一匹健壮且优雅的赛马,随时准备要冲出去"[20]。在波伏瓦眼里,扎扎惊为天人。她不仅钢琴弹得很好,而且文笔优雅,既有女孩子的美,也不失男孩子的勇敢,还有与众不同的喜恶。扎扎古灵精怪,在钢琴独奏会的时候敢伸出舌头对她母亲做鬼脸。尽管这么调皮有个性,扎扎的母亲还是很爱她。

和扎扎的这段甜蜜友谊,也让波伏瓦渐渐发现了人生里的一些苦涩滋味:攀比。

波伏瓦后来意识到,拿自己的人生和扎扎的去比较,以及拿自己的母亲和扎扎的母亲去做对比,都是不公平的。"我对自己的感知是从内向外的,但我知道的关于她的都只是从外界看到的。"[21]18岁的时候,波伏瓦得出了这样的结论,后来她在作品中也常常用到这个二元对立:由自己的内在观察到的自己和从外界观察到的自己。[22]

波伏瓦的父母在很早就知道扎扎的母亲家世显赫,并且鼓励波伏瓦和扎扎交朋友，但年幼的波伏瓦是后来才慢慢意识到这一点的。扎扎的母亲拉库万夫人出身于一个背景显赫的天主教家庭，她嫁了一个门当户对的丈夫，生了9个孩子。拉库万夫人家境殷实，十分富有，因此她对扎扎的叛逆很包容。拉库万夫人有足够的底气在聚会上毫无顾忌地放肆大笑，但波伏瓦的母亲没有这样的资本。

如果可以用两句话来简单总结一个人的童年的话，那波伏瓦童年便是"你不能做不得体的事情"和"你不能看不适合你的书"。波伏瓦的母亲弗朗索瓦丝·德·波伏瓦成长于一个管教极其严格的环境中，女修道院的道德教育把她训诫得相当古板。[23] 弗朗索瓦丝是个天主教徒，对上帝有着坚定不移的信念，在生活中也恪守礼仪，她甚至连做梦都不会违反社会道德。[24] 在当时的社会观念里，如果一个男性有婚外恋，人们仍然会欢迎他来家里做客，但是会把他的婚外恋对象拒之门外。弗朗索瓦丝全然接受这种社会观念。波伏瓦和妹妹埃莱娜曾经这样描述自己的母亲：母亲弗朗索瓦丝把跟性有关的一切都看成是罪恶的，她认为欲望本身就是罪恶。当时的社会陈规允许男人可以不检点，而女人就只能独自默默承受苦果，弗朗索瓦丝不假思索地认同这些。她嫌恶一切有关身体的问题，也从来不跟女儿们讨论。波伏瓦甚至不得不从表姐马德莱娜那里学习关于青春期的知识。

马德莱娜比波伏瓦年长一些，因而知道更多关于身体的知识，以及身体的"不得体"用途。有一年夏天在乡村度假的时候，马德莱娜告诉波伏瓦和埃莱娜她们的身体即将经历一系列的变化，说她们将会见识流血和"防血垫"。马德莱娜也告诉她们那些看似神秘的词语的含义，比如"恋人""情妇"。这些激发了波伏瓦和埃莱娜对于"女性为何会生孩子"这个问题的好奇心。学了新知识的两姐妹回到巴黎之后，忍不住问她们的母亲，小宝宝是从哪里来的。弗朗索瓦丝说是从肛门里来的，一点也不痛。像这样在身体认知方面误导自己女儿的事情，弗朗索瓦丝干过很多次，以至于波伏瓦在成长过程中，一直认为自己的身体是低俗的、讨厌的。[25]

在另一方面，弗朗索瓦丝十分重视思想教育，为了能更好地教育自己的孩子，她甚至学习了英语和拉丁语。乔治和弗朗索瓦丝都非常重视教育，他们认为阅读对于孩子们来说非常重要，但是关于宗教，他们的理念就出现了分歧。母亲弗朗索瓦丝是一个虔诚的天主教徒，但父亲乔治是一个坚定的无神论者。这个分歧给波伏瓦带来了深远的影响，父亲一直精心挑选各种伟大的文学作品给她看，而母亲则一直给她读宗教文学，并以身作则地示范一个自我牺牲的天主教徒。波伏瓦就读的希望学校允许10岁以下的孩子的父母来旁听课程，弗朗索瓦丝经常会去波伏瓦的课上旁听。弗朗索瓦丝也经常带着波伏瓦和埃莱娜两姐妹去巴黎圣母院的大教堂和圣叙尔比斯教堂。波伏瓦15岁的时候，她受到的教育和天主教熏陶让她和父母之间有了一些矛盾。后来波伏瓦称自己的童年是怀疑主义和忠诚信仰之间的一场拉锯战，这种不平衡让她的一生都充满了"无休止的驳斥"。波伏瓦认为这也是她能成为知识分子的主要原因。[26]

1914年8月，第一次世界大战爆发了，乔治和弗朗索瓦丝担心巴黎会沦陷，于是举家去了拉格里耶尔避难，等待巴黎恢复平静。波伏瓦记得自己在那段时间里，为了战争做罐头并尝试针织，这是她一生中唯一一次这么愉快地做女红。[27] 在这之前的一年，波伏瓦的父亲乔治因为心脏不好，被批准退伍了。但即便如此，战争一爆发，他又被征召入伍，并在10月被派往了前线。几周之后，乔治心脏病再次发作，被批准离开前线，去到一个军事医院疗养。1915年初，乔治出院回到了巴黎，在战争署任职。巴黎彼时已经通货膨胀，乔治的收入微薄，之前的投资也没了着落，但花钱时却仍然大手大脚的。

在这段时间，波伏瓦快乐的童年时光也结束了，迎来了充满烦恼的少女岁月。妹妹埃莱娜出落得美丽动人，像个洋娃娃一样。而波伏瓦因为吃得很少，看起来病恹恹的，还得了脊柱侧凸。巴黎当时实行灯火管制，波伏瓦家的经济状况也越发拮据，在母亲严格的道德管教之下，渐渐地，波伏瓦像患了强迫症一样，想方设法获得父母的认可。

波伏瓦想要变成一个端方淑女，但是她的世界却从此开始摇摇欲坠。

第二章 端方淑女

幼年时代的波伏瓦对家庭有很强的归属感,她对于童年的记忆多是快乐的。[1]但是从11岁开始,家里人对波伏瓦的期待让她感到困惑。她也惊讶地发现自己想要成为的样子,并不是家里人所期待的。她不明白为什么曾经鼓励她阅读和质疑的父母,现在却要求她停止思考,放弃阅读,不再提问。她感到痛苦,闷闷不乐。一部分是因为她提出来的问题得不到解答,一部分是因为她眼见着敬爱的父亲变成了自己不喜欢的样子。小时候的波伏瓦觉得父亲特别伟大。[2]曾经的乔治是一个充满智慧、学识渊博、喜爱诗歌、能够侃侃而谈的人。父亲的才华让波伏瓦折服,她觉得谁也比不上他。乔治曾经也喜欢表演,很享受自己成为派对中心人物的感觉,但是家道中落使他渐渐失去了幽默感,曾经的巴黎花花公子现在成了一个失魂落魄的人,整日垂头丧气。

"一战"之后,乔治·德·波伏瓦本来就岌岌可危的财务状况更差了。他以前投资的俄国股票现在变得一文不值,全家只能靠他少得可怜的薪水过活。波伏瓦偶然听到父母亲为了钱的事而争吵:弗朗索瓦丝不明白乔治为什么不肯重拾法律,而乔治却总是旧事重提,说如果弗朗索瓦丝的嫁妆没泡汤,家里的情况也不会这么差。争吵和怨恨使得他们对彼此的热情渐渐冷却。有一天晚上，波伏瓦和保姆路易丝一起回家后，看到母亲被打肿的嘴唇。³ 事情的真相是，乔治已经没有本钱去从事法律工作了，他连租一间办公室、置办一些家具，或者买办公材料的启动资金也掏不出来，何谈靠他的生意来养活全家。乔治此时已经40岁了，他有过两次心脏病发作的经历，健康状况也不大乐观。弗朗索瓦丝所希望的，乔治根本没有心力，也没有体力去做了。

幸运的是，之前让乔治觉得丢脸的老丈人，古斯塔夫·布拉瑟尔一直有自力更生的习惯，他及时地解救了他的女婿。在战争的两年间，布拉瑟尔开了一家鞋厂，成功拿到了为军人做靴子和鞋子的订单。这笔生意利润很高，布拉瑟尔大方地给乔治提供了一个副厂长的职位。⁴ 虽然这对于拥有贝特朗·德·波伏瓦的贵族身份的乔治来说并没有吸引力，但乔治因为别无选择只好接受了。乔治认为自己只是在工厂挂个名，并不想好好地去上班，于是经常能不去就不去。战争结束后，对军靴的需求没了，布拉瑟尔工厂也就随之没有生意可做了。这时候，好在又有一个家庭成员伸出援手，给乔治提供了一个报纸广告位销售员的工作。但乔治既没有销售天分，也不是一个靠谱的员工，所以这份工作也没有做太久。

从那之后，乔治就一直消极怠工。乔治改不掉自己原来贵族公子哥的生活做派，因此丢掉了好几份工作。尽管家庭经济状况已经每况愈下，但是乔治仍然每天睡到10点才起床，11点去股票市场晃悠一圈露个脸，午饭时去办公室看一眼，接下来一下午的时间都用来打桥牌，晚上去咖啡店喝一杯，然后优哉游哉地回家吃晚饭。⁵ 虽然波伏瓦在回忆录里总是赞扬父亲，但在妹妹埃莱娜眼里，波伏瓦家族里的男人们基本上都游手好闲，不爱工作，而女人们则坚强地替家族挽回一点尊严。[6] 波伏瓦之所以一直把父亲描绘得很美好，可能是因为童年时她深深地崇拜父亲，但也有可能是她对于家族的荣誉感使她不自觉地美化了父亲的形象。但更有可能的是，在 20 世纪 50 年代中期，波伏瓦写回忆录时预想到了，如果用尖酸刻薄的口吻谈论她父亲，会让很多读者产生敌意，认为她完全没有同情心，这些读者就会借此来对她进行人身攻击，从而否定她的一切。

"一战"结束之后的一年里，蒙帕纳斯大街渐渐恢复了往常的光景。然而，当 1919 年的夏天来临时，波伏瓦家的经济状况依然没有起色。为了节省开支，波伏瓦一家搬到了位于雷恩街 71 号的一处公寓。他们住在五楼，这里幽暗肮脏，既没有电梯，也没有自来水，甚至连浴室和中央供暖都没有。[7] 家里房间不多，除了客厅和主卧以外，父亲占用了一个房间做自己的书房。这使得波伏瓦没有了自己的空间，姐妹俩不得不共用一个小小的房间，小到姐妹俩的床之间只容得下一个人走动。当时他们的仆人路易丝还在，仆人们统一住在公寓的六楼，那里是所有仆人集中住的地方。但是不久之后，路易丝结婚了，搬到夫人街去了，于是弗朗索瓦丝不得不自己收拾这个破破烂烂的房子。[8] 一开始，弗朗索瓦丝借口说找不到好的帮佣才不用了，但实际上是家里已经请不起帮佣了。

请不请得起住家帮佣是当时巴黎社会的阶层分级标志。上层阶级和中产阶级的主要差别就是前者至少有一个住家仆人，而后者是负担不起这笔开销的。弗朗索瓦丝本来是一个性格温柔的人，虽然有时候她也试着把这种生活的磨砺当作锻炼自己美德的机会，但近来她变得常常发脾气。她渐渐地不再打扮自己，也不注重身材的保养，波伏瓦和埃莱娜也渐渐开始穿已经破旧的裙子。但是在母亲看来,这不是什么值得羞耻的事情。弗朗索瓦丝已经开始用另一种思维方式来看待生活,她安慰自己说虽然他们没什么钱,但是他们有文化,有信仰,而这些才是更有价值的东西。

在后人的眼里,西蒙娜·德·波伏瓦作为小说家和自传作家,文笔优美,散文的文字富有质感,同时她也是一个打扮时髦且有个人风格的女性。但是,波伏瓦和妹妹都因为在少女时期没有优雅的着装而苦恼过,后来波伏瓦把她们的这种状况戏称为"半贫穷"(semi-poverty)。[9] 波伏瓦所就读的希望学校里也有女孩穿得比较寒酸,但波伏瓦认为那至少是"得体的贫穷"。任何一个想要被别人尊敬的女孩都应当穿着得体,以免被别人说成是卖弄风骚,但当时波伏瓦的同学们认为她的穿着比那还要糟糕。[10]

尽管后来波伏瓦摆脱了经济上的窘境,但是童年的记忆让她变得对金钱格外敏感。在学校的时候,她为了省着用笔记本,把字写得越来越挤,有时候字小得连老师都抱怨看不清。她不仅节衣缩食,对自己也很抠门:"我一直坚信要物尽其用,对待自己也是一样。"[11] 她全身心地投入学习当中,同时也发奋要做一个虔诚的天主教徒。很快,她的付出得到了回报,牧师称赞她有一个美丽的灵魂。[12] 波伏瓦后来加入了一个为儿童创办的宗教组织,她在回忆录中写道:"我已然完成了成为一个好女孩的转变。我努力塑造我想要呈现给这个世界的性格,这让我获得了很多表扬,我对此感到很满足,我现在完全认同自己塑造出来的自我,这就是真实的我。"[13] 但与此同时,波伏瓦的很多同学都讨厌她,认为她自命清高,自认为无所不知。

12岁的时候,波伏瓦对待宗教的态度开始变得越来越模棱两可。但在童年时期,宗教的确启发了她去思考和质问女孩在社会中的位置这一问题。波伏瓦在《波伏瓦回忆录 第一卷:端方淑女》(*Memoirs of a Dutiful Daughter*,后简称《端方淑女》)中写道:"在上帝面前,她感到自己的灵魂和小男孩的灵魂一样宝贵,但自己为何还要去嫉妒那些小男孩呢?"[14] 在1965年的一次采访中,波伏瓦重新回顾自己的成长过程,她觉得这种严格的宗教氛围对她帮助很大,因为在这种氛围下她把自己想成是一个有灵魂的人。波伏瓦认为:"在灵魂的层面上,人人都是平等的,不管我是男性还是女性,上帝都会一样地爱我。男女圣人之间就没有高低贵贱之分,这完全是一个无性别的领域。"波伏瓦发现,在宗教中,人是一种道德平等和精神平等的种族,这种观念也塑造了她一生的信仰。[15] 但波伏瓦渐渐注意到一种不和谐,那就是宗教所宣扬的平等在现实世界中并没有得到实践。她清楚地记得父亲曾经骄傲地说:"波伏瓦有一颗男性一样的头脑,她能像男人一样思考,她就像个男人一样。"当时的波伏瓦反驳父亲说:"即便如此,人们还是都把我当作女孩对待啊。"[16]

随着波伏瓦渐渐长大,波伏瓦意识到父亲不仅重视对自己的教育,也开始同样重视她的外表。[17] 她在回忆录中写道:"我开始对一些我之前觉得应该避之不及的人物角色感兴趣,比如说路易莎·梅·奥尔科特的《小妇人》里的女主角乔·马奇,让我获得了很多灵感。"早在11岁时,波伏瓦就对这个小说人物感到着迷。[18] 乔在自己的姐妹中并不是最漂亮的,也不是最善良的,但是她对于学习的热情和写作的欲望,在年少的波伏瓦看来,简直就像是灯塔一般照耀着她。小时候的波伏瓦非常在意父亲对自己的看法,只要得到了父亲赞许,她就对自己充满信心和底气。但是随着时间的流逝,父亲对波伏瓦的赞许渐渐少了,取而代之的是失望。乔治·德·波伏瓦认为女性应当追求优雅和美丽,在这一点上,波伏瓦的妹妹埃莱娜做得更好。在波伏瓦眼里,埃莱娜就好像《小妇人》里的艾米一样,因为美丽赢得了人们的肯定和爱慕。

而波伏瓦就像乔一样,把自己完全泡在了书堆里。她读《效仿基督》(The Imitation of Christ)和《关于禁欲和神学的手册》(A Handbook of Ascetic and Mystical Theology)这样晦涩难懂的宗教书籍,也读父母推荐的各种历史和文学类书籍,法语的、英语的她都读。波伏瓦喜爱英国文学,《爱丽丝梦游仙境》和《彼得·潘》都是她儿时钟爱的故事,这也为她后来阅读勃朗特姐妹和弗吉尼亚·伍尔夫的作品做好了铺垫。[19] 渐渐地,因为父母的禁止和表姐马德莱娜的旁敲侧击,波伏瓦发现有些书能教她父母不愿意教她的内容。表姐马德莱娜可以随心所欲地想读什么就读什么,但是波伏瓦却被管得束手束脚。[20] 所以当波伏瓦有机会一个人在家的时候,她就会偷偷潜入父亲的书房,如饥似渴地读保罗·布尔热、阿方斯·都德、马塞尔·普雷沃、莫泊桑和龚古尔兄弟的作品,这些书籍弥补了波伏瓦缺失的性教育。[21]

阅读小说也帮助波伏瓦发现生活中那些悬而未决的问题。《小妇人》中的女主角乔·马奇不愿意做家务,因为家务事使得她没时间去做自己想做的事情。但为什么那么多的女性仍然要做家务,而男人却不用做家务?波伏瓦所受的传统教育告诉她,婚姻就是女性的命运,但是乔·马奇就能够因为自己不想结婚就断然拒绝了这样的命运,波伏瓦想知道,自己也可以这样吗?[22] 波伏瓦在十一二岁的时候读了乔治·爱略特的

《弗洛斯河上的磨坊》，这本书中反复出现的主题也成了波伏瓦在后来的人生和哲学中一直追问的问题。爱略特笔下的麦琪·塔利弗天资聪颖、桀骜不驯，她十分讨厌浪费自己的时间做重复劳动的针线活。如果说女性做这种家务事是人们所期待的，那波伏瓦如何才能既不辜负自己，也不辜负别人对她的期待？如果"爱"对于女人来说，意味着必须牺牲很多，而男性却不需要牺牲，那么对于女性来说，为爱牺牲值得吗？早在1926年，当波伏瓦还是学生时，她就在日记中思考，究竟要保持多少自我，以及放弃多少自我。[23]《弗洛斯河上的磨坊》里的主人公麦琪·塔利弗最终和史蒂夫坠入情网，波伏瓦为麦琪感到不值得，她没法理解麦琪为何会陷入这样的爱情。波伏瓦为此写道："我唯一能想象的就是一种爱情兼友谊的关系。在我的眼里，一个男孩和一个女孩，只有彼此交换读书之后的思考，才能永远地连在一起。"[24]

书籍不仅给波伏瓦提供了知识，也是她从物质和精神双重贫乏的现实世界里逃离的避难所。虽然波伏瓦在书里找到了一条反抗的道路，但是这并不足以把她带到一个女性能够自主做选择，不再为自己的身体感到羞耻的新世界。年轻的波伏瓦常常被书中人物的精神生活鼓舞，但是肉体的一面却让她感到尴尬不适。用波伏瓦自己的话说，当时的她对待性太过于大惊小怪了。在母亲弗朗索瓦丝35岁那年，父亲乔治因为婚外恋抛弃了她。[25]尽管如此，波伏瓦知道自己的父母也曾有激情燃烧的岁月。当时年轻的波伏瓦对性感到很恶心："在我看来，爱情和肉体完全没有关系。"[26]

在搬到雷恩街之后的五年里，父母之间的关系越发紧张，波伏瓦经历了青春期的不安，还目睹了两个生命的离去。她喜爱的保姆路易丝，在结婚后生下一个男婴。可惜这个男婴得了小儿支气管肺炎，不久后就死掉了。这是波伏瓦有生以来第一次见到死亡，她被这突如其来的死亡吓得不轻。路易丝和她的丈夫住在一栋公寓顶楼的单间里。当波伏瓦一家去看望他们的时候，波伏瓦目睹的不仅仅是死亡，还有她从未见到过的贫穷。波伏瓦走上那栋公寓六楼的走廊，一进去就看见有十几个门，每一扇门背后都是一个单间，不大的房间里住着一家子人。[27]不久之后，波伏瓦家的公寓门房的儿子也生病了，这个孩子得了肺结核和脑膜炎，病了很久，最后死得很痛苦。进出这栋楼的人经过楼梯的时候都不得不目睹这个可怜的孩子。波伏瓦看着这个孩子每况愈下，心里很担心，她怕自己和埃莱娜会像这些孩子一样得病死掉。

波伏瓦创作的小说里有些情节和她的真实生活很接近。在她1946年写的小说《他人的血》里，波伏瓦重新回顾了童年时目睹的这些早夭的孩子。小说的主角，一个叫让·布劳马的男人，听到"路易丝的孩子死了"的时候仿佛感觉到了"原罪"：

> 我又一次看见那些扭曲的楼梯，石头铺的走廊两边有很多扇门，每扇门看起来都是一样的。妈妈告诉我，每一扇门后面都住着一大家子人。我们走进其中一扇门，是路易丝的家。路易丝见到我，把我迎进她的怀里，她的两颊松垮垮的，有点潮湿。妈妈在床边坐下，坐在路易丝的旁边，同她低声地说话。襁褓里有一个面如死灰的孩子，双眼已经闭上。我转头打量了这间屋子，贴着红色瓷砖，煤气灶后面斑驳的墙上一个窗户也没有，我忍不住开始抽泣。我一边哭，妈妈一边在说话，而那

个孩子死了,躺在那儿一动不动。[28]

在这之后的几页,主人公布劳马自问,当他知道路易丝在哭泣的时候,他怎么能笑得出来?在波伏瓦的一生中,每每听闻人们对同胞的苦难漠不关心的事情,她都感到骇然不已。

波伏瓦和妹妹埃莱娜回忆起自己的少女岁月,都觉得痛苦不堪,她们跟母亲的关系也尤其紧张。波伏瓦甚至希望母亲能对她和妹妹冷漠一些。在十二三岁的时候,波伏瓦觉得母亲对自己充满敌意,她也完全没法忍受母亲。妹妹埃莱娜说当时的母亲完全像是一个暴君[29],甚至说母亲弗朗索瓦丝希望自己比女儿们长寿,还说女儿们应该为了她而活。显然姐妹俩都不想这么做。[30]

她们的不情不愿并不难理解。一直以来,尽管父亲越来越过分,但母亲弗朗索瓦丝忍气吞声,扮演着一个贤妻良母的角色。父亲原本会在下午打桥牌,现在变成了晚饭后打桥牌。此外,父亲还浪费更多的时间和金钱去买醉和赌博,而母亲弗朗索瓦丝则精打细算,节衣缩食。白天的时候,波伏瓦和埃莱娜看着母亲努力地把家撑起来,而当母亲跟父亲开口要一点家用时,他却大发雷霆;夜幕降临之后,姐妹俩很晚才能听到父亲回家的声音。而他一回来,就因为去妓院、情妇和赌博的事情跟母亲争吵。

在《一种非常安逸的死亡》(*A Very Easy Death*)里面,波伏瓦回忆起那段岁月,当时母亲已经彻底失去了耐心。被逼急了的德·波伏瓦夫人不得已扇了丈夫耳光,甚至用针扎他。弗朗索瓦丝和乔治开始不分场合地争吵。后来,波伏瓦在书里反思了自己的母亲在矛盾欲望中的挣扎:

没有人可以一边说着"我在自我牺牲",一边心里不觉得苦。我母亲的矛盾在于,她完全相信奉献是伟大而高尚的,但是奉献和自我牺牲所带来的厌恶、欲望和各种苦涩已经到了她自己没法承受的地步。我的母亲一面强迫自己不断地奉献和牺牲,一面苦苦对抗自由被剥夺的痛苦。[31]

一个人该如何解决这些冲突和矛盾?到底是应该自我奉献地过一生还是应该只为了自己过一生?这些问题一直萦绕在波伏瓦的脑海里。学生时代的波伏瓦经常在日记里问自己这个问题,后来波伏瓦写存在主义的道德,以及女性主义的作品时,也探讨过这些问题。波伏瓦的母亲弗朗索瓦丝是一个虔诚的天主教徒。当两个女儿还小的时候,弗朗索瓦丝就用圣人和殉道者的故事熏陶她们。这些故事让波伏瓦相信,自我牺牲是成为一个楷模的重要因素。而且有的时候,自我牺牲甚至到了神化自我的地步,因为只有彻底放弃自我才能成为神。波伏瓦渐渐觉得只有孤独才是最令人愉快的状态,她想要独自掌控自己的生活。[32] 在波伏瓦后来的作品里,宗教的讨论经常出现,她对母亲的态度也渐渐变成了批判。尽管波伏瓦不承认《第二性》里有些篇章是自传性质的,但其中有一个段落跟波伏瓦的人生经历很相像。波伏瓦写到女儿们目睹了母亲为了不值得的人和事一味地自我牺牲,于是十分激烈地反抗自己的母亲。因为她们看到在现实里,母亲这种吃力不讨好的付出并没有把她变成一个神。倘若做一个受害者,她会受尽嘲讽,而如果做一个悍妇,她会遭人憎恨。她的女儿们都不想步她的后尘。[33]

波伏瓦家里的火药味越来越浓，好在学校还能给她提供一些稳定感和陪伴。和扎扎待在一起，波伏瓦觉得比自己最喜欢的独处更开心，和扎扎的友谊也让她变得快乐、自信。波伏瓦和扎扎都很爱学习，在班里排名不相上下。她们俩总是在一起，老师和同学们甚至戏称她们俩为"连体双胞胎"。波伏瓦和扎扎的父亲都是贵族阶层，而且拉库万夫人也愿意亲近德·波伏瓦夫人。因此波伏瓦和埃莱娜常常去扎扎的家里做客，去了之后她们才发现，拉库万虽然家世显赫，但是他们在家完全不讲究什么礼仪和规矩，小孩子可以在家里尽情跑跳，弄坏家具也不会被批评！[34] 埃莱娜觉得扎扎的存在抢走了波伏瓦对她的爱，但家里的其他人都对波伏瓦和扎扎的这段友谊感到很满意。

波伏瓦和扎扎都很爱思考。在扎扎面前，波伏瓦可以无话不说，毫无顾虑地分享自己的想法和疑问。波伏瓦在学校通常是成绩第一名的那个，但扎扎的体育和音乐比波伏瓦更好。两个小伙伴一起长大，扎扎变得越来越漂亮和优雅，但是波伏瓦却因为脊柱侧凸变得姿态不佳，脸上也长了斑。17岁的时候，波伏瓦意识到，自己的外貌和家境都不如扎扎，连家庭关系也没有扎扎家和睦幸福。

波伏瓦和扎扎彼此分享了很多东西，但是波伏瓦对于亲近的渴望得不到扎扎完全的回馈。扎扎想要的是一种和她母亲那样的关系，但这不是波伏瓦想要的，波伏瓦也给不了这样的关系。扎扎的生活很充实，她有八个兄弟姐妹，有一个事业成功的父亲，但是她想要母亲只关注她一个人，因为只有这种时候她才觉得自己很特别。波伏瓦觉得拉库万夫人把女儿扎扎当作知己。有一次，波伏瓦和扎扎聊得很深入，扎扎偷偷告诉波伏瓦，她母亲跟她讲了新婚之夜的"可怕"经历。拉库万夫人告诉扎扎她觉得性非常恶心,她的九个孩子都是在没有激情的情况下怀上的。[35]拉库万夫人受的教育并不多,所以尽管扎扎在学校里成绩很好,但是拉库万夫人认为扎扎在家里好好帮忙才更重要,因为这样扎扎才能为日后当一个好妻子和一个好妈妈做好准备。拉库万夫人尤其希望扎扎能嫁个好人家,有一段幸福美满的婚姻。

波伏瓦一直不太理解扎扎的家庭关系,有一年夏天,波伏瓦去扎扎家在兰德斯的房子看望他们的时候,对扎扎的所作所为大跌眼镜。波伏瓦到了之后,发现扎扎坐在沙发上,腿上有个很大的伤口。当只剩她们俩的时候,扎扎告诉波伏瓦其实这个伤口是她自己弄的,她故意用斧头弄伤了自己的腿。波伏瓦很吃惊地问:"为什么?!"扎扎说,因为她就是想让自己负伤动弹不了,这样就不用去走亲访友,也不用参加什么花园派对,更不用去照看弟弟妹妹。后来,波伏瓦在《第二性》中也写到了这件事情,不过她没有点明扎扎的身份。[36]

波伏瓦和妹妹埃莱娜渐渐长大了,她们对家里也渐渐产生了不满和怨恨。两姐妹开始反抗,尽管方式没有扎扎自残那么极端。两姐妹常常趴在家里的阳台上,一连几个小时盯着街对面的一家咖啡馆看,因为里面的顾客看起来都神采奕奕的,让她们很是向往。于是当父母不在的时候,她们便会偷偷溜出家门,去街对面的那家圆亭咖啡馆(La Rotonte)一边喝咖啡,一边享用奶油甜点。[37]

父亲乔治越来越觉得,两个女儿能好好读书完全是因为他。乔治认为自己事业失败,没法给她们提供嫁妆,所以波伏瓦和埃莱娜得为了找工作而努力学习。在"一战"之后,这种情况并不罕见。许多法国资产阶级家庭为女儿准备的嫁妆都因为通货膨胀几乎一夜蒸发,所以这些女孩不得不通过接受教育来保证自己今后能找份工作养活自己。但是波伏瓦的父母所在的阶层仍然认为让女儿接受高等教育是一件不光彩的事情。对于他们来说，接受职业培训就象征着他们贵族身份的失败。

当波伏瓦还小的时候，乔治很高兴看到她比其他孩子更早地学会看书学习，因为他希望这能帮助波伏瓦今后在社交圈里成功地钓到金龟婿。因为在乔治的印象里，一个女性想要在社交圈里如鱼得水，需要的可不仅仅是一张漂亮的脸蛋，她还得是一个谈话高手。他欣赏拥有智慧的聪敏女性，但是他不喜欢女性成为知识分子，也不喜欢女性争取权利。最终乔治对波伏瓦的希望全都落空了，因为波伏瓦的堂姐珍妮成功继承了家族里的大城堡，成为富有的女主人，而波伏瓦什么也没有得到。乔治对此很失望，苦涩地感慨，也许自己的女儿们永远都嫁不掉了，她们只能为了生计而努力工作。[38]

波伏瓦一直以来都面临着使自己陷入两难的各种期待：作为一个女性，她想要成功，就必须受到良好的教育，有所成就；但是同时，受教育程度又不能太高，更不能太有成就。而弗朗索瓦丝的愿望更是让她陷入了另一种困境。因为他们家已经请不起仆人了，所以弗朗索瓦丝希望女儿们能帮忙料理家务。但是波伏瓦需要努力学习，所以她拒绝花时间做家务，而且她也并不想成为一个家庭主妇。弗朗索瓦丝在家里常常将自己的不满和愤怒发泄到波伏瓦身上。

那时候的波伏瓦不管看向哪里，都能感觉到他人的期许压在她的身上。好在各种期待压得她喘不过气的同时，终于有一点点新鲜空气进来。波伏瓦儿时青梅竹马的对象雅克·尚皮涅勒，对波伏瓦两姐妹都很喜爱。虽然父亲乔治已经不怎么跟波伏瓦和埃莱娜聊天了，但是雅克很喜欢跟她们聊天。雅克的父亲有一家彩色玻璃制造厂开在蒙帕纳斯大街上,离波伏瓦的家不远。所以雅克常常去波伏瓦家拜访,父亲乔治也很喜欢这个小伙子,把他当作成年人来对待,弗朗索瓦丝也很欣赏他的彬彬有礼。

乔治渐渐不再觉得波伏瓦的想法很有趣,波伏瓦的存在也会使他想起自己的失败。所以雅克的出现正好填补了这个空白。乔治和雅克常常坐在画室里,两个人谈笑风生,然而家里的女性,就像《弗洛斯河上的磨坊》的女主角麦琪·塔利弗一样,被认为就该安静地坐在一旁刺绣或者素描。波伏瓦对此感到很困惑。起初,雅克对乔治毕恭毕敬,但是后来他们越来越不拘泥于长辈和晚辈的关系,雅克变得直言不讳,开始挑战叔叔的保守主义。因此乔治决定不再跟雅克聊天了,为了不耽误自己打桥牌,他直接离开了公寓,让雅克跟自己的女儿们聊天去。在与雅克聊天的过程中,波伏瓦意识到自己能够吸引男人的,不仅仅是身体,还有头脑。至少当时的她确定,眼前的这个男人是被她的思想所吸引的。

然而雅克对波伏瓦忽冷忽热,有时候他会定期拜访波伏瓦一家,但是有时候他会突然消失很久,且不做任何解释。尽管波伏瓦后来在回忆录《端方淑女》里,对这段关系轻描淡写,说自己只是把雅克看成是一个大哥哥[39],但是在相当长的一段时间里,波伏瓦都曾幻想能跟雅克拥有共同的未来——甚至是在遇到萨特之后,雅克、萨特和另一个男人都曾经用不同的方式争夺波伏瓦的喜爱[40]。

波伏瓦对雅克的喜爱,其实很有可能是因为她的好朋友扎扎的生活里出现了男性追求者。扎扎的母亲在那段时间里开始给她不断地介绍结婚对象,这让扎扎很反感。因为在扎扎看来,为了利益而跟某个人结婚,几乎就跟做个娼妓没有什么区别。她受到的教育要她尊重自己的身体,如果因为金钱或者家庭原因就把自己的身体给某一个男人的话，实在是太不自爱了。可惜在拉库万家族里，女人只有两条出路：要么结婚，要么去修道院做修女[41]，但这两条路扎扎都不想走。

拉库万家给五个女儿每个人都准备了25万法郎的嫁妆，要对追求者们进行精挑细选。然而，家道中落的波伏瓦家没法这么做。后来的波伏瓦回忆起这段岁月，她觉得自己其实是为了跟上扎扎的脚步，才幻想着自己爱上了雅克。从她20世纪20年代后期的日记来看，她身边人也表示其实她对雅克的感情并没有很深，她当时对雅克的若即若离感到很气愤。埃莱娜认为雅克故意想做花花公子，压根儿配不上波伏瓦。

在波伏瓦情窦初开的这段时间，法国正经历着翻天覆地的教育改革，这些改革也影响了波伏瓦后来的人生重大决定。1924年，波伏瓦从希望学校毕业了。在她毕业的十年前，一位国立高等学校的女老师认为，教育和工作将变成女性的必需品：

> 现如今，大多数女孩子……都想要继续接受教育，希望自己能够从事一份专业的工作。虽然所有女性都想要坠入爱河，走入婚姻，成为妻子和母亲，但是在我们这个金钱主导一切的不公正世界里，并不是每一位女性都能过上这惯常的生活，成为人母。……她们很清楚，教育能够拓宽她们的职业道路，让她们不再依附于男性，自立自强。[42]

对于波伏瓦来说，通过婚姻获得男性的帮助，并不如靠她自己的能力来得可靠。至少她父亲让她明白了这一点。波伏瓦努力学习，很快拿到了各种资格证。1924年7月，16岁的波伏瓦以优异的成绩拿到高中毕业会考证书，这个证书在不久之前才刚开始颁给女性。当波伏瓦去领取证书的时候，考试官酸溜溜地嘲讽她："你是来多拿几个文凭的吗？"[43]

尽管希望学校在很多方面都很保守，但是这所一流学校鼓励女性学生继续求学，通过两个级别的考试拿到中学毕业文凭。在通过中学毕业文凭第一级别的考试之后，学校会鼓励像波伏瓦这样资优的学生继续留校一年，学习哲学、文学和科学，这样她们今后毕业后就能够在同类学校中胜任教职。这个课程的本意是想要好心地帮助女性学生，因为尽管跟婚姻相比，去学校教书是差一点的选择，但至少这样能够让结不了婚的女性还留在她们原本的阶级里。

中学毕业文凭第二级别的考试难度增加了很多，希望学校的女校长最近把哲学也加到了必修科目中来，因为哲学课在法国国立高等学校或大学预科中变得流行起来，校长想借此举提高学校招生时的报名率。哲学课由一个牧师来教，尽管波伏瓦很喜欢哲学，但是她发现授课老师能力严重不足。这个哲学老师上课只是照本宣科，波伏瓦在回忆录《端方淑女》中抱怨说，老师每堂课的结束语都是："根据托马斯·阿奎那[1]的真理……"[44]尽管如此，波伏瓦还是彻底被哲学迷住了，她发自内心地想要学更多的哲学。初尝到哲学的滋味之后，原来波伏瓦擅长的那些学科现在看起来都显得微不足道了。[45]

波伏瓦通过了中学毕业文凭第二级别的考试。尽管这次没有拿到优秀，但乔治还是很高兴，带着波伏瓦去戏院看戏庆祝。乔治现在又对波

---

[1] 托马斯·阿奎那（Thomas Aquinas，约1225—1274）是除了圣奥古斯丁外基督教神学中另一个顶峰人物，就像柏拉图和亚里士多德是古希腊哲学的两座高峰一样。

伏瓦提起了兴趣，或许是因为波伏瓦的脸不再像青春期时那么坑坑洼洼了，整个人也出落得苗条一些了（没办法，乔治总是很在乎这些无关紧要的事情），又或许是因为关于她未来将面临的实际问题越发凸显。[46] 乔治不赞成波伏瓦学习哲学，他认为这只不过是舞文弄墨。弗朗索瓦丝也不赞成，因为她不希望波伏瓦因此变得堕落，失去自己的天主教信仰。

但是波伏瓦已经下定了决心。她了解到在塞福勒有一所精英培训学校，专门培养女性成为公立学校和学院的教师。弗朗索瓦丝对这所学校闻所未闻，她打听到了这所学校的一些传闻，据说管理严格，但道德松散，完全不讲宗教信仰。波伏瓦的父母这么多年来花钱培养她上私立学校，并不希望她最后只是成为一个公立学校的老师。而且最重要的是，塞福勒这所学校是寄宿制的，也就意味着学生们的母亲没法近距离地监督她们了。

虽然乔治认为哲学本身没什么价值，但是他退一步想，哲学也许可以为今后从事法律工作打下良好的基础。"一战"以后，渐渐有女性开始从事法律工作了，如果波伏瓦能够在国家行政部里面找到一份法律相关的工作，她一辈子都能有稳定的收入了。波伏瓦不是一个急于做出判断的人，她读完《拿破仑法典》（*The Napoleonic Code*）后明确地告诉父亲：不。母亲提议说成为一名图书管理员也不错，但是波伏瓦的回答仍然是坚定的"不"。

波伏瓦下定了决心要学习哲学，但她父母却坚决不同意。因此，波伏瓦采取了沉默对策，只要他们跟她讨论起她的未来，波伏瓦都沉默以对。时间久了，家里氛围越来越尴尬，越来越令人窒息。最终波伏瓦的父母让步了，勉强接受了她的志向，当然也没少为这件事大吵大闹。

有一天，波伏瓦在杂志上看到一篇写法国第一位取得哲学博士学位的女性列奥塔尼·赞塔的文章。波伏瓦觉得自己找到了奋斗的目标。文章的配图是列奥塔尼·赞塔的照片：她坐在书桌前，姿态严肃，面露沉思之色。文章还提到赞塔和领养的侄子生活在一起。波伏瓦觉得这个女人富有智慧，又不乏"女性的敏感"，梦想着未来的某一天也能有人这么写她。[47]

如果波伏瓦早出生几年，这一切都不会成为现实了。早出生五年的话，波伏瓦甚至都没法参加大学的入学资格考试。波伏瓦知道自己选择的是一条少有女性走过的路。在那个时候，只有六位女性通过了法国哲学教师资格考试。这是一项竞争极其激烈的国家级考试，波伏瓦誓要成为通过这个考试的先驱者之一。[48]

波伏瓦早年学习哲学时写的作品很多都没有保留下来。但流传下来的有一篇她写于1924年末的论文，分析了经典的科学哲学文章——法国科学家克洛德·贝尔纳的《实验医学研究导论》(Introduction to the Study of Experimental Medicine)。在这篇论文里，16岁的波伏瓦写道："这部作品很有趣，但最有趣的部分是，贝尔纳指出了哲学式的质疑是有价值的。"贝尔纳认为最伟大的实验原则便是质疑精神，哲学质疑能够给人类的思想以自由和积极性。他认为有些形式的怀疑是无益的，但是有意义的质疑能够帮助我们认识到人类思想的边界："人类的思想是有限的，既不知道万物的起源，也无从得知其最终的归宿，但是我们至少能尝试去掌握中间的部分，也就是周围与我们紧密相关的一切事物。"[49]

波伏瓦在学校里读的哲学课本是由查尔斯·拉尔神父所写的《哲学手册》(Manuel de Philosophie)。这本书也讨论过质疑的意义，但是它警告读者不要过度质疑，因为质疑会破坏甚至是毁灭你的宗教信仰。尽管当时的波伏瓦还只是一个学生，但是她拒绝这种做哲学的方式，把思想禁锢在系统里，剥夺思想的自由。[50] 波伏瓦很早的时候就开始对自由的哲学感兴趣，这对我们更好地理解她后来的人生决定、哲学理念，还有世人对其人生的误解都有很大的帮助。20世纪20年代，波伏瓦读了19世纪哲学家阿尔弗雷德·富耶的作品。富耶对自由的看法和让-雅克·卢梭截然不同，他认为"人不是生而自由，而是变得自由的"[51]，自由是一种"思想力"，也就是说思想拥有影响着人生发展进程的力量。人的行为和命运究竟是出于自我意志与创造，还是命中注定？富耶对这样由来已久的问题很感兴趣。有人认为人类注定会以某种方式行事，富耶就此反驳道，人类对自由的渴望本身就能使得我们变得自由。

有些人担心欲望和情感会折损我们的自由，但是富耶认为人类对自由的渴望不同于其他的欲望，因为对自由的欲望能够抗衡别的欲望。对自由的渴望让人类想要的不仅仅是"好的事物"，也不仅仅是"好的决定"，而是一个完全属于"我自己"的决定。[52]

波伏瓦希望她的未来完全掌控在她自己手中，想要一生过得自由自在，还想学习哲学。当她母亲告诉希望学校的老师波伏瓦选择的科目是哲学时，学校里的修女们说，在索邦用不了一年，德·波伏瓦小姐就会被带坏，放弃信仰，走上歪路，这让波伏瓦的母亲十分忧虑。[53] 所以，一家人各自退让了一步：波伏瓦可以先学习文学。

在法国，巴黎高等师范学院是培养哲学顶尖人才的圣地。然而1925年时，巴黎高师这座久负盛名的学校并未对女性开放，波伏瓦的哲学世界被关上了一道门。波伏瓦不得不在索邦大学先读一个学位，然后拿教育学的文凭，再去参加国家哲学教师资格考试。1925年，她开始在天主教学院学习数学，在圣玛丽学院学习文学和语言。这两所学校都为天主教信仰的学生准备索邦的考试，但同时也会限制学生对世俗文化的接触。

德·波伏瓦夫人当时并不知道自己为女儿选了一所这么好的学校，她之所以选择圣玛丽学院，只是因为那里的天主教氛围很浓厚。波伏瓦在那里遇上了马德莱娜·达尼罗老师，她是当时全法国学位最多的女性。达尼罗老师认为教育才是解放的关键，她的丈夫查尔斯·达尼罗是一名议员，跟她持有相同看法。因为女儿们都长大了，乔治也不怎么在家，弗朗索瓦丝便有了更多的闲暇时间读书和学习，她跟着波伏瓦一起学习教材。弗朗索瓦丝其实很有天赋，她读波伏瓦的教材越多，越佩服达尼罗夫人的课程设计。

波伏瓦对于母亲所给予的关注感到既甜蜜又苦恼。她知道母亲想要让她们母女之间的关系能像朋友一样，想要建立那种自己从未体验过的亲密母女关系。但是她总是强迫波伏瓦，所以导致了波伏瓦的逆反情绪。据埃莱娜说，弗朗索瓦丝甚至会开封并阅读波伏瓦所有的信件，甚至到波伏瓦18岁的时候，她还是把她认为不合适的那些信件直接扔掉，不让波伏瓦看到。[54]波伏瓦当时的字已经小得难以辨认了，但她决定要写得更小些，好像这样就能逃过母亲那窥探的目光。

母亲的过分管束让姐妹俩感到窒息。然而出人意料的是，雅克来雷恩街拜访波伏瓦一家的那天，德·波伏瓦夫人却一反往常，放松了管束。雅克已经快一年没有来了，这一次他刚买了一辆跑车，想来炫耀一番。年轻气盛的雅克渴望别人的关注，他向波伏瓦侃侃而谈那些住在蒙帕纳斯大街上的作家和艺术家。埃莱娜迅速意识到其实雅克并不是专门来看波伏瓦的，但是从波伏瓦殷切的目光和绯红的双颊，埃莱娜看得出来波伏瓦是喜欢着雅克的。当雅克提出要开车带波伏瓦出去兜兜风时，一向保守的弗朗索瓦丝欣然同意了，这让埃莱娜惊讶不已。埃莱娜不想被留在家里，因为她知道波伏瓦和雅克一走，自己就得看着母亲"狂喜"。弗朗索瓦丝其实希望雅克能够娶了波伏瓦，有没有彩礼都无所谓。

接下来在雅克和波伏瓦之间发生的，看起来就是"窈窕淑女，君子好逑"的戏码了。这也是西蒙娜·德·波伏瓦一生中经历的唯一一次传统的求爱。雅克开车带着她逛巴黎，他们一起在布洛涅森林里漫步，一起读禁书、逛画廊、听音乐。但突然有一天，弗朗索瓦丝就禁止他们再一起外出了。弗朗索瓦丝希望通过欲擒故纵的方法让雅克对波伏瓦感情升温。但同时弗朗索瓦丝也开始对波伏瓦衣服上的烟草味和酒精味感到疑神疑鬼，她猜测波伏瓦已经开始出入酒吧和咖啡馆了。

那年，波伏瓦以高分通过了考试，她的哲学老师鼓励她继续在圣玛丽学院深造，以及在索邦大学修读尽可能多的课程。波伏瓦拿到了高等教育的三个资格证：数学、法国文学和拉丁语。这是什么概念呢？想要拿到一个相当于现在本科学历的文凭需要先拿到四个资格证，而一般的学生需要花一年的时间才能拿到一个资格证。

同年，雅克没有通过法律考试，打算第二年从头再来。雅克渐渐地变得懒惰，也开始酗酒，但是波伏瓦却故意无视了雅克这些性格上的缺点。她不愿意承认，雅克对她其实只是逢场作戏。她和雅克其实也没有更深入地交往，甚至都没接吻过。雅克经常不在，就算在，也老是心不在焉。但是波伏瓦把这种疏离都归咎于她自己的不足。我们很难想象成熟后的波伏瓦，回看自己那段时间的日记，会不会感到失望。在《端方淑女》以及她成熟的哲学论著中，波伏瓦用了大量篇幅谈及两人的感情。雅克含糊其词地提到过结婚，会说些像"看起来我很快就要结婚了"这样的话，但是从来没有真的向波伏瓦求婚。后来，波伏瓦反思为何当时自己那么迫切地想要结婚，也许她只是想通过婚姻实现别的目的：只有结了婚，她才能获得家人的爱和尊重。

波伏瓦内心是很矛盾的，她在日记里对比着想象中雅克·尚皮涅勒夫人的一生与她口中"自由的一生"。1926年的夏天，波伏瓦在乡村和亲戚们一起度过，她努力地让自己开心起来。9月份回到巴黎的时候，她想要见雅克，但是弗朗索瓦丝不允许。

那年夏天，18岁的波伏瓦第一次开始尝试写小说，但是这本叫作《埃莲娜》(*Éliane*)的小说她只写了9页。[55] 尽管她对哲学充满了热情，但是波伏瓦并不想创造出一个宏大的哲学体系，她想要写一本关于内心生活的小说[56]，展现她笔下人物的丰富内心世界。她之所以生出这样的想法，部分原因是受到了哲学家亨利·柏格森作品的启发，他在《时间与自由意志》(*Time and Free Will*)里倡导小说家们都应该勇敢起来。波伏瓦在日记里引用柏格森的话："文学能够撕开传统意义上的自我所精心编制的网。"阅读柏格森的时候，波伏瓦感到智识上的愉快，因为她在柏格森的哲学里看到的不是逻辑的建构，而是能够被切实感知的现实。[57]

在日记里，波伏瓦写下自己要"思考生活"，要把哲学思考带进生活中。在接下来的两年间，波伏瓦一直在写短篇故事，并在写作里贯彻这种"思考生活"的方式。她细致入微地描写体验，这也是她日后作为一个哲学家所感兴趣的现象学的典型。现象学从第一人称视角去研究意识结构。现象学塑造了波伏瓦的女性主义方法论，而女性主义的创作反过来影响了波伏瓦的现象学。1927 年，波伏瓦想要写关于生活的散文，她想要创作的并不是小说，而是一种能够连接小说的哲学。[58]

在 1960 年出版的《盛年》里，波伏瓦写道她不是哲学家，萨特才是。[59] 然而在 1926 年的夏天，波伏瓦的日记里记录了一段让她震惊、羞愧、反思良多的经历，这其中也有之后她的哲学思考中的一些中心主题。三年之后，波伏瓦才遇到萨特，而当时波伏瓦的思考对萨特后来的作品也有很深的影响。

那年夏天，波伏瓦和姑妈一起去法国卢尔德游玩。在旅途中，她见到很多深受重病折磨的人痛苦地寻求帮助，等待治疗。这一切冲击了波伏瓦的价值观。在这些病人面前，波伏瓦觉得那些舞文弄墨、小情小调的追求都显得太过轻浮。跟这些人的痛苦和不幸相比，自己的烦恼简直不值一提。在那一刻，波伏瓦感到羞愧，她觉得必须牺牲自己，奉献他人。[60]

但在认真思考之后，波伏瓦觉得自己的结论并不对。波伏瓦在日记里劝慰自己不该为自己的生活而感到羞愧，她被赋予了生命，就应当把生命活到极致，活出最好的可能性。如果完全牺牲自己，奉献他人，实际上是一种道德上的自杀。而且这种自我牺牲比痛苦地抉择多大程度上放弃自我、多大程度上保留自我要来得简单。波伏瓦觉得她需要的是一种平衡，既要为他人奉献，但也不要在为他人奉献的过程中失去自我。[61]

6 天之后，波伏瓦在日记中重新回顾了这个主题，她讨论了两个极端的可能性：完全的自我奉献和完全的以自我为中心。如果考虑到波伏瓦的童年经历，我们很容易从她父母身上找到这两种极端的原型。虽然波伏瓦在日记中没有提及母亲不幸的自我奉献，也没有提到父亲顽固不化的以自我为中心，但是从她后来的日记中我们可以推断，波伏瓦的家庭的确给了她一种不公平感。在日记里,波伏瓦写道她想要为他人奉献,因为她是喜欢他人的。但是她也希望自己的情感和思想能够统一,所以她问自己:有没有一种道德观能够建立在对他人的欣赏之上?不管这对他人可行不可行,波伏瓦决定要自己尝试这种道德观:[62]

> 我固然是一个非常自我的人。但是这真的会妨碍我去无私地爱别人,以及为他人奉献吗?在我看来,我有一部分生来就是要奉献他人的,有另一部分生来就是要保持自我的。第二部分能够独自成立,而且它保证了第一部分的价值。[63]

18岁的时候,波伏瓦觉得现有的哲学讨论很多都是在真空中进行的。她开始思考从理性的角度认知某件事情和在真实的生活中感知某件事情之间的距离。[64] 波伏瓦认为文学填补了这两者之间的距离:"我很喜欢那些能够重新发现生活的作家,以及那些能够重新发现这些连接生活的作家的哲学家。"[65] 波伏瓦也想做这样的中间人,她尤其想要展现人类的二元性,从内向外审视自我和从外向内审视自我,同时有内心的丰富世界,和与外在他者的紧密联系。9月的时候,波伏瓦尝试着写了另一本68页的小说《一次试探性的存在》(*Tentative d'Existence*)。[66]

1926年秋,波伏瓦对雅克的喜爱让她感到很纠结。在那个时候,波伏瓦仍然天真地相信雅克能够回应她对他的爱。波伏瓦想要的是:"一种能陪伴我一生,而不是吞噬我一生的爱。"波伏瓦认为,爱情不应当使生活里其他的一切都消失,而应该为其锦上添花。[67]

不过很快波伏瓦又改变了想法,她觉得自己未来的某一天一定会结婚。而且如果是在对的时间遇到对的人的话,也许婚姻是一件伟大而美好的事情。但同时弗朗索瓦丝让波伏瓦觉得很烦心,弗朗索瓦丝觉得波伏瓦和雅克之间进展得不够快,还总是担心雅克不向波伏瓦求婚。[68] 于是弗朗索瓦丝故意安排波伏瓦出去跑腿置办东西,让她在路上偶遇雅克。弗朗索瓦丝原以为这样做波伏瓦会高兴,但实际上波伏瓦特别别扭。在11月的时候,波伏瓦在日记里写道:"我对自己的人生有一种无力感,没有选择的权利,一切都是强加到自己头上的,最后我只能在我的生活里放弃自己。"[69]

波伏瓦的母亲在结婚这件事情上一直对波伏瓦紧逼不放。波伏瓦在日记里写道:"其实不管什么样的角色我都是可以接受的,但是如果要让我觉得有价值,必须得让我先认同那个角色才行。"很明显,波伏瓦看待爱、人生和幸福的方式和她父母截然不同。她拒绝不加思考地过活,不想在别人安排下做所谓正确的事情,读别人认为适合她读的书。1926年,波伏瓦终于得出结论,她尊敬那些思考自己人生的人,既不是那些只思考的人,也不是那些只生活不思考的人。[70]

根据波伏瓦的第一部传记的作者戴尔德丽·贝尔记载,1927年新年过后,弗朗索瓦丝决定带她去拍一张生日纪念照。这种纪念生日的方式并没有什么特别之处,但是波伏瓦知道母亲其实另有企图,那就是雅克。弗朗索瓦丝故意不让波伏瓦摆出拍生日照片常用的姿势,而是要摆出拍订婚照片常用的姿势:原本应该戴着订婚戒指的手握着花束。弗朗索瓦丝就是故意要凸显波伏瓦的手指还是空荡荡的。弗朗索瓦丝特意送了一张照片给雅克,没想到雅克就这么欣然接受了,然后就没有了下文。弗朗索瓦丝对此简直气得头顶冒烟。

波伏瓦对这件事情怎么想，我们已经无从得知了。有可能是因为波伏瓦故意没在日记里记录，也有可能是子虚乌有的事情。西尔维·勒·邦·波伏瓦否认了曾经有这样一张照片的存在，波伏瓦的日记对这个话题也是避而不谈。在1926年12月初到1927年4月这段时间，波伏瓦的日记内容少之又少。但贝尔讲述的这个故事并没有就这么结束了。1927年春，埃莱娜也从希望学校毕业了。本来因为雅克的出现，埃莱娜和波伏瓦有些疏离了，但最近因为母亲脾气暴躁，两姐妹又联合了起来。弗朗索瓦丝对于雅克迟迟不求婚这件事感到十分挫败和无力，因为所有的主动权都掌握在雅克手里，她只能干着急。但是弗朗索瓦丝的满腔愤懑无处发泄——现在也不能嘲笑和讽刺自己的女儿——终于有一天爆发了出来。那天晚上，波伏瓦一家和尚皮涅勒一家共进晚餐，一晚上雅克都没有向波伏瓦提出求婚。弗朗索瓦丝忍无可忍，愤然离席，步行了几个小时回家，她大声叫嚣着一定不能就这么让女儿被羞辱，然后就离开了公寓。当时乔治是在家的，但是他懒得下床。埃莱娜听到母亲的话之后，赶忙披上衣服追了出去，一直追到蒙帕纳斯大街。弗朗索瓦丝来到尚皮涅勒的家门口，开始大喊大叫。母亲出门时的声音把波伏瓦也吵醒了，她跟着追了过来。看到失控尖叫的母亲，波伏瓦和埃莱娜赶紧带她回家。[71]如果这件事情是真的话，我们甚至要怀疑当时弗朗索瓦丝的精神状态是否正常了。在那之后，波伏瓦作品里也常常出现一些女性角色，她们感觉自己被困住了，有时候甚至到了在发疯边缘徘徊的程度。[72]

我们从两姐妹的回忆录中可以得知，从1926年到1927年的那段时间，即使没有男性追求者或是女性年长监护人的陪同，她们俩也被允许出门了。波伏瓦经常去圣吉纳维夫图书馆的女性专用阅览室,同时她也开始去一所叫作"社会装备"的机构教课。这个社会服务机构是由一位年轻有为的哲学教授创办的,旨在帮助巴黎东北部的工人阶级。[73] 弗朗索瓦丝同意了波伏瓦做慈善的要求。实际上,波伏瓦有时候拿教书做借口,好在晚上偷偷地离开家出去闲逛。有时候她会一个人在巴黎的街道上散步,有时候她会去看埃莱娜画画。在教课的学校里,波伏瓦遇到了很多男性女性,他们聚在一起谈理想。在埃莱娜的绘画课上,波伏瓦看到许多自信地裸露身体的模特,以及面不改色心不跳的绘画者们。姐妹俩在这之前从来没有接触到这么多有趣而多样的人。

除了读纪德和普鲁斯特,波伏瓦还跟着雅克学会了喝鸡尾酒,现在的波伏瓦也成了酒吧的常客。有时候波伏瓦不去教书,埃莱娜也翘掉自己的艺术课,俩人一起去酒吧和咖啡馆,她们还常常去光顾小时候一起去的那家圆亭咖啡馆。波伏瓦也开始在圣玛丽学院当助教,有了一点收入。虽然不多,但是她可以负担自己的花销了,除了买书,还能余下一些钱。

尽管家里的气氛很紧张,晚上波伏瓦也常常出去闲逛,但她在学业上依然很优秀。1927年3月,波伏瓦拿到了哲学史的高等教育资格证。4月的时候,她回顾过去的这一年,感慨自己"好好地学习了哲学史,还加强了本来就很尖锐的批判思维和严谨的逻辑(哦天哪!)"。[74] 我们不禁好奇,到底是什么使得波伏瓦在这里加上了一个"哦天哪!"?是什么让她觉得自己不该有尖锐的批判思维和严谨的逻辑呢?她为何对自己拥有才华感到担忧呢?在接下来的章节中,我们还将会看到,这些是不是跟她的宗教信仰,或者女性气质,抑或是人生幸福相冲突了呢?

1927年6月，波伏瓦又拿下了一个高等教育资格证——哲学概论。在这门考试中，她得了第二名。第一名是西蒙娜·薇依。西蒙娜·薇依后来成了著名的思想家，她的哲学和自我牺牲启迪了她身边的很多人，包括阿尔贝·加缪和乔治·巴塔耶。这次考试中的第三名莫里斯·梅洛-庞蒂，后来也成了法国哲学界的翘楚。除了这个资格证之外，波伏瓦同时拿到了希腊语的资格证。在短短两年间，波伏瓦就拿了6个资格证，相当于一个半的大学文凭。

波伏瓦在《端方淑女》中写道，学业上的成功不仅为她带来了尊重，还让她感受到深切的孤独和迷茫。她坦言："我脱离了自己本来属于的阶层。我到底应该去到哪里？"[75]我们在她的日记里也能体会到这样的孤独感。1927年3月，波伏瓦记录道："学业上的成功让我感到非常孤独，也非常迷茫，仿佛站在人生的十字路口。但我感觉到我是有价值的，我要说些什么，我要做些什么。"想到雅克此前对自己的哲学追求嗤之以鼻的做法，波伏瓦在日记里坚决地写下："我的人生只有一次，而且我有很多东西需要表达。他不能把我的人生从我手里偷走。"然后波伏瓦在旁边的空白处打了着重号。[76]

也是在那天，波伏瓦重新想起自由，她在自己的日记里写下："只有通过自由选择和随机应变，真的自我才能显现。"波伏瓦身边的人都在谈论着人生选择，比如结婚，但是她们总认为做出这样的选择之后便可以一劳永逸。波伏瓦认为没有什么选择是一劳永逸的，相反，她觉得每一个选择"都处在变化之中，每次我意识到这个选择的时候，我实际上重复了自己的选择"。那天波伏瓦在日记里总结道，婚姻从本质上来说就是不道德的，今天的自我怎么能够为明天的自我做选择呢？

虽然波伏瓦那时仍然没有放弃雅克，但是她也开始与别的男性见面。当她和查尔斯·巴尔比耶聊起哲学和文学的时候，她发现查尔斯并没有像雅克那样对她嗤之以鼻，一笑而过，而是报以真诚的欣赏。这样的经历让波伏瓦意识到她的未来有很多可能性，但是她不得不扼杀掉众多的可能性，只选择一种。这样她的人生就只有一种现实，因为人只能过一种人生，但问题是到底应该选择哪一种呢？[77]

波伏瓦很早就感受到了一种使命感，她深信自己需要发声表达，被别人听见。在《端方淑女》里，波伏瓦甚至引用希伯来先知的故事来表达自己的使命感。在一个《圣经》故事中，上帝需要一个使者，便问以色列人："我该派谁去呢？"先知以赛亚回答道："我去，派我去。"波伏瓦在回忆录里面写道，自己心里也不断回荡着一个声音："我去。"[78] 不管有没有上帝，波伏瓦知道自己将来要表达的内容很重要。同时她也意识到，会有各种各样的阻碍——有的是正面冲突，有的是背地里使坏——阻拦她表达她的想法。

波伏瓦虽然很坚定，但是她还是会自我怀疑，会在乎他人的期待。她的父母不满她所读的书，有时候甚至为此大发雷霆。波伏瓦渐渐觉得自己的父母完全不接纳她。[79] 她跟父亲之间的争吵也越来越多。父亲甚至扬言要把她赶出家门，狠狠地指责她只有大脑，没有了感情和心灵。[80]

在雅克对波伏瓦的哲学热情嗤之以鼻那件事的前一周，波伏瓦跟她的父亲对"爱意味着什么"这个话题产生了争执。波伏瓦的父亲认为"爱"意味着"奉献、爱慕和感激"。波伏瓦当时在读已被今人遗忘的哲学家阿兰和于勒·拉尼奥的作品，她说，她在拉尼奥的作品中找到了人生的方向。在她看来，竟然有那么多人不懂爱，不认为互相回馈是爱的必要条件。[81] 1927 年 7 月,波伏瓦再次下决心,"要清楚地阐释自己的哲学思想"。她想要深入研究自己感兴趣的话题,尤其是"爱"[82](她在日记中打上了双引号)以及"自我与他人的对立"[83]。对于 19 岁的波伏瓦来说,"爱"的观念不仅关乎浪漫,还关乎伦理道德。

在日记里,波伏瓦叮嘱自己:"不要做德·波伏瓦小姐,要做你自己。不要去追逐外界强加给你的目标,不要去盲从既定的社会结构。对我有用的东西才是有用的,这样就可以了。"[84]

波伏瓦也和扎扎在一起讨论"爱";她们都热爱哲学,都担忧着自己的未来,这样的共同点让两个人变得前所未有的亲近。她们在学校的哲学课上一起探讨"爱"的本质,两人的讨论贯穿整个学习周,甚至在参观博物馆或者打网球的时候也不忘讨论一番。[85] 弗朗索瓦丝是认可两人的友情的,但是拉库万夫人却担心起来,她觉得扎扎对学习的兴趣过于浓厚了,而波伏瓦的存在对此更是火上浇油。扎扎不想要那 25 万法郎的巨额嫁妆,而是想去索邦大学念书,她的父母对此很是费解。

渐渐地,波伏瓦开始结交新朋友,社交生活也变得多姿多彩起来。20 岁那年,波伏瓦去扎扎家位于兰德斯的乡间别墅做客的时候,遇到了她们的家庭教师斯捷帕·奥迪科维奇;斯捷帕后来成了波伏瓦最好的朋友之一。在当时的波伏瓦眼里,这个波兰-乌克兰裔的移民女孩充满了异国情调,且勇敢:她家庭富裕,接受过很好的教育,之所以选择做家庭教师,是因为她对法国资产阶级的生活很感兴趣。跟波伏瓦在一起的时候,斯捷帕完全不羞于谈论自己的性取向。回到巴黎之后,波伏瓦和斯捷帕几乎天天见面。斯捷帕跟波伏瓦住得很近,在外交部做翻译,收入很可观,对朋友也很慷慨。有时候斯捷帕会笑话波伏瓦过于拘谨保守,也会像个大姐姐一样为她的天真烂漫而担心。

埃莱娜把波伏瓦介绍给了在艺术课上认识的杰拉尔丁·帕尔多,她们亲切地称呼她为"杰杰"。杰杰工人阶级家庭出身,她很喜欢自己的工作,决定今后无论结不结婚都要继续工作。杰杰的热情洋溢和能说会道打动了波伏瓦,跟杰杰的相处也让她更加清楚地认识到,社会阶层并非决定一个人言谈举止的必要因素。

斯捷帕并不是无缘无故就担心天真的波伏瓦。这是因为波伏瓦开始沉溺于去酒吧冒险,有时候她觉得自己的行为无伤大雅,但其实隐藏着很多危险。斯捷帕和波伏瓦在酒吧里的时候,会有男人主动请她们喝酒,一开始斯捷帕也会接受,但是波伏瓦喝了酒之后还会坐着这些男人的车,回他们的公寓。这些男人显然是想跟她上床,但是波伏瓦并不打算这么做。尽管最后波伏瓦成功脱身了,但是看到波伏瓦把自己置于这样的危险当中,斯捷帕很生气,尤其是这时候波伏瓦还摆出一副自己快要和雅克订婚了的样子。

18岁的波伏瓦虽然在哲学上非常早慧,但是在生活上她有时候相当鲁莽,做事不顾后果。有一次波伏瓦去看望快要成婚的斯捷帕,她的未婚夫叫费尔南多·杰拉西。波伏瓦到斯捷帕家的时候,发现费尔南多在斯捷帕的房间里,房门紧闭,波伏瓦对此感到很惊讶。她问斯捷帕难道不担心自己会名誉扫地吗?后来费尔南多为斯捷帕画了一幅裸体肖像画,波伏瓦更是大惊失色,连看都不愿意看。波伏瓦的朋友们觉得她假正经过了头,但没想到波伏瓦反过来跟斯捷帕和杰杰说她们的不检点行为都是因为出身不好没有家教导致的。[86] 这样的西蒙娜·德·波伏瓦实在是让人感到不解。当然了,当时年轻的波伏瓦应该也会对她自己后来

第二章 端方淑女 069

的小说以及人生里的很多场景都大惊小怪。

波伏瓦还在日记里思考自我和他人之间的平衡问题。她开始把她的存在分为两个部分，一个是为他人的，一个是为自己的。[87] 波伏瓦对于存在的分类比萨特在1943年出版的《存在与虚无》里的分类"自为的存在"（being for itself）和"为他的存在"（being for others）早了很多年。许多人都错误地以为是萨特的分类影响了波伏瓦的小说和《第二性》，其实波伏瓦早在他之前就独立地创造了这个分类。[88]

从1927年到1928年，波伏瓦决定再拿三个科目的资格证，这样她就可以拿古典学和哲学的两个文凭。不过波伏瓦也并不总是享受自己给自己提要求，有时候她会抱怨要花很多时间在家或是图书馆学习，她觉得当时的自己就好像一个踏步机上的老鼠。1928年3月，波伏瓦成功拿下了道德和心理学的资格证，获得了哲学文凭。古典学还差一门科目，但波伏瓦觉得文献学太枯燥无味了，不想在上面花时间和精力，最后她决定干脆不要古典学的文凭了。乔治强烈反对，他认为波伏瓦已经没法在结婚这件传统的事情上获得成功了，那就应该在非传统的道路上获得尽可能大的成功。但是波伏瓦坚持己见，放弃了古典学的文凭。

波伏瓦的优秀是毋庸置疑的，她的优秀也吸引了别人的注意。在哲学概论的资格证考试中，莫里斯·梅洛-庞蒂被两位女性超越，屈居第三。排名第一的西蒙娜·薇依是个犹太人，天主教徒梅洛-庞蒂觉得他们可能没法成为朋友，于是很想认识排名第二的、同是天主教徒的西蒙娜·德·波伏瓦，但其实波伏瓦根本不会成为一个传统意义上的"天主教女性"。[89] 很有意思的是，后来西蒙娜·薇依倒是成了一个有狂热信仰的女性，而西蒙娜·德·波伏瓦则成了无神论的拥护者。

第三章　信仰上帝还是相信自己？

在波伏瓦19岁生日前夕，她在日记里失落地感慨自己不再信仰上帝。在孩提时代，波伏瓦相信是上帝主宰了一切。不管回过头来看，上帝主宰得好不好，现在的波伏瓦不得不面临没有了上帝之后的种种问题。如果没有上帝感召，一个人还会有天职和使命吗？如果没有上帝，那是谁赋予了众生、万物以价值？波伏瓦喃喃自语："也许我本身就是有价值的，因为价值必须存在。"[1] 思考着这些问题的不止波伏瓦一个人。进入20世纪以来，巴黎的哲学贤者们就在讨论继尼采宣称"上帝已死"之后，哲学的信仰和体验到底还有何益处。[2]

在波伏瓦的一生中，有两次失去对她影响至深，一个是丧失对上帝的信仰，一个是挚友扎扎的去世。扎扎去世之后的至少30年里，波伏瓦都觉得她的自由是用扎扎的生命换来的。

1928年，波伏瓦在巴黎发现了生活里其他的一些乐趣：波希米亚风潮的兴起和反叛的精神、超现实主义、电影戏剧和芭蕾舞表演。[3] 那一年，波伏瓦开始在索邦大学念书，遇到了一帮优秀的同侪。但很可惜的是，在哲学概论资格证考试中名列第一的西蒙娜·薇依和名列第二的西蒙娜·波伏瓦并没有成为好朋友。波伏瓦对于西蒙娜·薇依的名声早有耳闻，但不是因为西蒙娜·薇依的聪慧过人，而是因为她对他人的苦难有着深切的同情心。当时中国爆发了大饥荒，听闻此事的西蒙娜·薇依竟然掩面而泣，这件事让波伏瓦很惊讶，她觉得薇依竟然能够为地球另一端的人而心痛是一件很了不起的事情。波伏瓦很想认识这个不寻常的女性，但她们的初次对话就在冲突中结束。薇依认为革命更重要，而波伏瓦认为弄清楚人类的存在更重要。薇依当时用一句话结束了她和波伏瓦的交流："很明显，你从来都没有经历过饥饿的痛苦。"在波伏瓦看来，薇依是用有色眼镜看待她，并武断地给她贴上了傲慢的小资产阶级的标签。[4] 当时波伏瓦觉得薇依这样的判断有失公允，毕竟薇依并不了解她的真实处境，就仓促地下了结论。其实后来薇依也对自己年轻时做的这个仓促判断感到后悔。

在哲学概论资格证考试中位列第三的梅洛-庞蒂后来成了波伏瓦的密友，波伏瓦甚至亲昵地称呼他为"庞蒂儿"。梅洛-庞蒂当时在巴黎高师读书，他的家庭背景跟波伏瓦很相似，梅洛-庞蒂也为自己的信仰问题感到疑惑。哲学概论资格证考试的排名公布之后，梅洛-庞蒂主动去找了波伏瓦，提出要跟她交朋友。渐渐地，他们成了推心置腹的好朋友，也交换阅读彼此的作品。梅洛-庞蒂非常喜欢波伏瓦，于是把自己的好友莫里斯·德·冈迪拉克介绍给她认识。莫里斯对波伏瓦的聪慧过人赞叹不已，也对波伏瓦的信仰状态很感兴趣。同样地，波伏瓦也很喜欢梅洛-庞蒂，于是把自己的好朋友扎扎介绍给他认识。很快，他们四个人就玩到了一起，每周日的早晨他们都一起打网球。梅洛-庞蒂是扎扎认识的第一个知识分子。跟他们交往之后，扎扎开始对之前看起来不可能的事情充满期待：她想要遵照家人的要求结婚，但同时也不想放弃自己的精神自由和对真爱的追求。

波伏瓦对遇到梅洛－庞蒂这个谈得来的朋友感到兴奋不已。他们的确有很多相似之处，尤其是都是在虔诚的天主教徒家庭中长大，尽管梅洛－庞蒂一开始自认为是一个安静的不信者。后来在巴黎高师念书的时候，梅洛－庞蒂加入了被戏谑为"伪圣人"的组织，因为他们都不太虔诚，也不怎么尊敬神父们。当时的波伏瓦没有什么女性朋友像她一样在学校继续念书，而且她也会用宗教信仰或是家庭背景来轻易地给女性贴标签，不怎么搭理她们。[5] 反而，她倒是和"伪圣人"组织里的其他成员成了朋友，比如让·米克尔。他和波伏瓦一样都师从当时的著名学者让·巴吕齐，接受他的指导准备论文写作。

在回忆录里，波伏瓦写到她去听让·巴吕齐的课。让·巴吕齐有篇关于圣十字约翰的文章受到很高的评价。[6] 波伏瓦不仅去听了巴吕齐的课，还在他的指导下完成了自己的另一篇论文。波伏瓦在日记中表达了对巴吕齐的敬意，因为他认真地对待波伏瓦，给了她很多批判性的意见。[7] 但是在波伏瓦公开的回忆录中，她一直对这篇论文的内容避而不谈，只是说涉及了人的个性问题[8]，导师巴吕齐给了很高的评价，认为之后可以发展成一个正式的作品[9]。波伏瓦的日记明确记载了自己在论文里讨论了爱情和道德的问题[10]，但是回忆录里的闪烁其词不禁让人想问：为什么波伏瓦的日记和回忆录有出入？很可惜波伏瓦的这篇论文并没有留存下来，所以我们没法去其中寻找答案。[11] 但是根据日记里的记载，我们大概可以判断出那个时候波伏瓦的思考已经为后来20世纪40年代她关于道德的哲学思考埋下了伏笔。因为波伏瓦这部分日记之前一直没有公开，很多人都认为波伏瓦关于道德的思考完全是借鉴萨特的。所以波

第三章　信仰上帝还是相信自己？　073

伏瓦是故意在回忆录里隐藏自己的早期作品不让读者知道吗？是因为她担心公开了之后会有损萨特的名声吗？还是因为她觉得20世纪50年代的读者没法相信一个女性哲学家能够影响伟大的让-保罗·萨特的思考？

在20世纪20年代，波伏瓦在生活中很难找到跟她一样对哲学充满热情的女孩子。她发现自己越来越多地从男性友人身上寻求思想的碰撞，她也享受跟他们的交谈和友谊。在《端方淑女》中，波伏瓦坦言，当有女性对男性采取敌对态度时，她感到很惊讶。因为对她来说："从一开始，男性就是我的同伴，而不是我的敌人。因此我完全不会去嫉妒他们。我现在理解了我所处的位置，是一个不寻常的位置，甚至可以说我享受了某种特权。"[12] 回望过去，波伏瓦认识到自己因为学业优异，享受了某种象征意义上的平等，直到后来她才意识到这种象征意义上的平等是有问题的。在学生时代，波伏瓦之所以没有觉得自己跟男性不平等，其实是因为这些男性根本没有把她当作竞争对手去看待。因为在法国的教育系统里，男女从来就是不平等的。波伏瓦和其他女学生只是定额外多出来的，她们也不会和男学生去竞争相同的工作。当时的法国给女性提供教育，但是这些女学生今后就算学成了，也只能去女子学校教书，因为大众认为男性不适宜去女子学校当老师。

根据戴尔德丽·贝尔的记载，当波伏瓦发现梅洛-庞蒂并不像她一样是无神论者之后[13]，她对梅洛-庞蒂热情有些减淡。因为波伏瓦很失望，梅洛-庞蒂竟然认为宗教能够为人们提供真理。对于这件事情，波伏瓦日记里的记载再次和回忆录中出现矛盾。波伏瓦在回忆录中浓墨重彩地描写自己不再相信上帝之后的失落，却在日记里对此一笔带过，并没有太大的情绪波动。在回忆录里，她写道当自己领悟到上帝不存在时，她"毅然决然地放弃了自己之前的信仰"。[14]她斩钉截铁地告诉读者，她的无神论信仰自此从未动摇过。[15]她借用圣奥古斯丁和布莱士·帕斯卡的例子，形容自己当时的感受是，世间万物一瞬间都安静了。不再信仰上帝之后，有史以来第一次，她感觉到了"孤独"之不能承受之重。[16]

然而波伏瓦日记里记载的远没有这么决绝和突然。直到1928年，波伏瓦20岁的时候，她仍然对天主教态度暧昧。[17]后来波伏瓦也坦言自己童年时笃信上帝是因为家庭环境使然，并非发自内心。读大学的时候，她猛然发现自己置身于一群智力超群的信教者当中，他们在拥有信仰的同时也保持着质疑的精神。当时的波伏瓦是一颗冉冉升起的哲学新星，遇到新的异见时，她不会选择固执己见，也不会为了坚持前后一致而假装不为所动，她能够辩证地去审视它。

让我们重新回溯一下波伏瓦回忆录所记载的内容。在1958年出版的回忆录里，波伏瓦说自己儿时坚定地信仰着上帝，堪比她那虔诚的母亲。波伏瓦一周会做三次弥撒，也会定期参加静修。她自己会进行冥想，甚至会用一个专门的笔记本记录自己的想法和"圣洁的心愿"。她想要更靠近上帝，但是并不知道该如何实现。[18]那时候的波伏瓦认为未来最好的人生选择就是成为一个加尔默罗修会的修女，一心信奉上帝。

波伏瓦在后来的人生里积极地投身政治，但是年轻时的她觉得政治离自己很遥远。一部分原因是她觉得自己无力去改变外部世界，因此只能转而关注她能够控制的范畴，也就是自己的内心世界。在波伏瓦看来，宗教会训诫人们谨守道德，同时波伏瓦也在书籍里读到另一种神秘的宗教：故事里的圣人们笃信上帝，在生命终结的时候与上帝结合，从而获得永恒的平静与快乐。基督教里历来有肉体憎恶的传统，世界各地的宗教也常常宣扬对身体实施苦行主义能够带来神秘的体验。波伏瓦也试着给自己创造了一种苦修的方式，她用浮石刮自己的皮肤直到出血，用项链狠狠地勒自己。但是这些方法都没有带给她期待的结果。

在《端方淑女》中波伏瓦解释说自己想当修女只是随口一说，但其实波伏瓦可能真的有过这样的想法。小时候在乡村度夏的时候，波伏瓦为了看大自然渐渐苏醒的样子，早晨会很早起床，就为了享受"美丽的地球和上帝的光辉"。波伏瓦在回忆录中也几次提及自己与上帝和自然之美产生连接的神奇感受。然而，回到巴黎的时候，波伏瓦感觉"上帝似乎被人们藏起来了，因为他们埋首于自己的事情当中，忙得头重脚轻"。[19]

波伏瓦开始对从不露面的上帝感到困惑。她甚至认为上帝完全是这个焦躁不安的世界的局外人。波伏瓦的母亲弗朗索瓦丝和学校里的老师都认为教皇是圣灵选出来的，波伏瓦的父母认为教皇不该干涉俗世的事情。因此，当莱奥教皇十三世几度为了社会问题而发出教皇通谕时，弗朗索瓦丝认为教皇背叛了自己神圣的使命，乔治认为教皇背叛了国家。作为被上帝选出来的在尘世的代表，教皇却不可以关注尘世，波伏瓦不得不说服自己接受这样一个悖论。[20]

波伏瓦开始对这些掌管尘世的所谓的基督教徒感到反感。她觉得学校里倾听她忏悔的神父辜负了她的信任。16岁那年，波伏瓦在圣叙尔比斯教堂附近的一个书店寻找一本书。当时她向一个男店员询问，他走到书店里面，要波伏瓦跟他过去。波伏瓦以为他要拿书给她，没想到他竟然把自己勃起的阴茎露出来给波伏瓦看。波伏瓦被这件毫无预警的荒唐事吓着了，落荒而逃。[21]

埃莱娜也说过，她和波伏瓦的童年感觉好像被上帝压垮了，但并不是每个人都平等地受到上帝的重压。[22] 家里所有的男人，不管是在巴黎的还是在利穆赞的，都从来不去参加弥撒。埃莱娜由此得出结论：男人是一种更高级的物种，他们被上帝豁免了。[23] 从这件事我们也可以看出为什么波伏瓦会反对童年时笃信的天主教义，因为这些教义只不过是被用来巩固已经根深蒂固的双重标准。男人们一个个恣意挥霍，成天享乐，却要求他们的妻子要像圣人一样受苦受难，然后再拿天主教义去美化女人所经受的苦难，说这样女性才能自洁成圣。

在《端方淑女》里，波伏瓦说自己那个不信教的父亲和极其虔诚的母亲就好像是她内心两个极端的代表。父亲代表了理性的那一面，而母亲代表了灵性的那一面。这两个异质的领域完全没有共同之处，波伏瓦也渐渐觉得人类的文化、政治、商业、礼仪和风俗都和宗教没有关系。因此她把上帝和尘世的生活分开。这样的态度对她后来的发展有着很深的影响。[24]

面对哲学的空白和宗教的伪善，波伏瓦决定不再相信一个充满了矛盾的造物主，而是选择想象一个没有造物主的世界。[25] 当她放下自己对上帝的信仰之后，波伏瓦跟好友扎扎坦白说自己想成为一个作家。扎扎回应她说，像她母亲那样生九个孩子，跟作家写书一样好。这个回应让波伏瓦很震惊，因为在她看来，这两种生活方式没有任何可比之处。波伏瓦觉得，一个接一个地生孩子，只是在无止境地重复相同的事情。[26]

生活和作品对于波伏瓦来说总是不可割裂的。波伏瓦的生活会提供给她需要解答的问题。这些宗教问题波伏瓦后来在《第二性》中也都有探讨。在那段时间里，波伏瓦不得不为了自己的信仰踌躇，一开始是为了学业，后来是因为失去了重要的朋友，波伏瓦不得不直面死亡和不公。

在1926年到1927年之间，波伏瓦在日记里写道，其实她希望能够有一个像上帝一样的绝对存在，可以"合理化她的人生"，不过她不想从理性的角度去承认这一点。波伏瓦的一生中很多次渴望能出现这样一个存在，帮助她找到意义或者是救赎。1927年5月，波伏瓦写道："我想我还是想要相信上帝的。"[27]到了7月，她写道："要么信上帝，要么什么都不信。"但是为什么一定是基督教上帝呢？[28]波伏瓦没法从哲学的角度去回答这个问题。她和好朋友莫里斯·梅洛-庞蒂就这个问题讨论过几次，她感到梅洛-庞蒂太过于相信天主教信仰和理性推理。1927年7月19日，波伏瓦在日记里写道："庞蒂儿支持哲学是因为他相信理性的力量，而我支持哲学恰恰是因为理性的无力。谁能证明笛卡尔一定要优于康德？我到现在也仍然坚持我在索邦时候写的：如果你只有理性，你最终只会剩下非理性的元素。"

我们从波伏瓦的日记里可以看出，当时的她觉得哲学有时候太过于异化，因为它总是要求冷冰冰的推理。波伏瓦觉得像她这样的年轻女孩"需要的不仅仅是理性的推理，还要有一颗渴望征服的心灵。因此我仍然想要做一个女性，也许我的头脑更男性化，但是我的情感仍然是女性化的"。[29]波伏瓦一直在寻找一种能够身体力行的哲学，因此她开始对哲学家于勒·拉尼奥产生了兴趣，因为拉尼奥不仅写理性推理，也写自由和欲望。拉尼奥认为，人的欲望也是一种需要去相信的有力冲动。[30]波伏瓦对此非常认同，她在日记里写道："哦！上帝啊，我的上帝啊，会有那种我爱到想要为之付出全部的人吗？这样的人真的存在吗？我不知道，我感到很疲倦，为什么找到他如此困难？"[31]

波伏瓦觉得自己的心灵极度空虚，她在日记里写道："能够填补我心灵空洞的人并不存在。"[32] 如果这些文字在她日记中出现得更早一些，读者们很容易就会以为这是波伏瓦在失去对上帝的信仰之后写的。后来波伏瓦在这句话下面画了一条线，然后在旁边的空白处又加了一个标注：萨特——1929年。有没有可能是萨特的出现填补了她之前在心里留给上帝的位置？ 1980年萨特去世之后，波伏瓦把他生前写给她的信出版成书，起名叫作《我生命的见证者》(Witness to My Life)，而法语中"见证者"（temoin）这个词，几个世纪以来也被基督教徒使用来形容万能的上帝对自己的凝视。

波伏瓦之所以会成为一个无神论者，跟她人生中的一些重大事件和她对哲学的探索有很大的关系。她个人一直很钦佩扎扎和梅洛-庞蒂对上帝的笃信，鄙夷斯捷帕和杰杰那样的开放和自由。扎扎和梅洛-庞蒂之间的贞洁恋爱给少女时期的波伏瓦带来了很多快乐。[33] 她由衷地希望扎扎能够获得幸福，希望扎扎的婚姻能像扎扎自己所希望的那样，不要因为利益而过着像娼妓一样的婚姻生活，也不要在婚姻里心如死灰。扎扎和梅洛-庞蒂之间的一切看起来都在往好的方向发展，但是情况突然出现了变化。拉库万夫人不让扎扎继续在索邦念大二了，理由是她的姐姐已经嫁人了，现在轮到她了。家里人要求扎扎待在兰德斯的大房子里，这样就可以随时准备好和相亲对象见面。1927年夏，拉库万家没有像往常那样邀请波伏瓦去兰德斯的乡间别墅待几个星期，只在7月邀请她过去玩了几天。因为梅洛-庞蒂的老家在波尔多，波伏瓦去扎扎家的时候能顺道路过那里，于是波伏瓦决定和梅洛-庞蒂在波尔多见一面。正好他们俩都喜欢的一个作家弗朗索瓦·莫里亚克老家在波尔多，所以波伏瓦和梅洛-庞蒂一起进行了一段文学朝圣之旅。旅途过后，波伏瓦很高兴能够给扎扎带去她心上人的消息。

当波伏瓦到达扎扎家的时候，扎扎正在为究竟该怎么做而苦恼不已。一方面，她很清楚自己深爱着梅洛－庞蒂，但是另一方面，她并不想违抗自己的母亲。但是拉库万夫人说什么都不同意扎扎和梅洛－庞蒂在一起。谁都不知道为什么拉库万夫人态度出现了一百八十度的大转弯。在这之前她从来没说过梅洛－庞蒂不好，况且梅洛－庞蒂也来自一个天主教家庭。但是现在一旦谈话有可能涉及梅洛－庞蒂，拉库万夫人就迅速转移话题。一开始波伏瓦对此百思不得其解，渐渐地，她也开始感到焦虑和气愤。拉库万夫人到底为什么要反对？难道她完全不顾自己女儿的自由和感受吗？

在这之前的一年里，波伏瓦已经情绪紧张，但现在波伏瓦觉得自己更加焦虑了，而且似乎一切都在往更坏的方向上发展。于是她用自己一贯的方法来应对，那就是大量的阅读和写作。8月的时候，她在日记里给自己制定了每天的日程：

> 9点到11点，处理信件与写日记
> 11点到1点，哲学[1]
> 3点到5点，哲学与阅读
> 5点到8点，写作

这个夏天，波伏瓦给自己定下目标，要读司汤达和柏拉图，还要读当代书写宗教和神秘主义的作家：亨利·弗雷德里克·埃米尔、亨利·德

---

[1] 在日记里，她还在括号里标注了冥想。——原注

拉克鲁瓦、让·巴吕齐。[34] 她在日记里反思自己读的书和写的信件，还写下了大段大段对雅克的告白，但是她很苦恼，因为不知道雅克到底在想什么。

9月的时候，波伏瓦读自己之前的日记，总结说1927年一整年自己都在三种情绪中摇摆："爱情带给我的苦闷、对人性虚无的感慨，以及寻找的渴望。"[35] 于是她又给自己制订了一个新的学习计划，她要完成导师让·巴吕齐布置的两项作业，还要写一本书，而且必须在1月结束之前完成这本书的第一部分，所以她要更严格地要求自己：

> 8点，起床
> 9点到中午，在房间里工作
> 2点到6点，认真地学习
> 6点到8点，谈话、画画、阅读，但是不要做无用功
> 9点到11点，备课，为俱乐部活动做准备
> 11点，午夜日记

她读了很多书，有保尔·克洛岱尔、弗朗索瓦·莫里亚克写的，有其他很多作家的小说，有神秘主义的书，还有关于哲学家和小说家生活的书。[36] 波伏瓦在为创作小说搜集素材做准备，她想要理清楚女性是如何发现能够"自由地选择做自己的"。[37] 虽然波伏瓦当时的笔记还比较零星琐碎，但是她已经开始探究"我们是谁"和"我们做了什么"的关系（也就是哲学家们所说的存在和行动的关系）。

当时年仅19岁的波伏瓦，已经开始酝酿在20世纪40年代风行的存

在主义的核心观点,虽然后人都认为是萨特提出了这个观点:"是行动证明了我们的存在。"波伏瓦又继续追问:如果是这样的话,那如果没有行动,我们是不是不存在?还是说我们只是不确定自己存不存在?哲学家莫里斯·布隆代尔在此不久前写了一本关于行动的书,书中探讨了人类的生命到底有没有意义以及人到底有没有宿命这样的宏大问题。布隆代尔写道:"人的本质就是其行动,行动造就了人。"[38]波伏瓦为小说准备的笔记似乎是在回应布隆代尔和尼采。波伏瓦想知道我们是不是从自己的行动中了解自我——我们是不是一直就存在,或者说是行为造就了我们。布隆代尔显然是认同后者的,然而尼采要求你要成为你自己。但是波伏瓦对此充满了疑问:"成为你自己?你了解你自己吗?你能看见你自己吗?"[39]

波伏瓦严格地管理自己的生活,以至于稍有松懈,她就开始担心自己是否沉迷于友情而迷失了自我。[40]尽管如此,当扎扎11月回到巴黎,告诉波伏瓦自己又要被送到柏林时,波伏瓦深受打击。扎扎的家人嘴上说这是为了让扎扎去德国练好自己的德语,但其实扎扎的德语已经非常好了,这次柏林之旅只是为了让她彻底忘了梅洛-庞蒂。父母的反对让扎扎非常痛苦,她不明白自己的父母到底是因为什么而反对这桩婚事。波伏瓦去问梅洛-庞蒂,但是他的回复也让她很困惑。梅洛-庞蒂说他一直祈祷,相信上帝的公正和善良最终会带来好的结果。波伏瓦觉得梅洛-庞蒂对上帝的信仰已经到了不可理喻的地步,波伏瓦想不通他怎么能指望着这种缥缈的公正。且不说上帝是不是公正的,波伏瓦觉得拉库万夫人在这件事上显然是不公正的。

1929年冬天,扎扎从柏林回到了巴黎,一切安好,她对梅洛-庞蒂的爱也更加坚定了。但是扎扎母亲却制造了更多的阻碍，甚至都不允许扎扎去见波伏瓦。好在她没有禁止扎扎去国家图书馆看书，在那里扎扎终于能和波伏瓦拥有一点自己的空间，她们一起偷偷地喝咖啡，谈天说地。

1929年1月，波伏瓦成为法国史上第一个在男子学校教授哲学课的女教师。跟她一起在詹森萨伊中学教书的还有梅洛-庞蒂，以及不久之后将会在20世纪法国文坛家喻户晓的人物：克洛德·列维-斯特劳斯，他也是结构人类学的开山鼻祖。这所学校里的男学生都不怎么重视哲学，觉得自己所受的教育都是理所当然的。过去的波伏瓦也许会嫉妒这些男孩子，因为对她来说，受教育从来都不是理所当然的。不过，如今的波伏瓦已然成为法国文化精英的一分子，她觉得自己正走在通向最终解放的道路上，波伏瓦甚至觉得现在的自己无所不能。回过头看，波伏瓦当初放弃古典学文凭的决定是对的。那时，波伏瓦正在巴黎哲学圈重要人物里昂·布兰斯维克的指导下，写一篇关于戈特弗里德·莱布尼茨的哲学论文。

1929年的春季和夏季，波伏瓦的人生春风得意，但是扎扎却生活在水深火热之中。在7月的时候，扎扎还像往常一样去了乡间的房子度假，临行前她告诉波伏瓦自己已经和梅洛-庞蒂暗许终身了。梅洛-庞蒂要去服一年兵役，所以他们决定等一两年之后再告诉双方父母这件事情。波伏瓦很惊讶："既然你们很相爱，为什么要等？"

之后扎扎从兰德斯寄来的信件变得越来越含糊其词和令人费解。扎扎说她母亲告诉她一些她无法解释的事情。下一封信更是让波伏瓦抓狂，扎扎在信里问："孩子会继承父母的罪恶吗？他们是不是有罪的？他们的罪能被宽恕吗？他们身边的人也会因此受苦吗？"[41]从扎扎的来信里，

1928年9月，扎扎和波伏瓦。

波伏瓦了解到梅洛-庞蒂让扎扎很失望。尽管他们已经私订终身,但是梅洛-庞蒂给扎扎写信的口吻却越来越冷淡,写信的次数也越来越少。扎扎很想念波伏瓦,她说自己备受折磨,但是她试图拿自己的苦难跟基督比较,好赋予自己的苦难以意义。[42]

这样的情况持续了一段时间,波伏瓦很担心,她督促扎扎和梅洛-庞蒂赶紧向家里公开他们的感情。波伏瓦认为拉库万夫人之所以犹豫,也许就是因为扎扎和梅洛-庞蒂都没有开诚布公地表示他们对彼此的爱。然而波伏瓦的提议遭到了扎扎和梅洛-庞蒂的一致反对。扎扎跟波伏瓦说,如果梅洛-庞蒂有理由不这样做,那么这些理由对我来说也一样成立。[43]波伏瓦不满意扎扎的回复,于是她写信给梅洛-庞蒂,想着如果他知道了自己所谓的"理性"给扎扎造成了这么大的痛苦,那他应该就不会这么做了。然而没想到的是,梅洛-庞蒂回信告诉波伏瓦,因为他姐姐刚订婚,而他的兄弟马上要离开法国,他母亲没法承受所有的孩子一下子全都离她而去。

可怜的扎扎日渐消瘦,她又一次被送到柏林。起初,扎扎看起来对梅洛-庞蒂为了自己的母亲而牺牲她的决定没有什么不甘心,但是不久之后拉库万夫人就写信告诉波伏瓦扎扎病了,而且病得非常重。真相是,不甘心的扎扎自己去见了梅洛-庞蒂的母亲,情绪失控地问梅洛-庞蒂夫人为什么要反对他们的婚事,为什么要恨她。梅洛-庞蒂夫人试图在她儿子回来之前安抚扎扎,但是完全没有用。扎扎的额头和双手都因为发烧而发烫,担心不已的梅洛-庞蒂叫了一辆出租车,带着扎扎离开。在车里,扎扎对梅洛-庞蒂嗔怪道:"你都没有吻过我,你要补偿我。"梅洛-庞蒂轻轻地吻了她一下。

梅洛-庞蒂把扎扎送到家后，拉库万夫人赶紧找来了医生。拉库万夫人也和梅洛-庞蒂长谈了一次，决定不再反对他们的婚事。拉库万夫人不想再让自己的女儿不幸福，梅洛-庞蒂夫人也同意了这桩婚事，表示一切都可以安排。可是扎扎高烧到了40摄氏度，在诊所里待了四天都没有退烧。

当波伏瓦见到扎扎的时候，扎扎浑身冰凉，一动不动地躺在棺材里，手里握着一个耶稣受难十字架。

1929年11月25日，扎扎去世了。几乎过了30年，波伏瓦才了解事情的真相。当波伏瓦为了扎扎的死悲痛不已、几近绝望的时候，她想到自己和扎扎还有梅洛-庞蒂之前的沟通就又气又恨。扎扎和梅洛-庞蒂都把自己的苦难神圣化，试图通过苦难来磨砺自己，而不是去寻找真正的始作俑者：那该死的礼数。做错的是这个世界，而不是他们，然而上帝却无动于衷，就这么眼睁睁地看着悲剧上演。

第四章 传奇之前的爱恋

扎扎那"愿得一人心,白首不分离"的爱情故事幻灭了,波伏瓦也开始寻找一些不一样的可能性。波伏瓦和梅洛-庞蒂以及他的好友冈迪拉克关系很好,这也让她明白她完全够资格跟巴黎高师的学生们——这些巴黎学术圈子里精英中的精英——平起平坐地交朋友。而在1929年的春天和夏天,波伏瓦还邂逅了一位让她为之倾倒的巴黎高师男学生。

这个巴黎高师学生并不是传奇中的让-保罗·萨特。关于和萨特的初识,1929年波伏瓦在日记里所记载的和后来她向公众所展示的,其实并不完全一样。如果读者能够接受并不是所有女性都想要"愿得一人心,白首不分离",以及并不是所有原创的思想都来自男性哲学家,那么也许我们就可以重新解读波伏瓦和萨特的故事。在这个故事里,其实波伏瓦并不是一遇到萨特,就被他彻底地征服了。

1929年春天,波伏瓦和一个叫勒内·马厄的巴黎高师男学生成了好朋友。波伏瓦在回忆录里称他为埃尔博,在自己的日记里波伏瓦则给他起了一个充满爱意的昵称:拉马。马厄是一个独特的三人小团体中的一员,另外两个成员分别是后来成为小说家的保罗·尼藏和成为哲学家的让-保罗·萨特。波伏瓦在回忆录中写道,虽然自己已经打入了巴黎高师学生们的圈子里，但与她一直保持亲密关系的是马厄所在的小团体。波伏瓦第一次见到马厄是在1929年布伦茨施维奇的一次研讨班上。当时的马厄已经结婚了，在研讨班上波伏瓦看到他上台演讲。波伏瓦喜欢马厄的脸庞、眼睛、头发，还有声音。实际上，波伏瓦喜欢他的一切。后来有一次波伏瓦在国家图书馆遇到了马厄，她在午饭时主动上前跟他打招呼。不久之后，马厄开始给波伏瓦写诗，还送她自己画的画。

马厄给波伏瓦起了一个跟了她一辈子的外号：海狸。这个外号的起源是，有一天马厄在自己的本子上，随手用大写字母写下波伏瓦的姓氏，并在后面加上了海狸："BEAUVOIR=BEAVER（波伏瓦＝海狸）。"对此马厄解释说，波伏瓦和海狸有相似性，他们都喜欢陪伴，而且都很善于"筑坝"。[1]

波伏瓦曾经在回忆录里说，马厄对她产生的影响和斯捷帕很相像。在1929年时，波伏瓦写道："我已经受够了圣人那一套伪善的东西。我很高兴马厄这样对待我，也只有他和斯捷帕能够这样对我。他们都把我当作一个有血有肉、有灵有欲的人来对待。"[2] 波伏瓦回忆说，马厄是一个真正的男人，他有一张赏心悦目的脸，和马厄在一起，波伏瓦仿佛看见了一条她想要去探索，但是还没有鼓足勇气去探索的道路。我们并不清楚波伏瓦和马厄有没有成为情侣，以及什么时候成了情侣，波伏瓦对此也一直很谨慎，不愿公开谈及。但是可以肯定的是，当波伏瓦遇到萨特的时候，马厄已经在她心里占据了很重要的位置。她甚至说和马厄共度的那段时光充满了快乐和喜悦，让她品尝到了做女人的甜蜜和美好。[3]

许多作家都认为马厄是波伏瓦的第一个情人。[4] 但是这究竟意味着什么并不是很清晰，而且我们已经很难去考据这件事情的真实性了。当波伏瓦的首部传记作者贝尔问波伏瓦这是否属实时，波伏瓦言辞激烈地否认了。波伏瓦坦承，尽管年少时她和好朋友杰杰以及埃莱娜去酒吧疯玩过，但是在遇到萨特之前她没有亲吻过任何一个男人。[5]不过和当时贝尔写传记的时候接触到的材料不同，我们今天能够看到波伏瓦的信件和日记。

尽管波伏瓦和萨特在讲堂、研讨班，以及卢森堡公园打过很多次照面，但在很久之后他们才正式见面。马厄的占有欲很强，他想要波伏瓦只属于他一个人，所以一直故意不把臭名昭著的花花公子萨特介绍给波伏瓦认识。但是从1929年春开始，萨特就想要认识波伏瓦，而且对自己对波伏瓦的兴趣一点也不害臊。萨特听说波伏瓦的论文是关于莱布尼茨的，于是他画了一幅画送给她。在这幅画里，一个男人被一群美人鱼围绕着，名字叫"莱布尼茨与'单子'一起洗澡"（莱布尼茨把构成世界万物的最小精神实体单位称为"单子"，美人鱼是萨特自己的艺术发挥）。[6]

在国家哲学教师资格考试的前三周，波伏瓦和马厄每天都见面。1929年6月17日的笔试长达七个小时，非常折磨人，应试者要当场写一篇论文，那次的考试题目深得波伏瓦的心：自由和偶然性。在6月18日又是一场四个小时的考试：论直觉与演绎法推理。最后，在6月19日，还有一场四个小时的考试：论斯多葛派和康德的道德。[7]

在国家哲学教师资格考试的笔试部分结束之后，马厄带着他的妻子离开了巴黎十天，他走之前告诉波伏瓦他会回来继续与尼藏和萨特一起学习。马厄、尼藏和萨特都希望波伏瓦加入他们的学习小组，萨特还想带她出去约会。马厄把萨特的约会邀请告诉了波伏瓦，但是马厄让她不要跟萨特一起出去。波伏瓦喜欢马厄说这话时看她的样子，相反地，波伏瓦不喜欢萨特的长相。[8] 所以他们决定戏弄一下萨特，让埃莱娜代替波伏瓦去赴约。在约会那一天，埃莱娜按约定的时间去见了萨特，跟他撒了个善意的谎言：波伏瓦临时有事，不得不赶回乡下。

波伏瓦在这段时间过得很快乐，她的朋友渐渐多起来。最重要的是，她有了马厄、梅洛-庞蒂，还有扎扎。那个时候她还不知道五个月后扎扎就会生病离世。在这段日子里，波伏瓦最高兴的是，身边的人都希望她成为她自己想成为的样子，尽管扎扎开玩笑说波伏瓦只是想成为一个没有道德的女性。[9] 埃莱娜代替波伏瓦去赴萨特约的那天晚上，波伏瓦情绪异常高涨。她在日记里写道："我有一种很确定的感觉，这种感觉很奇特，我感到自己内心极其丰富，而且这种丰富会留下痕迹，我将会说出被别人倾听的话，我的生活将会是一孔供他人不断汲取的泉水，我很确定这是我的使命。"[10] 波伏瓦在回忆录中也记载了这段感受，但在日记里她还补充说自己不再觉得这是一条痛苦的道路了，她感到自己被赋予了很特别的东西，这种东西她不该自己独享，而应该与这个世界分享。

埃莱娜回家后告诉姐姐她选择待在家不跟萨特一起出去是对的，因为萨特根本不是传说中的聊天高手。埃莱娜说萨特只是带她去看了场电影，人也挺和善，但是完全不像马厄说得那样天花乱坠。[11]

尽管萨特这一次没有成功地吸引到波伏瓦的注意，但是他一点也不气馁。马厄赞叹波伏瓦聪慧过人，这让萨特更加好奇了。其实萨特也无须通过道听途说来认识波伏瓦，他已经亲眼看到了波伏瓦的魅力。1973年，马厄这样描写当年的波伏瓦："她有一颗卓越的心灵！她真实、勇敢、叛逆，美得与众不同，有自己的风格，我从来没有见过哪个女人能像她一样。"保罗·尼藏的妻子亨丽埃特·尼藏也回忆说年轻时的波伏瓦有一双令人销魂的眼睛,她非常漂亮,声音有一点点沙哑,但是这让她更迷人了,而且她有一种不自知的美。[12]

年轻时的萨特在巴黎高师是个响当当的明星人物。一方面是因为他的哲学功底好,另一方面是因为他总是开各种不成体统的玩笑。萨特给自己画过一幅裸体讽刺画,还曾经大喊着"查拉图斯特拉的尿来了!",把装满水的气球从大学教室的窗户扔出去。萨特是个爱搞恶作剧的人,在前一年的国家哲学教师资格考试中,他说自己本来应该拿全国第一的,但结果没有通过,这是因为他在考卷上大谈自己的哲学观点,根本不按考题来回答。

那天埃莱娜代替波伏瓦去赴约的时候,萨特当时就起了疑心。埃莱娜直接向萨特走过去,并做了自我介绍。于是萨特问埃莱娜:"你怎么确定我就是萨特?"埃莱娜支支吾吾地说:"因为……你戴着眼镜。"萨特指指旁边的男子,说他也戴着眼镜啊。其实萨特就算不是天才,也猜得出来埃莱娜之所以一眼就认出了他,肯定是因为波伏瓦已经提前告诉她萨特长得又丑又矮。[13] 萨特身高只有一米五五,而且他也知道自己长得丑。不过这也是萨特乐于去勾引女人的原因之一,因为一旦得手就能证明长相并不重要,言语才是征服女人的关键。

马厄邀请波伏瓦加入他们的学习小组,对此波伏瓦感到很高兴。因为这不仅仅代表着巴黎高师人对她的尊重,也意味着她能够有更多的时间和她喜爱的拉马在一起。萨特是个很势利的人,他从小一直都享受着巴黎最好的教育,他认为那些没有受过同样教育的人都比自己低一等,不值得和他们交朋友。在 1974 年的一次采访中,波伏瓦谈起萨特为人傲慢,她回忆说年轻时的萨特、马厄、尼藏都是出了名的心高气傲、玩世

第四章 传奇之前的爱恋

不恭，尤其看不起索邦的学生，而波伏瓦就曾是索邦的学生。萨特当时半开玩笑地回应说，那是因为索邦的学生都是非人类。[14]

虽然这也是在夸索邦的学生出类拔萃，但是当年的波伏瓦还是有点害怕萨特的。因为萨特、马厄和尼藏的三人小团体瞧不起索邦学生，索邦学生也不甘示弱，他们说巴黎高师那群人没心没肺，毫无灵魂，而萨特更是其中的典型代表。[15]

6月底的时候，萨特还没有和这个他发誓一定要认识的女人正式见面。一直到1929年7月8日那个星期一的清晨，萨特才真正和波伏瓦见面。波伏瓦带着战战兢兢的心情来参加他们的学习小组，萨特礼貌地欢迎她。一整天波伏瓦都在谈论莱布尼茨关于形而上学的论文。[16]也许这听起来并不像是一个爱情故事的开头，对于波伏瓦来说的确不是。但是那之后的几周里，波伏瓦和萨特之间还是擦出了火花。

现在，波伏瓦加入了萨特、马厄和尼藏的三人小团体。接下来的两周里，这个四人小团体每天都会见面。第一天的时候，波伏瓦在日记里细致入微地描写了她心爱的马厄穿着衬衫，半蜷着身子，头枕着胳膊斜躺在床上的画面。他们几个人一起步行回家，直到萨特离开，只剩波伏瓦和马厄两个人的时候，波伏瓦才觉得那段路甜蜜无比。她甚至都不记得到底和马厄说了些什么，回家后她忍不住在日记里写满了对拉马的赞美。[17]

第二天，他们接着讨论莱布尼茨。萨特还带了一幅日本画送给波伏瓦，但波伏瓦在日记里说那幅画十分难看。第三天，他们还是谈论莱布尼茨，萨特又送了波伏瓦不想要的礼物，这一次是一些瓷器，波伏瓦在日记里说这些礼物很荒唐。[18]

到了星期四，他们终于谈论完了莱布尼茨，开始学习卢梭。这次由萨特领头讨论，萨特思考的方式让波伏瓦刮目相看，她转变了自己对萨特的印象。波伏瓦这样形容萨特："他待人非常慷慨，我是说真的很大方。他愿意花很多时间去解释清楚一个哲学难点，让每个人都能明白，自己却不要求任何回报……他和索邦学生口中的萨特完全是两个人。"[19]

但是之后的一天，波伏瓦和马厄俩人没有来参加学习小团体，他俩在文诺街上的一家小旅馆开了一间房，根据波伏瓦的回忆录，他们那天对外宣称她是去帮马厄翻译亚里士多德。[20]但是从波伏瓦的日记可以看出，实际上他俩那天没怎么学习和工作。马厄那天也告诉波伏瓦他担心自己过不了国家哲学教师资格考试的笔试。波伏瓦在日记里写道，那天屋子里氤氲着恰到好处的暑气，一切都因此显得怡人而迷醉。她和马厄的友谊又多了一些柔情蜜意，她永远都不会忘记。[21]

之后的几天里，波伏瓦在日记里总是提到"我的拉马"，不过马厄也告诉波伏瓦，萨特已经被她深深地吸引了。[22] 7月15日时，马厄开玩笑说他要亲波伏瓦。波伏瓦在日记里坦白，她对马厄的欲望让自己很困扰。之后的一天他们对彼此说了"我爱你"。[23]

7月17日，国家哲学教师资格考试的写作部分出成绩了，就张贴在索邦大学。因为考试合格的人数是严格按照法国教育系统里教职的空缺数来定的，所以通过这个考试的人可以在法国教育体系里获得终身教职。波伏瓦进门的时候，萨特正好出来，他告诉她，通过笔试的26个人里面有自己、波伏瓦还有尼藏，但是没有马厄。

那天晚上，马厄离开了巴黎，萨特乘虚而入。我们不清楚当时的萨特知不知道马厄和波伏瓦的关系，但是情况的改变显然是对萨特有利的。首先，马厄已经不需要去准备国家哲学教师资格考试的口试了，所以四

第四章 传奇之前的爱恋　093

人小组现在变成了三个人。萨特的学识已经给波伏瓦留下了很好的印象，萨特可以借此进一步追求她，而且萨特非常肯定波伏瓦的确如传说中一样优秀，一点也不夸张。

波伏瓦的回忆录里记载着当时萨特对她说的话："从今往后，我会一直保护你。"[24] 在日记里，波伏瓦没有记录下这句话，但她写的是，萨特让她成为他想要的样子，不过波伏瓦挺喜欢萨特霸道的方式，而且萨特十分接纳她、放纵她。[25] 波伏瓦告诉萨特，之前有不少男人都说她谈论哲学的样子很不可爱[26]，萨特嘲笑这些男人有眼无珠。萨特故意跟波伏瓦只谈哲学，这让波伏瓦很开心。波伏瓦和萨特之后常常一起学习，周围的人也开始注意到他俩常在一起。

马厄离开巴黎之后，波伏瓦和萨特每天早晨都在卢森堡公园或者小咖啡馆见面聊天，这个习惯之后持续了整整51年。波伏瓦的出现取代了萨特一些原来的伙伴。雷蒙·阿隆回忆说："我和萨特的友谊在他认识西蒙娜·德·波伏瓦的那一天开始就改变了。在那之前，萨特一有什么想法就会跟我分享，也希望我能给他当参谋。但是自从他认识了波伏瓦，他就再没来找过我。"[27] 波伏瓦的好朋友扎扎也注意到了这一点。扎扎一直不喜欢学识渊博的萨特，她觉得萨特很讨人厌。扎扎认为早在认识萨特之前，波伏瓦就已经选择好了她自己的道路，可以说萨特的出现加速了波伏瓦成为一个哲学家，但是他并没有改变她的人生道路。[28]

认识萨特之后的第9天，波伏瓦在日记里把他和马厄这两个都想要吸引她注意力的男人放在一起做对比。波伏瓦写道：拉马只要爱抚女人的脖子就能让她神魂颠倒，但萨特赢得一个女人的方式是把他的心展示给她看。[29] 7月22日，波伏瓦形容萨特对她的影响非比寻常。在认识萨特13天后,波伏瓦在日记里写道:"他理解我,能看透我,我被他迷住了。"[30] 波伏瓦觉得自己在智识上需要萨特的存在。波伏瓦和萨特发现彼此有很多相似之处,除了对哲学的热爱,他们对文学也有着相同的兴趣,而且都想要在文学上有所成就。他们俩对各种哲学观点和文学典故都信手拈来,而且默契十足,从来不需要对彼此解释什么概念或者讲述故事情节。波伏瓦和萨特两人都是从小就梦想着长大后成为作家,如今毕业后的他们虽然仍有雄心壮志,但不得不在实用主义和现实面前低头。

当然了,虽然有着相似的梦想,但是波伏瓦和萨特所面对的现实是完全不一样的。对于萨特来说,有无数的先贤像灯塔一样指引着他,数不清的法国伟大作家因为他们的文学或哲学成就留名青史。而对于波伏瓦来说,想列举出来几个女性文学大家都很难,更不要说女性哲学家了。而且这些女性前辈往往都因为拒绝传统的女性价值观而付出了很大的代价,她们常常得牺牲个人的幸福才能获得自由。波伏瓦不满足于这种状况,她想要一种更好的结果:为什么自由和爱情二者不能兼得?

波伏瓦和萨特除了一起学习,也渐渐开始一起去河边的书报摊散步,有时候是去电影院看电影,或者去酒吧里喝着鸡尾酒听爵士乐。萨特会给波伏瓦唱《老人河》(*Old Man River*),大谈他的理想,也会问波伏瓦各种问题,想要更深入地了解她。波伏瓦回忆说,当时的萨特是真的想要通过她自己来了解她,真正地理解她的价值观和人生态度。萨特会鼓励波伏瓦,要"保持最珍贵的自我,保持你对自由的热爱、你对生活的激情、你的好奇心,还有你想要成为作家的决心"。即便如此,当波伏瓦在7月27日晚上再一次见到她的拉马的时候,一切又恢复了原样。波伏瓦问自己,为什么当萨特和马厄出现在同一个房间里的时候,萨特就丧失了魅力？波伏瓦不得不承认，自己就是无法抵抗马厄对她的吸引力，这种吸引力更能让她心潮澎湃。[31] 7月28日，波伏瓦读了萨特的小说稿《亚美尼亚人埃尔》(*Er L'Armenien*)，并与他共度了一整天。萨特的这本小说里包含了和克罗诺斯、阿波罗、密涅瓦及其他人关于时间、艺术、哲学和爱情的对话。[32] 波伏瓦被萨特的才华所折服，在日记里她也开始用亲切的昵称去称呼萨特，而在此之前，她只会对马厄使用昵称。夹在萨特和马厄中间的波伏瓦，感觉自己寝食难安。[33]

威廉·詹姆斯有一篇名为"人的意义在哪里？"(*What Makes a Life Significant?*)的文章。在这篇文章里，詹姆斯问为什么会情人眼里出西施：每一个杰克都觉得自己的吉尔完美无缺，美若天仙，但是在其他人看来，吉尔毫不出彩，平平无奇。是这些人看不见吉尔的魅力吗？詹姆斯写道，实际上是因为杰克想要和吉尔产生深层次的联结，因此才能看到吉尔的美。如果没有人想要认真地去认识我们，了解我们本来的样子，我们又会在哪里？

波伏瓦有着像杰克一样的眼睛，但是问题在于，她既能看见马厄的迷人，也能看见萨特的魅力（而且坦诚地讲，波伏瓦也没有忘了雅克的好）。波伏瓦该怎么办呢？

波伏瓦在回忆录里，对自己这一段两难的选择轻描淡写地一笔带过了。这样的低调处理可能是为了保全自己的名声，也有可能是考虑到了当时的读者。毕竟，20世纪50年代后期的读者们大概是不能接受一个吉尔同时爱着杰克、让－保罗和勒内的。在《盛年》里，波伏瓦呈现了一个简化版的故事：在遇到萨特之后，她就从最突出的位置上淡出了。在自己的日记里，波伏瓦提到，跟萨特、马厄和尼藏在一起的时候她终于可以做自己了。不过在回忆录里,波伏瓦记载说当她跟萨特在一起的时候,她人生中第一次感觉到自己在智识上不如别人。[34] 这种自卑感在后来波伏瓦和萨特那段著名的对话之后更强烈了。那次对话发生在巴黎卢森堡公园的美第奇喷泉旁,波伏瓦向萨特分享了她自己酝酿了很久的一个哲学灵感,然而萨特却对此嗤之以鼻,最终波伏瓦承认她输了。后来波伏瓦回看这个事件,她对当时的自己感到有些失望,但她仍然带着谦卑之心:"我的好奇心比我的好胜心要强很多,比起炫耀自己,我更想要向他人学习。"[35]

虽然我们仍然推崇谦虚,认为保持谦虚好学的状态要比被自己的骄傲蒙住双眼要好,但是波伏瓦在那次谈话中所表现出来的谦卑,让后来几十年的女性主义者们都感到不解。在那之后的很多场合,波伏瓦都强调萨特才是他们俩中的哲学家。事实上,萨特和波伏瓦分别在国家哲学教师资格考试中名列第一和第二。当时的波伏瓦才21岁,是有史以来通过国家哲学教师资格考试最年轻的考生。当时的三人考试评审团中,有一个人坚持认为波伏瓦应该得第一,一开始另外两个人也赞同,认为波伏瓦比萨特更优秀。但是在最后,评审团决定第一名还是应该给来自巴黎高师的高才生,所以才给了萨特第一名(我们不清楚他参加了两次考试且前一年没有通过考试这一点有没有被评审团考虑进来)。[36]

波伏瓦在回忆录里表示,萨特并没有强迫她用一种更谦虚的态度看待自己。她其他巴黎高师的朋友们,尼藏、阿隆、普利策,都花了比她更长的时间准备国家哲学教师资格考试。而他们的教育背景使得他们有更好的机会和资源。他们能成为哲学家的境况跟波伏瓦的完全不一样。当时只有男性才能进入巴黎高师学习,也只有男性才能得到最优秀的老师的教诲,只有男性才有自信去和那些相信自己是最优秀的人一起辩论。

波伏瓦的日记从某种程度上证实了这种看法。在国家哲学教师资格考试之后,波伏瓦和萨特、阿隆一起去喝酒。他们花了两个小时来讨论善恶,回家之后波伏瓦觉得他们太优秀了,自己完全被碾轧了。波伏瓦写道:"他们的讨论如此精彩,以至于我已经无法肯定我原来的想法了。"波伏瓦感到,跟他们自由而丰富的学术氛围相比,自己一直被禁锢在一个封闭的环境里。她羡慕他们能有如此成熟的思考和强有力的辩证。波伏瓦对自己承诺,有朝一日自己一定要达到他们的高度。[37]

尽管波伏瓦学生时代没能接触到最优秀的哲学老师,但波伏瓦的同辈人都认为她是一个身体力行的卓越哲学家。莫里斯·德·冈迪拉克这么形容她:"严谨、精确、高要求、功夫到家……我们都一致认同她这个人就是哲学本身。"[38] 但是波伏瓦自己常常否认自己的哲学家身份,硬要把自己放在一个从属的地位,这让我们很费解。托莉·莫伊也不解:为什么波伏瓦要抓住一切机会去表明自己在哲学上不如萨特呢?[39]

托莉·莫伊的结论是:波伏瓦为了保持吸引力而放弃了哲学上的成功。[40] 在早期的回忆录里,波伏瓦的确给我们这样的印象。在公开场合,她总是把聚光灯留给"伟大的哲人"萨特。但是在波伏瓦的日记里,我们可以发现,即使在学生时代,波伏瓦优异的哲学成绩也同样具有吸引力,比如在并没有通过国家哲学教师资格考试的马厄面前。在和马厄的关系里,波伏瓦无须隐藏自己的光芒。那为什么后来在萨特面前就不一样了呢?而且我们也应当看到,其实波伏瓦并没有真的抓住一切机会去显示自己不如萨特,有时候她也会公开辩驳对她思想原创性的质疑。那么,是不是因为波伏瓦假想了一群特定的读者——这些读者会怀疑她的能力,认为她应该好好听听那些让她不要尝试去做哲学家的声音,她是不是因为"这些读者"才说自己不如萨特的呢?对于这些读者来说,萨特是不容置疑的天才,而波伏瓦竟然公开评论萨特年轻时的文章稍显稚嫩,简直是胆大包天。[41]

在1929年,萨特还不是那个伟大的"让-保罗·萨特"。当时的萨特25岁,比波伏瓦大三岁,是第二次参加国家哲学教师资格考试,而且比波伏瓦多花了一倍的时间去准备这场考试。波伏瓦在回忆录里对自己的成就故意表现得很谦虚,有可能是因为敏感的波伏瓦在复杂的政治环境中察觉到了不安全感,因而选择低调行事。也有可能是因为巴黎高师在法国的地位,波伏瓦不得不说自己比不上萨特。因为这不仅仅关系到他俩的能力,也关系到他们所代表的不同团体的文化资本和势力。在进入巴黎高师之前,萨特一路名校,分别就读的是鼎鼎大名的亨利四世中学和路易大帝中学。从履历上看,没有人比萨特更优秀。而且萨特也无须展示他的学历——正如托莉·莫伊所说,他已经是一个被神化了的天才,完全无须用这种卑微的方式来证明自己。[42]

相比之下,一个女性天才就必须小心翼翼,以免自己锋芒毕露。1929年,已经有不少女性在国家哲学教师资格考试中的成绩比男性更高,当时的法国教育界不得不小心翼翼地处理这个棘手的问题。因为国家哲学教师资格考试的结果必须公开,所以这个像体育赛事一样的排名会被公众知道。名单上的人按分数高低排名,虽然上榜的人都不用担心找不到工作,但是男性考生往往会担心自己因排在女性考生候选人的后面而有失颜面。为了避免这样的尴尬,从1891年开始,法国教育部把男女考生分开来排名,但在1924年,又恢复了男女考生一起排名。

如果想要更好地理解波伏瓦的处境,我们可以多了解一下当时法国的女性境况。萨特的父亲在他小时候就去世了,大约是在1909年。当时萨特的母亲匆忙地带着他离开了巴黎,因为她担心萨特会被带离她的身边。在当时的法国,如果丈夫去世了,女性将无力获得孩子的合法监护权,一般情况下孩子归夫家抚养。在波伏瓦的学生时代,法国女性仍然没有选举权,也没法开设自己的银行账户。波伏瓦参加国家哲学教师资格考试的那一年,法国大学里的女性占比为24%,这个数据已经比上一代有了巨大的飞跃。在1890年,法国一共只有288名女性大学生,在所有大学生中仅占1.7%。如果在一个社会里,女性既没有投票权,也不能开设自己的银行账户,甚至连自己生的孩子都不能留在身边,那么她到底有什么权利呢?

在那之前不久,波伏瓦独自在国家图书馆女性阅读室读哲学。在日记里,波伏瓦写道,她想要哲学指引自己的人生——过思考的一生,而不是只思考不生活,或是只生活不思考。波伏瓦决定要书写她丰盈的内心。后来她读了拉尔夫·瓦尔多·爱默生的作品,这也是她最喜欢的作家路易莎·梅·奥尔科特的暗恋对象。其实在读爱默生之前,波伏瓦就已经得出了和他一样的结论:"我们在生活中主要缺的就是这样的人,他们能驱使我们去做自己能做的事。"[43]

1929年7月22日,波伏瓦清楚地意识到,和萨特在一起,她会被驱使着成就一番事业。虽然萨特有时候挺讨人厌,波伏瓦偶尔也会害怕他。但尽管如此,那天波伏瓦还是在日记里写道:"我要把自己交给这个男人，我对他有绝对的信心。"[44]

最后的最后，也许波伏瓦也会去思忖一下这个决定是不是限制了她自己。

第五章 女神[1]和花花公子

1929年8月,波伏瓦回到老家梅里尼亚克度夏,她决定要在这个夏天好好回顾整理一下自己的生活。只有在梅里尼亚克的时候,波伏瓦才能有一个完全属于她自己的独立房间,所以她要趁着有隐私空间,赶紧"回顾、整理、评估"一下自己的生活。此时的波伏瓦十分信任萨特,她认为自己对萨特日渐生情,但这并不代表自己背叛了拉马或雅克。[1]在马厄离开巴黎之后的几周里,波伏瓦和萨特在精神和肉体上都更加亲密了。虽然那时候他们还没有发生关系,但后来波伏瓦在首部传记中对贝尔坦白,其实在大学城萨特的宿舍里,他俩"除了最后一步,其他的都试过了"。[2]

接下来的一周,波伏瓦继续回顾、整理自己的回忆和感情。她发现自己近来情绪起伏很大,有时候怀疑一切,有时候万念俱灰,有时候又兴高采烈。[3]对于这种情绪变化,波伏瓦觉得不应该自责,而是应该好好反思一下原因。波伏瓦觉得她"需要"萨特,但是她"爱"马厄。用她自己的话说:她爱萨特,是爱萨特带给她的东西,而她爱马厄,是爱马厄这个人本身。[4]在那个时候,萨特还不是波伏瓦"本质的爱"。

---

[1] Valkyrie,即女神瓦尔基里,北欧神话中奥丁神的一个婢女,她驰骋在战场上,收集死去的英雄。

波伏瓦的爷爷去世了，全家人因此聚到了一起。这是波伏瓦生命中第一个没有爷爷的夏天，好在法国中西部科雷兹省的天气宜人。梅洛-庞蒂的天主教朋友冈迪拉克去波伏瓦家拜访，提议波伏瓦两姐妹也可以去他家玩，毕竟只要坐一个小时的火车就到了。即使冈迪拉克是一个信天主教的年轻人，弗朗索瓦丝也觉得他不错，但是她还是不同意，说这样不符合规矩。所以冈迪拉克提议大家一起去近一点的蒂勒市游玩，这次弗朗索瓦丝同意了，但是尴尬的是弗朗索瓦丝坚持全程陪同，监督两姐妹。[5]

8月9日，波伏瓦和冈迪拉克一起去乌泽什游玩，但她满脑子想的都是萨特。之后的一天，他们在韦泽尔河岸边散步，波伏瓦又一直想着拉马。[6]虽然母亲一直跟着，但是波伏瓦脑子里想什么，弗朗索瓦丝是看不见的。不久之后，波伏瓦找到了躲开母亲的办法。8月19日，德·波伏瓦一家离开了梅里尼亚克，去到拉格里耶尔的姑姑家。第二天吃早餐的时候，波伏瓦的表姐马德莱娜冲进厨房，告诉波伏瓦外面草地上有个人正在等她。

是萨特。

波伏瓦知道萨特会来，一想到他会来，波伏瓦就开心得不得了。[7]在萨特来之后，波伏瓦没有再写日记。直到萨特离开之后，波伏瓦才重新拾起笔，记录她和萨特在一起的时光，以及他们的灵感和缠绵。[8]显然萨特一来，波伏瓦就把自己原先严格的学习时间表抛在了脑后。

在萨特抵达之后的第一天，波伏瓦提议一起出去走走。但萨特拒绝了，他说自己对叶绿素过敏。于是波伏瓦和萨特一直坐在草坪上聊天，他俩简直有说不完的话。萨特住在圣日耳曼莱贝莱斯的布勒勒奥酒店，波伏瓦每天清晨醒来，一边想着好多要跟萨特说的话，一边兴高采烈地

第五章 女神和花花公子 103

穿过草坪去找他。他俩一起躺在草地上，波伏瓦跟萨特倾诉关于自己父母、埃莱娜、扎扎、雅克和学校里的事情。听到波伏瓦说起雅克的事情，萨特说他觉得婚姻其实是一个陷阱。不过萨特也知道，对于波伏瓦这种背景的女孩来说，婚姻几乎是避不开的。萨特敬佩她的"女神精神"，他对波伏瓦说，如果她哪天失去了这种精神，他会很难过。

8月艳阳炙烤下的草坪微微发热，波伏瓦和萨特坐在上面，开始一起规划他们的未来：他们要一起旅行，一起冒险，努力工作，写出名作，过激情而自由的生活。萨特对波伏瓦说：他可以给她很多很多，但是不能把全部的自己都给波伏瓦，因为他必须要保持自由之身。萨特之前订过一次婚，但是现在的他恐惧婚姻、孩子和羁绊。波伏瓦很惊喜萨特能向她展露自己敏感的一面。萨特坚信自己生来就要成为一个伟大的作家。他向波伏瓦滔滔不绝地讲述自己必须保持自由之身，才能去实现伟大的前程；必须做一个无拘无束、云游四海的漫游者，才能为伟大的作品搜集材料。萨特向来喜欢用文学和哲学中的复杂典故，这次他把自己比作爱尔兰剧作家J.M.辛格的作品《西方世界的花花公子》(*The Playboy of the Western World*)中的花花公子。

人们常常通过波伏瓦回忆录中的这段对话来认定，是萨特定下了他和波伏瓦关系的基调，也认为是萨特强迫波伏瓦接受了他的放荡不羁。但是从波伏瓦的日记，我们可以看到其实她心里有好几个爱慕的对象，而且对每一个的爱都有不一样的原因。在这个8月，在梅里尼亚克，萨特和波伏瓦促膝长谈自己笔记上的各种灵感和有关心理学的思考，以及他关于偶然性的理论。波伏瓦和萨特都涉猎甚广，在谈话中他们发现彼此读过很多相同的书。除了为准备国家哲学教师资格考试而读过的哲学书，他们对文学的共同爱好，让波伏瓦和萨特共同拥有了一个非比寻常的深刻的精神世界。波伏瓦觉得萨特的很多想法都很有趣，充满启发性，甚至令人充满希望，她意识到自己已经被萨特"美丽而严肃的头脑"深深吸引了。[9]

波伏瓦故意告诉她的父母，她和萨特正在做一个马克思主义的批判性研究，希望他们因为痛恨共产主义而忽视礼节、体统问题。但是波伏瓦的这个方法好像并没有很管用。在萨特到达之后的第四天，波伏瓦和他一起躺在草地上。乔治和弗朗索瓦丝突然走过来，两人吓得赶紧跳起来。波伏瓦的父亲脸色很难看，他对萨特说周围的人们已经开始指指点点了，让萨特早点走人。波伏瓦听了很愤慨，质问父亲怎么能用这种态度对待她的朋友。弗朗索瓦丝也看不下去了，大声呵斥波伏瓦。萨特见状便承诺波伏瓦的父母会尽快离开，但是必须先跟波伏瓦一起把手头的哲学课题完成。波伏瓦的父母对此将信将疑，萨特和波伏瓦赶紧回到屋子里。几天之后，9月1日那天，萨特才离开。

萨特离开之后，波伏瓦在日记里写道：她只需要"萨特愿意给她的这些片刻时间就够了，她不希求更多"。波伏瓦开始想象一个独立和爱情并存的未来，这让她激动不已。她在日记里写道：这个柔弱的小女孩身体里住着一位强大的快乐"女神"。波伏瓦相信自己能够强大起来，变得像萨特一样强大。[10]

在萨特离开之后，波伏瓦享受着一个人的状态，她感觉自己完全属于自己，自由而强大。独自一个人的时候，波伏瓦也重新开始思考自己的不确定。波伏瓦很确信自己爱上了萨特，但是她也爱着拉马，而且她可能还爱着雅克，她用不一样的方式爱着他们。但是她不知道如何调和

第五章 女神和花花公子

自己的爱。[11]

9月2日到4日，波伏瓦继续她的"回顾、整理、评估"。她感觉自己的未来充满了各种可能性，自己期盼已久的生活似乎终于要到来了，波伏瓦兴奋不已。她的快乐显然跟萨特是分不开的。但是大众一直以来认为的萨特是她快乐的唯一源泉这种看法显然是不对的。就像波伏瓦之前在日记里写的：萨特之于我，是"我的心灵、我的身体，但最重要的是，我的思想收获了一个无可比拟的朋友。身体和心灵的伙伴，别人也可以做，但思想的朋友只有他，不可替代"[12]。

波伏瓦最终决定："我要把每一个情人都当作唯一去爱。我会享受每一个情人能给予我的全部；我也会给予他我所能给予他的全部。这样的话，有谁还能谴责我呢？"的确有一段时间，波伏瓦没法确定自己对萨特的感情究竟是什么，她唯一能确定的是，那还不是爱。[13]

在波伏瓦和萨特的那个传奇7月之前，波伏瓦得出结论：自己要用不同的方式同时去爱几个男人。早在1926年，波伏瓦就在日记里写道，不能因为情人希望你呈现什么形象，你就放弃自我而变成那个样子，这样做对自己非常不诚实；一个人应该"只给予她所能给予的"。[14]

两天之后，拉马来看波伏瓦，他们在酒店开了两间房。波伏瓦很享受和马厄一起度过的两个早晨，她怀念马厄穿的蓝色睡衣，以及他说"早安，海狸"时的温柔嗓音。[15]波伏瓦在日记里写到马厄的时候，总会表达出对他身体的迷恋，她会细致入微地描写他的身体、脸庞、嗓音、姿态以及穿着有多么适合他。不过波伏瓦也开始拿马厄和萨特作比较，她觉得马厄对自己来说只是"部分的"，自己并不敬重马厄，也不崇拜他。[16]

所以马厄算是波伏瓦的第一个情人吗？波伏瓦的日记对此没有明说。

当戴尔德丽·贝尔采访波伏瓦的时候,波伏瓦否认和马厄有性关系。但是萨特和马厄的说法都和波伏瓦的相反——萨特和斯捷帕的儿子约翰·杰拉西曾经很确定地说:"马厄爱着波伏瓦……波伏瓦也爱着马厄。实际上他是她的第一个情人。"[17] 基于此,有的人甚至推断说,那个下午在酒店,马厄和波伏瓦根本不像波伏瓦说的那样在"翻译亚里士多德"。在《盛年》里,波伏瓦写道,她是"心甘情愿地献出自己的第一次的"。但是波伏瓦没有明说自己的第一次是和谁。[18] 波伏瓦日记里的另一段文字也许可以支持波伏瓦对于自己跟马厄发生关系的否认:"这个男人(马厄)十分迷人,但是我们发乎情止于理,这很美好;不过跟萨特,虽然他不怎么性感,但是我们的身体却很合拍,这也使得我们的爱情更加美好了。"[19]

波伏瓦给我们留下一个难解之谜。波伏瓦否认自己跟马厄发生过性关系,但是其他人却不这么说。当我向波伏瓦的养女兼朋友西尔维·勒·邦·德·波伏瓦求证的时候,西尔维说波伏瓦确实被马厄所吸引,他们的关系也很亲密,但是在波伏瓦遇到萨特之前,波伏瓦的确没有和马厄上床。在那个阶段,波伏瓦是一个规规矩矩的天主教女性,有些事情是一个值得尊敬的天主教女性绝不能做的。晚年时波伏瓦在一次访谈里被问到,有没有什么是她后悔没有写进回忆录里的。波伏瓦的回答是:"她后悔没有在回忆录里坦诚而冷静地记录自己的性事。她后悔,自己没有给出一个从女性主义的角度来说真正意义上真诚的记录。"[20] 甚至在日记里,波伏瓦也没有完全坦诚地记录自己的性经历。也许是因为当年的波伏瓦怕自己的母亲会偷偷读她的日记?彼时的波伏瓦还不知道今后她的私人生活会在自己出名后被各种曲解和误读,人们会因为关注她的私生活而忽视她的哲学作品和政治参与。

第五章　女神和花花公子　107

第六章　她自己的房间

1929年9月，21岁的波伏瓦回到巴黎，搬出了父母的公寓。波伏瓦的外婆在丹费尔－罗什洛街91号有一处房产，波伏瓦租了这栋房子五楼的一个房间。和其他房客一样，波伏瓦也要交房租。波伏瓦买来橘色的墙纸贴在墙上，埃莱娜帮着她一起置办了一些二手家具。波伏瓦从家里搬走的时候，弗朗索瓦丝眼里噙着泪。不过母亲没有大哭大闹波伏瓦就已经谢天谢地了。[1] 除了每年夏天去梅里尼亚克的时候能有一间自己的房间，平常波伏瓦都得和埃莱娜挤在一间房里。现在她终于有了一间只属于她一个人的房间，波伏瓦感到非常高兴。

波伏瓦那时候还没有工作，不过她已经和萨特讨论过他们两个人的未来。在萨特去服兵役的时候，他们会尽可能多地保持见面。波伏瓦选择留在巴黎，而不是找一个全职的教职，因为只有这样她才有时间创作小说。波伏瓦在维克托·杜鲁伊学校一周兼职几个小时，教教拉丁语和希腊语，这样她能挣够自己生活的基本开销。[2]

经历过之前备考国家哲学教师资格考试的日子，波伏瓦觉得工作其实也没有像她父母说的那样任务繁重。相比起重重困难和不断的挫败，波伏瓦觉得自己现在的生活就像一场长假一样轻松。现在的波伏瓦，可以按自己的想法做事情，也可以随心所欲地打扮自己。波伏瓦的母亲之前总是让她穿耐磨的棉质或者羊毛质地的衣服，常常显得很土气，现在波伏瓦给自己买了丝绸、纱，还有天鹅绒质地的衣服。波伏瓦笔下曾有一个叫尚塔尔的文学角色，是一位生活在 20 世纪 30 年代的哲学老师。尚塔尔喜欢把自己打扮得很时髦，当她站上讲台上课时，台下的"学生眼神里充满了震惊，他们觉得老师简直不像是真实世界里的人"。[3]

在《盛年》里，波伏瓦写到 1929 年 10 月和萨特重逢的时候，她断掉了和其他男人的关系，全心全意地投入了和萨特的恋爱当中。[4] 其实，波伏瓦公开出版的回忆录和她之前未公开的日记对同一件事情的记录出现不一致的现象，这也不是第一次了。那年 9 月到 11 月，波伏瓦在日记里仍然书写着自己对雅克和马厄的柔情蜜意。波伏瓦的出版物和日记的相互矛盾让我们不禁要问：为什么？为什么波伏瓦要在回忆录中抹掉其他的男人，给萨特一个最重要却与事实不符的位置？

1929 年，波伏瓦仍在权衡自己要不要选择萨特。9 月 27 日，她在日记里写道，萨特不懂爱情，尽管他是个情场老手，但是他从没有真正地经历过爱情。[5] 直到 10 月 8 日，波伏瓦仍然在忧虑这个问题。她说"当自己在萨特身边的时候，就必须得学会不后悔自己选择了这段爱情"。[6] 9 月波伏瓦回巴黎，她又一次见到了雅克，旧情复燃，也忘记了马厄。波伏瓦觉得自己必须得在"和雅克在一起的幸福"和"跟萨特在一起的不幸福"之间选择。[7] 波伏瓦写道："同时爱着两个男人，一点也不好玩。"[8]

根据波伏瓦回忆录里的记录，在 1929 年的秋天，萨特对波伏瓦说他觉得她有双重人格。考虑到当时的波伏瓦纠结于自己未来的各种可能性，以及她对复杂生活的失控感，不难想象萨特为什么会有这种感觉。（波伏瓦甚至给自己的未来生活面临的可能性起了个名字：我的可能性）。萨特说，平常的时候，她是海狸。但是有时候，海狸消失了，一个他不那么喜欢的"德·波伏瓦小姐"就出现了。德·波伏瓦小姐会忧伤和悔恨，但是海狸不会。[9] 这让我们不禁怀疑是萨特故意给波伏瓦洗脑[1]，为了让波伏瓦不断自我怀疑，从而不去质疑他的可疑行为。但其实海狸和"德·波伏瓦小姐"这种分裂也并非萨特首创，其实早在1927年波伏瓦自己的日记里，我们就发现了类似的分类。当时的波伏瓦在日记里叮嘱自己"不要做德·波伏瓦小姐，要做你自己。不要去追逐外界强加给你的目标，不要去盲从社会既定的框架。适合自己的就是正确的，这样就可以了"。[10]

10月14日，星期一，萨特和波伏瓦在卢森堡公园一起散步。那个下午他们的对话启发了无数后人试图去效仿。波伏瓦和萨特在那个下午的讨论，为后来他们的开放性关系定下了关键的契约。波伏瓦和萨特从一个两年的契约开始，除了彼此以外他们可以有别的情人，并且他们许诺会告诉对方所有的一切。为了把自己和别的那些不那么重要的情人区分开，萨特对波伏瓦说："我们之间的是本质的（essential）爱，但是我们同时也可以体验偶然的（contingent）爱。"[11] 波伏瓦和萨特把他们的关系称为"贵庶通婚"（morganatic marriage），这个词的原意是指一种不平等的社会等级之间的婚姻关系，比如路易十四与曼特农夫人的爱情（但波伏瓦和萨特没有说他们俩谁是贵族，谁是平民）。

---

[1] 原文用词为 gaslight，即"煤气灯效应"，又叫认知否定，实际上是一种通过"扭曲"受害者眼中的真实，而进行的心理操控和洗脑。操控者通过长期将虚假、片面或欺骗性的话语灌输给受害者，从而使受害者开始怀疑自己，质疑自己的认知、记忆和精神状态，最后达到控制受害者的思想和行为。

波伏瓦在回忆录的第二卷中写道，一开始她觉得契约中互相告诉彼此一切的承诺让她感到难为情。但是后来，波伏瓦渐渐觉得这是一种解放。因为有萨特这个观察者的存在，让她能够更加不偏不倚地看待自己，而这是她一个人时做不到的。这也是为什么波伏瓦称萨特为她一生的见证者。萨特和波伏瓦都把彼此当作一个毫无恶意的读者，因此他们能够把自己像一本书一样完全打开呈现给对方，这种信任让他们感觉很舒服。[12]

波伏瓦完全信任萨特，她觉得萨特给她的是一种绝对的、永不止息的安全感。而这种安全感她曾经只能从父母或者上帝那里感知到。[13] 波伏瓦曾经非常重视"由内而外对自我的审视"，她也常常回溯自己的人生，但我们很难弄清楚为什么波伏瓦会对萨特对她"从外向内的观察"如此充满信心。她对萨特的信任是必要的吗？萨特也同样信任她吗？

《盛年》里描绘的萨特和波伏瓦，对于和彼此分享真相，其实一直都很谨慎，因为真相有可能是伤人的利刃。后来的波伏瓦也觉得自己并没有掌握成功沟通的万能法则。波伏瓦觉得没有什么方法能够保证伴侣双方完全理解对方。经常会有人问波伏瓦是怎么维持她和萨特的关系的，波伏瓦的回答是：在一起的两个人必须一起商量并定下两人之间的协议。年轻时候的波伏瓦，错误地以为对自己适用的能够对所有人都适用。到1960年的时候，无论人们批评还是赞美她和萨特的关系，她都会感到很恼火[14]，毕竟人们其实对于他们俩相处的真实情况知之甚少。

1929年，波伏瓦一度对萨特爱得目眩神迷。但是自从7月见了萨特之后，波伏瓦便开始动摇。实际上，在波伏瓦和萨特订立契约之后的一周里，波伏瓦的内心也充满了怀疑和焦虑。10月17日，萨特和波伏瓦一起度过，那一天萨特觉得自己不喜欢的那个"德·波伏瓦小姐"差点又要出来。当时的波伏瓦很沮丧,后悔自己的选择,但是她还是尽力掩盖自己伤心的情绪。直到萨特走后,她才实在忍不住开始痛哭流涕。[15] 1929年10月21日,波伏瓦在日记里写道"这一年如果没有萨特,我没法活下去",并在"没法活下去"下面画了一道线。[16]

就在这件事情发生的两天之后,雅克局促不安地告诉波伏瓦他和别人订婚了。[17]第二天,马厄和斯捷帕都赶来安慰伤心的波伏瓦。马厄对波伏瓦说,雅克这样的男人18岁的时候很吸引人,但是过不了多久就会失去魅力,因为他们都是依靠家里的财产,而不是自己白手起家的人。雅克的确继承了他父亲的生意,而且他完全不拒绝这种给他设定好的人生道路,而波伏瓦对此肯定是不能接受的。斯捷帕带着波伏瓦去双偶咖啡馆(Les Deux Magots)喝热可可,波伏瓦很欣慰有马厄和斯捷帕来陪伴自己。尽管波伏瓦对雅克以外的男人也有感情,但是她还是为此伤心大哭了一场。她的伤心也许是为了雅克,也许是为了她先前想象过的那个和雅克一起的未来,那个能够满足家人对她的期待的未来,也许两者皆而有之。[18]

在《盛年》里,波伏瓦回忆起她和萨特年轻的时候都有些自命清高。他们一方面觉得自己激进而自由,一方面其实对很多束缚都没有看透。当时的波伏瓦和萨特不承认自己对任何人有情感上的义务,他们认为自己是完全理性的,不愿意承认自己需要依赖别人。实际上,波伏瓦和萨特都没有意识到他们一直是被保护着的,从来没有真正地直面过生活的惨淡和世界的险恶。波伏瓦和萨特那时候没有多少钱,但他们对财富嗤之以鼻,视金钱为粪土,都觉得:"去追求得不到的东西有什么意义呢?"[19]因此,波伏瓦和萨特一直在他们共有的丰富精神世界里邀游,他们沉溺于各种各样的故事、灵感和图像，所谈论的不是文学便是尼采、马克思、弗洛伊德或者是笛卡尔，两个人也是画廊和电影院的常客。

在 11 月的时候，萨特去圣西尔的气象兵部队服兵役。萨特打算两年兵役结束后，和波伏瓦分开一段时间。于是萨特申请了一份在日本京都的工作，如果一切顺利，从 1931 年 11 月开始，萨特就会离开法国去到日本。萨特告诉波伏瓦，他们还可以在世界的其他地方见面，比如伊斯坦布尔。然后他们可以再次分开，重新开始各自的冒险。

波伏瓦并不想独自冒险，但是她觉得自己没法告诉萨特她的真实想法。

即使这样，萨特仍然只是波伏瓦生活的一部分。在 11 月 3 日，波伏瓦在日记里写道，她希望萨特"嘴唇贴着自己的嘴唇"。紧接着这一段，波伏瓦提及了雅克的来信，然后她描述了自己见到斯捷帕时的喜悦心情。再然后，波伏瓦说，她希望拉马的手指穿过自己的头发，身体轻触着她的身体。[20] 我们不清楚，为什么在这个阶段，波伏瓦仍然煞费苦心地不让萨特知道自己真实的想法。但是很清楚的是，尽管每个人都有不完美的地方，但波伏瓦完全不觉得自己同时爱着几个人有什么问题。

萨特服役期间要在圣西尔训练，这里离巴黎非常近。所以一周有三四天，波伏瓦都可以去和萨特一起吃晚饭，有时候也会和他们共同的朋友皮埃尔·吉耶和雷蒙·阿隆一起。周日，萨特会来巴黎看波伏瓦。训练结束之后，萨特被派遣到圣西姆福里安气象站，这里离图尔市不远。大部分时间，波伏瓦和萨特都会给彼此写信。每个月除了周日之外，萨特还能休假一周，所以在萨特回巴黎和波伏瓦每周去图尔市以外，他们也能定期见面——但即使这样，波伏瓦还是想要更频繁地见面。当时的萨特称呼波伏瓦为"我的小妻子"，波伏瓦称呼萨特为"我的小丈夫"。

第六章 她自己的房间 113

但是夏天之后，波伏瓦和萨特之间的浓情蜜意很快就消散了。

之后的那个月，1929年11月25日，扎扎去世了。波伏瓦那天在日记里只写下了一行日期，旁边有一滴眼泪模糊了笔迹。

在扎扎去世后的一段时间里，波伏瓦的日记都是空白的。直到再下个月，波伏瓦因为萨特又一次伤心，她才重新开始提起笔写日记。当年波伏瓦加入马厄、尼藏和萨特的三人学习小组的时候，她以为她遇见了一群能够接纳她本来样子的人。跟萨特的相遇让波伏瓦以为，她遇到了一个想要寻找真相并如此生活的哲学家。但是现在萨特似乎对波伏瓦有了过分的期望。萨特也开始像别人一样，开始对波伏瓦指手画脚，也常常想当然地认为她明白和不明白什么。波伏瓦写道："我比他更理解什么是偶然的生活。"[21]

在扎扎葬礼的前一天，波伏瓦和萨特之间的矛盾爆发了。萨特指责波伏瓦太过沉溺于自己的喜怒哀乐之中，波伏瓦为此流下了眼泪。波伏瓦说："这并不是苦涩的眼泪，而是孕育着一股力量的眼泪，从眼泪中我感觉到自己心里女神的崛起，那个从长眠中醒来的女神。"[22]也是从这个时候开始，波伏瓦和萨特之间渐渐形成了一种固定模式：每当波伏瓦情感上需要安慰的时候，她会去找别人而不是萨特。扎扎去世之后，波伏瓦去找了埃莱娜。但即便如此，在12月13日扎扎的葬礼上，波伏瓦还是忍不住痛哭流涕，因为出席葬礼的这些人都是原本她以为会在扎扎婚礼上看到的面孔。[23]

萨特很清楚波伏瓦完全有能力写出伟大的作品，但是在很多关键的时刻，萨特对波伏瓦的苦难没有同情心。在订立契约后的第一年里，波伏瓦一直对萨特、她自己以及他们的契约对别人的影响感到忧心忡忡。

1929年12月，当马厄来到巴黎时，他在波伏瓦的桌子上发现了一封萨特写给她的信。在此之前，波伏瓦一直没有告诉马厄她和萨特之间的关系变了，气急败坏的马厄说自己再也没法信任波伏瓦了。他写了一封信给波伏瓦，要她必须趁他在巴黎的时候来见他。波伏瓦摘抄了马厄的信拿给萨特看："因为之前跟你在一起的9月，和之后那充满谎言的两个月，我现在满脑子想的都是这件事。你们俩精心搞这么一出，让我承受了如此的敷衍……我应该得到比这更好的。"[24]

马厄不想要"如此的敷衍"？那他希望得到什么？作为一个有妇之夫，他自己对婚姻都不忠诚，还反过来要求波伏瓦对他忠诚，未免太双标了。在萨特面前，波伏瓦也没有对马厄表现出什么同情心，反倒是指责马厄的嫉妒心和吃醋让她难受。但是波伏瓦也渐渐开始明白"偶然的生活"对于她和对于萨特来说，完全是两码事。波伏瓦从来不想伤害她所爱的人，她想要跟他们在一起。但目前的生活让她什么也不是了——雅克要结婚了，马厄在千里之外，而萨特也要启程离开。[25] 不过我们也不清楚，这时候的波伏瓦质疑的是"偶然的生活"的价值本身，还是只是这种生活的一个片段。

在波伏瓦搬出家自己住的第一年，她仍然常常回家和父母一起吃午饭，但是她并不跟父母分享她生活的近况。尽管萨特不在的时候，波伏瓦很想念他，但是她也很享受这种有机会独自去满足自己的好奇心，进行各种冒险的生活。那段时间几乎一有人邀请，她就去约会，甚至还去了一次妓院。乔治不理解为什么波伏瓦还不开始正式的教职工作。乔治轻蔑地跟自己的朋友们开玩笑说，波伏瓦正在和巴黎度蜜月。波伏瓦知道自己的第一份教职很可能被分配到外省，而她不想离开充满诱惑的巴黎。有段时间，波伏瓦也考虑过当一名记者，因为那样可以继续留在巴黎，但最终她还是更想要教哲学。[26]

1930年6月，波伏瓦在日记中写道，她感到自己想要变得更强大、想要工作、想要创作的强烈欲望。她觉得自己应该把这些事情放在生活的首位，在这一点上萨特和她意见一致。而那时，波伏瓦一想到她和萨特的两年之约快要到期了就感到惴惴不安，她甚至把这比作死亡临近。波伏瓦很确定自己想要写作，但是她也时常担心自己写作的能力，怀疑自己没有能力实现当作家的梦想："我没有才能，我写不了！"波伏瓦一方面自责自己懒惰，缺乏意志力，一方面又无法判断萨特给自己的帮助到底是不是她所期望的。波伏瓦觉得"萨特跟我对话时总是把我当成一个小女孩。萨特只想看到我开心，但是如果我对自己很满意，他又不开心了……每次我伤心难过的时候，我只能对他撒谎"。[27]一开始，波伏瓦觉得自己和萨特的友谊是无可比拟的。当他俩讨论哲学的时候，他们的目标是完全一致的，他们都想要发掘真相。但是为什么一涉及她的情绪，萨特就不愿意发掘下去了呢？为什么拒绝当端方淑女的波伏瓦，现在却愿意去做一个假装快乐的女人，尤其是面对一个把她当作小女孩来对待的男人？

波伏瓦觉得自己失去了快乐，失去了写作的灵感，甚至没法再相信萨特对自己说的"我爱你"。[28]我们并没有找到萨特具体说了什么才让波伏瓦如此沮丧和气馁，但我们知道波伏瓦的父亲以及波伏瓦从小到大生长的环境，给她传达的信息都是：女性天生就没有创造性，历史几乎就是女性缺乏创造性的记录。埃莱娜回忆起小时候，她们俩都很喜欢文学和艺术，但是她和波伏瓦从来没有一个灵感迸发的时刻，能够高呼自己今后要做画家或者作家。埃莱娜花了好多年才摆脱这种想法对自己的束缚。而波伏瓦也回忆起自己年轻的时候，尽管感到写作是自己的天命，但也会对缺乏创造性感到绝望。对于她们来说，让自己的想象力尽情发挥，做具有原创性的创作，看起来是不可能的。[29]

乔治·德·波伏瓦对于女性的贬低，从某种程度上来说，是整个文化里的共性。波伏瓦所阅读的那些哲学作品也浸淫着这种想法。在学生时代的日记里，波伏瓦曾引用了叔本华《论女人》(*On Women*)中的几句话：女性就是"第二性，在每个方面她们都劣于第一性"。女性存在的意义只是延续人类种族。叔本华觉得女性可以有才华，但绝对不可能有天赋。[30]

当波伏瓦考虑从事新闻业的时候，她有个富有的表亲向她伸出援手。这个表亲也是当年帮助她父亲的那个人。他们安排波伏瓦和《新欧洲》(*L'Europe Nouvelle*)的联合编辑普瓦里耶夫人见了一面。普瓦里耶夫人告诉波伏瓦，想要在新闻业站住脚，必须有自己的想法，她问波伏瓦，你有想法吗？波伏瓦回答说："没有，我说了，我没有。"[31] 而与此同时，当编辑的丈夫普瓦里耶先生跟波伏瓦见面的时候，他对波伏瓦动手动脚，并暗示波伏瓦还有另一种上位的方法。普瓦里耶先生说如果波伏瓦愿意的话，他可以介绍有权有势的人给她认识。波伏瓦拒绝了他。但是后来这对夫妇邀请波伏瓦去参加一个鸡尾酒派对时，波伏瓦犹豫再三，还是决定为了机会前去一试。当波伏瓦到了之后，她发现自己格格不入。她身上的羊毛裙，在一屋子的绫罗绸缎和锦衣玉食面前显得格外寒酸。

1930年秋天，波伏瓦开始思考她对萨特的爱是不是已经开始反噬自己。她完全活在他的期待中，忽视了自己的生活。波伏瓦写道："我失去了自己的骄傲，我也因此失去了一切。"[32] 回想起之前 10 月的生活，她和萨特重逢，浓情蜜意，但是她明显感觉到萨特的爱不如自己的深。看起来她也只不过是萨特众多冒险中的一个，而萨特在她的印象里则是惊为天人，她把自己的整个灵魂都给了他，完全没有意识到已经失去了自我。[33] 波伏瓦还爱着萨特，但是她描述自己的爱"更多的是出于习惯，没有从前那么热烈了，也没那么纯粹和温柔了"。在波伏瓦面前，萨特失去了完美的光环，现在波伏瓦能看透他想要取悦别人的那种欲望，他的自尊、他大声说话时涨红的脸，以及他是如何轻易地受到别人影响的。[34]

波伏瓦对萨特的爱逐渐冷却，同时他们之间也出现了身体不合拍的问题。波伏瓦感觉到自己的欲望被唤醒，需要被满足。但是在这一点上萨特却不同步，这使得他们之间的问题更严重了。相比于性，萨特更喜欢吸引的过程。现在我们不难理解为什么波伏瓦会立即同意和萨特的契约——只有同时与马厄和雅克见面，波伏瓦才能在当下和未来为自己的身体和心灵找到爱的寄托。当马厄和雅克不在的时候，波伏瓦很清楚地感受到自己身体的欲望。尽管波伏瓦和萨特承诺过要对对方无话不说，但是一开始的时候，波伏瓦对萨特只字不提自己欲求不满的事情。[35] 波伏瓦成长的环境从来都不鼓励主动表达个人的欲望，也不重视个人的情绪。当然了，波伏瓦现在之所以对自己的情绪如此严苛，也有可能是因为不满萨特对情绪的态度和他所宣扬的哲学。

萨特在他 1943 年的哲学著作《存在与虚无》中写道："性欲就是麻烦，因为它遮蔽和折损了我们的自由。"对于情绪，萨特同样也表示不能接受。他认为一个自由人可以做到选择不去感受自己的情绪，因此自由人就应该这样做。萨特的一个旧情人西蒙娜·若利韦，曾写信告诉萨特自己感到忧伤。当时 21 岁的萨特在给西蒙娜·若利韦的回信中，毫不掩饰自己对她感到恶心：

> 你是希望我看到你的忸怩作态就态度温柔起来吗？你以为我会因为为了你好，为了我好就改变立场吗？我一度也想要搞这种戏码……但现在的我憎恨和鄙视所有像你这样陶醉在自己的忧伤里几个小时无法自拔的人……要知道，伴随忧伤而来的总是懒惰……你我相隔 500 公里，你以为你写信告诉我你的忧伤，我就能跟你一样沉湎于忧伤情绪中吗？要是能这样，那你干脆写信给国际联盟吧。[36]

波伏瓦曾经有一次在电影院看到萨特的眼睛里泛着泪光，但萨特那次的眼泪是为艺术而流的，生活里没有什么值得萨特流泪。波伏瓦不能向萨特倾诉自己的复杂情绪，也不能向他表达自己的性欲，只能转而诉诸笔端，记录在日记里，只有日记本不会像萨特那样对她的情绪和欲望恶语相向。

后来波伏瓦回忆，其实自己有时候也会偶尔佩服萨特的这种疏离态度。萨特认为伟大的作家都需要培养出一种旁观者的冷静态度，因为他们要捕捉情绪，而不是被情绪所控制。但有的时候，波伏瓦觉得，语言"必须先谋杀现实，才能描摹现实"，但是波伏瓦并不希望现实就这样死去。波伏瓦想要细细体味生活给她的百味，而不是为了创作出流传后世的作品就把它抹杀。[37] 尽管波伏瓦和萨特都认为文学很重要，但是对于文学的本质和目的，他们持不同意见。萨特赞同文字是有力量的，但是他认为所有的文学都带有欺骗和隐瞒。波伏瓦坚信文学可以成就更多，她带着敬畏之心阅读弗吉尼亚·伍尔夫，因为伍尔夫意欲填补文学和生活之间的沟壑，而波伏瓦也想要了解和揭露这个真实的世界。[38]

波伏瓦在第二卷回忆录中写道，萨特在哲学上常常不拘泥于细节，天马行空。波伏瓦认为，正是因为萨特的不拘小节使得他的想法常常比她自己那些一丝不苟的精确想法更加出彩。[39]不只是这一次，在其他很多时候，波伏瓦都表示萨特比自己更胜一筹，也更有自信。在《端方淑女》中，波伏瓦称萨特是一个完美的伴侣，是她从15岁开始就梦寐以求的男人。波伏瓦说："我理想中的两性关系是，夫妻俩有很多共同点，是彼此精确的观察者。在以前，上帝是我生命的观察者。通过这种方法，我能排除爱上一个不同的人的可能性。除非我遇到一个既比我有成就，也跟我一样平等的人，否则我是不会结婚的。"[40]

但是萨特这个观察者并不像波伏瓦写的那样精确：萨特拒绝把波伏瓦的情绪看成是有意义的，也不予理会波伏瓦的性欲。[41] 20年后，在《第二性》中，波伏瓦写了"恋爱中的女人"一章，里面描写了女人是如何在恋爱后把所爱的男人当作她生活的中心，并且在恋爱中失去自我的。

恋爱中的女人甚至失去了自我判断力，试图通过她爱人的眼睛去看待一切。她追随他的一切喜好，包括书籍、艺术和音乐。如果没有他陪自己一起看世界，她就对世界失去了兴趣，她只对他的想法、他的朋友、他的观点感兴趣。她觉得自己的价值是有条件的，她之所以有价值，完全是因为被他爱着。当她听到他说"我们"，她就感觉到无上的快乐，因为她觉得被所爱的男人当成了他的一部分，当他说"我们"的时候，她和他就连在了一起，享有他的威望，可以和他一起去征服世界了。[42]

黑兹尔·罗利等作家认为这段话其实是波伏瓦自己年轻时候的写照。毕竟，在她的自传中，波伏瓦说自己年轻的时候是一个"辅助的存在"，是一个"智识上的寄生虫"。[43] 从波伏瓦日记中的有些篇章我们可以看到，波伏瓦并没有扪心自问自己想成为什么样的人，也没有问自己想对萨特表达什么，而是问自己怎样才能成为萨特想要的样子。尽管波伏瓦在回忆录中略去了萨特的种种缺点，但是在日记中她都悉数记录了下来。在波伏瓦遇到萨特之前，她已经在读萨特读的那些书：纪德、克洛代尔、佩吉、阿兰、帕斯卡、莱布尼茨、拉尼奥、尼采，以及一系列英语书籍，但萨特却无法独立读英语书。波伏瓦的确是用了"我们"，但是并不是只跟萨特用。尽管波伏瓦在回忆录里把自己描绘成一个和萨特恋爱的女人，但是我们不确定在现实生活中她是否就是那样的女人。波伏瓦把自己描绘成萨特从属的样子，并不是出于对事实的尊重，也不是为了叙事的必要性，而是因为她认为用某种方式去讲述这个故事能达到更好的女性主义的效果。

尽管波伏瓦早在18岁时就已经坚信自己有要表达的内容，尽管那时候的波伏瓦已经聪慧过人，但是年轻的波伏瓦也许没有意识到自己的智识也同样优秀到了能够吸引别人做她的"寄生虫"。如回忆录中所记载的，波伏瓦和萨特那时候来往于图尔市和巴黎之间，在火车上他俩会交流彼此的观点。每次萨特都很高兴见到波伏瓦，因为他可以告诉她自己最新的哲学理论构思了。波伏瓦听了之后会指出其中的问题。波伏瓦帮助萨特完善他的观点，而这些观点就是萨特日后赖以成名的关键。但是，当波伏瓦告诉萨特她的观点时，萨特会对波伏瓦说，你的原创性不够，他甚至对波伏瓦说："当你这样想问题的时候，你根本就没有在思考。"[44]

萨特的批判既可以被解读为一种蔑视，也可以被解读为一种忠言逆耳利于行的鼓励。在《盛年》中，波伏瓦写道，萨特对于波伏瓦对自己的依赖感到厌烦，但他的厌烦并不是因为这种依靠，而是因为他觉得波伏瓦不如刚见面那会儿那么才思泉涌了，他觉得波伏瓦可能要变成那种放弃自我独立，甘心做男人助手的那种女人。当萨特告诉她这些的时候，波伏瓦生气极了。不过波伏瓦生气的原因是，她让萨特失望了。[45]

我们可以从不同的角度来看待波伏瓦身上这种独立与依赖的并存：有的时候波伏瓦不确定萨特对于她来说是否是最好的，她也不确定萨特究竟有没有激发出她最好的部分。尽管波伏瓦很早就感觉到写作是自己的天命，但是她始终不够自信，之后的几十年里也总是拒绝赞美。波伏瓦总是不重视作品受到的褒奖，而是只看到负面的评价。从某种程度上来讲，波伏瓦和萨特的友谊流传后世，让大众看到了萨特的自信和波伏瓦的自我怀疑，但事情的全貌并不是这样的。

1930年10月，波伏瓦对萨特产生了诸多疑虑，甚至已经到了想要结束这段关系的程度。波伏瓦好几次想要离开萨特。她为扎扎和曾经的自己心痛；尽管她已经获得了她原以为自己想要的东西，但是她仍然觉得壮志未酬："柔情、工作、快感，仅此而已吗？"[46] 在日记的最后，波伏瓦缅怀失去的其他可能的未来，以及在别的朋友的陪伴下本可以成为的自我：

> 我有罪过，我有罪过，我有罪过！噢！我不想我的生活就像这样！噢！这不是我梦想的样子。明天我要见亲爱的小男人

（萨特）了，一切都将结束。但是今天，我不知道我的悔恨是从哪里来的。噢！雅克，我的纯洁，我的梦想，我的爱。但是现在一切都物是人非。

扎扎，我不能忍受你已经不在了……没有了你，我孤身一人，我都不知道我想要什么。我想要离开，我想要离开萨特，和你一起走，我想要和你说话，想要爱你。想要远离这里，离得远远的。[47]

在这一点上，我们不得不更多地依靠波伏瓦的回忆录和信件来了解她，因为我们没法获得她"从内向外地审视自我"的视角。尽管波伏瓦对于自己和萨特在一起这件事顾虑重重，犹豫不决，但是最终她还是选择了萨特。不过波伏瓦并没有把自己限制在萨特的"柔情、工作和快感"里。有不少作家和评论家都认为如果当时波伏瓦嫁给萨特，她也许会更幸福。但是这个判断显然忽视了两点。首先，波伏瓦早在遇到萨特之前就已经认定婚姻是不道德的。第二，萨特在波伏瓦生命中的位置从一开始就被波伏瓦界定清楚了：他是她"思想上无可比拟的挚友"。在这个方面，萨特对于她来说是不可或缺的。但在性和情感上，他远没有那么重要。

波伏瓦参加完国家哲学教师资格考试之后在巴黎的第一年，失去了很多原来的朋友。扎扎去世了，雅克结婚了，其他的朋友都搬走了。波伏瓦也不再见梅洛-庞蒂和他们的那个"伪圣人"小团体。她介绍给萨特认识的只有埃莱娜、杰杰、斯捷帕和她的未婚夫费尔南多。但不久之后，斯捷帕和费尔南多也离开巴黎去了马德里。

不过，萨特的各路朋友倒是帮波伏瓦转移了注意力。波伏瓦后来把自己的这段人生称为"一场充满了各种人事、混乱而愉悦的大杂烩"[48]。在经历了之前一年为国家哲学教师资格考试紧张的学习之后，波伏瓦觉得自己松懈了下来，变得很懒惰。但最终她还是回到了学者的状态，重新开始读书和写作。她大量阅读英美作家的作品，除了和萨特一起读的书以外，她自己还读了惠特曼、布莱克、叶芝、辛格、西恩·奥凯西、弗吉尼亚·伍尔夫的所有作品，以及亨利·詹姆斯、乔治·摩尔、弗兰克·斯温斯顿、丽贝卡·韦斯特、辛克莱·刘易斯、西奥多·德莱塞、舍伍德·安德森。当时的萨特对神秘主义心理学产生了兴趣，实际上，在20世纪20年代，波伏瓦在日记里就写过她曾对这个话题感兴趣。因此，他们在读马克思和恩格斯的同时也读凯瑟琳·埃梅里希和福利尼奥的圣安杰拉。[49]波伏瓦习惯把生活中的大部分事情做到极致。[50]即使是去旅行，波伏瓦通常也只是换个地方工作。[51]

在波伏瓦和萨特年轻的时候，他们的契约并没有得到各自家庭的认可。萨特的继父约瑟夫·芒西知道波伏瓦和萨特没有订婚也没有结婚，直接拒见波伏瓦。[52]对此萨特也没有抗议，他依然每周自己一个人回家看父母。萨特的母亲偶尔会单独溜出来见波伏瓦，但这种会面通常很短暂，也极少发生。

波伏瓦和萨特之间产生了问题。萨特的确如他自己承诺的那样，毫不隐瞒自己对于"偶然的"情人的爱慕，这让波伏瓦很是生气和嫉妒。西蒙娜·若利韦算是萨特第一段认真的"偶然的爱情"，也是萨特想用来"诱使波伏瓦走出不作为的状态"[53]的工具。波伏瓦虽然生气，但是她认为西蒙娜·若利韦只不过是个能够在律师和政客面前背两句尼采的高级妓女罢了。波伏瓦从来没有和自己不爱的男人同床共枕过，她也无法理解为什么有人能如此轻率地对待自己的身体。[54] 但萨特反而觉得波伏瓦的情绪是可鄙的，他觉得波伏瓦应该控制自己的情绪，因为他相信被情绪所控制只会妨碍个人自由。萨特认为，情绪只是一个蹩脚的借口，波伏瓦应当发挥个人自由，去做别的选择。

波伏瓦也尝试过放下自己的嫉妒，但是和萨特在一起，她常常很挣扎。除了要处理自己的嫉妒，波伏瓦对别人因为她而产生的嫉妒和痛苦也感到敏感和苦恼。波伏瓦步入和萨特的关系时，心里其实也装着别的男人。和萨特在一起之后，波伏瓦依然可以继续欣赏别的男人，但是这些人并不完全能接受她的不专一。有一次，波伏瓦正打算和她与萨特的共同朋友皮埃尔·吉耶进行一次为期十天的公路之旅。但这时候，马厄突然来了巴黎。他的妻子没来，马厄打算在巴黎待两周，并且希望波伏瓦能够陪陪他。上次12月马厄发现了萨特的信件之后，他们已经和好了，但是现在波伏瓦却告诉他，她要跟别人一起离开巴黎十天。马厄告诉波伏瓦，如果她去了，他就再也不会见她了。波伏瓦说如果她不去，对吉耶也太不公平了。波伏瓦觉得这样太重色轻友了，如果不是不得已，她不愿意这样做。波伏瓦和马厄陷入了一个僵局——马厄不信任波伏瓦，也不愿意收回他的最后通牒，所以两人带着矛盾一起去看了场电影，但波伏瓦看电影的时候一直在抹眼泪。[55]

尽管如此，波伏瓦还是很享受2月她跟吉耶的旅行。她仍然觉得坐车旅行很新奇，尽管她之前跟尼藏夫妇一起开车逛过巴黎，但是这次为期十天的旅行让她看到了很多之前只在书里读到过的地方。他们去了阿瓦隆、里昂、乌泽尔切、博利厄、罗卡马多以及她最喜欢的普罗旺斯。

第六章　她自己的房间

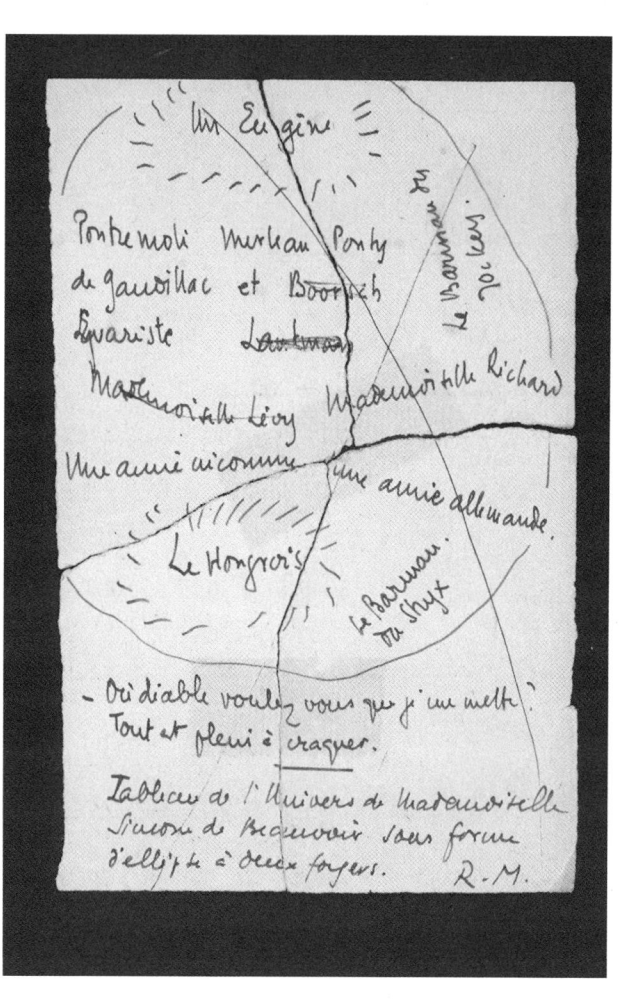

1929年5月到6月，勒内·马厄的画《西蒙娜·德·波伏瓦小姐的宇宙》，在椭圆的形状下面，马厄写道："你到底想把我放在哪里？到处都装满了。"

他们沉浸在普罗旺斯的阳光里。波伏瓦也很喜欢卡玛格、艾格斯－莫尔特斯、莱博和阿维尼翁的景色。

除了新地方的美丽风景,这次旅行也让波伏瓦亲眼看见了之前从未见过的不公平。跟西蒙娜·薇依之前对她的挖苦恰恰相反,波伏瓦其实经常饿肚子,但是她没有意识到,即使这样,她也是生活在特权阶级的。从巴黎南下的路上,波伏瓦和吉耶去拜访了波伏瓦的一个表亲,他带她参观了一个工厂。工厂作坊里灯光昏暗,到处弥漫着金属粉尘。在这之前的一年,波伏瓦读了马克思,开始意识到劳动力和价值之间的重要联系。但是那只是在巴黎时读的文字,跟在一个工厂实地感受到的相差甚远。波伏瓦问工人们要工作多久,工人回答说,8个小时一班的三班倒,波伏瓦听了难过得湿了眼眶。[56]

当他们回到巴黎的时候,萨特收到了一封信,通知他没有获得京都的那份工作。同时,波伏瓦收到马厄的信,告诉她他们之间结束了。萨特决定不再等待法国教育部来决定自己的未来。那年春天,他被指派到勒哈弗尔市教书,那里离巴黎不远,萨特接受了。[57]波伏瓦也被分配了一个教职,但是在800公里之外的马赛市。

远距离让波伏瓦很焦虑,她也意识到虽然自己有时候渴望孤独,但是她其实也很怕孤独。之前一年的经历让她对即将到来的"流放"充满了恐惧。萨特看出波伏瓦很不安,于是提议说他们可以结婚。因为如果有了婚姻关系,国家就必须给他们分配两个位置相近的职位。萨特说,没有必要为了原则而折磨自己,我们反对婚姻,但是没必要做婚姻的殉道者。

尽管萨特提议的结婚只是在法律上走个形式,但波伏瓦还是对他的提议感到很惊讶。波伏瓦觉得他们双方都有理由拒绝这个提议。婚姻"能把一个人的家庭责任和社会负担都翻倍",而这两者都不是波伏瓦想要的。此外,波伏瓦也不想被别人憎恨,而成为萨特的妻子很可能会让她成为被憎恨和厌恶的目标。这时的萨特没有得到那个梦寐以求的在日本的职位,也没法去圆一个周游世界的花花公子的梦想了。萨特已经在为自己的期待落空感到不满,现在又被分配到巴黎外区教书。加入已婚男人的队伍显然不是他想要的。尽管在回忆录里,波伏瓦把她拒绝结婚的理由放在了前面(她并没有明说在哲学上自己对此的异议),但是人们常常无视它,认为波伏瓦是为了萨特才接受了这样的安排。

在回忆录中,波伏瓦说她决心不走入婚姻这个资产阶级的制度,而唯一有可能改变她想法的是孩子。在少女时期,波伏瓦曾经想成为一个母亲,但是她现在觉得这已经不可能了。波伏瓦已经看透了,养育孩子只是"毫无目的且不合理地为地球增加人口"。[58] 波伏瓦认为自己放弃要孩子,是为了实现自己的天命。波伏瓦拿加尔默罗修女打比方:只有放弃养育自己的后代,加尔默罗修女才能为全人类祈祷。波伏瓦很清楚自己写作需要时间和自由,所以她说:"没有孩子,我才能完成我应当的使命。"

波伏瓦和萨特没有选择婚姻,而是选择修改契约的内容:他们的关系要更加亲密,要比最初制定契约时更投入。波伏瓦和萨特决定他们可以短暂地分开,但是不可以长久地分离。这次的新承诺并不是一生一世的,他们决定等到 30 岁的时候重新考虑两地分居的问题。要去马赛教书的波伏瓦,不得不和萨特分开,但波伏瓦是带着对两人关系更坚定的信心和对他们共同未来的清晰规划,踏上离开巴黎的旅程的。

1931年夏天，波伏瓦第一次出国。当时的波伏瓦23岁，在那之前她就一直很想出国旅行。之前扎扎从意大利回来，波伏瓦常常目眩神迷地听她讲起旅行中的各种人和地方。这年夏天，正好斯捷帕的丈夫费尔南多邀请波伏瓦和萨特去马德里玩，所以他们决定也顺道去法国西部的布列塔尼看一看。萨特从他的祖母那里继承了一笔遗产，手上还有一些余钱。于是他买了票，把法郎换成了西班牙货币比塞塔。到达目的地之后的第一晚，波伏瓦和萨特在西班牙和法国交界处的菲格拉斯，兴奋地一直大喊："我们到西班牙啦！"在那之后，他们去了巴塞罗那、马德里、塞戈维亚、阿维拉、托莱多以及潘普洛纳。9月底的时候，波伏瓦和萨特分别回了马赛和勒哈弗尔。

　　后来波伏瓦回顾自己在马赛的那一年，她觉得那是自己事业上的一个全新转折。[59]当时的波伏瓦孤身一人抵达马赛，行囊空空，举目无亲。之前一年的经历让波伏瓦开始觉得自己都不太了解自己，到了马赛之后，她终于有足够的时间和空间重新认识自己。马赛那里都是小地方的人，没有什么意思。之前因为萨特不喜欢户外运动，波伏瓦已经很久没有远足了。现在来到马赛，波伏瓦正好重拾起自己户外运动的爱好。没有课的时候，波伏瓦一大清早就出门去户外远足。穿着一身旧裙子和帆布鞋，波伏瓦一天能走五六个小时，走到很远的地方。尽管朋友和同事都告诫她一个女孩子独自在外面走会有危险，但是波伏瓦还是大着胆子搭便车，有几次她都从危险中幸运地逃离出来。波伏瓦很享受独自一个人远足，她觉得这种消遣能让自己忘记无聊，克服抑郁和悔恨的情绪。波伏瓦有时候变得有点强迫症，一定要走完自己计划好的远足路线，有时候甚至有点开始走极端。

波伏瓦的新教职让她的家庭关系缓和了一点。在弗朗索瓦丝的劝说下，乔治甚至休假一周去马赛看望波伏瓦。弗朗索瓦丝现在觉得波伏瓦很了不起，在她眼里，波伏瓦是一个职业女性，有很高的收入。但是萨特仍然出现在波伏瓦的生活里，这一点让弗朗索瓦丝很失望。她觉得哪怕是做一个老处女，也比这种不伦不类的关系好。当乔治看望完波伏瓦启程回巴黎后，波伏瓦觉得如释重负，因为她又可以继续远足了。[60] 埃莱娜也来看过波伏瓦两次，在这之前两姐妹从来没有分开过这么久，她们很想念彼此。波伏瓦带着埃莱娜一起远足，有一天埃莱娜发烧了，但波伏瓦执意要完成自己的远足计划，于是她把瑟瑟发抖的埃莱娜一个人留在招待所门口等回去的公交车，然后自己继续远足去了。波伏瓦对于计划的执念已经超越了她的同情心，而且这并不是她唯一一次这么不近人情。

在教学工作中，波伏瓦完全不耻于去教授自己在思考的问题。波伏瓦给学生们讲劳动力、资本和正义，这让很多学生和家长感到震惊。[61] 在很多方面，波伏瓦都渐渐变得像自由派了，但是在性方面她仍然是一个保守派。当学校里的一个老师向波伏瓦示好的时候，她感到很愤慨。[62]

在马赛，波伏瓦的生活少了很多干扰，她重新拾起笔开始写作。波伏瓦在这段时间没有出版什么作品。她所写的东西都围绕着同一个主题："他者的幻象"以及诚实、自由和爱之间的关系。在作品中，波伏瓦不想把这个特殊的主题变成一个俗套的爱情故事，因此她笔下的主人公都是女性，这样一来，她们的关系就不会带有任何性的暗示。[63]

波伏瓦一有时间就会回巴黎。如果时间不多，她就只去看萨特和埃莱娜，如果时间充足她就去看看别的朋友。[64] 在两地分居的这段时间里，波伏瓦和萨特一直保持着通信。当他们能见面在一起的时候，两人就互相阅读彼此的作品。当时的萨特正在写一篇关于偶然性的论文。

1932年6月，波伏瓦听说自己下一年的教职将会在鲁昂，那里离勒哈弗尔只有一个小时，离巴黎也只有一个半小时。在《盛年》里，波伏瓦把在马赛的那年看作自己的涅槃。远离自己最重要的爱人和朋友，波伏瓦不得不忍受孤独，但也正因为如此，波伏瓦知道了自己是靠得住的。在20世纪80年代的时候，波伏瓦告诉贝尔，在马赛的时光是她生命中最不快乐的一年。她爱萨特，想要和他在一起，而在那一年里，自己都分不清心里的苦闷究竟是因为想念萨特，还是因为悔恨。[65]

那年夏天，波伏瓦和萨特去了更多地方旅行，西班牙南部、巴利阿里群岛，以及摩洛哥。新学年开始，波伏瓦搬到鲁昂，她住在火车站附近的拉罗什福科酒店里。火车的汽笛声让波伏瓦感到莫名安心：因为逃离就在咫尺之外。波伏瓦在鲁昂交了一个新朋友：科莱特·奥德里。奥德里是尼藏在一个共产主义者圈子里认识的，跟波伏瓦在同一所学校教书。波伏瓦主动向奥德里介绍了自己，一开始奥德里觉得波伏瓦唐突，而且很资产阶级。[66]奥德里信奉托洛茨基主义[1]，波伏瓦对她有点畏惧。奥德里总是穿着考究，信心十足，还总是讨论政治。不过没多久，波伏瓦和奥德里就经常在保罗啤酒厂共进午餐了。

奥德里欣赏波伏瓦的意志力，也喜欢她的畅快大笑。奥德里觉得波伏瓦是个感情激烈的人。波伏瓦的率直有时候让人承受不住，这也让波伏瓦那"不能忍受愚蠢之人"的名声跟了她一辈子。当萨特来鲁昂的时

---

[1] 托洛茨基主义者是激进的共产主义者，他们信奉托洛茨基的理论，认为只有通过全世界的不断革命才能实现社会主义。

候,他们三个人一起出去。波伏瓦向奥德里解释了她和萨特的关系,说这是基于真理而非激情的一段关系。奥德里形容波伏瓦和萨特的对话深刻而激烈,简直让人沸腾,这是一种她从未见到过的关系。奥德里说:"在这两个人身边的感受,我无以名状。他们之间的火花是如此强烈,有时候会让身旁的人因为没有这样的关系而感到失落。"[67]

在鲁昂的这一年,波伏瓦和萨特在维持契约方面要便利得多了。他们俩往返于鲁昂、勒哈弗尔和巴黎,能有不少时间在一起。波伏瓦和萨特都开始对戏剧感兴趣起来。正好西蒙娜·若利韦的情人查尔斯·迪兰是一个戏剧导演,波伏瓦和萨特对他的作品很感兴趣。不管在哪个城市,波伏瓦和萨特都跟人交谈甚欢。在20世纪30年代,波伏瓦和萨特提出了"自欺"(bad faith,即mauvaise foi)的概念——这是一个关于不诚实的概念,他们认为这个概念比弗洛伊德的无意识更能准确地描述人类的体验。[68]

在《盛年》中,波伏瓦把这个概念的提出归功于她和萨特。一开始的时候,波伏瓦说是萨特想出了这个概念,但在那之后她一直用"我们"。"我们"一起创造了"自欺"这个概念。波伏瓦一个同事的行为让她瞬间有了灵感:"有了!"波伏瓦告诉萨特:

> "吉内特·卢米埃不是真实的,是一种幻象。"因此我们可以用这个词来形容那些假装自己有了某种信念或者有了某种感觉,但实际上并没有的人。我们创造了"装腔骗人"(playing a part)的另一种说法。[69]

"自欺"这个概念成了20世纪最著名的哲学概念之一。萨特在他的著名作品《存在与虚无》中用"侍者"这个角色阐述了何为"装腔骗人"。那为什么波伏瓦提到创造这个概念的时候要用"我们"呢？20世纪30年代的波伏瓦和萨特对彼此影响极大，我们很难判断出究竟是谁受惠于谁更多。埃莱娜的丈夫利昂内尔·鲁莱这样描述波伏瓦和萨特："他们一直在对话，他们分享一切，他们相互映衬，没有人能把他们拆分开来看待。"[70]

在那段时间，波伏瓦和萨特也对政治越来越感兴趣。多年以后，波伏瓦回看当年的自己和萨特，给出了"精神上骄傲自大，政治上盲目无知"这样的评价。[71] 当时的他们通过奥德里和其他人，开始接触托洛茨基主义者。但波伏瓦和萨特对无产阶级的斗争没有归属感，因此并不觉得这是他们的斗争。[72] 他们的斗争是哲学层面的，波伏瓦和萨特探索着如何理解人类理性的自我和生理性的自我，他们想要理解自由。萨特觉得，人的肉身、食欲和习惯都有碍于自由。1929年时，波伏瓦仍然包容着萨特这种无视情绪和激情的态度。但是到20世纪30年代之后，波伏瓦开始提出异议。那时候的萨特仍然认为自己的身体只是由肌肉组成的，跟情绪毫无关系。萨特认为，向眼泪低头或者晕船，都是软弱的象征。而波伏瓦相信眼睛和胃都有自己运行的规律，特定的生理现象跟软弱无关。[73]

波伏瓦和萨特大量地阅读，进行研究和写作。1932年年底，萨特、波伏瓦和雷蒙·阿隆一起在蒙帕纳斯大街上的煤气灯餐厅（Bec de Gaz）吃晚饭。当时阿隆刚从德国回来，他在柏林的法国学院（French Institute）进修了一年，学习埃德蒙·胡塞尔的哲学思想，以及他那著名的现象学方法论。当时，法国人对现象学还闻所未闻。波伏瓦在《盛年》

第六章 她自己的房间

里回忆这一段，说阿隆当时指着自己的鸡尾酒杯，对萨特说我们可以就此阐述自己的哲学思想。萨特听到这些的时候激动得脸都变白了，因为这正是他一直以来想做的：让哲学回归到日常生活，扎根到对于经验的描述里。

萨特和波伏瓦之后都在自己的作品中采用了现象学方法论，但两个人都为其赋予了独特的个人风格。在开山鼻祖胡塞尔那里，现象学是描述事情本身和现象，但是要剥离开所有日常生活和公认的正确看法所造成的干扰因素、陈规习俗，以及假设猜想。现象学认为事物的表象和真实（或者说我们认为的真实）之间是有距离的。对于萨特来说，这是一个惊人的新发现。但是对于波伏瓦来说，现象学的方法论并不是第一次见到。她在索邦曾师从让·巴吕齐，而让·巴吕齐已经接触过现象学，他的作品也关注过基督教神秘主义者的生活体验。此外，柏格森的"具体的形而上学"也用了类似的方法。[74] 我们知道，在波伏瓦遇到萨特之前，读到柏格森赞美那些作家能够撕开传统意义上的自我精心编制的网时，她对此感到激动不已。波伏瓦希望自己的作品能够表现出"能被感知的现实"。[75] 不过，在20世纪30年代的巴黎，柏格森和巴吕齐都不如胡塞尔流行。柏格森名气最盛的时候，人们会蜂拥到他上课的教室，挤在门口和窗户边，伸长脖子听他讲课。但是因为去的很多都是女性，男人们开始怀疑柏格森教的不是哲学。1914年的一篇评论文章中甚至这样写道："去听柏格森课的女人们身上的香水味，都快让柏格森无法呼吸了。如果柏格森真是个哲学家，那么没有女人会去听他讲课。"[76]

1933年4月，波伏瓦和萨特去伦敦度复活节假期。他们对于满眼的英式风情感到十分新奇，到处都是圆顶高帽和雨伞，还有海德公园里的演讲者、伦敦的出租车、茶馆以及独特的时尚。因为旅途中没法像在法国时那样分居两地，波伏瓦和萨特之间的不同和分歧越发明显。波伏瓦比萨特更了解英国文学和文化。波伏瓦想循着莎士比亚和狄更斯的足迹走一走，也想去看看英国皇家植物园和汉普顿宫。然而，萨特想去伦敦底层人民所在的街区晃悠，想去感受那里的氛围，去揣度人们脑子里的想法。

在给波伏瓦的信件里，萨特有时候会充满爱意地说恨不能与波伏瓦"合二为一"。但是伦敦之旅充分证明了他们是完全不一样的两个人。在牛津时，萨特觉得这个城市的街道和公园不错，但是他瞧不起英国大学生的势利，所以拒绝进入牛津大学。波伏瓦对他的无理取闹很气愤，自己一个人去逛了牛津。在伦敦，他们对去哪里又出现了分歧：萨特竟然不愿意去大英博物馆？[77]

波伏瓦很钦佩萨特的很多想法，但是她实在没法欣赏萨特的全部。坐在伦敦尤斯顿火车站，萨特滔滔不绝地跟波伏瓦说着怎么把伦敦放进他理解世界的宏大框架里。波伏瓦向来很烦萨特这种凡事都要归纳的习惯，觉得他的假设都站不住脚。这其实是他们之间一直存在的分歧，波伏瓦和萨特已经因为这个吵过架。波伏瓦再次强调：语言不能完全概括现实，应该面对现实中的所有好与坏、所有模棱两可和不确定之处。

萨特的回应是，光是观察世界和做出反应是不够的，应该试着把现实压缩到文字里。对此，波伏瓦觉得简直毫无道理：一次仅仅为期12天的旅行不可能让一个人透彻地了解伦敦。比起生活和体验，萨特更想用文字把经历记录下来，而这和波伏瓦的信念完全冲突，波伏瓦信奉"生活！此时此地的现实"。[78]

1933年1月，希特勒上台成为德国元首；5月2日，德国驻法国大使馆升起了带有"卍"的纳粹党党旗。在此时此地的现实里，波伏瓦和萨特目睹着犹太学者们自愿流亡，同时柏林开始焚烧书籍。波伏瓦后来在自传里说自己和萨特都不参与政治，他们在那时只关注"他们自己、他们的关系、他们的生活，以及他们即将出版的书"。当时的萨特和波伏瓦对公众和政治事件毫无兴趣，他们只想退回到自己的想象世界里（她的原话是："只关注自己手臂够得到的地方。"）[79]波伏瓦在《盛年》里写道："不管从哪个层面来说，我们当时都没有直面现实的沉重，只是靠着所谓的'激进的自由'而感到骄傲。"[80]

但是波伏瓦也并未完全脱离社会。8月，波伏瓦对巴黎的一桩谋杀案非常感兴趣。故事的主角是一个名叫维奥莱特·诺齐埃的年轻女工人。事情的起因是诺齐埃被她的父亲强奸了，然后她就把自己的父亲杀了。然而很多媒体却称之为"乱伦"，这让很多女性读者困惑不已。诺齐埃的审判引起了激烈的讨论，以至于人们把它和德雷福斯事件[1]相提并论。[81]

在鲁昂，波伏瓦继续她的哲学和文学创作。1933年，波伏瓦开始写一本新小说，同时也跟科莱特·奥德里介绍给她的一个德国难民每周学习两到三次德语。[82]波伏瓦在创作小说时模仿司汤达的风格，她想根据自己的经历写一个故事，来展现资产阶级社会的停滞不前亟须个人反抗。尽管波伏瓦自己不是主人公之一，但她把扎扎化名为安妮写进了小说里，塑造了一个虔诚、忠诚的典范。波伏瓦后来也把扎扎写进自己的其他作品。波伏瓦渐渐发现，文学书写能够帮助她厘清和纾解情绪。波伏瓦对

---

[1] 1894年，法国陆军参谋部犹太籍的上尉军官德雷福斯被诬陷犯有叛国罪，被革职并处终身流放，法国右翼势力乘机掀起反犹浪潮。此后不久即真相大白，但法国政府却坚持不愿承认错误，直至1906年德雷福斯才被判无罪。

于自己的首部小说并不满意,她觉得人物缺乏深度、不够真实,所以不久之后便放弃了。不过,波伏瓦在之后的作品中还是常常会写到同样的主题和人物。

尽管波伏瓦和萨特在这个阶段并不富有,但是他们尽可能地去旅行。1934年,他们去了德国、奥地利、捷克斯洛伐克、阿尔萨斯和科西嘉岛。他们在德国的汉诺威市拜访了莱布尼茨的故居。[83]那一年,波伏瓦没有尝试写任何东西,她有意识地选择只阅读和学习。波伏瓦研究了法国大革命,阅读了胡塞尔的德语原著。[84]萨特一边努力地完成着自己关于胡塞尔哲学的大部头作品《自我的超越》(The Transcendence of the Ego),一边修改关于偶然性的手稿,但是效果都不是太好。

萨特在柏林的那一年,波伏瓦休假两周去看他。萨特在柏林有了一次"偶然"的恋爱,这次是个叫玛丽·吉拉尔的女人,萨特很喜欢她陪在身边。[85]波伏瓦也见到了玛丽,并且还挺喜欢她的。波伏瓦在回忆录里写道,这是萨特有史以来第一次对另一个女人真正产生兴趣,按照他们的契约,波伏瓦对此不应有什么不满,实际上波伏瓦也没有觉得不舒服。[86]尽管她还是会有点吃醋,但波伏瓦对萨特有足够的安全感。波伏瓦和萨特一起阅读福克纳和卡夫卡,摸索着如何在文学创作中把生活描写得更好。此时的他们,都相信艺术可以实现救赎。[87]不过,萨特的传记作家却把这段时间称为他们关系的"第一次危机"。[88]

从个人角度来说,波伏瓦最在乎的仍然是那个从学生时代起就萦绕在她心头的问题:究竟要保持多少自我,放弃多少自我。波伏瓦仍然不知道该如何平衡自己内心对于独立的渴望和想要靠近另一个人的冲动。波伏瓦在课堂上会说一些引起争议的话,比如:"养育孩子并不一定是女性的天命。"[89] 同时,波伏瓦也会把自己的藏书借给学生,而其中有不少都让家长非常不满。有些家长向学校投诉波伏瓦,指责她玷污了家庭的神圣,好在学校的检察员最终站在她这边。

那个时候的波伏瓦和萨特都是默默无闻的哲学教师,萨特甚至抑郁了一段时间。那时候,萨特失望无聊,后来他把这段时间称为他人生中"最黯淡无光的岁月"。[90] 当时萨特的生活单调乏味,他的才华无人赏识,觉得自己就是个失败者,他不想一辈子待在一个地方院校教书。相比之下,他的朋友们似乎都风生水起。保罗·尼藏已经出版了两本书:1913年出版的《阿拉伯的亚丁》(*Aden, Arabie*)和1933年出版的《安托万·布洛耶》(*Antoine Bloye*),两本书都好评连连。连当初没有通过国家哲学教师资格考试的马厄,事业也有了起色(马厄日后成了联合国教科文组织的总理事长)。然而萨特却还没有出版任何作品。毫无名气的萨特开始担心:"都28岁了还没有成名,恐怕就只能一辈子默默无闻了。"[91] 他自己也知道这样想有些荒谬,但是一想到自己一事无成,就更生气了。

11月的一天,波伏瓦和萨特坐在勒哈弗尔的一个海边咖啡店,两个人都垂头丧气,担心自己的生活就这么陷入无休止的重复,再也不会有新的事情发生。那天晚上波伏瓦格外沮丧,她泪流满面,眼前甚至浮现出曾经的精神支柱:上帝。[92] 情绪低迷的波伏瓦,觉得一切努力都是徒劳,呵斥萨特怎么能认为生活值得奋斗。第二天,波伏瓦还是走不出沮丧的情绪,跟萨特吵了一架。因为萨特认为酒精和眼泪不能给波伏瓦带来真相,她的伤心不是什么形而上学,只是酒后悲观罢了,然而,波伏瓦觉得,正是酒精帮她看清了丑陋的真相。

当时的波伏瓦和萨特都不得不面对自己对于生活的期待和现实之间

的巨大落差。萨特甚至开始脱发,他觉得自己关于偶然性的手稿太枯燥,不知道该拿它怎么办。波伏瓦想出来一个主意:为何不把它写成小说呢?虚构小说的深度和悬念也许能够拯救它。萨特曾经也喜欢侦探小说,也许真的可以把一个哲学问题融入小说的故事情节发展中去。后来萨特在第三稿时,把小说设定在勒哈弗尔,基于自己创作了一个主要人物安托万·洛根丁。波伏瓦对萨特的建议常常是一针见血,这也是为什么萨特总是会听取她的意见。[93]

萨特也开始写他的哲学散文《想象》(*Imagination*)。这是亨利·德拉克鲁瓦给他布置的一个任务,是为学术出版社阿尔康(Alcan)写的一篇文章。为了研究这个课题,萨特一直在思考梦和幻想。萨特在巴黎高师有个朋友丹尼尔·拉加什主修精神病学,他告诉萨特如果想亲自体验一下幻觉,他可以安排萨特尝试一下迷幻药"麦司卡林"。

1935年2月,萨特去到巴黎的圣安妮医院,医务人员给他注射了"麦司卡林"。但是很可惜,在之后的几个小时里萨特并没有体会到他所期待的那种快乐的幻觉。相反,他看到屋子里的东西都变得畸形,追赶着他,他甚至出现了幻视,看到螃蟹和其他甲壳类动物,接下来的几周都在脑海里挥之不去。那天晚上见到波伏瓦的时候,萨特跟往常判若两人。[94]

最终,萨特向波伏瓦承认了自己在对抗抑郁,并且他小题大做地觉得自己可能会长期处在幻觉以及精神错乱的边缘。波伏瓦听了,故意挖苦他说:"根据你自己的理论,理智控制身体,那么你的疯癫只是你的理智认为自己疯了而已。"[95]

1935年3月,希特勒颁布法令实行普遍兵役制,德国军队从10万迅速激增到了55.5万人。法国的左派和右派都开始紧张,因此法国和苏联签订了互助条约,斯大林同意援助法国国防。当时一边是苏联,一边是法国,看起来德国没有赢得战争的机会,应该不会愚蠢到真的发起战争。波伏瓦后来回顾那段时间,说自己应对时事的方式显然是太轻率了。那时候的她觉得,应对希特勒造成的问题的最好方法,就是逃避。[96] 在1935年波伏瓦写给萨特的信里,只有7月28日那天的信被收录进《给萨特的信》(Letters to Sartre)里出版了。她完全没有提到政治,只能说她在阿尔代什省唯一能接触到的报纸就只有《小马赛人报》(Le Petit Marseillais)了吧。[97]

那一年的复活节,他们去了意大利,萨特似乎心情还不错。但是回到法国以后,萨特发现自己已经没法再假装一切正常了。萨特萎靡不振,情绪低落,医生建议不要让他一个人待着。因此,波伏瓦尽力陪伴着萨特,如果她实在没办法陪着他,也会安排别人陪着萨特。

当时的波伏瓦没法真的理解萨特的危机,在很多年后的1960年,波伏瓦想明白了,尽管当时她和萨特的境况看起来相似,但是事情并不像表面上看起来的那样:

> 通过国家哲学教师资格考试和拥有一份专业的工作,对于萨特来说,是理所当然的事情。但是当我站在马赛那些台阶最上面的时候(1931年,波伏瓦开始教书),我幸福得都眩晕了。在我看来,我没有默默承受自己的命运,而是选择了我自己想走的路。在萨特看来阻碍他自由的职业,对我来说却是解放。[98]

波伏瓦一直从哲学阅读中获得足够的满足感,这对她来说就是"活生生的现实",她也一直写作。当时的她在创作一个短篇故事集《精神至上》(*When Things of the Spirit Come First*),其中一个故事便是关于扎扎是如何被清教徒式的禁欲道德观逼至失心疯,最后走向死亡的。[99] 另一个故事则被认为启发了萨特的短篇小说《战前童年》(*The Childhood of a Leader*)。[100] 在 1926 年到 1934 年之间,波伏瓦七次尝试写小说。[101] 但是直到 40 年之后,这些小说才被出版。后来萨特也最终获得哲学和文学上的成功,他们的关系也变成了一段三角恋,至少看起来是变成了一段三角恋。

第七章　原本是四角恋的三角恋

1934年，波伏瓦邂逅了一个名叫奥尔加·科萨基维奇的学生，这个女孩后来使得她和萨特饱受争议和猜疑。波伏瓦在自传《盛年》中记录了奥尔加，她和萨特也把奥尔加写进了各自的小说作品里：波伏瓦《女宾》(She Came to Stay)里的泽维尔和萨特的《自由之路》(The Road to Freedom)里的伊维奇都是以奥尔加为原型创作的角色。根据埃莱娜·德·波伏瓦回忆，奥尔加并不喜欢萨特和波伏瓦在小说里对自己进行的文学化描写，不过奥尔加一辈子都和波伏瓦保持着朋友关系[1]。

20世纪30年代末到40年代初，波伏瓦曾与三位比她年轻的女性有过亲密关系，这些女性都曾经是波伏瓦的学生。与此同时，萨特也对这三位女性发起过追求，有时候他能够成功得手。因为萨特和波伏瓦如此对待他们的偶然情人，法国女性主义者朱莉娅·克里斯蒂娃称波伏瓦和萨特为"持自由论的恐怖分子"。也因为这个时期的作为，很多人认为波伏瓦在性方面浪荡不羁，因此抵制她的作品。[2]纵使波伏瓦后来写出了伟大的哲学作品，但这些关系给她后来的个人生活和公众形象都带来了很深的影响，我们不禁想问：当时的波伏瓦到底是怎么想的？

波伏瓦是经科莱特·奥德里介绍认识奥尔加的，当时奥尔加是鲁昂那所学校里出了名的"小俄国人"。奥尔加的父亲是俄国贵族，母亲是法国人。奥尔加美貌过人，她有一头金发，皮肤白皙，不过她的文笔就没有长相那么动人了。有时候，奥尔加交上去的作业太短，以至于作为老师的波伏瓦都没法给她评分。但是在学期末，当奥尔加拿回自己的作业看到分数时，她大吃一惊，因为她竟然得了全班最高分。

不久之后，奥尔加参加高中毕业会考的模拟考，在考卷上她什么也写不出来，大哭起来。波伏瓦关心说要不要一起聊聊天，帮她看看是什么在困扰她。奥尔加答应了，她们在一个星期天的午后一起在河边散步，聊上帝和波德莱尔。波伏瓦和奥尔加都觉得对方很有魅力，波伏瓦觉得19岁的奥尔加很聪明，想要帮她建立起自信；奥尔加觉得27岁的波伏瓦很迷人，因为她跟学校里的其他老师都不一样。在奥尔加眼里，德·波伏瓦小姐优雅、知性、新潮。

奥尔加·科萨基维奇的父母是在俄国相识的。奥尔加的母亲年轻时去基辅给一个贵族家庭当女教师，后来跟这家的一个儿子结婚了。这个儿子是个工程师，后来在沙皇的手下工作。1915年11月6日，奥尔加出生了[3]，不久之后，在1917年，她的妹妹万达也出生了。不久之后，俄国大革命爆发了，奥尔加一家成了流亡贵族。他们先搬家去了希腊，辗转几处，最终在法国定居。奥尔加和妹妹是伴着跟随父母流亡在外的乡愁和身为贵族的优越感长大的。

奥尔加在高中会考中表现很棒，尤其是哲学这一科目。那一年夏天，她回家过暑假，和波伏瓦仍然写信保持联系。不久之后，奥尔加的父母就把她送回鲁昂，让她学医。但是奥尔加不想当医生，她厌恶同班的右翼民族主义分子，也憎恶那些信奉共产主义的同学。1934年到1935年

第七章　原本是四角恋的三角恋

的那个秋冬，法国政治局势大变，经济一路下行，连莎尔玛生[1]这样的大公司也开始裁员，雪铁龙也申请破产。法国当时失业率飙升，对外国人的畏惧和憎恨情绪也越发强烈。

作为外国人的奥尔加和不少移民成了朋友，其中不乏犹太人。同时她也和波伏瓦保持着朋友关系，她会向波伏瓦倾诉自己每天的生活，以及她的新朋友们面临的问题。有一天，奥尔加问波伏瓦：作为一个犹太人到底意味着什么。波伏瓦回答说："什么都不是。'犹太人'并不存在，只有人类。"波伏瓦后来意识到自己对这些问题的理解，抽象到了可悲的程度。当时的波伏瓦声称自己知道这些社会分类真实地存在着，也知道它影响着人们的生活，但是波伏瓦非常不赞同她父亲的等级观念："法国人和犹太人，男人和女人都有其既定的阶层。"[4]

1934年秋，奥尔加和波伏瓦在一起的时间越来越多，她们在一起的时候，仿佛可以短暂地逃离鲁昂那可怕的小地方粗鄙气息。每个星期，波伏瓦和奥尔加都会一起吃一次午饭，有时候晚上一起去看歌剧或者参加政治集会。在波伏瓦眼里，奥尔加还是个孩子，波伏瓦很喜欢奥尔加看世界的方法[5]。她写信给萨特说："奥尔加是个有独创意识的人，她用一种出人意料的方式，重新思考着这个世界。"[6]

在见到萨特之前，奥尔加就已经听波伏瓦说起过他的各种传奇事迹，萨特的古怪反倒给他增添了一层光环。在那次尝试迷幻药之后，萨特通过幻视看到的龙虾还一直挥之不去，这让奥尔加觉得他身上带有悲剧色彩。奥尔加曾说："萨特非常浪漫，像是中世纪的骑士。"[7]之前，波伏瓦和萨特通常更愿意在勒哈弗尔，而不是鲁昂见面。不过从1935年初开

---

[1] 莎尔玛生（Salmson, 1919—1957）：20世纪法国知名的泵、飞机和汽车的制造商。

始,萨特来鲁昂的次数渐渐多了,也越来越频繁地和奥尔加见面。一开始的时候,似乎每个人都受益于这段关系,奥尔加享受着波伏瓦和萨特对她的关注,萨特被奥尔加深深地吸引,波伏瓦看到萨特渐渐地从抑郁症里走出来也松了一口气。但是从 1935 年春开始一直到 1937 年春,萨特原本低迷的心情被另一种疯狂取代:他开始狂热地迷恋奥尔加。

接下来的那段时间对于波伏瓦来说很艰难。波伏瓦真心喜欢奥尔加,也希望奥尔加能够意识到自己有潜力,并且去发挥自己的潜力。但是在经历了一系列事情之后,他们三个人的关系以一种波伏瓦没有预料到的方式变得复杂起来。波伏瓦搬进了奥尔加推荐的"小绵羊宾馆"。波伏瓦一直鼓励奥尔加好好学习,但奥尔加只坚持了一个学期。在那之后,奥尔加变得自由散漫,不分昼夜地喝酒跳舞,阅读和聊天,但就是不好好学习。1935 年,奥尔加在 7 月和 10 月分别参加了两次医学考试,但都没有通过。

随着奥尔加的情况越来越复杂,1935 年夏,波伏瓦重新开始独自徒步——她仍然穿着她那双帆布鞋,徒步法国。萨特这时候正和父母一起在挪威游船度假,他在桑特塞西莱-德安多格那里和波伏瓦会合,加入了她的徒步之旅。其实只要萨特愿意,他也是个不错的徒步者,但是他担心波伏瓦会不顾健康走极端。[8] 1929 年的时候,萨特跟波伏瓦说自己对叶绿素过敏,其实是夸大其词。但是比起自然树木,萨特的确更喜欢人文历史景观,所以这次波伏瓦特意安排了一条能够经过城镇、乡村、修道院和城堡的徒步路线。在那次迷幻药试验之后,萨特一直有幻视现象,能看到甲壳类的生物。有一次和波伏瓦一起乘坐巴士的时候,萨特突然说自己彻底受够了龙虾,想用意念驱赶它们,但龙虾整个旅途都跟

第七章 原本是四角恋的三角恋

着他。之前波伏瓦一直觉得徒步能够帮助自己厘清思绪,赶走心魔,现在萨特也尝试着用徒步来驱赶自己脑子里的怪物。[9]

当萨特忙着用意念驱赶自己幻觉里的甲壳类生物的时候,波伏瓦在思考为什么最近自己在写作上都没有什么进展。波伏瓦决心要重新开始写作,但问题是写什么呢?波伏瓦注意到,萨特近来的哲学写作比小说写作更成功,她为什么不也尝试一下哲学写作呢?萨特告诉波伏瓦,她能够比他更快更准确地掌握哲学。波伏瓦也承认,萨特在阅读其他作品的时候总是把它们纳入自己的假设中去解读。[10]后来在1946年,波伏瓦回忆道,萨特认为自己的创造力完全来源于他自己,没有什么灵感是从外界获得的(当然除了从波伏瓦那里获取的灵感)。波伏瓦记录当时的萨特:"几乎不阅读,如果他想读几页书的话,随便一本都能让他开心。萨特只是需要那几页文字来支持他自己的想象和想法,就像占卜师看着咖啡渣的形状就能预测未来一样。"[11]

从波伏瓦的角度来看,萨特总是不愿意跳出自己的视角,当然他认为这样做完全没有必要。但是波伏瓦完全相反。波伏瓦毫不抵触其他的思考方式,她能够看出各种观点里的瑕疵,也能够发现进一步阐发的潜能。当波伏瓦遇到一个让她信服的理论时,她没法不受到影响,它会"改变她与世界的关系,并让她所有的经验大放异彩"。[12]

尽管波伏瓦在这段时间里没有进行多少写作,但是她也没闲着,她在学习德语——尽管萨特此前在德国待过一年,但是他的德语还不如波伏瓦的好——此外,她也一直如饥似渴地阅读哲学,但是她并不想开始动笔创作。回看当时的自己,波伏瓦觉得她并没有为还没发表过任何文章而感到焦虑,毕竟她的偶像司汤达到了40岁才开始写作。波伏瓦的小说《精神至上》就在风格上模仿了司汤达。[13]

回到鲁昂，奥尔加很显然没能学医。奥尔加的父母想把她送去法国卡尔瓦多斯省的省会城市卡昂的一所寄宿学校，但是波伏瓦、萨特和奥尔加都不想她离开他们的小团体，但问题是奥尔加到底擅长什么？奥尔加的哲学似乎还不错，于是萨特提了一个建议，波伏瓦也觉得这个建议好极了。当时萨特和波伏瓦都有不错的薪水，他们完全有富余可以帮奥尔加租一间房。而且萨特当时正在辅导那些想拿教育学文凭的学生。于是波伏瓦给奥尔加的父母写信，并安排了一次见面。奥尔加的父母同意了波伏瓦提出的建议：让奥尔加在波伏瓦的指导下继续学习。萨特和波伏瓦给奥尔加安排了课表、阅读书目和散文，帮她在"小绵羊宾馆"租了一间房，距离波伏瓦不远。

与此同时，他们也制定了一个谁可以在什么时候见谁的时间表，因为他们既想要两人会面，也想要三人一起的时光，于是他们也安排了名为"全体出席"的会面。波伏瓦后来回看那段时间，她觉得在那些三人度过的时光里，自己从来都不太自在。波伏瓦常常觉得他们的关系建立在一个不稳定的基石之上。波伏瓦和萨特想要在学业上帮助奥尔加，但是收效甚微。奥尔加只在想读书的时候看一点书，也只在想学习的时候才学习，而她很少会有想学习的心情。一开始萨特和波伏瓦觉得他们是为了奥尔加好才帮助她的，但是后来波伏瓦承认他们的关系并不平等。萨特和波伏瓦是为了他们自己而将奥尔加"占为己有"。[14]波伏瓦和萨特都感觉到自己正在变得衰老且无趣，而奥尔加的年轻和不羁让他们好像间接地拥有了青春一样。

波伏瓦当时的确是在乎奥尔加的，波伏瓦曾经给奥尔加写信说："现在世界上只有两个人对于我来说很重要，而你是其中的一个。"[15]不久之后，奥尔加对波伏瓦的感情"越发炽烈"[16]，奥尔加和波伏瓦的肉体关系也让萨特觉得十分挫败。在长达两年的时间里，萨特一直狂热地迷恋着奥尔加，但是奥尔加一直都不愿意和他上床。

奥尔加是波伏瓦和萨特第一个"共有"的"偶然的"情人，不过这种共同点并没有延伸到性方面。尽管萨特一直鄙视情绪的存在，也能够自由地克制自己的情绪，但是奥尔加拒绝和他上床倒是让他妒火中烧。[17]萨特的行为也越来越古怪。更让波伏瓦感到不安的是，萨特对奥尔加产生了对波伏瓦从未有过的感情。萨特对奥尔加痴迷了整整两年，波伏瓦对此痛苦不堪，过度的嫉妒让她怀疑自己的幸福是不是建立在一个巨大的谎言之上。[18]

然而奥尔加只是故事的一部分。在勒哈弗尔的学校里，萨特的得意门生之一是个叫作雅克-洛朗·博斯特的年轻小伙子。博斯特家里有十个孩子，他是老幺，比奥尔加还小六个月。博斯特出生于一个清教徒家庭，有个哥哥是巴黎最负盛名的伽利玛出版社的编辑。博斯特个子很高，嘴唇丰厚，乌黑的头发衬着绿色的眼睛。尽管波伏瓦写到过自己被博斯特所吸引，但是在回忆录里她对博斯特几乎只字未提。[19]实际上，博斯特是波伏瓦生前在回忆录里避而不谈的最重要的一部分内容。直到2004年，波伏瓦和博斯特的信件在法国出版后，他们长达十年的激情澎湃的爱恋才为大众所知，而这些信件目前还没有以英文出版过。奥尔加后来和博斯特发生了性关系，萨特觉得奥尔加背叛了他。于是萨特转而去引诱奥尔加的妹妹万达以挽回自尊。奥尔加最终提出结束自己和萨特以及波伏瓦的三角恋，波伏瓦觉得这是明智之举，但萨特对此很不满。让萨特的情绪进一步恶化的是,伽利玛出版社拒绝了他的小说投稿。

对于波伏瓦来说,这段三角恋严重影响了她的日常生活,不过这段关系显然也关乎她自 20 世纪 20 年代末就开始思考的问题。当时 19 岁的波伏瓦在日记里写道,她想要阐发"自我和他者对立"的哲学关系。十年之后,波伏瓦和奥尔加以及萨特的关系让她用一种新的方式面对这个问题。尽管奥尔加很享受萨特和波伏瓦对她的关注,并且与他们的友谊一直保持到 20 世纪 70 年代,但是她深知自己的位置岌岌可危。于是在那段时间里,奥尔加阴晴不定,常常沉默不语。波伏瓦甚至回忆说:"她站在离我不远的地方,用一种陌生的眼神看着我,我好像被变成了一个客体,要么是偶像,要么是敌人。"[20]

波伏瓦对于这段关系也一直摇摆不定。在自传里她写道,这段三角恋让她再次意识到两个人之间的和谐关系从来都不是理所当然的,而是需要持续不断地维护。[21] 早在 1927 年,波伏瓦就已经得出结论,爱情不是一劳永逸的事情,而是需要"不断地去创造,使之永葆青春"。[22] 不过,尽管波伏瓦不断地完善她关于自由、行动和爱情的观点,但是她并没有完全意识到她和萨特"本质的"结合会伤害到他们"偶然的"情人们。

奥尔加很少接受采访,但是回看当年的自己,她觉得自己和博斯特以及万达就好像是被印度舞蛇人催眠了的蛇:"波伏瓦和萨特对我们的关注,让我们兴奋不已,我们觉得非常荣幸,因此被冲昏了头脑。他们想要我们怎么样,我们就怎么样。"[23] 尽管当时波伏瓦和萨特还没有出名,但是他们俨然是一对充满了吸引力的组合,他们的魅力使人神魂颠倒。但是我们没有证据证明波伏瓦在这个阶段曾担忧他们和这些年轻人之间权力关系的不平等。不管是年轻或是衰老,富有或是贫穷,这些"偶然的"情人是能自由为自己的行为做选择的,不是吗?

那年夏天,萨特和波伏瓦去意大利和希腊旅行,波伏瓦很高兴只剩下他们两个人。同时有个好消息值得庆祝:假期之后波伏瓦终于可以搬回巴黎了!她获得了巴黎莫里哀学校的一个教职。但是当波伏瓦和萨特9月回到巴黎的时候,他们发现政治局势已经发展到了他们无法忽视的地步。西班牙内战开始了。波伏瓦、萨特和费尔南多·杰拉西交往甚好,去西班牙旅行之后更是对西班牙人充满了好感。当时法国成立人民阵线政府不久,总理莱昂·布卢姆决定不去插手这场战争。当时希特勒和墨索里尼给西班牙反革命势力提供了大量人力、物力,而法国却不顾自己和西班牙的贸易协定,不愿意给西班牙政府提供武器。[24] 这让波伏瓦觉得很过分,最终费尔南多没法忍受一直在巴黎隔岸观火,于是赶回西班牙参加战争。萨特、波伏瓦、斯捷帕以及其他朋友们,一起去车站给他送行。

回到巴黎之后,波伏瓦在盖特街的皇家布雷塔涅酒店租了一个房间。尽管在接下来的一年里,萨特不在巴黎教书,但是想到博斯特在索邦念教育学,埃莱娜也在巴黎,波伏瓦就觉得很欣慰。奥尔加也搬到了巴黎,在萨特和波伏瓦的帮助下开始追求演艺之路。

在20世纪30年代后期,萨特疯狂地寻欢作乐,导致他和波伏瓦的契约濒临破裂。据说当时波伏瓦一直在帮萨特修改他的小说 *Melancholia*(即1938年出版的《恶心》)。当时波伏瓦常常在圆亭咖啡馆一坐就是几个小时,给萨特的手稿做批注。当波伏瓦在帮助萨特修改手稿的时候,他却在逍遥快活。后来萨特告诉大家,《恶心》之所以能出版,完全是因为波伏瓦在上面下了很大功夫。但是带有波伏瓦批注的那份手稿后来丢失了，因为萨特喜欢把重新抄写的干净整洁的手稿留给后人，而波伏瓦也说她把带有批注的手稿扔掉了。[25]

1937年春天，波伏瓦勤勤恳恳地工作，很少休息，甚至把自己的身体累垮了。有一天晚上，波伏瓦和博斯特在蒙帕纳斯大街上的精英咖啡馆（Le Select）聊天，突然她开始止不住地颤抖。[26]平时身体出现小毛病的时候，波伏瓦都是选择直接忽视，但是这次实在太严重了，她只好立马回了家。一晚上波伏瓦都发着高烧，第二天她躺了一整天。到了晚上，波伏瓦才觉得自己躺在床上休息了一天实在是太懒惰了。那天晚上，萨特从拉昂回到巴黎。波伏瓦觉得自己能够坚持出门，她强打精神，穿好衣服跟萨特一起出去参加派对。但是当他们抵达派对的时候，波伏瓦却因为太虚弱不得不找个地方躺下休息。她的朋友们都很担心情况是不是很严重，波伏瓦说自己没事，但最终萨特还是带她回家，给她找了医生。不久之后，波伏瓦被诊断得了很严重的肺水肿，住进了医院。她没法相信，这样的事情会发生在她身上。波伏瓦一想到自己成了一个病号就很不舒服。她躺在床上，听医生们像说一个物体一样说她的身体。波伏瓦意识到他们是在谈论她，内心充满了不安全感和疏离感。

波伏瓦康复之后，另外一件事值得高兴的事也发生了：萨特要回巴黎了，这样他们就终于又可以在同一个地方了。萨特在米斯特拉尔酒店订了两个房间，一间给波伏瓦，一间给自己。波伏瓦就住在萨特的楼上，这样他们就可以"既享受同居的好处，又避免了其不方便之处"。[27]这家宾馆在蒙帕纳斯大街上，离他们喜欢的圆亭咖啡馆、多摩咖啡馆（Le Dome）、圆顶餐厅（La Coupole）、精英咖啡馆都很近。1937年5月，萨特的文学之路终于开始了，他关于偶然性的小说终于被出版社接受了。

第七章 原本是四角恋的三角恋

那年夏天，波伏瓦、萨特和博斯特一起去了希腊旅行。他们在房顶上睡觉，一起远足，被太阳晒得不成样子。有时候波伏瓦和博斯特两个人单独出去一起游泳，而萨特会在咖啡馆里工作或者给万达写信。

新学年开始了。当波伏瓦想要写作却又不知道写什么好时，萨特鼓励她，可以把自己放到作品中去。萨特的《恶心》，就是因为在修改时把自己作为原型重新塑造了洛根丁这个角色，之后的投稿才被出版社接受。萨特认为，波伏瓦的《精神至上》是不错，但是波伏瓦本人要比她笔下的人物瑞内和丽萨更有趣，她为什么不从自己的生活里取材呢？

波伏瓦的第一反应是，如果从自己的生活经历去写的话很容易受到攻击。尽管波伏瓦经常会在和萨特以及其他人的通信里记录自己的生活，但是这和公开发表出来让所有人看，并不是一回事。波伏瓦一直在思考那个自从少女时代就困惑着她的哲学问题：他人的意识。波伏瓦在新闻里读到一个故事：一个乘坐出租车的男子，因为羞于没有钱付车费，于是杀死了出租车司机。波伏瓦不禁想，为什么人类会如此强烈地被自己的羞愧所驱使。为什么人会为了他人而活，会试图表现出某种样子给别人看，而不是为了自己而活？

波伏瓦想在小说里以西蒙娜·薇依为原型，创造一个与主角波伏瓦截然不同的人物。萨特的建议是，奥尔加其实是个更好的对照。[28]波伏瓦一听就觉得很对，奥尔加的确是个完美的对照。1937年9月，波伏瓦和奥尔加在阿尔萨斯度假时给萨特写了封信，信里的这段话很容易被人断章取义："（奥尔加）科萨基维奇迷人极了，跟我在一起的时候悠闲得恰到好处，她对一切都充满了兴趣，而且比原来想的要亢奋得多，甚至都像个法国人了。"波伏瓦所说的亢奋，并不是性方面的，因为波伏瓦在信中紧接着就说奥尔加对远足兴致高昂，完全没有受到刮风下雨的影响，一走五六个小时，甚至一天七个小时都没问题。[29]

1938 年，萨特的《恶心》终于出版了，扉页上写着"献给海狸"。不久之后，赞美如潮水般涌来，评论家们认为萨特是一颗冉冉升起的新星。《文学新闻》称这部作品是"我们时代最与众不同的作品之一"。萨特的短篇小说集《墙》(*The Wall*) 在不久之后也出版了，安德烈·纪德评论说："这个让-保罗是何方神圣？看起来我们可以期待他未来写出更多好作品。"[30] 波伏瓦的《精神至上》先后被伽利玛和格拉塞两家出版社退稿。[31] 当亨利·米勒给波伏瓦写退稿信的时候，他觉得波伏瓦对被压抑的资产阶级女性的描写很好，但是其他人也在写相同的问题，而波伏瓦并没有写出相应的解决方式。他在信中对波伏瓦说："你满足于描写一个分崩离析的世界，但是当你写到新秩序的临界点时，你就把你的读者遗弃在那里。对于新秩序的好处，你没有给出任何提示。"[32]

波伏瓦没有放弃，十年之后，她为"新秩序"写了一个宣言：《第二性》。当萨特在巴黎文人圈混得如鱼得水的时候，波伏瓦从她父亲那里获得了越来越多的挖苦和讽刺。乔治嘲笑女儿的作品一直没有出版，只能做一个无名小卒的荡妇罢了。[33]

虽然一直被退稿，但是波伏瓦在教学方面十分出色。法国第 16 区的莫里哀学校是一所女子学校，波伏瓦的学生都对她印象深刻。波伏瓦总是打扮入时，她穿着丝绸衬衫，化着妆去上课。波伏瓦对自己的课堂掌控得很好，常常不看笔记直接脱稿讲课。[34] 她给学生讲授笛卡尔、胡塞尔和柏格森。她带学生们讨论弗洛伊德，不过是为了推翻弗洛伊德，她更喜欢讲斯多葛派、伊壁鸠鲁派以及康德。[35]

1937至1938那一学年的毕业生里,有个叫比安卡·比嫩费尔德的学生对波伏瓦格外着迷。比安卡写信告诉波伏瓦,她很喜欢波伏瓦的哲学课,想要在大学里继续学习哲学,问波伏瓦是否愿意跟她见面聊一聊。

约好时间之后,波伏瓦和比安卡在蒙帕纳斯大街见面了。当时的比安卡17岁,她是一个犹太女孩,跟着父母一起从波兰来到法国,希望能少受一点反犹太主义的罪。比安卡的父亲之前是一个医生,很有家教,波伏瓦很欣赏比安卡的聪明才智。她甚至告诉博斯特,她很尊敬比安卡,有时候她都忘了自己是在和一个年轻女孩聊天。[36]

不久之后,波伏瓦和比安卡就经常一起过周末了,比安卡每周都一路小跑到帕西站等着见波伏瓦。波伏瓦向比安卡解释了她和萨特的关系,她告诉比安卡她和萨特彼此相爱,但是他们都想保持自己的自由,所以没有结婚,并且可以拥有别的情人。波伏瓦告诉比安卡他们和科萨基维奇姐妹的事情之后,比安卡十分着迷,但同时比安卡也很生气波伏瓦如此纵容科萨基维奇两姐妹。在比安卡看来,科萨基维奇两姐妹只是懒惰加上反复无常罢了,不值得波伏瓦为她们付出那么多时间,而且这些时间本可以拿来陪伴比安卡的。[37] 6月快要结束的时候,比安卡写道,她想要成为像波伏瓦那样的人。[38]

这一学年结束了,波伏瓦和比安卡也不再是师生关系了。她们俩一起去了法国摩文山区,进行长距离的远足。走了一天的路之后,波伏瓦和比安卡找了一间便宜的小旅馆,挤在一张床上。在这次旅行中,比安卡写道,她和波伏瓦终于有了肉体上的关系。[39] 之后波伏瓦否认自己曾和女性有过性行为[40],却在信里很直白地写道自己和女性曾经很亲密。7月22日,在写给萨特的一封信里,波伏瓦说比安卡写给她的信都充满了激情。

比安卡·比嫩费尔德1921年4月出生于波兰，与波伏瓦发生关系的那年夏天她才17岁。[41]也许以今天的标准来看，比安卡当时还太过年轻，但是在当时，比安卡已经到了可以结婚或进行性行为的合法年龄。在1938年的时候，我们也找不到证据表明，当时的波伏瓦曾担心过她和比安卡的年龄差距，以及曾经的师生关系可能会带来的影响。在波伏瓦去世之后，比安卡说她是一个狩猎者，在"自己的女学生中寻找年轻的新鲜肉体，自己品尝后拱手送给萨特享用"。[42]比安卡认为，这就是波伏瓦对她和奥尔加所做的事情，显然比安卡并不知道，奥尔加一直没有同意萨特想要发生关系的请求。

因为战争的缘故，很多信件和日记都没有被保存下来，因此今天的我们已经没法还原出事情的原貌了。我们所看到的比安卡对于那段恋情的叙述，也是50年以后写的了。当时的比安卡发现自己的身份和名字被公之于众，一怒之下出版了一本书。波伏瓦在世的时候，一直遵守诺言，没有公开过比安卡的真实身份。但是1990年，戴尔德丽·贝尔用英语发表波伏瓦的传记时，她没有保护比安卡的隐私，把她婚前婚后的姓氏全都公开了。法国的《私人生活法》(*Law of Private Life*) 保护公民的私生活受尊重的权利，禁止出版有可能损害个人生活的信息，然而美国的法律没有这样的禁止。比安卡一夜之间在大西洋彼岸出了名，于是她在1993年出版了一本书。[43]比安卡坦言自己写这本书的动机很复杂，同时她也坦白说，直到萨特插足，事情才开始变得戏剧化。[44]

比安卡在书中说波伏瓦是她爱了一辈子的女性。比安卡非常直接地表示，她所受到的伤害并非完全源自波伏瓦的行为，而是因为一系列的

第七章　原本是四角恋的三角恋

背叛。比安卡写道:"在我遇到萨特之前,西蒙娜·德·波伏瓦和我是非常好的朋友。但是当萨特进入了我们的感情世界,一切都变得困难和复杂起来。"[45] 不管比安卡是出于什么原因出的书,很显然她和波伏瓦的关系并不简单,而且波伏瓦给她留下了强烈且复杂的感情。

1938 年 7 月,波伏瓦和比安卡越来越亲密。这一次,她们俩和博斯特一起去上萨瓦省远足。萨特把波伏瓦送到车站,和她告别。萨特要留在巴黎继续写他的短篇小说,并和万达见面——萨特已经追求万达一年多了,但是到现在万达仍然对他不感兴趣。万达觉得萨特长得很恶心,还告诉萨特他应该改善自己的饮食。萨特已经习惯了被她拒绝,而且把这当作自己要克服的一个挑战。他觉得万达缺乏才智,甚至说她是苍蝇脑袋,但是即便如此,萨特还是下定决心要赢得万达的芳心。

波伏瓦离开之后的那一天,萨特写道他不喜欢和波伏瓦告别。萨特开始想象波伏瓦在灰色的山顶说:"如果你没有那种奇怪的执着,非要一口气完成几千米的远足计划的话,你现在完全可以在我身边,充满了美好的小微笑。"[46](在写作时,萨特的语调读起来可能有些屈尊俯就,但是"小"也是波伏瓦最喜欢在书信里用来形容萨特的词之一。)当波伏瓦到达安纳西的时候,博斯特已经在车站等她了,"博斯特晒得黑黑的,穿着一件黄色的套头衫,看起来很养眼"。[47] 博斯特也是一个远足爱好者,不过即便是他,也要很努力才跟得上波伏瓦的步伐。波伏瓦和博斯特一整天都在远足,晚上一起享受当地的美酒和丰盛的晚餐。他们根据天气状况来决定是在帐篷还是小旅馆过夜。假期第五天的晚上突然下起了雨,波伏瓦和博斯特在蒂涅的一个谷仓里歇脚。过了几天之后,波伏瓦给萨特写信,细致地描写了那天晚上的光景:

当然了,是我向他主动示爱的。我们俩都想要这样……我看着他傻笑,他问我:"你在笑什么?"我说:"我在想象如果我跟你提议我们上床吧,你会是什么表情。"然后他说:"我在想你是不是在想'我想亲你但是我不敢'。"之后,我们俩缠绵了一刻钟,最后他终于下定决心吻了我。当我告诉他我对他总有一种无与伦比的温柔时,他很惊讶。最后,他告诉我他已经爱上我很久了。[48]

接下来的一周,波伏瓦和萨特在马赛见面了,接着一起去摩洛哥的丹吉尔旅行。萨特问波伏瓦,有没有考虑到,如果她和博斯特的关系持续下去,她的生活会因此变得多么复杂。他们都知道奥尔加不会同意波伏瓦和博斯特发生关系,而且波伏瓦和奥尔加又是亲近的朋友,波伏瓦怎么能做出这样卑鄙的事情?

波伏瓦自己也不是很肯定。奥尔加并不是一个很专一的人,而波伏瓦和博斯特又两情相悦。现在的波伏瓦只想让自己今后不要后悔。1938年7月,波伏瓦启程去见萨特之后,博斯特一个人在阿尔卑斯山又远足了一段时间。但是波伏瓦走后,他远足的兴致就失去了大半。博斯特写道,一天中至少有三次,他都有一股想要见到波伏瓦的强烈冲动。而且他的脑子里会不断地回放他和波伏瓦在一起度过的最后五天。[49]博斯特写给波伏瓦的信里充满了温柔和期盼[50]:"我无比地爱你。我想要你知道并强烈地感受到这一点,我希望我的爱能带给你快乐。我很喜欢给你写信,因为给你写信的时候,我能够想象出你的脸庞,也可以想象到,

第七章 原本是四角恋的三角恋

这时的我笑得像个傻子一样。"[51]

博斯特的文笔显然和萨特和阿尔格伦的很不一样。波伏瓦写给博斯特的信同样也表现出她充满柔情的一面，而这种柔情从来没有得到过萨特的回应。波伏瓦在博斯特面前无须隐藏自己对他身体的渴望，她在信里明确地说想要亲吻他的脸颊，他的眼睫毛，他皴裂的嘴唇。[52] 在摩洛哥旅行期间，波伏瓦和萨特谈论着丹吉尔、卡萨布兰卡、马拉喀什、菲斯、克萨尔苏克、梅克内斯。但听到广播里播放的情歌时，她不得不抑制住自己对博斯特的想念，忍住不落泪。8月22日，波伏瓦和萨特抵达了克萨尔苏克，波伏瓦在上床睡觉之前写信给博斯特："我特别渴望见到你，我的爱，我的爱，我多么希望能够和你抱在一起。"[53]

博斯特在进入和波伏瓦的关系的时候，是十分清醒的。当时的博斯特同时在追求奥尔加，并且最后和奥尔加结婚了。博斯特崇拜萨特，他还在给波伏瓦的信末附上给萨特的玩笑话。博斯特知道萨特和波伏瓦的关系，也知道波伏瓦和比安卡·比嫩费尔德的关系。有时候，当波伏瓦在外面旅行不能及时收到信件的时候，她会让博斯特写信给萨特来安排和她的下一次见面。[54]

在回忆录里，波伏瓦故意隐藏起自己对博斯特的爱，把自己对博斯特的欣赏、友谊和尊敬都轻描淡写地一笔带过。在西尔维·勒·邦·德·波伏瓦看来，这种低调处理正是波伏瓦故意隐藏的内容里最重要的一部分，当然后来也有别的竞争者来争夺这一殊荣。从1936年到1986年波伏瓦去世，在这50年间，博斯特都是波伏瓦亲密忠实的朋友——而且在很长的一段时间里，博斯特不仅仅是一位朋友。[55] 波伏瓦和博斯特决定不告诉奥尔加他们的关系，所以直到1983年奥尔加去世，她也不知道这个

雅克-洛朗·博斯特的画，画上代表着西蒙娜·德·波伏瓦拖着他走向他的毁灭，1938年。

秘密。

早在1939年，波伏瓦就在日记里记录了她对此事感到良心不安。比起写给萨特的信，波伏瓦更多地在日记里记录了自己的不安。和博斯特相恋一年后，有一次和奥尔加聊完天，波伏瓦写信给萨特说："我不觉得有什么懊悔的，但是我的确有种欺骗了别人的感觉。"[56]1938年8月末，波伏瓦和博斯特安排着他们的下一次约会。波伏瓦想要和博斯特完整地度过一天一夜，但是他们犹豫着究竟是在勒哈弗尔博斯特的家还是在鲁昂见面更好。波伏瓦觉得，巴黎固然好，但是她怕会遇到奥尔加。

在1938年时，波伏瓦也曾为这段感情感到心烦意乱，局促不安。她在9月抽出了十天时间和奥尔加一起度过。当她听到奥尔加谈起博斯特的时候，波伏瓦觉得十分不安；想到奥尔加和博斯特在一起的场景时，她又会觉得很痛苦。

> 我知道你没有忘记我，但是我觉得自己好像跟你分离了，我的爱。有的时候，我已经没法很好地应对这种情况了。快快写信给我吧，写长长的信给我吧——告诉我，我们能够两个人一起度过很长的日子，我们能够像在安纳西一样的开心。告诉我，你对我的爱是强烈的，我的爱——因为我是如此强烈地爱着你。[57]

博斯特的信让波伏瓦感受到了坚定的回应。当博斯特想起奥尔加的时候，也常常觉得心里一沉，但是他告诉波伏瓦说这种感觉不会持续很久，因为"我太爱你了"。在博斯特和波伏瓦成为情人之前，他们是朋友，博斯特觉得他们的爱建立在一个坚实的基础上,不会轻易地瓦解。[58]博斯特爱着波伏瓦,但这也让波伏瓦和奥尔加在一起的时候特别难熬。奥尔加每天都会写信给博斯特,也经常在波伏瓦面前提起博斯特;波伏瓦一开始的时候尽量不给博斯特写信,但是之后她实在忍不住,便趁奥尔加不在她身边的时候写信给博斯特。因为思念博斯特,波伏瓦甚至难以入眠,有时候一想到自己和博斯特见面时的画面,她就不禁泛起泪光。[59]

1938年9月26日,波伏瓦和博斯特见面了。他们在巴黎待了一段时间。到了28日的时候,战争看起来已经是不可避免的了,但是30日的时候,《慕尼黑协定》重新带来了和平。在巴黎的一个月里,波伏瓦和博斯特享受着平凡的日子,每天都能见到彼此。但是到了11月3日,博斯特不得不重新回到亚眠,因为他得在部队服役整整两年,十个月后他就要开始现役。

波伏瓦和博斯特、奥尔加以及比安卡不为人知的关系,不仅让我们了解到她和萨特在性方面不和谐,也让我们看到她身上有一种欺骗他人的倾向——尤其是欺骗其他女性。对于和博斯特的关系,波伏瓦隐瞒了她的一个女性朋友一辈子。在1948年的一封信中,波伏瓦这样为自己的行为辩驳:"奥尔加是那种会向每个人不断索取的女孩,她对每个人都撒谎,所以我们也都不得不对她撒谎。"[60]

不管奥尔加的性格是什么样的,波伏瓦的行为对于很多读者来说,毫无疑问是有欺骗性的,而且从很多层面来说都是有问题的。当波伏瓦和博斯特坠入爱河并欺骗奥尔加的时候,波伏瓦同时也继续着她和比安卡·比嫩费尔德的关系。1938年夏,波伏瓦和博斯特分处摩洛哥和法国,波伏瓦在给博斯特的一封信中说,比安卡的母亲读了她写给比安卡激情洋溢的信件后大发雷霆,她不知道事情将如何发展下去。[61] 比嫩费尔德夫人指责波伏瓦"是一个道德沦丧的老处女"。[62] 不过这并没有给这段恋情画上句号。1938 年 11 月,比安卡告诉波伏瓦她再也没法像爱波伏瓦那样爱上别人了。[63] 当时的比安卡 18 岁,在索邦大学学习哲学,她和波伏瓦一周见几次面。但实际上,波伏瓦并没有向比安卡袒露多少自己的事情,也完全没有提及自己跟博斯特的关系。[64]

1938 年圣诞节,波伏瓦把比安卡介绍给萨特认识。他们三人一起去梅杰夫小镇滑雪,比安卡住在附近的阿尔博伊斯山宾馆,这样他们三个人就可以在滑雪时也讨论哲学。1939 年 1 月,当他们回到巴黎的时候,萨特开始把自己的注意力放在比安卡身上。比安卡对此感到受宠若惊:因为她很多索邦的同学都曾经是萨特的学生,而波伏瓦也常常对萨特赞叹不已,关于《墙》的评论称萨特才华横溢、独出心裁,她觉得自己被大明星恋上了。

在回忆录中比安卡写道:"就好像侍者本色出演一个侍者一样,萨特完美地扮演了一个恋爱中的男人。"[65] 萨特虽然其貌不扬,但是他的文字如此优美,使得比安卡都忘了嫌弃他的长相。萨特问比安卡自己能否爱她,比安卡说可以,但是波伏瓦怎么办呢?比安卡非常在意波伏瓦,不想伤害她。萨特回复说波伏瓦不会在意的。萨特和比安卡讨论着他们第一次上床的事情,并定好了日期。这是比安卡第一次和男人上床,她对此充满了期待。但是当他们一起走向米斯特拉尔酒店时,比安卡在听到萨特说的话之后突然打了个寒战:萨特告诉她宾馆打扫卫生的人待会儿会进来一下,因为前一天他刚刚睡了另一个处女。

萨特的行为让人感到不安,这不仅仅是在比安卡这件事上。萨特早已开始了一段三角恋：他一边追求万达，一边与比安卡睡觉。波伏瓦渐渐觉得他们和比安卡的关系让人不安。波伏瓦给博斯特写信说她、萨特和比安卡三个人在咖啡馆的谈话开始变得尴尬，而且比安卡不知道在同一个地方面对多个情人该如何自处。"她不知道该怎么把两个人之间的温柔放在三个人之间；她拿起我们的手，握着我们的手，然后放下，重新拿起，她努力地想要把自己平分给我们。"[66] 最终比安卡告诉波伏瓦，她觉得自己对萨特有爱，但那不是激情；她问波伏瓦能否把这一点解释给萨特听。

同时，博斯特也不得不小心翼翼地在奥尔加和波伏瓦之间平衡自己。波伏瓦的信里充满了想要见到他、拥抱他的迫切心情。当博斯特放假的时候，如果波伏瓦不能第一个在车站见到他，分享他在巴黎的时光，她就会觉得痛苦不堪。最终博斯特决定不再详细告诉波伏瓦自己的安排。

波伏瓦仍然喜欢和奥尔加在一起，但是她对奥尔加和万达在她和萨特生活中的位置感到越来越不舒服。这种不适，经常被解读为波伏瓦的嫉妒。当然，波伏瓦的确是想要保护好自己和萨特独处的时间，但是波伏瓦更生气的是，萨特把事情变得如此复杂。同时，萨特也开始在经济上帮助万达，帮她搬家到巴黎，安排她去上绘画课，共用埃莱娜的画室。万达对波伏瓦充满了怀疑，她质疑萨特和波伏瓦的关系，萨特告诉她说自己和波伏瓦只是朋友。

1939年5月，波伏瓦觉得事情变得越来越糟糕了。一边是波伏瓦在欺骗着奥尔加，而一边万达又憎恨着波伏瓦。波伏瓦写信告诉博斯特自己有时候气得直哆嗦：她觉得，整件事情并不是某一个人的错，但是如果萨特没有向万达撒谎的话，事情也不会变得这么复杂。她觉得自己在科萨基维奇姐妹的意识里被解剖开来分析,她非常不喜欢这种感觉。但是即便如此,波伏瓦认为这引出了一个有趣的哲学问题:他人和自己的经验一样真实吗?[67] 波伏瓦思考这个问题已经有很长一段时间了,而这也是她小说的主题,因此波伏瓦在给博斯特写信的时候提到了这个问题。当波伏瓦听到奥尔加谈起博斯特的时候,波伏瓦知道在奥尔加的意识里,博斯特和波伏瓦没有任何联系,这让她很困扰。

博斯特在回信中斥责了波伏瓦。令他生气的是,波伏瓦居然对这些可能暴露波伏瓦、萨特、他自己、万达和奥尔加复杂关系的判断和对话毫不紧张。博斯特对波伏瓦说:"你必须严正地否定这一切,因为不管从哪个层面上来看,我们都欺骗了自己的伴侣。"博斯特不想在信里继续讨论这件事情,他警告波伏瓦如果她因为举棋不定而背上坏名声,他也不会打退堂鼓。博斯特直言,当他同意波伏瓦的观点的时候,她是可爱的,但是这一次他不同意。[68]

波伏瓦不想跟博斯特争执。她回信给博斯特,说她觉得他的判断是不偏不倚的,是对的,而且他对她很坦诚。但是一周之后,博斯特再次批判波伏瓦对待他人的方式。这次讨论的是比安卡,尽管萨特越来越猛烈地追求比安卡,使得波伏瓦对于比安卡的爱恋减弱了,但波伏瓦还是和比安卡保持着关系。那天,波伏瓦和比安卡共度了一个下午:她们先去圆顶餐厅吃了午饭,喝了香槟,然后去花神咖啡馆(Café de Flore)喝了咖啡,最后回到米斯特拉尔酒店里波伏瓦的房间。波伏瓦写道:"我觉得从根本上来说,我并不是同性恋,因为我对同性没什么欲望,只是觉得和她在一起很陶醉,而且我也喜欢在晴朗的午后在床上躺着。"[69]

博斯特读到这句话的时候,直接跳了起来。他觉得"陶醉"

(charming)这个词简直"淫荡到了吓人的地步"。博斯特说这让他感觉很怪异,倒不是因为波伏瓦如此轻率地谈及比安卡,也不是因为他注意到波伏瓦在物化比安卡。反正,"陶醉"这个词让博斯特脸红。[70] 博斯特已经因为愧对奥尔加而感到难过,而在这封信里波伏瓦也坦白自己虽然不后悔,但是感到有些自责。毕竟,奥尔加对博斯特是诚实的,但是他却骗了她。

波伏瓦读到这些的时候,觉得自己的脑子木了几个小时。波伏瓦勉强支撑着自己,晚上和奥尔加一起外出了,但是回到家之后,她止不住地哭起来。波伏瓦回信告诉博斯特,他的信件让她产生了一种"病态"的焦虑,醒来以后也仍然万念俱灰。波伏瓦和母亲一起吃了午饭,她强忍住眼中打转的泪珠。

因此波伏瓦决定用肯定的语气向博斯特袒露自己的心声:"我只有一个肉体的生活,那就是和你。"波伏瓦不希望博斯特只是她生命中的一个过客:她想要博斯特一直在。这和比安卡不一样,从性方面来讲,和萨特也不一样。波伏瓦解释道:"是的,我的确和萨特有身体的关系,但是我们很少这样做,而且多是出于温柔——我不确定该怎么描述——我不觉得自己很投入,萨特也不是很投入。"[71] 波伏瓦已经和萨特说过这件事好几次了,如今她向博斯特坦白了这件事,因为她希望博斯特能够知道他对于她来说是多么重要,以及她有多么在乎他们的关系:他是她生命中的情人。

博斯特的回信没有被保留下来,但是波伏瓦和他的关系持续下去了。

夏天的时候,波伏瓦去侏罗省远足,去了日内瓦,在普罗旺斯走了很多路。1939 年 7 月,法国政府通过了《家庭法典》(*Code de la Famille*),

旨在提高人口出生率，鼓励母亲在家带孩子，并且禁止贩卖避孕用品。1804年颁布的《拿破仑法典》已经赋予了作为丈夫和父亲的男性超越女性的权威。这一次的民事法典计划从20世纪60年代开始生效，而波伏瓦日后会成为瓦解这项法典的女性之一。

1939年8月，博斯特休长假。博斯特和波伏瓦、萨特在马赛见面了，他们住在瑞昂莱潘一个朋友的别墅里面，离昂蒂布不远。博斯特觉得战争已经不可避免，但是萨特还执拗地持反对意见。

博斯特和奥尔加的关系进展也不错。自从接受了波伏瓦的建议，奥尔加开始参加查尔斯·迪兰的演员工作坊，变得更加自信了，同时也对博斯特更加投入。博斯特写道，他和奥尔加之间变得认真起来，如果奥尔加发现他和波伏瓦的关系，后果将不堪设想。波伏瓦会烧掉博斯特写给她的信吗？博斯特甚至也开始考虑烧掉波伏瓦写给他的信。（但最终他们俩都没有这么做。）在博斯特离开瑞昂莱潘之后，波伏瓦再次饱含泪水：战争快来了，她可能会同时失去博斯特和萨特。不管有没有战争，她都和比安卡以及科萨基维奇姐妹不和。波伏瓦后来回顾说，20世纪30年代末是她人生的至暗时刻。一边战争在即，一边是她和萨特、奥尔加、比安卡以及博斯特的关系错综复杂，仿佛自己掉进了陷阱里。[72]

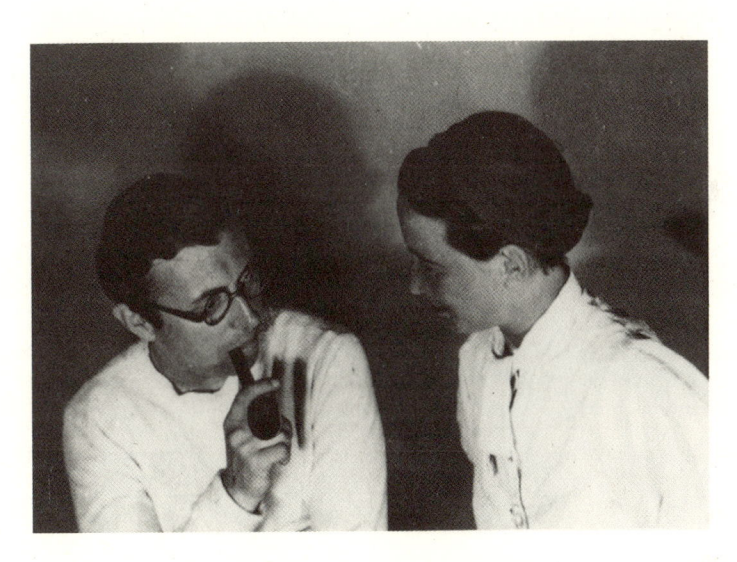

1939年8月,波伏瓦和萨特在瑞昂莱潘。

第八章　内心的战争，外界的战争

1939年8月31日，博斯特被征召上前线。9月1日，德国进攻波兰。巴黎到处是征兵海报，号召所有18到40岁的健康男性入伍参军，萨特也回到米斯特拉尔酒店收拾行囊准备上前线。萨特分别给比安卡和万达写了告别信，但还是决定和波伏瓦共度最后一个夜晚。萨特和波伏瓦一起吃了晚饭，然后在凌晨三点的警报声响之前睡了一会儿。波伏瓦送萨特到多摩咖啡馆喝了咖啡，随后出发去巴黎东站。萨特告诉波伏瓦他在气象兵部队待过，不会有危险的，并安慰波伏瓦一切会像从前那样，还跟波伏瓦约定要书信联络。然而波伏瓦不确定还能不能给萨特寄信。两人拥抱之后就分开了，波伏瓦含泪目送着萨特渐渐远去的背影。

自9月2日起，波伏瓦经历了多次情绪崩溃，她常常担心博斯特会阵亡。雅克-洛朗·博斯特是带着两次世界大战之间典型的左翼思想入伍的。他的思想深受阿兰、季奥诺、罗曼·罗兰、纪德这些参加过战争且无条件支持反战主义的作家的影响。博斯特本可以在部队里迅速升迁，但是他对追名逐利不感兴趣，也不想违背自己不当炮灰的初心。波伏瓦重新开始写日记，一是为了记录现实，二是为了逃离现实——"只有在写作的时候，人才能不胡思乱想。"[1]

1939年9月3日，英国和法国宣布对德国开战。1936年的时候，埃莱娜遇到一个来自勒哈弗尔的男学生利昂内尔·鲁莱，他也是萨特的学生。利昂内尔对于"有着惊人智慧的女哲学家"[2]早有耳闻，不过他对埃莱娜一见钟情。到了1938年，利昂内尔和埃莱娜相爱了，当时萨特和波伏瓦已经开始称呼他们的小圈子为"大家族"，利昂内尔和埃莱娜后来成了"大家族"里最长久的一对儿。在对德宣战的那一天，波伏瓦对埃莱娜说可以给她一笔钱，让她去葡萄牙找利昂内尔。埃莱娜很感激波伏瓦，接受了她的资助离开了巴黎。

战争和离别让波伏瓦的生活严重失衡。战前波伏瓦就已经开始感到惶惑和沮丧，现在越发严重了。9月4日，波伏瓦发现自己在早晨还可以勉强撑过去，但是到了晚上却越发难熬。9月5日，波伏瓦经历了严重的恐惧发作。空袭警报也让她睡得不安稳。有一次，睡梦中的波伏瓦被爆炸声和警报声惊醒，她在黑暗中慌忙地穿上衣服，撤离住所，后来好不容易回到住处，重新躺到床上之后，波伏瓦决定干脆和衣而睡，这样逃走的时候就能快一点。[3]

接下来的一段时间，巴黎发生了翻天覆地的变化。男人们都被派遣到部队了，许多平民逃走了。波伏瓦的学生甚至戴着防毒面具到教室上课。在八个月的"假战"——没有战争的宣战期，波伏瓦的日记里充满了对博斯特或者萨特有可能会阵亡的恐慌和绝望。时间每过去一个小时，似乎都会耗尽波伏瓦的希望，看书也没办法让她平静下来。波伏瓦想要弄明白上战场到底意味着什么，所以她开始读阿兰和纪德。她跳着读纪德的《1914日记》(*1914 Journals*)，读到了战壕里的"毫无必要的折磨"。[4]

后来波伏瓦收到了信件，她觉得看到了一丝希望。有一天波伏瓦同

第八章　内心的战争，外界的战争　169

时收到了博斯特和萨特的消息,她觉得幸福无比。但是紧接着,波伏瓦又充满了罪恶感。(毕竟,纪德说:"一个人因为自己以及家人的安全而放声大笑很简单,但是也未免太过不得体了。"[5])后来的波伏瓦和萨特,回头看那段时间,他们都承认战争使他们感受到了历史的力量。战后,波伏瓦和萨特都说,他们完全改变了自己之前对政治漠不关心的态度以及旁观者的心态。不过他们并没有因此改变个人生活。9月14日,奥尔加告诉波伏瓦,如果博斯特死了,的确是个悲剧,但是她在"内心深处"并不会受到影响。波伏瓦说,听到奥尔加这么说,更坚定了她不放弃博斯特的决心。奥尔加搬家的时候,甚至都懒得把信件转去新的地址。这就意味着,奥尔加几周都没法收到博斯特的消息,但她对此无所谓。波伏瓦没法理解她的冷漠。[6]

相比之下,比安卡的热络让波伏瓦也喜欢不起来。比嫩费尔德一家逃离了巴黎,9月16日,波伏瓦收到比安卡的信,她在信中责备波伏瓦不去看她。波伏瓦和比安卡之间渐生嫌隙:随着萨特的离开,比安卡想要在波伏瓦的生活中占据更加中心的位置,但是波伏瓦渐渐发现了比安卡的颐指气使和强烈的控制欲。在巴黎的时候,波伏瓦重新发现自己一个人独处的快乐,但比安卡不怎么尊重波伏瓦一个人的空间,这让波伏瓦有些厌烦。[7]

即使如此,波伏瓦还是在9月20日去坎佩尔看望了比安卡。当波伏瓦抵达的时候,比安卡正坐在台阶上,两眼噙着泪等她。波伏瓦和比安卡一起去喝了咖啡,比安卡告诉波伏瓦她母亲很不高兴波伏瓦来看她,因为她母亲之前偷看了她的信件,并且威胁她要把信寄给教育部。(波伏瓦在日记中说:"我根本不信,而且我也没有因此而生气。"[8])20日和 21 日，波伏瓦和比安卡一起走了很久很久。然后她们拥抱告别，但是波伏瓦并不是很享受，只觉得"窒息"。[9]

战争让波伏瓦和萨特渐渐意识到他们自己也是历史的一部分，而跟波伏瓦分开也让萨特意识到波伏瓦对他来说有多么重要。萨特写道不管怎么样，有一点不会变，他告诉波伏瓦，不管他变成什么样，"我都会和你在一起"。他感谢战争让他明白他和波伏瓦是一体的：

> 我的爱，你不是我生命中的一部分，甚至不是最重要的一部分，因为我的生命已经不再属于我，因为我甚至都不后悔，因为你永远是我。你是如此丰富，是你让我看到了未来，并得以实现任何一种生活。此刻的我们比任何时候都要更近。[10]

从现在来看，我们已经知道萨特可以同时对好几个女人说：你是我不可替代的唯一。这让我们很难把他在这封信里的誓言当真。但是在萨特的日记中，波伏瓦的确占了最重要的位置。10月14日他们"贵庶通婚"的十周年纪念日刚刚过去，萨特回顾自己是需要波伏瓦的——没有她，世界将会是"一片荒漠"。萨特有三天没有收到波伏瓦的来信，这使他意识到他面对一切的勇气，完全来自"被海狸理解、支持和肯定"。萨特说："如果没有这些，一切都会分崩离析。"[11]

萨特和波伏瓦当时不知道什么时候才能见到彼此，萨特甚至都不被允许告诉波伏瓦他所在的位置。虽然在服役，但是萨特仍然有教职薪水，所以他可以支持奥尔加和万达继续住在巴黎。不然的话，她们就得离开巴黎，或者找工作养活自己了。因为男人们都上战场了不在身边，波伏瓦和奥尔加、万达两姐妹在一起的时间多了一些,萨特称呼她俩为"科萨两姐妹"(The Kosaks),她俩和波伏瓦一起搬到了位于瓦万街的丹麦酒店。但是波伏瓦对此有些不满,她一直努力地工作,靠自己的收入维持生活,而与此同时,波伏瓦和萨特一直在资助科萨基维奇两姐妹。波伏瓦为埃莱娜和万达共用的画室付钱,然而她们却在所谓的艺术追求之路上没什么进展。

奥尔加公开写信给博斯特,万达公开写信给萨特,就好像对方是自己的男人一样;而波伏瓦只能偷偷摸摸地给萨特和博斯特写信。和奥尔加在一起的时候,波伏瓦会忍不住偷瞄博斯特寄给奥尔加的信件,想看看有没有比寄给自己的信件多。奥尔加收到的信件看起来似乎比波伏瓦收到的要厚,波伏瓦不禁想,博斯特写给奥尔加的信会不会更加温柔?波伏瓦越来越频繁地感到妒忌和内疚。有天晚上,波伏瓦梦到奥尔加突然要看她正在写给博斯特的信,吓得一身冷汗,惊醒过来。[12] 两周以后,奥尔加走进波伏瓦的房间,当时波伏瓦才刚刚读完博斯特寄来的信。其实奥尔加并不知道波伏瓦刚刚读了什么,但波伏瓦心里充满了"不好的感觉",波伏瓦试图为自己辩解,但她知道博斯特爱着奥尔加。她只是在找借口:"也许博斯特爱着奥尔加,但是我也可以爱着博斯特,尽管我感到很痛苦。"波伏瓦感到非常苦恼,她希望萨特能帮她剖析情况。[13] 几周以来,波伏瓦都沉浸在低迷的情绪和惶惑当中:"我的周遭正在发生战争,我的心里也兵荒马乱,我感到极度痛苦,但不知道该如何消解。"[14]

当波伏瓦试着让自己用别的关系来分心,不再纠结的时候,她似乎滑向了另一个深渊。一个波伏瓦教过的学生纳塔莉·索罗金想要和她发生性关系,波伏瓦不确定这是不是个好主意:"我不知道该怎么做,这使我心神不宁。"[15] 这边，和比安卡的关系也往坏的方向发展。比安卡写信给波伏瓦，说让波伏瓦把别人都送走，比安卡的自我及强烈的占有欲让波伏瓦感到厌烦。[16] 波伏瓦和萨特、博斯特以及奥尔加的关系已经持续好几年了，不可能因为比安卡一声令下，说断就断。波伏瓦的生活里唯一进展顺利的，似乎只有她的小说。波伏瓦尽力保护自己的写作时间不被打扰，她的小说渐渐成形了。

10月末，萨特写了一封信，以代码的形式告诉波伏瓦他的详细位置。[17] 波伏瓦大费周章地去看望萨特，为了获得旅行文件，她甚至假装生病，拿到医学证明。波伏瓦在10月31日深夜时分抵达，第二天早上波伏瓦去了萨特吃早饭的客栈，好让他知道她来了。波伏瓦和萨特不能一起外出，因为萨特当时还穿着制服，于是波伏瓦带他去了她的酒店房间。波伏瓦的通行证只能持续24个小时，但是她想要待久一些。

最终，波伏瓦一直待到11月5日。波伏瓦和萨特讨论哲学，也分享了彼此混乱的感情生活，还有他们的小说。波伏瓦读了萨特正在写的《自由年代》，萨特读了波伏瓦的《女宾》。波伏瓦建议萨特重新打磨他的女性角色马赛勒。波伏瓦几乎忘了这种跟人促膝长谈，重新找回自己精神伴侣的感觉。[18] 虽然在萨特走后，波伏瓦一直有教书和保持阅读，但即使是阅读胡塞尔、海德格尔、纪德、赛珍珠、毛姆、莎士比亚、果戈理、杰克·伦敦、笛福、阿加莎·克里斯蒂、阿瑟·柯南·道尔以及陀思妥耶夫斯基，都弥补不了这种深入谈话缺失所造成的精神空缺。

波伏瓦很难过，自己不能独占萨特和博斯特服役期间的假期。波伏瓦不想看到萨特和奥尔加、万达两姐妹在一起，而且现在比安卡也想要争夺和萨特在一起的时间。萨特安慰波伏瓦，尽管他对万达有感情，但是她只有22岁,幼稚且善变,他不指望自己和万达的感情能够持续到战后。虽然萨特还在给比安卡写信,但是他经常直接把写给万达的话一字不改地搬给比安卡,而且萨特对比安卡也渐渐不那么热情了。萨特休假的四个夜晚里,波伏瓦和他共度了两个激情的夜晚。尽管这是1939年分别之后波伏瓦和萨特的首次重逢,但是他们的性生活已经彻底平淡无味了。[19]

波伏瓦告诉萨特,她因为博斯特还爱着奥尔加而感到难过,而且现在波伏瓦尤其不想把博斯特的假期分享给奥尔加。萨特提醒波伏瓦,是她自己选择了去爱一个爱着奥尔加的男人,实际上,如果没有奥尔加,这段关系就不会稳定了。波伏瓦自己都做不到专一,却反过来要求博斯特专一,实在是有些不公平。

渐渐地,波伏瓦意识到,她并没有变成自己曾经想要变成的那种女性。波伏瓦写道:"曾经有段时间,我试着相信自己活成了自己想要的样子。"但是,因为博斯特的出现,波伏瓦意识到了"偶然的、激情的爱的存在"。波伏瓦在日记里表示发现自己的这一面很有趣:"我离了解自己又近了一步,这挑起了我的兴趣。我觉得自己正变得更加轮廓分明。……我觉得我是一个成熟的女性了,尽管我还不确定自己属于哪一种类型。"[20] 在工作上,波伏瓦已经成长为一名优秀的教师,1939年10月她获得学校的表彰,也收到了许多学生表达谢意的卡片以及一起喝咖啡的邀约。[21] 但是这些就够了吗?

几天之后,波伏瓦从萨特那里回到巴黎,比安卡也到巴黎来看她。对此波伏瓦并不高兴,因为她发现比安卡最近的来信越来越狂乱,也渐渐对比安卡提不起兴趣了,波伏瓦对此感到担心。波伏瓦一想到比安卡和萨特的关系,以及自己和比安卡的感情,就觉得惶惶不安。但是波伏瓦还是和比安卡发生了关系。之后波伏瓦在日记中写道,她和比安卡之间的肉体快感是"变态的"。波伏瓦知道自己"利用了"比安卡的身体,她的感官享受是粗野的,没有一丝温柔;在此之前波伏瓦从来没有过这种病态的感受。波伏瓦写道:"这就好像是坏掉的劣质鹅肝酱。"[22]

波伏瓦去世之后,她的信件和战时日记以法语出版。上面这样的篇章让巴黎的媒体称波伏瓦"像莽夫一样粗野"。[23] 不过,这也不是西蒙娜·德·波伏瓦第一次被人说行动思考像男人了,但法国媒体对于波伏瓦竟用如此冷漠的男性口吻说话还是感到很震惊。而且,波伏瓦明明都意识到了自己的粗野和病态,却仍然那么做,这让人觉得有些不寒而栗。

第二天,比安卡指责波伏瓦不应该在经济上给埃莱娜帮助,认为如果波伏瓦不这么做的话,波伏瓦就能负担起更多她来巴黎的花销。如果波伏瓦不再教书,就能有更多时间陪她。比安卡的这些无理要求,已经不仅仅是讨人厌了,波伏瓦告诉比安卡自己快要被她压得喘不过气了。之后比安卡告诉波伏瓦她在幻想要不要把自己的身体给一些马上要上战场的朋友,这样他们就不用到死都是处子之身了。[24]

比安卡来看波伏瓦的第三天,波伏瓦已经觉得比安卡是一个沉重的负担。且不说比安卡的幻想,波伏瓦越来越清楚地意识到比安卡看待爱的方式和她完全不一样。比安卡觉得爱是"共生",比安卡不明白人们真的可以在独处中找到快乐或者真心想要工作。当比安卡发现波伏瓦爱萨特胜过爱她时,她情绪崩溃,当场大哭。对此波伏瓦感到骇然:"我从来没有说过我最爱她啊。她这样轻易地给自己制造这些幻想,我实在是受不了。"[25]

第八章 内心的战争,外界的战争

波伏瓦试图鼓励比安卡"把自己想象成自己生活的中心",而不是把波伏瓦或者萨特放在那里。波伏瓦在日记中写道:"比安卡必须变成一个与自我有联系的人。"但是她很清楚,这对比安卡来说太难了。比安卡离开之后,波伏瓦仍然觉得心绪不宁,她的心里既有悔恨,又残存有对比安卡的爱,波伏瓦甚至觉得自己的行为有些可耻。[26]

进入11月之后,波伏瓦仍然纠结于自己对奥尔加的欺骗。但是不久之后,奥尔加告诉波伏瓦她已经不再写信给博斯特了,而且她感觉自己再也不想给博斯特写信了。奥尔加说:"我没法时时刻刻都想着博斯特。而且,如果只能每几个月或是隔几天才能看到对方,这样的感情还有什么意义?"战争开始才几个月,奥尔加就已经毅然决然地要跟博斯特分手。波伏瓦很同情博斯特,博斯特并不想结束和奥尔加的关系,希望奥尔加能继续写信给他。

波伏瓦觉得自己完全理解不了奥尔加。如果奥尔加爱博斯特的话,为什么不愿意跟博斯特分享自己的生活?奥尔加怎么能把给博斯特写信看成是浪费,而不是甜蜜?要知道,奥尔加的几句话就能温暖远在战场上的博斯特,让他开心起来。对于波伏瓦来说,写信几乎是她生活中不可缺少的一部分。波伏瓦想要分享博斯特的生活,也想要分享萨特的生活。尽管在与萨特的关系中,波伏瓦已经意识到:"精神生活对我和萨特来说都是必不可少的,这也会使一切容易许多。"[27]

1939年年底,波伏瓦发现即使萨特不在巴黎,她自己也可以有丰富的精神生活。有一次,她的朋友科莱特·奥德里邀请她和哲学家让·瓦尔共进晚餐。一开始波伏瓦不确定自己要不要去,因为如果她临时改变日程安排,奥尔加还有其他一些人就会大发雷霆。最终波伏瓦还是决定去赴宴,因为她需要"出去和别人见面,需要进行一些正儿八经的谈话"。那天晚上,波伏瓦突然有一种预感,自己的小说《女宾》一定能够出版。在席间,波伏瓦觉得"自己受到了认真的对待",她也惊讶于自己颇有侃侃而谈和与别人交谈甚欢的能力。12年前在索邦念书时,波伏瓦就在日记里问过:为什么自己总是觉得别人比她更加"正儿八经"呢?[28]

渐渐地,波伏瓦觉得她应该研究她自己。波伏瓦的一个朋友玛丽·维尔告诉波伏瓦,萨特在压制她。(波伏瓦回复:"这一点也不新奇。")不过波伏瓦的确开始对萨特的哲学观点持异议,她同意萨特对意识的看法,但是质疑他阐发道德的方式。[29]

斯捷帕也开始向波伏瓦抛出一些问题。在11月比安卡到巴黎看波伏瓦之后,斯捷帕问波伏瓦是不是女同性恋。波伏瓦此前从来没有怀疑过自己的性向,她一直认为自己是异性恋。但是不可否认,波伏瓦总是会吸引一些女性,尤其是她所在学校里的年轻女性。波伏瓦写信告诉萨特,她自己渐渐开始享受这种关系。[30] 波伏瓦是喜欢和女性做爱的,但是她似乎总是暗示自己,这不应该是第一位的。直到1939年圣诞节,波伏瓦仍然和比安卡保持着性关系。12月中旬,比安卡搬回了巴黎。但这时候,波伏瓦那位毕业班的学生纳塔莉·索罗金已经完全迷上了她。

纳塔莉的父母是俄国人,他们在大革命期间离开了俄国。纳塔莉个子很高,皮肤白皙,脾气很暴躁。纳塔莉在高中毕业会考哲学考试中取得了优异的成绩,波伏瓦很喜欢和她谈论康德和笛卡尔。纳塔莉想要继续学习哲学,但是因为她的母亲离婚了,付不起索邦的学费。纳塔莉的母亲希望她能停止学业,开始工作。波伏瓦决定替纳塔莉交学费,纳塔莉才得以在1939年进入索邦继续念书。

纳塔莉出生于1921年,和比安卡一般大。从10月开始,纳塔莉就不断地央求波伏瓦和她上床。而且纳塔莉嫉妒萨特、博斯特、奥尔加以及比安卡占据了波伏瓦的生活,她觉得自己被挤到了第五位。纳塔莉可以算是一个问题少女,她会偷自行车,甚至会把商场里的文具套装顺手牵羊拿到学校里卖掉,给自己换零花钱。纳塔莉告诉波伏瓦,她的父母把她叫作"寄生虫",却对于拿走纳塔莉的钱一点也没有感到良心不安。在12月的时候,波伏瓦明确地告诉纳塔莉她们之间不可能发生性关系。但是,在1939年12月14日那一天,纳塔莉本该研读康德,可她却故意去勾引正襟危坐的波伏瓦。那天晚上波伏瓦写信告诉萨特:"我阻止不了她,她非要和我睡。"[31] 波伏瓦在日记里写道,其实自己并不想那样,"但是招架不住欲火焚身的纳塔莉,这让人厌恶,难以忍受"。[32]

一周之后波伏瓦再次写信给萨特,说纳塔莉已经跟她告白,说自己爱她,并试图亲吻她,一副觉得和她在名正言顺地恋爱的模样。波伏瓦在信中写道,"如果我有这种自由的话",也许会痛快地开始这段恋情。但是一想到被比安卡和纳塔莉同时热烈地爱着,波伏瓦还是觉得无法接受。[33] 我们并不清楚,波伏瓦为何突然觉得自己"没有这种自由"。显然波伏瓦觉得没必要跟男人保持忠贞的单偶制,但是为什么面对女性时,波伏瓦会改变自己的标准呢?即便从法律角度上来说,波伏瓦也没必要感到"没有这种自由"。在1942年的时候,同性恋的合法性行为年龄被提高到了21岁(而异性恋的年龄仍然是13岁)。即使是在1939年,波伏瓦与比安卡以及纳塔莉交往时,她们也都已经达到了合法的结婚或性行为年龄。

波伏瓦的不安也有可能是因为那个月萨特写信告诉她,他已经在计划和比安卡分手了。显然，波伏瓦觉得分手并没有萨特想得那么容易，而且她不得不直面他们俩"利用"了比安卡的事实。[34]

1939年圣诞节，波伏瓦一个人在梅杰夫小镇继续她的写作。波伏瓦充满了灵感，精神专注，对于自己的写作进展感到欣喜。看到手中的作品即将收尾，波伏瓦也开始展望接下来的作品了，她想要创作一部"关于整个一生的作品"。[35] 这段时间，波伏瓦也在读萨特的作品，帮他提出修改意见。萨特在研究自由的概念，波伏瓦看了他还没完成的稿子后，大大地赞许了萨特，说这可以和柏格森和康德的哲学著作相提并论。但是波伏瓦也表示，在看到完整的论述之前，她没法给出什么批判意见。如果现在一定要提意见的话，她想问的问题是：当人认识到了自己的自由之后，该做什么呢？[36]

少女时期的波伏瓦就读过柏格森、富耶、拉尼奥和其他一些哲学家的作品。自那之后波伏瓦就对关于自由的哲学很感兴趣。同时，这也是她和萨特参加的国家哲学教师资格考试里的一个核心话题，波伏瓦和萨特花了很多时间讨论这个概念。把自由当作一个抽象的概念来考虑是很容易的，以及像萨特那样，声称所有的自由都是平等的也不难。但是波伏瓦想要的是能够身体力行的哲学。看过了很多种人生之后，波伏瓦认为：自由是不平等的，因为每个人的处境都不一样，所以自由也会因人而异。[37]

1940年1月12日，波伏瓦写信告诉萨特她已经完成了她的小说《女宾》的前160页，她希望萨特来看她的时候能够读一读。此外，波伏瓦也告诉萨特，她和比安卡又"亲热"了，波伏瓦甚至告诉萨特，比安卡身上除了以往一直有的一种气味之外，好像还有一股粪便的味道，让波伏瓦恶心得难以忍受。波伏瓦觉得到目前为止，自己和比安卡可以做朋友，但是发生关系，对波伏瓦来说已经索然无味了。[38]

波伏瓦笔下这样夸张的描述着实让人大吃一惊。因为波伏瓦显然是享受和其他女性发生关系的，而且波伏瓦也和比安卡保持了一辈子的友谊。那么波伏瓦真的有对另一个女人的身体感到如此恶心吗？当波伏瓦最终和比安卡分手的时候，她说自己更喜欢和男人做爱。[39]尽管当时的波伏瓦对比安卡以及她俩的关系感到恶心，甚至在1941年1月，波伏瓦一看到比安卡就感到一阵寒意，但她还是同意每周花两个晚上的时间和比安卡在一起。[40]

萨特写信告诉波伏瓦，除了她以外，他对这个世界上的其他人来说什么也不是（除了对他自己的母亲）。战争结束之后，萨特将会蜕去旧的自己，因为他发现自己的那些女伴没一个对他保持忠贞。[41]在这之后的两天，波伏瓦在信里向萨特描述了自己和纳塔莉上床的经历：她俩赤裸地躺在床上，本来想一起读几页关于意志的哲学材料，"但是我们开始亲热，彼此都有回应。这显然和跟奥尔加在一起时不一样，因为我已经喜欢上纳塔莉的身体了"。[42]

萨特在1月16日回复了波伏瓦："我已经忘了身边有个人是什么感觉了，更不用提是像你这样能够理解我的所思所感的人。"[43]第二天，萨特又感慨道："这到底是怎么了，亲爱的你现在竟然有这么多桃花运！"[44]

萨特这时正在写的作品便是日后的《存在与虚无》。波伏瓦听闻之后说："这听起来是多么诱人啊！虚无的理论，能够解决一切问题！"[45]次月，萨特兴高采烈地写信告诉波伏瓦，他觉得自己终于找到了自己作为知识分子的独特标签："我的脑中也开始有时间理论的灵感，从今天晚上开始我要创作这个部分。你知道吗,这一切都多亏了你。你小说里弗朗索瓦丝的执念启发了我:当皮埃尔在泽维尔房间里的时候,有一个物体独自存在着,别人的意识都没有察觉到。"[46](弗朗索瓦丝、皮埃尔以及泽维尔都是波伏瓦的小说《女宾》里的人物。)

第二天萨特没有收到波伏瓦的回信,便又接着写信给她。萨特仍然在钻研他的时间理论,但是他内心感到很空虚……为什么波伏瓦不给他回信呢?萨特在给波伏瓦的信中写道:"我多么希望你能在这里,那样的话一切都会好起来。"[47]

就在萨特写信感谢波伏瓦激发他想出时间理论的那天,波伏瓦意外地在教室里收到一张小字条。6个月不见的博斯特终于回来了,波伏瓦高兴得颤抖。她一路小跑着去见博斯特,和他兴奋地聊起天来。在这之前的一年,波伏瓦告诉博斯特说自己是在"用整个灵魂"爱他[48],她也曾觉得博斯特未来会是她生命中绝对的,甚至是本质的一部分[49],但是最近波伏瓦写信告诉萨特,她觉得自己和博斯特"没法实现给彼此的承诺了"。

也许是因为这封信,也许是因为万达发现了萨特之前的恋人,也许是因为萨特连续好几天都没有收到波伏瓦的来信,不管是什么原因,萨特感到莫名的恐惧:

> 我处在一种很奇怪的状态中。在我疯了之后,我就再也不会像现在这样感到不安了……我亲爱的,我多么需要你……我爱你。也许因为我的种种谎言,在你看来我很卑劣……恐怕你也会突然问自己……他是不是在撒谎,是不是只说了一部分真

第八章 内心的战争,外界的战争

相？我亲爱的海狸，我的小人儿，我向你发誓在你面前我是纯粹的。[50]

第二天，萨特在给波伏瓦的信中说自己不想再玩诱惑的游戏了。为了简化一切，萨特写了一封分手信给比安卡。在那之后波伏瓦见到了比安卡，比安卡很受伤，生气极了，也充满了怀疑。在比安卡看来，萨特的态度简直是180度大转弯。因为仅仅几周之前，萨特还在信里大谈战争结束后，他、比安卡和波伏瓦三个人的美好未来。现在突然收到萨特的分手信，比安卡当然会错愕不已，愤愤不平。波伏瓦对萨特说他俩对待别人的方式真的是"让人难以接受"。[51]

波伏瓦承认了自己的错误，而且她也直面萨特的错误。但是木已成舟，他们没法抹去自己做过的事情。1940年，比安卡经历了一次情绪崩溃，她觉得自己"被抛弃了，心碎不已，彻底被击垮了"。[52]

我们能确定的是，在1940年，萨特写了一封信向比安卡提出分手。[53] 萨特还写信告诉波伏瓦比安卡是如何严词指责他的。在2月27日，波伏瓦先简短地向萨特表示了同情，接着便谴责他："你真的做得太过分了。说实话，我真不知道你脑子里是怎么想的。"比安卡来看波伏瓦时，给她看了萨特的信。鉴于波伏瓦以往的行为，虽然这封信没有留存下来，但波伏瓦的反应到底是伪善还是真诚的，我们已经不得而知。在给萨特的信里，波伏瓦说比安卡感觉自己遭到了羞辱，伤心不已："我觉得比安卡这样激烈的反应也在情理之中，因为你的信实在是太过分了。"[54]

对此，萨特也有些懊悔，他也觉得那封信的确是太过分了。[55] 接下来的几周，波伏瓦和萨特之间的通信内容大多都围绕着比安卡：波伏瓦觉得比安卡一开始难以接受，但是现在逐渐振作了起来。波伏瓦继续和比安卡一起吃饭，和她讨论哲学，比安卡也会帮波伏瓦读她的小说。比安卡觉得《女宾》里的思想太深奥了，更喜欢那种没什么深度思想的美国小说（比如海明威的）。[56] 在波伏瓦"偶然的"情人里，觉得她小说里的思想太深奥的并非只有比安卡。但是在波伏瓦的一生中，和比安卡的这段关系恐怕是最缺少思想深度的了。1940年的头几个月，波伏瓦承认，她和萨特给比安卡带来了太多的痛苦。3月3日，波伏瓦写信给萨特："我自责，也责怪你。实际上，一直以来，我们对待他人的方式都是有问题的。我们不应该让比安卡如此痛苦。"[57]

从3月23日到7月11日，波伏瓦没有跟任何人通书信。[58] 1940年5月7日，伽利玛出版社接受了波伏瓦的小说。[59] 三天后的5月10日，德国进军荷兰、比利时以及卢森堡，博斯特被派遣到比利时边境。5月12日，德军包围了法国的马其诺防线，陆空双管齐下袭击法国周边地区。5月21日，博斯特被炮弹碎片击中腹部受伤，大量失血，被担架抬到红十字站，再转到军事医院做手术。博斯特很幸运地活了下来，而且获准撤离前线。萨特写信安慰波伏瓦说博斯特能够撤离前线已是万幸。[60] 博斯特所在的军团，人员大幅伤亡，5月23日，保罗·尼藏在敌军的战火中牺牲了。

1940年6月9日晚，波伏瓦收到比安卡的留言条。比安卡已经找她找了一整天了，留言条上说："不管多晚，请一定要来花神咖啡馆找我。"波伏瓦去到那里之后，发现一屋子的人都愁容满面。比安卡的父亲消息灵通，知道德国人快要攻进巴黎了。比安卡和她父亲打算第二天就离开。他们知道，波伏瓦不是犹太人，不用急着撤离，但是比安卡还是希望波伏瓦能够跟他们一起离开。

一想到法国已经沦陷，而她的两个情人一个中弹受伤，一个马上就要成为战犯，波伏瓦不禁流下眼泪。第二天波伏瓦加入了比安卡一家，和其他三百万人一起逃离巴黎。6月14日，巴黎沦陷。6月22日，法国贝当元帅与纳粹签署了停火协议。德军控制了包括巴黎在内的法国北部地区，贝当元帅退守到法国南部的小城维希，管理包括维希在内的非占领区，也就是自由区。

波伏瓦在拉普厄兹乡间一个靠近拉瓦尔的朋友家待了一个月，她迫不及待地想回到巴黎，想获知萨特和博斯特的消息。波伏瓦觉得他们俩甚至有可能在巴黎。波伏瓦搭了德军军事卡车的便车启程返回巴黎。回到巴黎后，波伏瓦看见卢森堡公园的参议院到处都插着德国国旗。波伏瓦去看了自己的父母以及纳塔莉，然后搬到了祖母家。[61] 波伏瓦去了丹麦酒店，发现那里有一封萨特寄来的信在等着她，是她离开巴黎那天到的。

波伏瓦打电话给博斯特在塔夫尔尼的父母打听他的下落，得知博斯特已经被转移到了阿维尼翁附近的一家军事医院。[62] 波伏瓦给奥尔加也打了电话，得知奥尔加和她的家人在拉吉尔，也平安无事。埃莱娜和利昂内尔仍在葡萄牙，但是她离波伏瓦很远。

回到巴黎后，波伏瓦在《维希誓言》(*Vichy Oath*) 上签了名，声明自己不是犹太人。[63] 多年之后，波伏瓦表示很羞愧当时签了名，但是在那个时候波伏瓦别无选择：

> 因为不得已，我只能选择签名。我唯一的收入来源就是我的教职工资：我的定量供应卡、身份文件以及其他的一切都依

赖于它。当时的我别无选择。我讨厌这么做，但是我不得不向现实低头。我是谁？谁都不是，无名小卒一个。就算我这个毫无名气的老师拒绝签署这份声明，那又能有什么用呢？显然产生不了什么影响，我反而会因此丢掉工作，失去收入。在战争年代，在那样的境况下，谁会傻到去冒那样大的风险？[64]

贝当元帅认为两次世界大战之间的这些年，法国人堕落颓丧得太久了，现在需要重新恢复秩序，重拾他们早已忘却的价值观，"工作、家庭、祖国"就是当时的维希政权提出的口号。[65]波伏瓦觉得，在沦陷的巴黎，"连呼吸都意味着妥协"。[66]时间采用的是德国时间，宵禁开始之后，当波伏瓦从自家阳台向外看的时候，整个城市只有少得可怜的一点光。[67]

纳塔莉仍然在巴黎，奥尔加在7月中旬回到了巴黎。波伏瓦和奥尔加见面后说了几个小时的话。这时候的奥尔加怀孕了，但孩子不是博斯特的（博斯特一直在前线）。奥尔加不想要这个孩子，她想要堕胎。在攻占时期，很难找到一个安全的诊所做堕胎手术。不过波伏瓦还是想方设法帮奥尔加找到了，但是奥尔加术后感染了，波伏瓦整整照顾了奥尔加两个礼拜。

8月，萨特被转移到了靠近特里尔的第十二战俘营。那里条件还勉强过得去，萨特一周能够写两张明信片。萨特读了海德格尔的《存在与时间》(*Being and Time*)，创作了他的首个剧本，继续写《存在与虚无》。在巴黎，波伏瓦步行去多摩咖啡馆写小说或者去国家图书馆读黑格尔和让·瓦尔的时候，总会在路上看到纳粹党的十字旗。[68]7月，波伏瓦在黑格尔的《精神现象学》(*The Phenomenology of Spirit*)里找到一段文字，很受启发，觉得可以用在《女宾》里。

波伏瓦第一次接触到黑格尔是在20世纪20年代的哲学课本里，波伏瓦觉得黑格尔是那种她会敬而远之的哲学家，因为他把历史当作一个系统的逻辑发展，认为思想可以解释一切事物，而个人体验没有什么价值。克尔凯郭尔和马克思都批判过黑格尔，克尔凯郭尔认为黑格尔只给了我们一座"思想的宫殿"，而马克思认为黑格尔是一个只满足于"解读世界"而不是改变世界的哲学家。但在"二战"期间，波伏瓦觉得阅读黑格尔成了她"能找到的最能抚慰自己的活动"。这让她回想起她准备国家哲学教师资格考试的那一年："手边有实实在在的书本，里面有关于人类历史的思想，有那么一瞬间，我觉得我比任何时候都要安心。"[69]

在工作以外，波伏瓦在生活中也坚持严格的时间分配：每周有两个晚上和奥尔加度过，两个晚上和纳塔莉度过。纳塔莉十分讨厌波伏瓦如此吝啬自己的时间，说波伏瓦就像是"冰箱里的计时器"，一到时间就要工作。有时候纳塔莉会去波伏瓦住的酒店外面等她，早上等着她离开酒店，下午等着她下班回来。波伏瓦会和纳塔莉一起去剧院看戏，战时的票价很便宜。

9月，博斯特回到巴黎，开始了一份教学工作。这意味着在大部分工作日，波伏瓦都可以和博斯特一起吃午饭了。星期四，波伏瓦会和自己的父母一起吃午饭，每周六的晚上，博斯特会和波伏瓦一起度过。波伏瓦继续自己的写作，那时禁止犹太人入内以及禁止雇用犹太人的指示牌也竖了起来。博斯特想要成为记者，因此波伏瓦帮助他提高写作水平。那年冬天，波伏瓦潜心阅读克尔凯郭尔以及康德。现在博斯特回到了巴黎，波伏瓦希望萨特也能回来。

在博斯特回来之后，波伏瓦向比安卡坦白了她和博斯特的关系，同时也表示她俩应该减少见面的次数。当比安卡意识到波伏瓦之前对自己撒了谎，她觉得备受打击，感觉自己"快要窒息了，像溺水了一样难受"。2月时萨特对她态度的180度大转弯让她感觉很糟糕，但是这次波伏瓦的疏远让她绝望透顶，因为比安卡更加依恋波伏瓦。[70] 当时的波伏瓦仍然没有充分意识到她和萨特把比安卡伤得有多深，她写信告诉萨特自己和比安卡差不多分手了。她发现比安卡和伯纳德·朗布兰（比安卡的同班同学，也曾是萨特的学生）恋爱了，波伏瓦觉得事情会好起来的。

比安卡的父亲想把她嫁给一个美国人，这样她就能离开法国。比安卡的父亲知道，自己的名字"大卫·比嫩费尔德"会给整个家庭招致危险。比安卡不想跟不认识的男人结婚，但是她的父亲十分坚持。他在蒙帕纳斯找到一个愿意假结婚的美国人，付了钱给他，比安卡也妥协了。但是在约定好婚礼的那天，美国人没有出现。后来，在1941年2月12日，尽管犹太人和非犹太人结婚是一件危险的事情，比安卡还是和伯纳德结婚了。比安卡的父母看到她终于能有一个听起来更像是法国人的姓，感到如释重负。[71]

1940年11月，波伏瓦想到自己很可能再也见不到萨特了，心情无比灰暗沮丧，她甚至动了自杀的念头。[72] 1940年1月的时候，波伏瓦就已经没法"两耳不闻窗外事，一心只读哲学书"了。在日记里，波伏瓦写道，她认识到自己一直以来都是个唯我论者：只关注自己的意识和自由，只相信从内向外的自我审视是真的，认为周围的人都只是做着与自己无关的事情的蚂蚁——萨特在1930年写过一个名为"艾罗斯特拉特"（*Erostratus*）的短篇故事，故事里骄傲的主人公从七层的阳台向下看，觉得下面所有的人就像"蚂蚁"一样——波伏瓦和萨特曾经都不关心普罗大众,后来在《战时日记》里,波伏瓦说她觉得曾经的她和萨特不应该这么做。[73]

波伏瓦后来再读《女宾》时,她带着自己过去所特有的疏远看待它。这本小说直到1943年才出版,但是在1941年,波伏瓦就已经得出结论:"这本书所基于的哲学态度已经不再是我的了。"[74]波伏瓦已经变成了一个不一样的女性。她读海德格尔、克尔凯郭尔、卡夫卡和雅斯贝斯,思考一些古老的问题——对于救赎的渴望。波伏瓦希望自己的下一部小说是关于个人境况的,描写作为一个个体人和社会人之间的道德挣扎。1941年中,波伏瓦开始写新的作品,也就是后来的《他人的血》。

波伏瓦的日记再次展现出和回忆录里不一样的内容。波伏瓦说,萨特的政治热情和她的思想与行动背道而驰。波伏瓦已经整整11个月没见过萨特了,1941年3月,波伏瓦收到一条留言,上面说萨特回到了巴黎。为了逃出战俘营,萨特用他那只几乎全盲的右眼作为掩护,谎称自己是平民。波伏瓦当然高兴能见到萨特,但是几天之后她就开始怀疑,这还是曾经的那个萨特吗?萨特开始大谈道德,焦躁不安,他对波伏瓦签署了非犹太人声明的举动感到很震惊。萨特说,获得自由固然很好,但是现在他们必须行动起来。萨特大谈反抗,认为应该把德国人赶出法国。但那时的波伏瓦还是认为,作为个体的他们对此是无力反抗的。

1941年7月8日,乔治去世了,他什么都没留下。乔治留给波伏瓦的遗言是:"西蒙娜,你很早就开始自己挣钱独立了,但是你妹妹花了我很多钱。"[75]波伏瓦没有因为父亲离世而落泪[76],却为母亲重新开始生活新篇章时表现出来的勇气感到惊讶。对于母亲来说,成为寡妇反倒是一种解放。弗朗索瓦丝·德·波伏瓦早已厌恶了雷恩街上的那间公寓，觉得那里被乔治的暴脾气搞得乌烟瘴气。[77] 1942年，弗朗索瓦丝搬到了布洛梅特街上的一个单间公寓里。弗朗索瓦丝参加考试拿到证书，在红十字会里做图书馆助理管理员。弗朗索瓦丝还去参加志愿者活动、听讲座、结交新朋友以及去旅行。不过弗朗索瓦丝还没有放下波伏瓦所说的"古板心态"：她仍然认为自己的女儿生活在罪恶当中。[78]

乔治去世不到六个月，弗朗索瓦丝的母亲也去世了。[79] 在布拉瑟尔夫人的葬礼上，弗朗索瓦丝情绪失控了。波伏瓦一整晚都陪着55岁的弗朗索瓦丝躺在床上，照顾她。在乔治去世后，弗朗索瓦丝不得不在经济上依赖大女儿波伏瓦。波伏瓦当时已经在接济埃莱娜，帮她支付工作室的租金，同时也在赞助"大家族"里的其他成员。因此波伏瓦不得不节约开支，勒紧裤腰带，现在他们不能再经常出去吃饭了。

萨特的反抗小组"社会主义和自由"的首次会议是在米斯特拉尔酒店波伏瓦的房间里召开的。波伏瓦和萨特都搬回了这家酒店，仍然各住一间。他们做了宣传小册子，和巴黎的其他团体见了面，潜入维希政府的交界地带，试图和其他反抗团体成员建立联系。但是他们的努力收效甚微。1942年5月，共产主义团体更庞大了，也更有效，他们中的一些成员转移了阵地。不久之后，萨特的反抗小组团体宣布解散。

与此同时，萨特拒绝签署非犹太人声明和共济会会员声明。即便这样，萨特还是保住了自己的教职。因为教育局总检察长也是反抗派的成员，他纵容了萨特的不服从。到了10月，他把萨特调到了更有声望的孔多塞学校。

波伏瓦和萨特的生活又陷入了教书和写作的重复中。冬天，被占领

第八章 内心的战争，外界的战争

区非常冷，他们到圣日耳曼大街上的花神咖啡馆取暖。萨特还在继续见万达，享受她那充满占有欲的爱。"大家族"里有的成员并没有因为萨特回到巴黎而感到高兴，纳塔莉把萨特看作抢夺波伏瓦时间的另一个竞争对手。见到萨特之前，纳塔莉觉得萨特只是一个伪天才。但是在1941年，纳塔莉和萨特正式见面之后，纳塔莉勾引了萨特。就像萨特一样，纳塔莉也以调情为乐，她还对博斯特下了手。

1941年12月，纳塔莉的母亲向维希教育局提交了一份申诉。在这份申诉文件中，纳塔莉的母亲索罗金夫人指责波伏瓦使自己的女儿走向堕落，正式的指控叫作"诱骗未成年少女"。[80] 当时政府规定的合法结婚或性行为年龄是13岁，而这份报告被提交时纳塔莉已经20岁了。索罗金夫人写了一封长长的报告，详细记述着德·波伏瓦女士勾引了她的女儿，还介绍她认识了两个男人，而这两个男人诱奸了她的女儿。索罗金夫人尤其指出，德·波伏瓦女士的生活方式不符常规，她单身未婚，住酒店，去咖啡店写稿，还明目张胆地做让-保罗·萨特的情妇。德·波伏瓦女士还在课堂上教授道德沦丧的同性恋作家普鲁斯特和纪德的作品。简而言之，任何一个爱国者都应该明白，法国不需要这样的女性做中学老师。在贝当元帅的统治下，当时的法国正试图通过弘扬家庭价值观来找回失去的尊严。像德·波伏瓦女士这样的女性不应该去影响年轻人的未来。

教育部倾向于认同这些指控，于是开始了一场持续一年半的调查。

关于这件事情，波伏瓦告诉她的传记作家贝尔的版本是，索罗金夫人3月来找过她，请她帮忙干涉纳塔莉的生活。当时纳塔莉在和一个叫作布拉的年轻男子交往，他是个一穷二白的犹太人，索罗金夫人不同意他俩交往。波伏瓦告诉索罗金夫人说她会转告纳塔莉她们见过面了，但是波伏瓦觉得自己并不像索罗金夫人期望的那么有影响力。波伏瓦本以为事情到此就结束了，但是没想到后来索罗金夫人向教育部提交了申诉。

1941 年至 1942 年，哲学家让·瓦尔因为犹太人的身份，被免去了在索邦的教职。1942 年，他被软禁在德朗西。同年 6 月，被占领的地区越发限制犹太人的自由，立法要求所有犹太人佩戴大卫之星（犹太人标记，两个正三角形叠成的六角星）。犹太人的自由受到进一步限制，他们不可以拥有自己的财产，也不能在银行开户，任何不经允许进入自由区的行为都是违法的。但是那年夏天，波伏瓦和萨特就与博斯特一起偷偷进入过自由区，到比利牛斯山脉地区骑自行车。

针对波伏瓦放荡行为的指责从来没有得到证实。由于纳塔莉否认自己和波伏瓦发生过性关系，而且两位男士也否认和纳塔莉发生过关系，所以教育部没有证据去证实这些指控。但是波伏瓦的生活方式以及把普鲁斯特和纪德放进课程资料的安排都得到了证实。1940 年 7 月 17 日，贝当政府制定了一项法律，用来排除掉那些不能为"民族振兴"做贡献的政府职员。1943 年 6 月 17 日，教育部引用这项法律，吊销了波伏瓦的教师资格证。[81] 波伏瓦被免职在当时就像是反抗派的一枚荣誉勋章。1945 年，波伏瓦的教师资格证被恢复。那个时期的学生都记得波伏瓦是一个启发人心的哲学家，在法国大学里流行胡塞尔和海德格尔之前，波伏瓦就已经把他们的作品介绍给了自己的学生。[82] 但是波伏瓦并没有回去继续教书，自那以后，波伏瓦开始专职写作。

在回忆录里，波伏瓦跳过了放荡指责这件事，她把这件事当作索罗金夫人因为她没能让纳塔莉离开布拉而做出的恶意报复。不过,在波伏瓦的教师资格证被吊销时,未来看起来的确是不确定的。波伏瓦虽然知道自己想要写作,但是她也需要金钱来过日子。弗朗索瓦丝把女儿每个月给她的大部分生活费都攒了起来,她主动提出来要还给波伏瓦。但是波伏瓦让她留着,以备不时之需。

之后的那个夏天,波伏瓦找到了第一份全职写作的工作——在维希电台当专栏制作人。[83] 当时有两个国家电台,一个是维希电台,另一个是受纳粹意识形态控制的巴黎电台。根据工作来判断,为维希电台工作不会被看成是通敌。波伏瓦当时在做一个关于中世纪音乐的节目,表面上看起来是中立的。但由于共犯和通敌之间难以区分,波伏瓦也因为参与这个节目引来了一些争议。

英格丽德·加尔斯特的研究表明,波伏瓦的广播内容没有通敌。但是即便如此,波伏瓦的批判者还是指控她不关心政治,甚至说她通过主动参与制作广播节目,来鼓励听众逃避自己抵制纳粹的道德责任。而波伏瓦的捍卫者认为,波伏瓦参与制作的节目有一定的反抗精神,因为波伏瓦故意选择了那些反抗自己同时代统治者的价值观的人和文本。在被攻占的巴黎,想要划清通敌和共犯之间的界限是很难的。[84]

存在主义有句名言:"人就是其行为的总和。"尽管波伏瓦不久就会变成一个启发无数人的女性,但是她当时并不为自己的行为感到自豪。无论作为老师还是女性,波伏瓦都明确地拒绝贝当政府的价值观。然而,波伏瓦并没有实践后来她所宣扬的互相回馈的道德观,尤其是在对待其他女性的时候。在1933年到1942年的这段"灰暗"时期,波伏瓦几次跌入人生低谷,后来她决定要好好反思一下自己变成了什么样的女性。在这段时期，波伏瓦也完成了两部小说——《女宾》和《他人的血》，但直到战争结束、出版审查解除后，《他人的血》才得以出版。这两部小说将使波伏瓦名声大噪，也将塑造她的公众形象。[85]

第九章　被遗忘的哲学

波伏瓦被撤销教职的1943年，萨特和她分别发表了日后能让他们在法国文人界占有一席之地的作品。6月，萨特"献给海狸"的《存在与虚无》出版，8月，波伏瓦的《女宾》出版。同时萨特也开始创作剧本，他通过改编古希腊神话来表达自由和反抗的思想，他的作品受到了公众的好评。

20世纪40年代前半段，波伏瓦的思想经历了重要转变。在战前，波伏瓦一直都是唯我论的，而到了1941年，波伏瓦意识到自己已经不再信奉《女宾》里的哲学态度。[1] 波伏瓦在1943年到1946年之间创作的小说和剧本里，就已经展现出对政治和道德的关心和参与。不过直到波伏瓦的《第二性》出版之后，人们才注意到这一点。1943年，波伏瓦就已经在发问：对于社会来说，谁是有用的，谁是无用的？谁又有决定有用和无用的权力？

1943年7月，波伏瓦和萨特离开了蒙帕纳斯去到圣日耳曼区，他们搬到了塞纳河街60号的路易丝安那酒店，每人一个房间，一直住到1946年末。同月，波伏瓦开始写一篇讨论萨特自由观的文章，波伏瓦将自己的想法与之对比，把她和萨特在几次对话中的讨论记录到文章里。[2]

自此以后，我们将会看到更多波伏瓦和萨特"从不间断的对话"，以及他们的日记和信件，也因此对他们的精神交流有更清晰的认识。当波伏瓦成为公众人物之后，她的声音被出版记录了下来。当时波伏瓦的观点并不仅仅是用来为萨特做广告，而是用来批判他的。

早在战前，波伏瓦和萨特就讨论过他们和奥尔加以及万达的关系的道德性。对他人撒谎让他们以为自己是幸福的，这样是不是不道德的？对于她向奥尔加所隐瞒的，以及对于奥尔加向博斯特所隐瞒的，波伏瓦是不是应该感到悔恨？在《女宾》里，波伏瓦探索了一个从20世纪20年代就一直困扰她的哲学难题："自我和他者的对立。"很显然，这本书讲的是一段三角恋：皮埃尔和弗朗索瓦丝是一对儿，他们邀请了年轻的泽维尔进入他们的关系。泽维尔激起了弗朗索瓦丝的嫉妒，弗朗索瓦丝唯一能想到的逃脱方法就是杀掉自己的情敌。波伏瓦把这本书献给了奥尔加，书的题词引用了黑格尔的一句话："每一个意识都在渴求他者的死亡。"

不过，书中还有第四人：一位有着绿色眼睛、乌黑头发的高个子男人，他是泽维尔的男朋友热尔贝。"我对于自己拥有的很高兴。"在书里，泽维尔告诉弗朗索瓦丝，"能够完全地拥有某个人是一件让人内心安宁的事情。"[3] 但是在小说中，泽维尔并没有完全拥有热尔贝，因为热尔贝也和弗朗索瓦丝有爱恋关系。很难想象，奥尔加读这本书的时候不会产生怀疑。尤其是在《女宾》中，弗朗索瓦丝和热尔贝一起去远足旅行，然后在一个谷仓中共度良宵，成了情人。回到巴黎后，热尔贝告诉弗朗索瓦丝他从来没有像爱她一样爱过其他任何一个女人。泽维尔被杀并不是因为弗朗索瓦丝的嫉妒和挫败，而是因为泽维尔发现了热尔贝写给弗

第九章　被遗忘的哲学

朗索瓦丝的信。弗朗索瓦丝，就像那个因为没钱付出租车费而羞愧得杀了司机的男人一样，她宁愿杀了泽维尔也不愿面对她指责的凝视。

小说里那些生动的对话其实是仿照真实生活里萨特、波伏瓦和奥尔加的对话写出来的。不过博斯特和波伏瓦坚称小说里的对话完全是虚构的。在《盛年》里，波伏瓦坦白说自己那样写《女宾》的结尾完全是为了宣泄情感。波伏瓦认为，通过在小说里杀了奥尔加，能够帮助自己排解负面的情绪，以及抹去他们关系里那些灰暗的记忆。[4] 很长一段时间以来，波伏瓦的解释都会让读者们认为波伏瓦想要驱除的是嫉妒之情。但是后来在2004年波伏瓦和博斯特的往来信件被曝光后，我们发现还有一种新的可能性：那就是内疚。因为奥尔加终其一生都不知道波伏瓦和博斯特背着她有情人的关系。

当波伏瓦躲闪着科萨基维奇姐妹的眼神时，《女宾》里的弗朗索瓦丝在纠结于自我与他者的关系：

> 弗朗索瓦丝说："很难相信其他人也是有意识的存在，也会像我们一样意识到自己的内心感受。对于我来说，弄明白这一点是很可怕的，我们会因此留下这样的印象：我们并不存在，只是别人臆想出来的事物。"[5]

波伏瓦这部小说收获的反响褒贬不一。有的人认为故事的主人公是可耻的，有的人认为这是鼓励读者们去反抗维希政府所宣扬的"工作、家庭、祖国"的教条理念。但是从哲学角度上来说，波伏瓦的小说提供了两种与他者联系的方式：第一种是承认他者和自我意愿都是有意识的存在，都有丰富和脆弱的内在生活。第二种是拒绝看到前者，拒绝互相回馈的可能，理所当然地认为他者要么是对我们有用的物，要么是我们前进道路上的阻碍。

注意到这一点很重要，因为第二种方式和萨特在《存在与虚无》中阐发的很相像。而人们在报道波伏瓦人生的下一阶段的时候，都只会关注到波伏瓦在战后名声大噪，听爵士乐，办派对，而不关注波伏瓦和萨特严肃的哲学对谈。为什么波伏瓦会被如此误解？为什么她会被贬低为萨特的"圣母"，以及为什么波伏瓦要缩手缩脚地去避免那些因为她的女性主义作品而针对她的人身攻击？想要回答这些问题，我们就得进一步去了解波伏瓦对萨特的哲学所持异议的具体内容。

英国作家安吉拉·卡特曾经写道，每一个有脑子的西方女性肯定都在某一个时间点问过这样的问题："像西蒙娜这样的漂亮女孩为什么要去倒贴萨特这种无聊的丑八怪，跟他浪费时间？"卡特接着给出答案："只有爱，才能让你心甘情愿地陪跑。"[6] 不过在1943年，萨特不仅是一个无聊的丑八怪，更糟糕的是，还是一个极其悲观的哲学家。哪怕是按照悲观的哲学家的标准来看，萨特对人性的期待也是十分低的。萨特认为所有的人都想要主导别人，因而所有的关系都是充满冲突的，以至于爱是不可能的（用萨特的原话是：爱是一种"不可能实现的理想"）。当时的波伏瓦并不能算是一个"陪跑的"，她是一个不认同萨特观点的哲学家。那时候还没有人把波伏瓦的人生当作武器，讨伐和攻击她。

在《存在与虚无》里萨特提出，在所有的人际关系里，都是一个人扮演主导者的角色，另一个人扮演被主导者的角色。一个人是"主体"，他从自己的视角看待世界，而另一个人是"客体"，他内化了那个统治他的人的视角。萨特认为，有时候我们倾向于去统治别人，有时候也喜欢被别人统治。但是我们从来不会平等地和彼此互动。

萨特并不是唯一一个这么想的西方哲学家。黑格尔就提出过著名的"主奴辩证法"[1]，其中的内容和萨特的非常相似。而早在黑格尔之前，圣奥古斯丁就认为所有人类都受到支配欲的驱使，这也是人类大部分苦难的起因。波伏瓦在战争期间曾仔细研读黑格尔，她感到孤独和思考能够让自己得到慰藉。波伏瓦在小说《女宾》里也设置了黑格尔式的主题。因此，有些学者认为萨特《存在与虚无》里的很多核心想法都剽窃自波伏瓦。如果不是因为性别，萨特所获得的那些认可本应属于波伏瓦。[7]尽管《存在与虚无》是在6月出版，而《女宾》比它晚了两个月，但是萨特早在军事休假期间就已经读过《女宾》，也就是说萨特在进行《存在与虚无》的哲学写作之前就已经在波伏瓦的虚构小说中接触到了这个概念。在《存在与虚无》中，萨特提出的一个重要哲学分类就是"自为的存在"和"为他的存在"。如果暂时抛开艰深晦涩的哲学术语，我们就会发现萨特提出的这个哲学概念其实和波伏瓦在1927年的日记里说的"从内向外对自我的审视"和"从外向内对自我的观察"有不谋而合之处。

但不管是从历史的角度还是在哲学的层面，萨特"窃取"波伏瓦的灵感这样的说法都是有失偏颇的。从历史的角度来说，波伏瓦和萨特的关系是一种"永不间断的对话"。即使不能算是严格意义上的互相回馈，波伏瓦和萨特在智识上也是"互相"鼓励的。从哲学角度来说，波伏瓦

---

[1] 主奴辩证法（master-slave dialectic）是黑格尔《精神现象学》中，在自我意识的阶段提出的关系辩证法。一是独立的意识，它的本质是自为存在，另一个为依赖的意识，它的本质是为对方而生活或为对方而存在；前者为主人，后者是奴隶。

和萨特都是浸淫在法国哲学传统中成长起来的，他们在自己的作品中甚至都不屑于去标注每个概念的出处，更不用说非要声称自己拥有某一个想法。此外，对于波伏瓦来说，某个具体的哲学思想属于谁、由谁占有，远没有证明出这个思想正确与否来得重要。在20世纪40年代，波伏瓦也极力批判过"占有"这个概念。

与此同时，波伏瓦对萨特也是持批判态度的。后来波伏瓦会意识到占有的概念在延续权力、决定谁会被后世铭记上，发挥着很重要的作用。《存在与虚无》里有一个概念叫作"自欺"，波伏瓦和萨特自20世纪30年代就开始一起探讨这个概念。在波伏瓦的作品《精神至上》里也有出现，这个概念对波伏瓦后来的很多作品都有着深远影响，但是靠这个概念闻名于世的却是萨特。

波伏瓦在回忆录中谈起这个概念的起源时，说是他们在20世纪30年代一起想出来的。萨特在《存在与虚无》里这样定义"自欺"：这是一种逃避自由的方式，要么过度认同自己的"真实处境"（facticity），要么过度认同自己的"超越性"（transcendence）。"真实处境"是指一个人面对所有偶然的和没法选择的因素，比如出生的时间和空间、肤色、性别、家庭、受到的教育以及身体。而"超越性"表示的是人能够超越这些属性的自由，指的是一个人如何去对待事实，如何通过行动去塑造自己。

萨特认为，当"真实处境"和"超越性"出现脱节时，"自欺"就产生了，这会使得一个人认为自己一定要成为某个样子。萨特用"侍者"举过一个著名的例子：如果一个侍者认为自己永远只能是侍者，认为自己是侍者的"真实处境"决定了自己的存在，那么这就是一种"自欺"的状态。因为这个侍者永远都有自由去选择其他的人生道路，否认这一

第九章 被遗忘的哲学

点就是否认他自己的"超越性"。不过，如果这个侍者完全不顾自己是一个侍者，试图去做一个首席执行官，那他就是以相反的原因处在另一种"自欺"当中——他没有认识到自己"真实处境"的局限。

这个例子也许听起来有些无足轻重，但是如果你把侍者换成"犹太人""女人""黑人"就能看出它的深刻之处。人类的历史充满了这种拿他人"真实处境"的单一面向来以偏概全的做法，这样做的同时也忽略了他们的完整人性。1943年时，历史仍然在重蹈覆辙。不过当时萨特并没有在《存在与虚无》中分析道德观，也没有就那个物化他者的问题给出一个让人满意的答案。萨特认为，每一个人都必须挣脱自己"真实处境"的限制，因为不管处于何种境况，我们都有把它利用到极致的自由。

在20世纪30年代，波伏瓦就认为这种看法是错误的。萨特认为人类是自由的，不管他们的境况是什么样的，他们都可以自由地通过选择不同的回应方式去"超越"自己的"真实处境"。而波伏瓦对此提出的质疑是："一个被关在闺房里的女性能够超越什么？"[8] 从理论角度来说，能做出选择的自由和在现实情况里有选择的权力，这两者是有区别的。到了20世纪40年代，波伏瓦在《皮洛士与息涅阿斯》以及《模糊性的道德》这两篇哲学文章中进一步详述她对此的批判观点。同时波伏瓦也不得不处理《女宾》给她个人生活带来的风波。

在波伏瓦首部小说出版之前，弗朗索瓦丝对她的生活知之甚少，她甚至认为波伏瓦还是一个"好女孩"。小说《女宾》出版之后，波伏瓦迅速成了一位知名作家。与此同时，各种流言蜚语也打破了弗朗索瓦丝的幻想。弗朗索瓦丝既对波伏瓦书里的内容感到震惊，也为她获得成功感到高兴。此外，因为波伏瓦是家里的经济支柱，她的成功给每个人都带来了好处。[9]

《女宾》出版以后，人们对它主要有三种解读。在1945年之前，波伏瓦和萨特还没有声名鹊起，人们认为这本小说描绘了波希米亚式的巴黎生活；后来，它被当作波伏瓦和萨特三角恋的隐匿真名的纪实小说；第三种解读是女权主义者们[1]把它看成是三个非传统女性在一个专横的传统世界里的记录。在这本小说里，有些篇章很容易让读者把主人公弗朗索瓦丝和波伏瓦联系在一起。比如，皮埃尔有了别的女人，弗朗索瓦丝却不想因为难过而浪费自己"宝贵的工作时间"。[10] 弗朗索瓦丝自认是一个"忠诚的"人[11]，对于不能长久的浪漫关系不感兴趣[12]。因为弗朗索瓦丝深深地相信要忠诚于自己，她拒绝成为一个在爱情中索取的女性[13]，她要自己和热尔贝之间是两情相悦的[14]。不过，书中的男主人公皮埃尔关心的则是，弗朗索瓦丝有没有问自己是否处在"自欺"当中。整本小说在情节发展中穿插着弗朗索瓦丝对自己和皮埃尔关系的反思，有些部分也被猜测是波伏瓦对奥尔加的反思：

> 很长时间以来，因为从他那里获得的东西，她盲目地爱着他。但是她已经向自己承诺过，一定要爱他本来的样子，哪怕是他为了自由而逃避她，她也不会被第一个障碍绊倒。[15]

波伏瓦的读者会疑惑：这是波伏瓦在借弗朗索瓦丝说出自己的心声，还是完全是她自己的想象？在小说中，弗朗索瓦丝对泽维尔说："你以为你自己是一个定了型的、永远都不会改变的存在，但是我不这么认

---

[1] 译文中"女权主义（者）"和"女性主义（者）"都是由英文中的"feminism（feminist）"译出。对于较激进的女权运动基本采用"女权"的译法，并考虑到波伏瓦在1972年采访中公开声明立场（见P374），译文对于1972年之后的场景更多采用"女权主义（者）"。

第九章 被遗忘的哲学

为。我认为你是你自己的自由意志所造就的。"[16]波伏瓦把自己的小说写得和她的生活很相像,激起了不少人的好奇心。她这么做,也是让读者自由地去想象一个波伏瓦。

波伏瓦自己也欢迎读者把她小说里的一些内容解读成自传性质的。波伏瓦曾经告诉弗朗西斯和贡捷,她诱惑博斯特的场景和《女宾》里描写的一模一样,不过波伏瓦并没有透露博斯特的名字。[17]波伏瓦在给萨特的信中也回忆过引诱博斯特的事情,这些信件在萨特和奥尔加去世之后被出版。现在我们可以比较一下波伏瓦信中和小说里的描写有何不同。在给萨特的信里,波伏瓦轻松愉快地谈起这件意料之外的风流韵事:"三天前,我和小博斯特睡了,当然了,这事是我主动的……不过我们俩都想要。"[18]而我们在小说中看到的则是,弗朗索瓦丝经历了好些日子的"模模糊糊的渴望",有一天,这种渴望突然变成了"按捺不住的欲望";不过在那之前,因为弗朗索瓦丝觉得热尔贝"遥不可及",所以一直压抑着自己没有主动。[19]

在正式出版之前,波伏瓦原本给这本小说起的名字叫作"自卫"(*Légitime Défense*)。[20]回看过去,波伏瓦觉得20世纪30年代的自己对所有人都带着一种不在乎的决绝态度,她"仗着自己有萨特的凝视,想要忘记周围其他人的眼色"。后来当波伏瓦不得不承认其他人的存在的时候,她感觉到一种极度的不适。波伏瓦在《女宾》中描写过这种不适感的发作。[21]她不再任意地去秉持对他人盲目的态度。作为一种身体力行的生活哲学,这是一个死胡同。

1943年,波伏瓦和萨特的作品都大获成功,他们的社交圈急速地扩大。阿尔贝·加缪与波伏瓦和萨特成了朋友,通过加缪,他们又认识了雷蒙·格诺和米歇尔·莱里斯等人在内的反抗派作家。莱里斯夫妇住在大奥古斯丁站的一个公寓里，波伏瓦在那里结识了毕加索。1943年，波伏瓦和萨特搬到了塞纳河街60号的路易丝安那酒店，那里比之前他们住的地方都要豪华，因此波伏瓦开始常常邀请客人到他们那儿做客。波伏瓦和莱里斯夫妇、格诺、加缪、纳塔莉及其男朋友布拉，还有博斯特、奥尔加、万达一起开派对。1944年春，从乔治·巴塔耶开始，他们轮流举办持续整夜的"嘉年华"派对，把酒言欢，唱歌跳舞。为了能够在战时有足够的食物办宴会，他们平时都攒着粮票。博斯特在塔夫尔尼的家里办过一场，西蒙娜·若利韦和迪兰也在巴黎的公寓里办过一场派对。

波伏瓦当时已经和20世纪40年代的巴黎艺术精英们玩在一起了，但是她还是觉得缺了点什么。在被攻占时期，巴黎的生活也不如往日，供暖的煤变少了，食物也渐渐稀缺。1938年到1942年间，盟军仍然把战略港口、工厂和车站当作攻击目标，人们的牛奶消耗量减半，而面包的价格几乎翻倍了。

4月20日和21日，巴黎北部遭到盟军轰炸——这次进攻在"霸王行动"里是有争议的，企图阻断所有进入巴黎北部的铁路交通。4月21日，拉夏贝尔铁路调车场遭到袭击，有641人死亡，400多人受伤。当时萨特和波伏瓦在拉普厄兹，他们收到博斯特寄来的信。博斯特在信里写道，周遭都是震耳欲聋的轰炸声，非常可怕，仿佛自己随时都有可能成为碎石堆里的一具尸体。在那之前的一个月，纳塔莉的犹太人男朋友布拉和他的父亲被抓了，后来就被转移到了奥斯威辛集中营。[22] 虽然纳粹旗还在巴黎参议院上空飘扬，但是人们已经开始讨论解放了。8月19日，人们似乎已经嗅到了自由的味道。德军向东撤退，城市里贴满了法国反叛军号召民众武装起来的传单。萨特四处奔走,忙得不可开交,波伏瓦用他的署名帮他为《战斗》杂志(*Combat*)写了好几篇文章。[23]

1944年8月25日,波伏瓦、万达和纳塔莉都在博斯特和奥尔加在沙普兰的酒店房间里。她们用土豆做了晚餐,正当她们吃晚饭的时候,广播里说戴高乐将军抵达巴黎了。人们开始欢呼,在大街上高兴地叫起来——在多摩咖啡馆门前,人们蜂拥着去到瓦万街上。但随后出现了坦克,人群从枪声和纳粹党卫军的汽车中逃离。

第二天,埃菲尔铁塔上挂上了法国国旗,戴高乐将军带领法国和美国军队穿过巴黎,一直到香榭丽舍大道,波伏瓦和奥尔加在凯旋门那里欢呼雀跃。

战争虽然还没有结束,但是巴黎自由了。

波伏瓦的第二卷自传记录了从1930年到1944年的这段时间。她自己的作品在这一时期的末尾才开始出版,而对于自己的哲学关注和成就,波伏瓦在《盛年》里只是一笔带过,这也使得很多人认为在他俩之中,萨特才是哲学家。不过在波伏瓦的回忆录中,我们能够看到她在这个阶段大量阅读哲学、心理学、宗教以及关于女性的性的书籍(尽管这些材料相比之下要少很多)。她阅读了阿尔弗雷德·阿德勒、阿兰、美国文学、雷蒙·阿隆、柏格森、乔治·贝尔纳诺斯、陀思妥耶夫斯基、德里乌·拉罗谢尔、英国文学、被她称为"娱乐性垃圾"的作品[24]、福克纳、弗洛伊德、纪德、朱利安·格林、黑格尔的《精神现象学》、海德格尔、海明威、霍尔德林、胡塞尔、雅斯贝斯、乔伊斯、卡夫卡、克尔凯郭尔、拉罗什富科、莱布尼茨、米歇尔·莱里斯、伊曼纽尔·列维纳斯、雅克·马里坦、弗朗索瓦·莫里亚克、莫里斯·梅洛-庞蒂、尼采、普鲁斯特、雷蒙·格诺、圣埃克苏佩里、谢勒、斯凯特克尔的《女人的性冷淡》(Frigidity in Women)、司汤达、斯多葛学派、瓦莱里、让·瓦尔、奥斯卡·王尔德和弗吉尼亚·伍尔夫的其他作品。

那么波伏瓦到底略去了什么呢？波伏瓦的首篇哲学散文《皮洛士与息涅阿斯》是在1943年写完的，但是直到1944年9月法国解放之后才得以出版，而英文版直到2004年才出版。因此，看不懂法语原文的读者一直没法看到波伏瓦和萨特完整的哲学对话，也看不到波伏瓦独立的哲学思想的发展。波伏瓦在《皮洛士与息涅阿斯》中提出了几个重要的道德问题，也开启了她文学生涯的"道德阶段"。或许是因为战争，或许是因为和博斯特的关系，又或许是因为好不容易结束了和纳塔莉的纠葛，以及意识到自己和萨特伤害了比安卡，又或许是因为担心和萨特的观点联系在一起，要么是以上这些原因都有，当时的波伏瓦想要知道：什么样的行为和关系才算是道德的？而在回答这个道德问题之前，波伏瓦不得不回答一个基本的存在主义问题：为什么要有这一切，而不是虚无？

1943年，萨特的鸿篇巨制《存在与虚无》出版了，很多人批判这本书描绘了人性的惨淡。萨特用足足几百页来分析人类的境况，让人读着十分压抑，在这之后萨特仅用了两页半来写道德。萨特认为，"自欺"会导致很多人得出虚无主义的结论：不管是一人独醉，还是统领数国，都是一样的。[25] 萨特并没有讲清楚为什么这两者是不一样的，也没有告诉读者为什么虚无主义是错误的，比如为什么生命是有意义的或者如何才能真正地活着。萨特给读者提出了一连串问题，却没有给出答案：自由本身能成为一切价值的来源吗？自由是人重要的原因吗？自由必须要像许多宗教哲学家认为的那样，根据和"一个超越的价值"（也就是上帝）

的关系来定义吗?[26]

萨特和波伏瓦一样,都从学生时代开始就对自由的概念以及人类渴望追寻意义这个课题着迷不已。波伏瓦和萨特都曾经思考,是不是必须要有一个像上帝那样的超越存在来赋予人类自由的价值和生命的意义。和波伏瓦不同的是,萨特还没有找到把道德观融入他的自由论中的方法,也没有找到解决超越问题的答案。波伏瓦分别以散文、小说和剧本这样的文学形式给出了她的答案。但波伏瓦的散文和剧本直到21世纪才被翻译成英文,而她的小说也被广泛解读成只是披着小说的外壳对萨特的哲学思想生搬硬套。这也是为什么人们一直以来错误地认为是萨特独自创造了存在主义道德观——21世纪最为流行的哲学运动之一。但事实是,波伏瓦早在1945年就曾明确地表示是她,而不是萨特,阐发了存在主义道德观。

波伏瓦的哲学散文《皮洛士与息涅阿斯》的开篇是皮洛士与息涅阿斯的一段对话。皮洛士是公元前4世纪伊庇鲁斯王国的国王,息涅阿斯是他的谏臣。当他们在商讨皮洛士征服世界的计划时,息涅阿斯问国王皮洛士:"征服世界和在家歇着有什么区别?"[27]萨特认为,人就是要出去成就事业,给自己制定目标,设置极限,尽管那些目标经常被超越,极限也会被重新划定。甚至在实现了追求的目标之后,我们常常会感到失望。有时候,达到目标之后,我们才意识到自己只是为了追求的过程;有时候,一旦得到了,想要的欲望也就随之消散了。所以行动的意义是什么?为什么我们要在意自己的行为道不道德?萨特的《存在与虚无》的结尾和息涅阿斯问国王皮洛士的问题很相似:一个人独醉和成为众国首领并没有什么区别。

但是人怎么能这样想呢？波伏瓦认为这两者是有区别的：独醉的人和众国首领有不同的境况，而且他们改变他人所在的世界的能力也不一样。波伏瓦把自己生活里的场景融入哲学论述：

> 曾经有一个小女孩，因为她家公寓门房的儿子去世而哭泣。对此，她的父母有些不耐烦，说道："这个小男孩又不是你的兄弟。"听罢，女孩擦干了眼泪。但是这样教孩子是很危险的。如果为陌生的小男孩哭泣没有用，应该随他去，那人为什么还要为自己的兄弟哭泣呢？[28]

波伏瓦当年十分不解自己的父母对于门房儿子去世的冷漠态度，不管她后来变成什么样，她都没有忘记这种困惑。但是波伏瓦也明白，这世界上有太多苦难和不公，如果真的要在乎，要为之哭泣，那我们就只能整日整日地以泪洗面了。我们的能力有限，也并不总是清楚该去在意什么。如果我们只是去同情所有同样性别、同样国别、同样阶级的人，或者与整个人类认同，那我们也只是在口头上扩大我们在乎的范围罢了。

真正的问题是：大千世界里，到底什么是我们应该去在意和有所为的呢？波伏瓦对于这个问题的答案是：我们的行动。因为只有行动是唯一属于你，且仅属于你一个人的，这是你成为你自己的方式。只有你能创造和维持连接你和他人的关系，不管那是好的还是坏的。[29]你和他人的关系并不是先天存在的，必须由你和他人一天一天地去创造以及再创造，有时候能够很好地发展下去，有的时候会被忽视，也有的时候会被滥用消亡。[30]

第九章 被遗忘的哲学 207

波伏瓦和萨特花了整整十年多去探讨自由的概念。波伏瓦曾经信仰上帝，于是遵照天主教的教义去生活，而后来她想要遵照哲学理念去生活，但是她发现"自由"的概念行不通。萨特曾经在剧本《禁闭》（No Exit）里称他人为"地狱"，那一年，波伏瓦发表了一篇批判萨特的哲学评论。萨特相信，人在世上是孤独的，而波伏瓦对此并不认同，她认为，如果人是孤独的，那么人的命运将会很悲惨。只有和他人一起，我们才能成就某些事。在《皮洛士与息涅阿斯》中，波伏瓦回到爱和奉献的主题，进一步阐述了自己曾在学生日记中写下的哲学思考。波伏瓦写道，每个人都想要找到自己生命的意义和人生的寄托。大部分人，尤其是女性，是在为他人奉献、为他人活着中，找到了寄托。有的人认为自己在上帝那里找到了意义，有的人认为自己在奉献他人的过程中找到了寄托。[31]

但是，通过奉献来合理化一个人的存在的做法是有问题的。首先，如果你所有的快乐建立在对方是否接受一个他不怎么想要的东西上时，你为之奉献的对象很可能会厌烦你。而且，如果我们用奉献去限制他人的自由，违背他人的意愿，那我们对他人的奉献就有可能变成一种暴政式的绑架。世上这么多的人都想要为另一个人奉献自我，当时的波伏瓦想要知道，有没有可能在奉献的同时不绑架他者？[32]

到这里就很清楚了，波伏瓦并不赞同萨特对于自由的定义，她想要一个不一样的理解。萨特认为自由是无限制的，但波伏瓦认为我们和他人的选择是相互制约的。因此，光是追求自由还不够，如果想要真正地尊重自己的自由，那么也必须尊重他人的自由，必须以道德的方式去行使自由。[33]

波伏瓦希望读者看完她的作品后能够得出这样的结论：我们的行动

塑造了生活里他者的世界，塑造了他们所能行动的境况。波伏瓦很后悔自己之前漠不关心政治的态度，当然，我们不清楚这个改变是因为波伏瓦自己的境况，还是因为"二战"的影响，抑或是因为她个人生活的波折。即使是在和萨特的"本质的"恋爱关系里，波伏瓦也感到痛苦。渐渐地，波伏瓦意识到自己和萨特的关系伤害了他们"偶然的"恋人们。之前萨特给比安卡写了一封过分的分手信，波伏瓦狠狠斥责了萨特。虽然这件事情已经过去了一段时间，如今比安卡也嫁给了伯纳德·朗布兰，但是在"二战"结束之后，比安卡的情绪非常不好，因此会常常来找波伏瓦。1945年，波伏瓦曾写信给萨特说他们俩应该为比安卡的痛苦负责。有一天晚上波伏瓦和比安卡聊到深夜，她的内心充满了懊悔："比安卡现在有严重的神经衰弱症，这是我们造成的。这显然是比安卡与我们分手的后遗症，我们对她的影响很深也很直接……我们伤害了她。"[34]（后来，比安卡的心理分析师雅克·拉康也赞同波伏瓦的看法。[35]）

波伏瓦的《皮洛士与息涅阿斯》出版后大受好评。在《时势的力量》(*Force of Circumstance*)里，波伏瓦回顾了这段时期，她认为这是因为法国当时"鼓励回归哲学"。[36]波伏瓦在作品中小心翼翼地谈到了邦雅曼·贡斯当、黑格尔、斯宾诺莎、福楼拜、卡夫卡、康德和莫里斯·布朗肖的哲学观点，同时也否定了这些人的观点。波伏瓦把自己的成功归因于法国民众在被攻占时期之后渴望哲学阅读的心态，大大淡化了她对存在主义哲学思想的发展所做的贡献。

波伏瓦真的没有意识到自己的重要性吗？我们很幸运能够从波伏瓦1945年的一次访谈中看到事情的真相。在《法语字母》(*Les Lettres Françaises*)里，波伏瓦没有谈及公众在攻占期间没法读到哲学作品，

西蒙娜·德·波伏瓦在双偶咖啡馆工作，1944年。

而是聚焦于萨特哲学体系的缺陷。用波伏瓦自己的话说就是:"存在主义哲学理论并没有暗示道德观,而我想要提炼出一套道德观。后来,我在《皮洛士与息涅阿斯》里进一步阐发了这种道德观,在小说和戏剧当中我也试图提出具体的方案,虽然是用一种更具体但也更模糊的方式。"[37] 那为什么波伏瓦要在自传当中抹掉自己如此重要的哲学贡献呢?为了回答这个问题,我们需要进一步了解波伏瓦选择在公众面前呈现一个不一样自我的原因。

第十章 存在主义女王

1945年1月，美国国务院邀请并资助了八位法国反抗派记者去美国，并报道美国在"二战"当中的贡献。加缪邀请了萨特，萨特高兴极了。萨特从小看美国西部片和惊悚片，对美国很感兴趣。去到美国之后，萨特发现，真实的美国有符合他期待的地方，也有让他失望的地方。萨特震惊于美国的种族主义歧视以及极端的贫富差距。在纽约广播电台，萨特遇到了一个让他惊为天人的女子，她叫多洛雷丝·瓦内蒂。"二战"前，多洛雷丝在巴黎蒙帕纳斯当过演员，也认识一些出没于多摩咖啡馆和圆顶餐厅的巴黎文人。多洛雷丝的声音低沉迷人，更重要的是，她的母语是法语。[1] 不久之后，多洛雷丝和萨特就从朋友变成了情人。

萨特不在法国的这段时间里，波伏瓦很少收到他的消息。波伏瓦会读《战斗》杂志和《费加罗报》（*Le Figaro*）上萨特写的报道，偶尔也会从加缪那里听到一些萨特的消息。萨特需要寄出稿件时，就会和加缪通电话。1945年2月，波伏瓦去葡萄牙看望已经结婚的埃莱娜和利昂内尔，在那儿待了五周。波伏瓦在里斯本的法国学院开讲座，同时也给《战斗》杂志撰稿。波伏瓦两姐妹已经快五年没有见面了，看到波伏瓦破旧的衣服和鞋子，埃莱娜感到很惊讶。当时葡萄牙的生活水平要比法国高不少，所以波伏瓦离开之前买了很多新衣服以及给"大家族"成员的礼物。[2]

1945 年 3 月，萨特写信给波伏瓦说自己要在纽约多待一段时间，5 月底再回法国。1945 年 4 月 29 日，法国女性第一次拥有了选举投票权；5 月 7 日，德国在兰斯签署了军事投降协议；5 月 8 日，德国代表凯特尔与苏联代表朱可夫在柏林签订投降条约，战争在欧洲结束了。

1945 年 6 月，萨特 40 岁，他很讨厌自己变老。萨特决定彻底放弃教书，专心写作。萨特和多洛雷丝·瓦内蒂之间的感情也认真起来，这让萨特情绪有些低迷。虽然多洛雷丝·瓦内蒂已经结婚了，但是她接受不了萨特同时和波伏瓦保持关系。多洛雷丝·瓦内蒂觉得萨特没必要再给波伏瓦写信，说自己与他已经结束了。到了 7 月，萨特没法忍受自己和多洛雷丝·瓦内蒂不合，于是写信给她。多洛雷丝·瓦内蒂的回信态度很积极，认为他们可以继续恋情。

战争之后，到处都能看到萨特和波伏瓦的名字。[3] 1945 年是波伏瓦公众形象的重要转折点：波伏瓦和萨特在这一年都名气大涨，波伏瓦的学术声誉跟萨特以"存在主义"哲学（尽管他们不愿这么叫）紧密地联系在一起。1945 年夏秋，波伏瓦和萨特都发表了不少作品：小说、演讲稿、剧本和新的杂志。1945 年 10 月的一周，萨特做了一次题为"存在主义是一种人道主义吗？"的演讲，这次演讲后来成了他最为著名的演讲之一。波伏瓦的剧本《白吃饭的嘴巴》（*Useless Mouths*）也开演了，波伏瓦和萨特一起合办的期刊也开始发行了。巴黎的新闻报刊亭发售着萨特和波伏瓦创办的月刊《摩登时代》（*Les Temps Modernes*），但第一期时只有萨特的名字被列在了主编的位置上。

第十章 存在主义女王

波伏瓦和萨特将杂志命名为"摩登时代",是受到查理·卓别林1936年的戏剧电影《摩登时代》(*Modern Times*)的启发。《摩登时代》是一本关于文学、哲学以及政治的杂志,直到2019年还在发行。在当时的法国,马克思主义和基督教两种声音成为主流,《摩登时代》成了这两种声音中间的"第三种声音"的先驱。当时的法国民众急迫地希望看到这样的内容,对于萨特和波伏瓦来说,《摩登时代》成了他们知识分子关心时政、参与社会的一种方式。1944年,法国通过一条法律,禁止所有在维希政府攻占期间出版过的报纸继续发行。这条法律影响了几百家报刊,只有《战斗》杂志、《解放报》(*Liberation*)这类反抗派报纸以及右翼的《费加罗报》、社会主义的《人民报》(*Le Populaire*)、共产主义的《人道报》(*L'Humanite*)这些非攻占区的主流媒体幸免于难。当时的大清洗运动审判了很多通敌派作家,并给予他们严厉的惩罚,有些人称这种清洗运动为让法国恢复"社会健康"而做的手术[4]。波伏瓦在这段时间里担任《摩登时代》杂志的编辑,还在上面发表了几篇关于道德观和政治的重要文章。

对于波伏瓦来说,和萨特一起共事也是有负面影响的。波伏瓦1945年的小说《他人的血》讲述了两个人的故事,但是企鹅版本的封底宣传文案只提到了其中一个人:

> 让·布洛马尔,曾经拥有特权的资产阶级,如今变成了反对纳粹的爱国首领。他在漫漫长夜里等待自己的情人埃莱娜死去。闪回的情节和主人公的生活交织在一起。黎明到来,让面临着一个重要的抉择。

《他人的血》是波伏瓦在巴黎被攻占时期完成的,于1945年出版。这本书描绘了法国反抗派极大的苦痛和内心的压力,展现了一个心里充斥着愤怒以及对家人心怀内疚的男人的觉醒。这本小说是西蒙娜·德·波伏瓦最扣人心弦的戏剧化作品之一,展现了存在主义者试图平衡个人幸福以及对他人的责任的探索尝试。[5]

根据封底文案的描述,这本书讲的只是一个男人的觉醒,女主人公埃莱娜的出现只是为了最终的死去,被动地用个人悲剧来加强男主人公的选择和行为的戏剧张力。但实际上,这本小说讲的不只是一个男人的觉醒,埃莱娜也意识到了自己对于他人所负的责任,只不过阻挡她和男主人公觉醒的障碍不一样。

维克多·布朗伯特认为《他人的血》是被波伏瓦"戏剧化"处理的"一个存在主义信仰的摘要"。但是《他人的血》并不仅仅是应用以及戏剧化了萨特的哲学思想,它表达的是波伏瓦的哲学思考。同时《他人的血》也昭示了波伏瓦之后的作品《第二性》的主题,尤其是女性自处的方式,以及男性和女性不同的爱的方式。

在小说开头,埃莱娜想要通过爱来"合理化"自己的存在。但是,随着年龄的增长,埃莱娜逐渐"成为一个女性",她发现自己不再仅仅满足于没有回报的爱。[6] 让也意识到埃莱娜对他的爱是脆弱不堪一击的。让不想成为埃莱娜活着的唯一寄托,因为他能给她的只有苍白的温柔。让意识到自己的爱对于埃莱娜来说是一种囚禁。[7]

这样的爱情对于让和埃莱娜来说都不尽如人意。对于让来说,爱情不是生活里的唯一，而埃莱娜的要求也常常让他感到窒息[8]。埃莱娜觉醒之后，也意识到自己对他人所负的责任，她开始重新看待爱情在她生活中的位置。

波伏瓦后来写道，作家的任务是"用戏剧化的形式来描述个体与给予个体自由的世界之间的关系"。[9]然而，对于女人和男人来说，世界意味着不一样的理想和限制。波伏瓦通过讲述埃莱娜和让的觉醒，以及在故事中交织着讲述女性得不到或者要求得到赋予男性的那种尊重，来展示男女之间的这种差异。举个例子来说，让的母亲常常找借口，常常向他人道歉，也试着让自己占用更少的空间。[10]而相比之下，让完全没有对自己占用的空间感到不安。[11]不管是在空间上还是在谈话中，小说里的女性得到的尊重都少于其男性同伴。埃莱娜注意到，让和他的朋友保罗谈话时，会觉得自己是在进行男人与男人之间的对话，而她只是一个"任性又肤浅的小女孩"[12]。她指出保罗的伪善："你经常跟我说你尊重别人的自由，而你却总是帮我做决定，把我当作一件物品来对待。"[13]

这部小说也展现了男人对待女性的两种态度：物化与不物化。故事中的让能够把所爱之人搂在怀里，把微笑着的她当作完整的人去看待，并且享受自己的意识和另一个人交融。而相反的，故事中的马塞尔只有在把女性看成是一个绝对的物品时才去触摸她的身体。[14]

波伏瓦在自传的第二卷中曾用一段话来回顾她的作品。波伏瓦对《女宾》不甚满意，因为她认为"谋杀并不是解决问题的出路"。而在《他人的血》和《皮洛士与息涅阿斯》中，波伏瓦"试图去定义我们和他人真正的关系"：不管愿不愿意承认，我们的确是侵犯了他人的命运，我们必须直面自己的行为给他人带来的影响，并对此负起责任。[15]《他人的血》开篇题记引用的是陀思妥耶夫斯基《卡拉马佐夫兄弟》里的一句话："每个人都对世间的人事万物负有责任。"这是波伏瓦献给纳塔莉·索罗金的书。

后来，波伏瓦在为自己的原创性辩解时，回顾了《他人的血》出版之后的反响。在《时势的力量》中，波伏瓦表示《他人的血》的主题是"我作为一个自由人的体验和那些物化我的人之间的悖论"。然而，公众并不知道波伏瓦的意图，于是给这本书打上"反抗派小说"和"存在主义小说"的标签。更糟的是，读者们认为她的小说作品只是"哲学小说"，而且挪用了萨特的哲学思想。

首次提出"存在主义哲学"（existentialist）一词的，是天主教哲学家和剧作家加布里埃尔·马塞尔。这个词通常用来指代萨特的哲学思想，而当时的波伏瓦反对人们给她贴上同样的标签。因为波伏瓦在创作小说的时候，根本就没有听说过这个词，她的灵感都来源于自己的生活经历，而不是某个哲学体系。[16] 在《战时日记》中，波伏瓦所做的关于《他人的血》的早期笔记也清楚地表明，波伏瓦只是想用这部小说去展现女性如何深受"幻想通过爱情获得意识肯定"的想法的毒害。[17]

1945 年 10 月 29 日，波伏瓦唯一的剧本《白吃饭的嘴巴》在巴黎开演，并在家乐福剧院（Theatre des Carrefours）举行了一场义演。故事设置在中世纪的弗兰德斯，在一个叫作沃塞勒的虚构城邦里展开。沃塞勒城邦叛乱起义，要脱离勃艮第公爵的统治。整部剧的第一幕是城邦里的居民们在一次围城之后正经历着大饥荒，城邦总督决定为了保护城邦，他们必须驱逐"白吃饭的嘴巴"，也就是女人、小孩和老人。城邦总督分析认为，食物很紧缺，所以只有工人和士兵可以享有食物。这个城市

第十章 存在主义女王 217

的名字"沃塞勒"在法语里听起来和"vaut-elle"是一样的,而这句话的意思是"她有价值吗?"。

早在波伏瓦写出《第二性》和《老年》这些带有政治色彩的作品之前,她的剧作就已经在展现人类粗暴的分类——仅仅因为你是儿童、女性和老人就认为你没有价值。不过就像波伏瓦很多其他作品一样,这部剧也提出了一个问题:是否所有的爱和承诺都是一种"囚禁"?剧中的一个主人公让-皮埃尔不想成为他妻子的"限制":"把她给我?你认为我会同意把她锁起来,并且告诉她我就是她的全世界吗?我可不想做一个狱卒。"在整部剧的最后,让-皮埃尔和克拉丽斯发现爱的另一种可能性,他向克拉丽斯求婚,却被她问道:

克拉丽斯:"世上的人啊,到底该如何去爱?"
让-皮埃尔:"我们一起抗争。"[18]

波伏瓦把这部剧献给她的母亲[19],而且首演结束之后,她就马不停蹄地去为那些因为父母被驱逐到德国而成了孤儿的孩子送去食物[20]。

波伏瓦后来说,《白吃饭的嘴巴》受到了带有敌意的批判:"这些日报几乎像是串通好了一样痛斥我。"[21]的确不少评论者批判这部剧,尤其是剧的制作;有些评论者认为波伏瓦想要表达的信息太过牵强,只是一个不成熟的想法,还不足以拿到剧院里来演[22]。但也并不是所有的评论都是负面的,其中有评论感慨:"这么好的剧本,在巴黎竟然找不出十个导演来争取它!如果还有一点公正,如果公众能够欣赏到它的价值的话,《白吃饭的嘴巴》应该在拉夏贝尔大道上成功上演。"[23]

就在《白吃饭的嘴巴》首演的同一天晚上，1945年10月29日，萨特在巴黎举行了一场后来闻名于世的演讲："存在主义是一种人道主义吗？"这场演讲在一个叫"保持"（Maintenant）的小俱乐部举行，即使场地很小，主办方还是担心会因为来的人不够多、太空旷而显得尴尬。然而，萨特抵达俱乐部时，门外已经排起了长龙，连他自己都担心会挤不进去。后来，萨特好不容易挤到了讲台上，他说："'存在主义'现在是一个流行词汇，但是谁都不知道它的真正含义。基督教徒们认为'存在主义'不承认上帝的存在，是不道德的；共产主义者认为'存在主义'是虚无的。但是'存在主义'两者都不是。"萨特接着指出人们之所以反对他的观点，是因为他们更倾向于留在"自欺"的状态里，而不愿意直面自己的自由。萨特说："存在先于本质，你是你自己的行动造就而成的。"萨特那天晚上的演讲后来以"存在主义是一种人道主义"为题发表出来，也成了法国存在主义哲学最常被引证的章节。

就在萨特演讲之后不久，让·瓦尔做了一次关于存在主义历史的讲座，还邀请了其他哲学家来回应，然而这个讲座远没有萨特的那么火爆。在这个讲座中，尼古拉·柏多耶夫、乔治·古尔维奇和伊曼纽尔·列维纳斯分别讨论了存在主义是如何从克尔凯郭尔、胡塞尔和海德格尔的哲学发展而来。[24] 而在12月11日，西蒙娜·德·波伏瓦举办的关于"小说和形而上学"的演讲，就更加不为人所知了。[25]

萨特在保持俱乐部所做的演讲成了战后巴黎标志性的文化事件，相比之下，波伏瓦的讲座无人问津，波伏瓦在自己的自传里甚至都没有提到这个讲座。当时的波伏瓦在探索文学和哲学之间的边界，她想用哲学的方法去捍卫她的推理。有人注意到了波伏瓦的探索，有人对波伏瓦的尝试表示赞赏。早在1945年，梅洛-庞蒂就发表过一篇文章，指出波伏瓦的《女宾》开创了一种全新的哲学写作方法。[26]

尽管《他人的血》一开始收获了好评，但是就像《白吃饭的嘴巴》一样，评论家们指责波伏瓦为了哲学牺牲了文学。媒体评论者莫里斯·布朗肖撰文赞美波伏瓦的《女宾》从哲学角度来说非常优秀，同时也保持了道德的模糊性，没有强加结论给读者。但是莫里斯·布朗肖以及其他一些评论者批判《他人的血》只是一部哲学小说。在"小说和形而上学"的演讲当中，波伏瓦回应了这些批判，分别从个人和哲学两个角度解释了自己想要调和哲学与文学的努力。波伏瓦开始时说道：

> 在我18岁的时候，我大量地阅读。当然，那时我的阅读就和那个年纪的人一样天真，充满激情。每次读小说就好像进入了另一个世界、另一个具体的时空，里面有各种性格的人物和事件。一部哲学作品能够带我短暂地离开真实的世界，进入天堂般永恒的宁静里……真理在哪里？在人世间还是在永恒里？我感到分裂。

波伏瓦之所以选择写小说，是因为她相信文学能够给予我们"一种想象的体验，这种体验像真实生活里的体验一样完整，让人不安"[27]。哲学作品常常用抽象的方式展开，会想把作者的观点强加给读者，强迫他们去接受，而不是邀请他们到特定的情境中，使其看到其他视角和观点徐徐展开。波伏瓦认为，形而上学的小说是为了让读者拥有这种自由。

波伏瓦知道并非只有自己在哲学小说创作上遭到了指责，早就有其他文学和哲学的前辈尝试过这样做并遭到了批判。陀思妥耶夫斯基曾经被指责在《卡拉马佐夫兄弟》里隐藏了哲学论述。波伏瓦十分认同克尔凯郭尔的一个观点：一个哲学家越能注重个人体验主观的一面，一个人的内在生活越独特，他们越有可能用文学的形式来描述个体变成自我的独特体验。哪怕是柏拉图也在这两种诱惑中挣扎过：柏拉图在驱逐来自共和国的诗人时，他既担心艺术会腐化城邦的民众，但是也看到了艺术能够有力地鼓励民众去追求上帝。不过，这位西方哲学巨擘最终还是以对话这种文学的方式来呈现自己的哲思。[28]

1945 年后，波伏瓦和萨特都因为存在主义而名声大噪，走到哪里都会受到关注，波伏瓦称 1945 年为"存在主义攻势"（existentialist offensive）年。在法国时，人们在咖啡馆里看到波伏瓦和萨特就会一直盯着他们俩看，大街上也常常有摄影师明目张胆地拍他们。在美国，波伏瓦和萨特受邀为《时尚》《时尚芭莎》《大西洋月刊》等杂志拍摄封面。萨特俨然成了偶像，而让他这个偶像魅力大增的其实是他身旁这位美丽、神秘、传统的女性。虽然波伏瓦也发表了自己阐述存在主义哲学的文章，甚至要比萨特更有深度，更成熟[29]，但是波伏瓦的哲学贡献以及她对萨特的想法的异议，显然都被残酷地无视了。1945 年，巴黎战后的小报耸人听闻地称波伏瓦为"伟大的萨特主义者"（la grande Sartreuse）和"萨特的圣母"（Notre Dame de Sartre）。

在公众的眼里，波伏瓦和萨特是不可分割的一对儿。但是私下，波伏瓦则在为萨特"偶然的爱"而痛苦不堪。[30] 20 世纪 70 年代，在萨特的一个访谈中，谈到他生命中的其他女性时，波伏瓦说她很惧怕多洛雷丝·瓦内蒂，因为萨特十分依恋她。萨特曾把《摩登时代》杂志的第一

1945年,"存在主义攻势"年,波伏瓦在做广播直播。

期献给她，而且在1945年，萨特甚至放弃和波伏瓦共度圣诞。12月12日，他离开巴黎去了美国，陪伴瓦内蒂整整两个月。1982年，戴尔德丽·贝尔向波伏瓦提起了瓦内蒂，她说波伏瓦因此"情绪激动"起来。[31] 但是这种描述能告诉我们的信息很少，什么样的激动，什么样的情绪？是因为嫉妒还是悲伤，这种情绪在30多年后仍然真实可感？还是波伏瓦因为再次被问起这个问题，被评判她和萨特的风流韵事，所以因情绪激动而生气？

1945年12月，波伏瓦在《摩登时代》杂志上发表了《存在主义和大众智慧》(*Existentialism and Popular Wisdom*)。当时人们仍然指责存在主义，说它是悲观主义哲学，过度地强调人性的阴暗面以及人终有一死。因此波伏瓦故意写了这篇文章来挖苦回应：人类的苦难和必死性从来都不是什么新鲜事，更不用说，人类来到这个世界上的原因、要在世界上做的事情以及经历苦难的意义，这些问题都不是存在主义发明创造出来的。[32] 人们常常问波伏瓦，做一个存在主义者到底能获得什么。这个问题着实让波伏瓦感到厌烦，波伏瓦表示，向哲学家提出这样的问题是非常怪异的。"康德或者海德格尔也不会自问，相信他们的哲学思想到底能获得什么。哲学家所说的就是他们思考出的真理，别无其他。除了追求真理，哲学家没有别的目标。"[33]

波伏瓦认为真相是，人们在给自己找借口以逃避自由的责任。萨特在《存在与虚无》中表达出的悲观主义和法国伦理学家们的道德传统论述是一脉相承的。很多备受拥戴的作家相信这个历史悠久的传统，比如帕斯卡和拉罗什福科。其中，帕斯卡认为人性既可以"苦难和卑鄙"也可以"高贵和伟大"，但是人性会倾向于前者，帕斯卡也因此被称为"悲惨主义作家"；后来我们看到雨果的《悲惨世界》也延续了这种精神。拉罗什福科在同样悲观的作品《道德箴言录》(Maximes)里认为，人类自欺式的自爱，是一种流行的自恋幻想。在他看来，哪怕是慈善行为也只不过是人类伪装起来的利己主义罢了。

熟知法国文化的读者们，没有从萨特笔下的人类境况中看到希望，反倒是看到了他们熟悉的苦难和绝望的哲学。但是波伏瓦很震惊，一个如此陈旧的话题竟然会触犯众怒。人类的苦难早已不是什么新鲜事，教堂里的神父、帕斯卡、博须埃、马西隆、传道士，甚至整个基督教传统几个世纪以来都在不遗余力地让教徒们感到痛苦。非宗教的伦理学者们也纷纷攻击了礼数和传统：拉罗什福科、拉封丹、圣西门、坎福特和莫泊桑争相去抨击卑鄙、徒劳和伪善。[34]

波伏瓦认为，基督教和伦理学对于人类存在的模糊性所给出的答案只是一种辩解。如果人类从本质上来说就是充满罪恶的，本性就是被自私所驱使的，那么人类就会很坦然地选择接受自己的命运走向苦难，而不是用自由去反抗不公。如果萨特认为人的本性是渴望主导的，那么我们就没法逃脱与压迫者共存的命运。相比较而言，波伏瓦在哲学上拒绝"谎言和放弃所带来的慰藉"。波伏瓦认为想要主导或臣服是人的天性使然，这种想法本身就是借口。[35]

> 人们总是倾向于认为美德是一件轻而易举的事情……他们也毫不费力地放弃自我去相信美德是不可能的。人们不愿去想象美德是可能的、艰难的。[36]

任何一种决定论——不管是基督教的、世俗的、道德的，还是马克思主义的——都是人类在减轻自由所带来的相应的负担。同样重要的是，这也免除了人们试图以道德的方式使用自由的重担。

波伏瓦声名鹊起之后，也用自己的名气帮助过别人。1945年秋日的一天，波伏瓦和一个朋友在香榭丽舍大道一起排队买电影票，恰好遇到了朋友的旧识。这是一个胸怀抱负的作家，叫作维奥莱特·勒迪克。几天之后，勒迪克把自己的作品手稿拿给波伏瓦看。波伏瓦一口气读完了上半部分，她告诉勒迪克作品有些后劲不足。勒迪克重新修改了手稿，波伏瓦看了之后很喜欢，于是把这本《窒息》(*L'Asphyxie*)推荐给了加缪，加缪欣然接受了她的推荐。[37]在勒迪克后来的生活和事业上，波伏瓦都给了她不少帮助。

萨特不在身边，波伏瓦继续开始创作她的下一部小说《人都是要死的》(*All Men Are Mortal*)。同时，波伏瓦也帮助萨特编辑他的演讲稿《存在主义是一种人道主义吗？》，改名为"存在主义是一种人道主义"出版。纳塔莉·索罗金仍然住在波伏瓦所在的路易丝安那酒店，纳塔莉现在怀孕了，正在准备和她的美国大兵男朋友搬到加利福尼亚。波伏瓦写信告诉萨特，"纳塔莉现在很温和，肚子里的孩子正在茁壮成长，纳塔莉散发着母性光辉"。[38]波伏瓦和博斯特仍然是情侣，但是博斯特的记者工作使得他常常出差。尽管萨特几乎从来不在他和波伏瓦的附近，但萨特的名气也让博斯特渐渐感到有些自卑。

1945年圣诞节，波伏瓦和博斯特、奥尔加还有万达一起在赏雪小镇梅杰夫度过。虽然这一年波伏瓦功成名就、风光无限，但是她觉得这个滑雪的假期才是她"一年中最好的时光"。当时的波伏瓦已经开始意识到，获得成功并不能使她在个人生活里感到满足，她喜欢这些老朋友所带来的亲密感，旅行中的新鲜空气也让她感到精神振奋。1946年1月中旬，波伏瓦回到巴黎，她突然觉得这种转变很突兀：前一天还在滑雪，"但今天我已经做好了头发，衣着靓丽，光彩照人，旅行中的阳光把我的肤色也晒得恰到好处，这一切都与巴黎格格不入"。[39] 在飞往突尼斯之前候机的时候，波伏瓦写信告诉萨特，她出名了，私下里老是被人认出来。有个女士过来问与她同行的科萨两姐妹："这是不是大名鼎鼎的波伏瓦女士？老是有人跑过来问是不是真的是她。"[40]

那之后，萨特整整一个月都没有收到波伏瓦的来信；萨特一直在期盼波伏瓦的来信，还把自己的各种消息寄到突尼斯，但是邮政系统不力，导致他们常常错过彼此的信件。[41] 在纽约，波伏瓦的小说给萨特惹了麻烦。多洛雷丝问列维－斯特劳斯怎么看萨特，列维－斯特劳斯假装不知道她和萨特的关系，回答说："你觉得我读完波伏瓦的《女宾》之后还会喜欢萨特？他简直是个肮脏下流的浑蛋。"（萨特写信给波伏瓦说："多谢你，把我写成那副模样。"[42]）

与此同时，波伏瓦正在突尼斯和阿尔及尔开讲座。她简直不敢相信存在主义在这里"大获成功"：在阿尔及利亚，人们成群结队地来听她的讲座。波伏瓦一直没有收到萨特的信件，回到巴黎后才得知博斯特在意大利，纳塔莉已经启程去美国，而萨特仍然在纽约。即使如此，人们已经纷纷开始谈论萨特和瓦内蒂的事情。萨特到处张扬，说瓦内蒂是最美妙的女性。萨特的传记作家安妮·科恩－索拉尔说她写到这个阶段时，甚至不确定该认为萨特的行为是"疯狂、变态、愤世嫉俗、投机主义、残忍残酷成性，还是只是单纯的笨拙"。[43]

尽管当时萨特所有的书都没有英文版，但是他在纽约已经有了不小的名气。《时代周刊》专门写了一篇文章报道萨特，把他比作一个来自巴黎、强势进入曼哈顿的"文学雄狮"，并把《存在与虚无》称作存在主义的圣经，而西蒙娜·德·波伏瓦是它"最重要的信徒"。[44]

如果波伏瓦知道当时在大西洋彼岸发生的事情，她会发现自己的恐惧并非空穴来风。萨特在信里并没有跟波伏瓦说实话，他告诉波伏瓦自己很喜欢纽约，有了一段美国恋情，但是情人瓦内蒂的爱让他感到害怕。萨特甚至告诉波伏瓦自己一直和热情的瓦内蒂保持着距离。[45]但是真相是，当时瓦内蒂已经因为萨特在准备离婚了，而哥伦比亚大学提出要和萨特签一个两年的教职合约，萨特也向瓦内蒂求婚了。[46]

后来萨特拒绝了这份教职，瓦内蒂离婚也需要时间，所以他们俩决定让萨特先回法国，之后再想办法在一起。但是后面的事情，谁知道呢？

1946年2月，波伏瓦回到巴黎，开始写《模糊性的道德》，同时在《摩登时代》上发表了一篇题为"以眼还眼"（*An Eye for an Eye*）的文章。此时战争已经过去，人们不再隐藏而是公开谈论大屠杀的恐怖，波伏瓦的《以眼还眼》是在讨论惩罚与报复、责任和原谅。波伏瓦认为，人类在本质上都是模糊的，既是主体也是客体，既是意识也是物质。波伏瓦强调，"绝对的恶"是指拒绝承认他者的主体性，把他者看作能被折磨和杀害的物。[47]

3月15日，萨特离开纽约回巴黎。回来之后的萨特总是在对话里绕着多洛雷丝转，这让波伏瓦难以集中注意力工作，几个小时之后波伏瓦甚至开始感到头疼。[48] 1946年4月，波伏瓦情绪低落，她不断问自己：萨特是不是和多洛雷丝产生了和她从未有过的感情？波伏瓦想要摆脱这种不确定性带给她的困扰,她决定不再等待什么合适的时机,直接向萨特提问:"你扪心自问,到底谁对你更重要,是多洛雷丝还是我?"当时波伏瓦和萨特正在去和朋友吃午饭的路上,时间不允许他们长谈。萨特回答:"多洛雷丝对我来说很重要,但是现在我和你在一起。"[49]午饭席间,波伏瓦觉得自己的心一直在下沉。萨特和自己在一起是为了遵守契约,还是因为他想要这么做?午饭过后,萨特对波伏瓦解释说:"既然我们一直都认为行动比言语更重要,那为什么现在你不这么想了呢?此时此刻,我的人都和你在一起啊。"

波伏瓦觉得自己相信了萨特的辩解。1946年5月,波伏瓦继续写《模糊性的道德》,一想到萨特被瓦内蒂迷得神魂颠倒,就觉得震惊和挣扎。波伏瓦继续阅读哲学,研究黑格尔的冥想概念。波伏瓦也知道自己有时候工作起来不知疲倦,她写道,有时候觉得自己就好像一条被冲上岸的鱼,精疲力竭,濒临死亡[50]。但不管是不是真的精疲力竭,波伏瓦还是按时完成自己的工作:5月14日,波伏瓦把四篇稿子交给《摩登时代》,6月1日,《模糊性的道德》的引言出版了。[51]

除了萨特让波伏瓦感到疏远,还有一件事情也让她感到不适。现在波伏瓦和萨特都成了名人,他们已经没法像从前那样在咖啡馆里工作、写作了。1945年萨特在美国时,他的继父去世了,萨特的母亲让萨特考虑跟她住在一起。萨特同意了,1946年5月,他搬进了波拿巴大街42号四层的一间公寓,公寓的窗户俯瞰圣日耳曼-德-普雷广场,萨特能够从书房里看到双偶咖啡馆的天台、雷恩街的路口。

萨特重新进入了他母亲的那个资产阶级世界,住进放着伪造的路易十六家具的家里。不过这间公寓还是很舒适的,萨特也开始整理自己的藏书。芒西夫人负责帮萨特置办服装，她的女仆尤金负责清洗衣服。波伏瓦和芒西夫人对彼此都没有太多热情和好感，现在萨特的母亲把这些安排称作"她的第三次婚姻"[52]。

在萨特搬回他母亲的公寓之后不久，传来了一则坏消息。奥尔加本来要出演萨特的戏剧《苍蝇》(*The Flies*)，但是她突然得了肺结核。29岁的奥尔加在克里希地区的一家医院做了手术，捡回来一条命。博斯特刚刚出版了一本书，但却没空开心；他每天都去医院看望奥尔加，有时候波伏瓦也会陪他一起去。

萨特从美国回来之后，收到巴黎高师的一个热心学生的来信。寄信的是个 21 岁的年轻人，叫让·科，他觉得萨特可能需要一个秘书，而他毛遂自荐说自己可以胜任。一开始萨特觉得这很可笑，不过后来他还是同意了，他叫让·科每天上午来工作三个小时。这一干就是整整 11 年，让·科帮萨特写那些他不想写的信，后来帮萨特管理财务，这也是萨特无法避免的一项任务。芒西夫人每天早晨 10 点钟叫让·科进来，之后让打开萨特的信箱。萨特也差不多同时像个骡子一样开始工作。到中午 1 点钟，萨特会和波伏瓦或者别的女人一起吃午饭，让·科也离开。下午 4 点半，萨特和波伏瓦一起回到公寓，波伏瓦会在萨特的书房里架起桥牌桌工作，在那里待到晚上 8 点。

在 1946 年到 1949 年这短短的四年间，因为有母亲帮他料理家务，还有秘书分担杂事，萨特完成并出版了 40 部作品。当时波伏瓦也帮萨特编辑和修改他的文章，萨特和波伏瓦仍然会给彼此的作品提意见。波伏瓦给萨特做编辑也不完全是无偿的，一方面波伏瓦自己有写作和编辑工作的收入，另一方面我们从她的信件中也发现萨特的收入是他们的共同收入，尽管他们常常是一有收入就花出去了。[53] 由于波伏瓦还要帮衬家人，她没有经济余力去拥有一个单独的空间和私人助理。

很多读过波伏瓦传记的读者都会忍不住去想象，在萨特和瓦内蒂恋爱的那几年，如果波伏瓦能够结束和萨特的关系，该会有多么轻松。众所周知，波伏瓦和萨特的契约是在15年前制定的，但是大众所不知道的是，波伏瓦和萨特的关系并不是传统意义上的浪漫爱情。在《时势的力量》里波伏瓦写道，她"和萨特的关系是一种无法言传的联结"，很多人会简单地认为这种联结就和普通的女性叙事一样：只是通过合法婚姻或者婚外情在一个男性的生命中占据中心位置。但是波伏瓦和萨特的联结是一种智识上的深厚友谊。[54]

这段时间波伏瓦也重新开始和梅洛-庞蒂见面，他将要从萨特那里接手《摩登时代》杂志的日常编辑工作。5月6日，波伏瓦和梅洛-庞蒂一起吃了饭，讨论了萨特的哲学。梅洛-庞蒂认为萨特的哲学没有充分分析现实的错综复杂，这让波伏瓦想要继续写完她关于道德模糊性的文章，波伏瓦在日记里写道，不知怎的，她觉得自己太累了[55]。

1946年6月，波伏瓦在《迷宫》（*Labyrinthe*）上发表了《模糊性的道德》的初版引言。在这篇文章里，波伏瓦批判哲学家们常常通过"理性的形而上学或者抚慰人心的伦理学"来逃避现实。波伏瓦认为"人类自诞生以来，就已经在经历各种境况里的悲剧式的模糊性，而大部分哲学家的思考都只是在试图掩饰这一点"。[56] 波伏瓦认为人类需要的是一种能够直面人性模糊性的道德观，而非给人们找借口的道德观。

1946年6月底，波伏瓦完成了《模糊性的道德》，开始考虑下一部作品，她坐着出神地望着面前的一张白纸。这一幕被她的雕塑家朋友阿尔贝托·贾科梅蒂看到了,阿尔贝托说波伏瓦看起来十分不寻常。波伏瓦解释说当时自己正在思考写点什么,但是毫无头绪。阿尔贝托说你可以写任何东西啊。那段时间,波伏瓦很喜欢米歇尔·莱里斯的《男性气质》(Manhood),她觉得深受启发,决定写写她自己。波伏瓦脑子里萌生出一个还未成形的想法,她开始做笔记,再和萨特一起反复讨论,波伏瓦这次提出的问题是:"做一个女人对于我来说意味着什么?"

波伏瓦在回忆录里说,她和萨特的对话是一种心灵启示的过程。在《时势的力量》中,波伏瓦记载道,她一开始觉得做一个女人对自己来说并不意味着什么,因为她从来没有觉得自己低人一等,对自己的女性身份产生过厌恶,也没有人对她说过"你会这么想是因为你是个女人"。[57] 萨特建议波伏瓦要更深入地去思考:波伏瓦没有被当作男孩来养。因此,波伏瓦决定继续探究这个问题,然后她开始发现,在很大程度上来说,这个世界就是男性的世界。波伏瓦童年时曾受到很多谬论的影响,而那些谬论对男孩和女孩造成的影响完全不同。所以波伏瓦把写自传的想法放在了一边,一头扎进"女性气质的谬论"的研究中,常常在国家图书馆查阅资料,一待就是几个小时。在这部作品中,波伏瓦不想只是专注于自己作为女性的个人经历,而是想要讲述"女性"这个群体的境况。尽管《第二性》的很多篇章看起来都很像是在讲述波伏瓦自己的经历和她所生活的圈子,尽管波伏瓦在1941年的日记里就批判过哲学家们在看待中性和普适性问题上的做作表现,尽管波伏瓦在20世纪40年代的很多文章和小说谈及的都是个人问题,但是那时候的波伏瓦还没有完全意识到:个人的就是政治的。哲学家们历来在探究"人类"和"人类的境况",那么"女人"呢?有没有"女人的境况"这样的东西?

波伏瓦在回忆录里说,《第二性》的灵感来源于很多人认为是萨特启发了波伏瓦创作《第二性》的那段时光。玛格丽特·西蒙斯指出,如果你真的相信波伏瓦说她在那之前没有思考过自己作为一个女人意味着什么,那就大错特错了。这种说法和波伏瓦的日记、信件、人生经历,以及她的小说作品都是不相符的。考虑到波伏瓦审慎的性格和深思熟虑的习惯,有一种观点认为,波伏瓦是故意在回忆录里编造、呈现那样的一个虚假故事。毕竟,波伏瓦在少女时代就已经立志要成为一个哲学先驱,她甚至为此和父母冷战。波伏瓦也早就意识到,想要成为一个哲人,就意味着要背离很多传统意义上的女性角色。[58]少女时代的波伏瓦曾因苦恼于该如何平衡自己的哲学理性和澎湃的情绪,而向自己的老师让娜·梅西耶求助。她的导师鼓励她把情绪看作生命里不可或缺的一部分。1927年7月,波伏瓦写道,她想要"继续做一个女性",但是"想要同时拥有男人的理性和女人的感性"。[59]

十年之后,在战争年代,即将32岁的波伏瓦写道:"我觉得自己已经是一个成年女性了,我想要知道自己变成了什么样的女性。"[60]波伏瓦在给萨特的信中也说起她对于自己的"女性气质"很感兴趣:"我在哪些方面是个女性,又在哪些方面不是个女性,我对自己的生活和思想有什么样的期待,我如何在这个世界上定位我自己,这些仍然需要被定义。"[61]

《时势的力量》中那段描写《第二性》的灵感来源的文字并非表示是萨特构想出了这本书。其实波伏瓦只是说她和萨特的对话打开了自己的眼界,当时的波伏瓦读过了莱里斯的作品,就这个课题做了笔记,在开始写作的同时也和萨特一起讨论。[62]就像以往一样,萨特并非波伏瓦思想的来源,而是其思想上无法替代的伙伴,是谈话中的催化剂。波伏瓦后来创造的"境况"（situation）概念，成了《第二性》里的一个核心概念，也使得这部作品具有了哲学原创性。波伏瓦认为女性气质不是一种天性或者本质，而是"由整个文明和文化用几个特定的心理标签建构出来的境况"。[63]

1946年夏，波伏瓦和萨特一起去瑞士和意大利旅行。在日内瓦，波伏瓦和当地的学生交谈，之后在洛桑市做了一场公开演讲。离开日内瓦之后，波伏瓦和萨特又继续前往夏特弗里堡、纳沙泰尔、巴塞尔。波伏瓦当时在为第三本小说《人都是要死的》收尾，而萨特在创作更多的剧本。

这次旅行之后，萨特和波伏瓦分开行动，他去找万达，波伏瓦去意大利东北部白云石山脉徒步。波伏瓦通过徒步来逃离都市生活，在大自然里休憩身心。10月，波伏瓦和萨特会合，然后一起去罗马安安静静地写作。[64]

1946年12月，《人都是要死的》出版了。这部小说和波伏瓦其他的小说不一样，因为其中推动情节的不再是小说主人公的内在，而是变成了历史的发展。这本小说也没有波伏瓦的其他几部小说名气大，一部分原因可能是其他小说中都会有一个看起来像是以萨特为原型的主人公，而这部小说里没有。和《他人的血》类似，叙述者福斯卡伯爵也是男性，故事也是在夜晚开始讲述的。但是不同于《他人的血》的主人公让·布洛马尔，福斯卡伯爵是长生不老的。福斯卡伯爵1279年出生于意大利，他经历了6个世纪，之后还会一直永生。福斯卡伯爵之所以选择永生，是因为他相信这能够让他为历史编排一些长久的变化。福斯卡伯爵想要通过成为世界主宰的方式，统领一切，消除饥荒和战争，从而让地球上的众生和平繁荣。

第十章　存在主义女王　233

波伏瓦在欧洲历史的重要节点穿插着讲述福斯卡的故事：中世纪的意大利、16世纪的德国（路德宗教改革正盛，权威衰落，个人意识崛起）。然而，不管是在13世纪还是16世纪，福斯卡都不得不目睹战争的发生。福斯卡想要带领社会改革，想要去帮助最贫穷的人，但是在每个世纪，他都会遇到各种阻碍。对欧洲失去信心之后，福斯卡以为新世界也许不会被旧世界的传统所带来的野蛮玷污。但是抵达美洲之后，他看到的却是遭到破坏的印加人文明以及被剥削和奴役的南美洲原住民。人们还告诉他：非洲黑人和美洲野蛮人没有灵魂，因此，他们的死亡和苦难不该成为欧洲人实现淘金梦的阻碍。[65]看到这些被合理化的罪恶，福斯卡开始怀疑善良和美德的意义。[66]

福斯卡把自己的故事讲给了一个听众：雷吉娜，一个20世纪的自恋女性。雷吉娜相信通过得到一个永生不朽的男人的爱，她就能够获得不朽。雷吉娜认为被福斯卡爱就能使自己变得与众不同，但实际上福斯卡的长生不老只会使她成为他无穷多的情人中的一个而已。道德的真诚在福斯卡和雷吉娜身上都无迹可寻，反倒是另一个角色阿曼德，他满足于自己拥有的有限时间，因而他身上闪烁着道德的光芒。波伏瓦想要通过一种"想象的体验"而不是说教的方式，在《人都是要死的》中再现《皮洛士与息涅阿斯》里面的道德观。[67]

波伏瓦在《第二性》中进一步沿用了这种不朽的叙事者以及历史的结构："男人一直把权力紧紧地攥在自己的手里。"[68]就像伊丽莎白·法雷泽所言，《人都是要死的》里面的女性角色"几乎都表明了一个令人沮丧的现实：大多女性历来处于边缘地位"。[69]我们从中读到女性不得不依赖男性，读到包办婚姻，读到女性作为社会的消耗性零件被遗弃乃至死亡。随着历史的发展,在后来的几个世纪里,我们看到福斯卡的情人有想要资助科研的,也有想要建立大学的。但对于每个情人,福斯卡都会问同一个问题:爱意味着什么?

自20世纪40年代早期,波伏瓦就开始思考历史的问题。"二战"之后,波伏瓦认真地思考自己该站的立场:究竟是那些预言第三次世界大战已经开始的"虚无主义的先知派",还是那些"沉浸在岁月静好里的假象派"。波伏瓦在政治上并不认同当代共产主义,在哲学上她也不赞同黑格尔,因此波伏瓦认为人类的未来并非统一而进步的。[70] 对于历史的发展,波伏瓦从来都不持乐观主义态度,她想要通过福斯卡的故事来表达:"愚蠢的战争、混乱的经济、无用的反抗、徒劳的屠杀、并未有任何改善的人类生活。此刻的一切在我看来都是混乱的,停滞不前的。但正因为这个原因,我选择了它。"[71]

《人都是要死的》问的不是"接下来要做什么",而是"能做什么"。

第十一章　美国困境

1947年1月25日,波伏瓦搭上去纽约的飞机,在美国度过了四个月重要的时光。波伏瓦一直以来都很喜欢英美小说,儿时读过路易莎·梅·奥尔科特和乔治·爱略特,后来也很欣赏海明威、伍尔夫以及很多其他英美作家。在美国斯沃斯莫尔学院教书的法国记者、超现实主义诗人菲利普·苏波帮波伏瓦安排了美国巡回讲座,对此,波伏瓦高兴极了。当时克洛德·列维-斯特劳斯在法国驻美领事馆的文化部工作,他负责安排承担了波伏瓦美国之行的费用。而在波伏瓦离开法国时,多洛雷丝·瓦内蒂则即将去巴黎,跟萨特待上一段时间。

波伏瓦下了飞机过安检,移民局官员问她此行的目的是什么。波伏瓦的签证上写着:讲座。官员问:"关于什么的讲座?"波伏瓦说:"哲学。"来机场接波伏瓦的是法国文化服务中心的一名女士,她带波伏瓦吃了一顿龙虾晚餐,然后前往她在市中心的酒店。正式的接风洗尘结束后,波伏瓦立刻动身去曼哈顿,她一边大步地走在街道上,一边欣赏着周围的景色。虽然此前波伏瓦已经在脑海中想象过无数次,但是当真的看到这一切时,还是觉得像做梦一样:百老汇、时代广场、华尔街、自由女神像。波伏瓦在这里感觉自由极了,没有人会盯着她看。[1]

波伏瓦对纽约充满了惊奇：人们把信件扔进邮筒里，从机器里面买东西，他们讲起话来就好像她和萨特都喜欢的电影里的人物一样。从 20 世纪 30 年代开始，波伏瓦和萨特就同时对美国和苏联产生了一种喜爱：他们喜欢爵士乐、非裔美国人圣歌、蓝调、美国电影和美国小说。不过波伏瓦和萨特也都认同，美国庇护了那些最可恨的资本主义压迫，他们也憎恨美国对穷人的剥削，尤其是黑人和白人之间的种族隔离。虽然苏联的艺术魅力无法与美国相比，但在 20 世纪 30 年代，波伏瓦和萨特很钦佩苏联的社会实验。[2]

波伏瓦对于美国人的生活方式既好奇又警惕。虽然当地的白人都建议波伏瓦不要独自一人去哈林区，但她还是一个人去哈林区散步，就像她当年无视朋友们不要在马赛搭便车的警告一样。波伏瓦还尝试了苏格兰威士忌，在她看来这是打开美国大门的其中一把钥匙；虽然起初她不喜欢，但很快就适应了苏格兰威士忌的味道。[3] 起初，波伏瓦用英语给酒店前台打电话或者预约时，多少会有点不自在，不过她渐渐克服了这些，变得自如起来。

当时多洛雷丝·瓦内蒂还没有离开纽约，波伏瓦想要看看她是个什么样的人，而且瓦内蒂也答应要介绍几个编辑给波伏瓦认识，所以波伏瓦主动约多洛雷丝在第五大道的雪梨荷兰酒店喝一杯。她们一起喝威士忌，尽管一开始双方都有点紧张，不过那天她们一直聊到夜里三点钟。

在头脑里勾画了这个女人几个月之后，波伏瓦现在终于见到了真人，感到很高兴。[4] 波伏瓦现在明白了萨特的感受，她在给萨特的信里写道："我能理解你的感受，也尊重你的选择。"不久之后，瓦内蒂邀请波伏瓦参加一个鸡尾酒会，帮她和几家美国报纸和杂志牵头联系。当时波伏瓦会写一些关于女性作家和女性气质的文章，赚一些零花钱。这也从一个侧面表明，在《第二性》出版前的两年，波伏瓦就已经开始分析"一战"是如何改变了女性的境况，虽然还没有完全获得独立，但是女性已经能够获得更多的有偿工作。[5]

在纽约期间，波伏瓦和一对异种族结合的夫妻埃伦·赖特和理查德·赖特成了好朋友，之后几十年他们也一直保持着朋友关系。理查德是小说《土生子》(Native Son)和《黑孩子》(Black Boy)的作者；埃伦后来创立了一家文学经纪公司，波伏瓦成了她的终身客户。[6]1940年，波伏瓦第一次读到赖特的作品，当时《摩登时代》的创刊号杂志发表了赖特的一个故事：《火与云》(Fire and Cloud)。赖特认为波伏瓦和萨特能敏锐地感受到人类的困境，没有什么能与他们的作品相比。不久，波伏瓦就把赖特夫妇在查尔斯街格林尼治村的公寓当成了自己的家。他们5岁的女儿喜欢她，这让波伏瓦有点吃惊。他们的朋友也很喜欢波伏瓦，赖特夫妇把她介绍给了知识分子伯纳德·沃尔夫，沃尔夫曾是托洛茨基在墨西哥时的秘书，写过关于蓝调音乐的书。知道波伏瓦想听真正的爵士乐之后，沃尔夫给她安排了门票，去卡耐基音乐厅听路易斯·阿姆斯特朗的演奏会。[7]

理查德·赖特还向波伏瓦介绍了一本书，这本书改变了她的想法：《美国困境：黑人问题与现代民主》(American Dilemma : The Negro Problem and Modern Democracy)。这本书的作者是瑞典社会学家贡纳尔·默达尔，出版于1944年，是当时研究美国种族和种族主义的最著名论著。[1954年，具有里程碑意义的《废除种族隔离审判布朗诉教育委员会案》(Brown v. Board of Education)也引用了这部作品，到1965年，该书售出10万册。]

默达尔认为,美国的种族关系并没有陷入恶性循环,而是由他所谓的"累积原则"导致的。他认为白人一直在压迫有色人种,还指责他们糟糕的表现。除非白人能够消除偏见,或者美国黑人的境况得到改善,否则这种恶性循环将继续危害整个社会。美国的政治理想——如平等、精英统治和机会——都没有考虑到无论过去还是现在,黑人都受制于压迫、偏见和排斥。这部作品写于民权运动之前,默达尔提出,很多美国白人并不了解黑人同胞所面临的情况。因此,默达尔认为增强意识是改善种族歧视状况的关键,因为与"恶性循环"不同,累积原则可以是双向的:既可以往"向上的"好的方向发展,也可以往"向下的"人们不希望的方向发展。[8]

美国向来标榜自己是一个乐于接受新思想的国家,波伏瓦在这里受到了热烈的欢迎。《纽约客》采访了波伏瓦,报道了她访问美国的行程,称波伏瓦为"萨特的精神伴侣"以及"最美丽的存在主义者"。[9]

2月中旬,波伏瓦离开纽约,开始了一场为期24天的全美巡回演讲,主题是"战后作家的道德问题"。波伏瓦同时发表了两篇关于法国女性作家的文章:《女性文学的问题》(*Problems for Women's Literature*)和《文学女性》(*Women of Letters*)。《法国美国》杂志(*France-Amérique*)介绍波伏瓦时,说她是"哲学家、记者、小说家"。女性文学的"问题"是什么?为什么女性在文学上的成就不如男性?波伏瓦认为,女性的局限在于她们所处的环境,而不是天生能力的不足:

> 几个世纪以来,男人,且仅仅是男人,创造了我们生活的世界。也就是说,这个世界属于他们。女人虽然立足其中,却

第十一章 美国困境

从来都是束手束脚的；男人探索自己主宰的领域则是理所当然的：他带着好奇心去探索了解它，努力用自己的思想去统治它，甚至通过艺术的方法去重新创造它。没有什么能阻止他，没有什么能限制他。不过最近几年，女性的境况完全不一样了。[10]

近年来，女性的境况发生了翻天覆地的变化，不仅赢得了选举权（比如在法国），还可以接受教育，拥有了更多机会。因此，女性越来越多地追求"加深对自我内在的认知"，从而"上升到哲学层面"。[11]但是波伏瓦认为还有很多问题需要解决，比如女性气质常常被认为是谦逊的象征，女性缺乏胆量，也害怕承担胆量所带来的后果。波伏瓦写道，女性在孩童时代还有一些自主权，但是长大后就被鼓励为了幸福和爱情放弃这种自主权。[12]

波伏瓦有一场演讲在芝加哥，她在那里停留了一天半。波伏瓦到达芝加哥时，街道上大雪纷飞，风城的绰号名副其实。寒冷的天气让波伏瓦不想一个人探索这个城市，她在纽约的朋友让她去找一个人：纳尔逊·阿尔格伦。阿尔格伦是个表面上十分硬汉的小说家，他描写美国底层人的生活，尤其是瘾君子和妓女。

波伏瓦试着给阿尔格伦打了三次电话，但是因为波伏瓦发不准他名字的音节，老是被他挂电话。第三次之后，波伏瓦找了一个美国人帮忙，那天晚上他们在酒店的酒吧见面了。[13]当时阿尔格伦38岁，比波伏瓦小一岁，人高马大，收拾得很精神。波伏瓦告诉阿尔格伦，自己已经看厌了美国的光鲜亮丽的外表。到目前为止，因为巡回演讲的缘故，波伏瓦总是辗转于一家又一家的高档酒店。做了这么多次演讲，波伏瓦见惯了各种午餐会和龙虾大餐，她问阿尔格伦能不能带她见识一下真正的芝加哥。

阿尔格伦当然能，他也的确这么做了。阿尔格伦带波伏瓦去了以"红灯区、廉价劣质酒、下流舞蹈"而闻名的波威里街。[14] 波伏瓦和阿尔格伦一起去了一家脱衣舞俱乐部，之后在一个黑人俱乐部听爵士乐。当时，阿尔格伦几乎不会说法语，而波伏瓦的英语也是马马虎虎凑合用。但是那天晚上，阿尔格伦向波伏瓦讲述了自己的人生经历。他出生在底特律，在芝加哥南部的贫困地区长大。他父亲是瑞典人，母亲是犹太人。但是阿尔格伦对这两种身份都没有什么认同感。他在伊利诺伊大学学习新闻，然后乘火车环游了美国南部。有一次，阿尔格伦在得克萨斯州偷了一台打字机，结果坐了4个月牢。阿尔格伦本来要去在法国的军队服兵役，但是在途经纽约时他改变了主意，又原路返回。除此之外，阿尔格伦几乎没有离开过芝加哥。阿尔格伦很喜欢写作，他觉得波伏瓦应该好好看看美国。

那天晚上分开时，他们约定第二天再见。第二天，波伏瓦在法兰西联盟酒店吃了午饭，吃完午饭后，她要求主办方的接待者把她送到阿尔格伦的住处。显然，主办方的工作人员很惊讶波伏瓦想要去拜访那一带街区。他们开着车，经过一片片空地和废弃的仓库，最后来到了西瓦班西亚大道1523号。阿尔格伦的房子破破烂烂的，到处都是报纸和杂物，厨房里生着火，床上放着一条颜色鲜艳的墨西哥毯子。波伏瓦没有在阿尔格伦的家里逗留，他想带她去周围走走看看。波伏瓦和阿尔格伦在严寒中漫步，然后去喝了点酒暖暖身子，不一会儿波伏瓦就离开了，她得去和法国领事馆那些衣着光鲜的绅士共进晚餐了。

第二天早上，波伏瓦坐上了去往洛杉矶的火车。两天之后，波伏瓦抵达了洛杉矶,来车站接她的是她之前的学生兼情人纳塔莉·索罗金。纳塔莉和她的丈夫伊万·莫法特带着他们的小女儿住在韦斯特伍德。纳塔莉开车载着波伏瓦来到她家的公寓,莫法特已经准备好了早餐。莫法特是个小有成就的编剧,后来还获得了奥斯卡提名,他很喜欢波伏瓦的小说《人都是要死的》,甚至把它推荐给自己的制片人朋友乔治·史蒂文斯。他们讨论着若是请葛丽泰·嘉宝和克洛德·瑞恩斯来做主演,应该可以票房大卖。波伏瓦在给萨特的信中写道:"如果拍电影,能赚3万美金,这难道不让人头晕目眩吗?"[15](波伏瓦希望明年自己会因为这件事再来美国,但是很不幸这个电影的计划最终没有成形。[16])几天后,纳塔莉和波伏瓦开始了一场美国公路旅行,纳塔莉开着她丈夫的红色帕卡德车一路驶向旧金山,到达了能够看到内华达山脉天际线的孤松镇,在那里和莫法特以及乔治·史蒂文斯会合。

回到洛杉矶后,波伏瓦和纳塔莉搭乘灰狗巴士前往新墨西哥州的圣达菲。波伏瓦和纳塔莉一起旅行了三个星期:从圣达菲、休斯敦、新奥尔良、佛罗里达,最后到纽约,一路上波伏瓦同时进行着自己的巡回演讲。虽然行程劳累,但是波伏瓦很享受在旅行中观察和学习。波伏瓦从一个城市到另一个城市,她在酒会和晚宴上与听众、大学教师、学生们聊天。波伏瓦阅读美国书籍,记录自己看到的美国人的生活。在这次巡回演讲访问之后,她出版了一本游记《波伏瓦美国纪行》(*America Day by Day*)。书里有不少热情洋溢的文字,波伏瓦说,在去纽约之前,"我并没有觉得自己会像爱巴黎那样爱另一个城市"。[17]

3月12日,波伏瓦回到纽约,给阿尔格伦寄了一封信——阿尔格伦也给她在芝加哥的旅馆寄了一些书,但那时候波伏瓦已经退房了所以没有收到。阿尔格伦还寄信问波伏瓦能否再来芝加哥。波伏瓦说她不确定，因为她在纽约还有很多讲座要做，4月的时候也许可以再去芝加哥。

波伏瓦的美国巡回演讲被各种时尚杂志和大学报纸报道。3月中旬，《时尚》杂志发表了一篇文章，题为"女性气质：陷阱"(*Femininity: The Trap*)，称波伏瓦为"让－保罗·萨特存在主义哲学最重要的信徒"。这种讽刺的描述还是一直伴随着波伏瓦，也有杂志称她为"像男人一样思考的女人""一个苗条帅气的38岁法国女人"，不知道当时的波伏瓦有没有厌烦这样的描述。这本杂志同期还刊登了一篇关于安德烈·马尔罗的文章，将他描述为"文学上的强者""忠实的戴高乐主义者和共产党的敌人"。（读者不禁会疑惑安德烈哪里苗条、帅气了。）

波伏瓦在《时尚》杂志上的文章被宣传为一篇关于"法国女性的新角色"的文章，这篇杂志文章有些段落后来几乎一字不差地出现在《第二性》中。不过我们不清楚当时波伏瓦是把书中的内容提前发在了杂志上，还是后来把她在《时尚》杂志上的文章用到了书中。[18] 从波伏瓦的回忆录中我们得知，《时尚》的编辑琼·康迪特在波伏瓦到达纽约后不久就为她举办了一场聚会，2月6日，她同意为他们撰稿，并在2月12日向打字员口授了自己的文章。[19]

在这篇文章中，波伏瓦清楚地陈述了她成熟的女性主义观的核心主张之一："最让人恼火和虚假的谬论就是在女性的帮助下被男性创造出来的'永恒的女性气质'，他们认为女性是凭直觉行事的、迷人的、敏感的。"[20] 波伏瓦指出，这种女性气质的"陷阱"在于，它常常认为女性不如男性，因而让女性感到分裂。波伏瓦认为，女性气质赋予了女人在男性眼中的价值，但是女人也因此害怕一旦女性气质缺失，自己就失去了价值。尽管女人能够通过接受教育和事业成就实现自己眼里的价值,然而职业女性往往会感到不如其他女性,因为觉得自己缺少魅力,不够敏感,也就是说,缺乏女性气质。相比之下,男人从来无须为了男性气质而牺牲自己的成功,也不必为了感到自在而放弃个人成就:男性的职业成功从来不会造成个人的损失。只有女性受到这种矛盾的折磨:"她们要么得放弃部分个性,要么得放弃吸引男性的魅力。"[21]但为什么获得成功(或者魅力)要付出这么高的代价呢?

在美国期间,波伏瓦注意到一些事情,想要写进她关于女性的那本书里。由于不同的文化背景以及外国人身份,波伏瓦得以从一个不同的角度来看待男人和女人之间的关系。她在《波伏瓦美国纪行》中写道,她惊讶地发现美国女性并没有法国女性那么自由。在访问美国之前,波伏瓦把"美国女性"当作"自由女性"的代名词;但是来到美国之后,她发现美国的未婚女性并没有受到足够的尊重,这让她感到颇为震惊。起初,她写道:"美国女性着装的女性化程度已经到了夸张的地步,而且往往极尽性感,着实让我震惊。这里的女性杂志,不仅种类比法国的要多出很多,而且有很多关于如何钓到金龟婿的长篇大论。"在波伏瓦眼里,美国的男女之间存在着一种对立情绪,互相不喜欢,也因此在关系中互相争斗。波伏瓦认为:"这在一定程度上是因为美国男性往往惜字如金,而对话是友谊的必要条件;另一部分是因为男女之间互相不信任。"[22]

4月中旬,波伏瓦回到纽约,她下榻在华盛顿广场附近的布雷武特酒店。波伏瓦和赖特夫妇以及伯纳德·沃尔夫见了面。波伏瓦原定于5月10日离开美国回巴黎,她写信给萨特,希望他能为她的归来好好安排一下——她只想见见萨特和博斯特,还问萨特可不可以去别的地方度假叙旧。

波伏瓦有很多很多事情想要和萨特分享,她在纽约周边的很多大学和学院进行了讲座——哈佛大学、普林斯顿大学、耶鲁大学、梅肯学院、奥柏林学院、米尔斯学院、瓦萨学院、韦尔斯利学院和史密斯学院。但是,即使是大学里的校报,都仍在报道中拿波伏瓦的外表和她与萨特的关系做文章。比如,《普林斯顿日报》(*The Daily Princetonian*)这样报道:"优雅迷人的西蒙娜·德·波伏瓦,存在主义在美国的女性大使,告诉听众,作家们不能再脱离大众,把自己关在象牙塔里。"[23]

在象牙塔外,波伏瓦与埃伦和理查德·赖特一起看到的美国让她大开眼界。当波伏瓦和赖特夫妇在一起的时候,也就是说,当两个白人女性和一个黑人男性一起外出的时候,纽约的出租车司机都不愿意载他们。赖特带她去阿比西尼亚浸信会教堂(Abyssinian Baptist Church)听亚当·克莱顿·鲍威尔牧师的政治布道[24],还带她去参观黑人哈林区的一座简陋的教堂[25]。赖特的小说《土生子》讲述了20岁的黑人小伙儿比格·托马斯的故事,引发了詹姆斯·鲍德温和弗朗茨·法农等人讨论身为黑人到底意味着什么。赖特夫妇让波伏瓦见识到了美国的种族隔离:"从摇篮到坟墓,工作、吃饭、恋爱、散步、跳舞、祈祷时,他永远不会忘记自己是一个黑人,这让他时时刻刻都意识到'黑人'世界之所以存在,是因为与之相对的整个白人世界。"[26]

对于波伏瓦来说,白天和赖特夫妇在一起,在大街上受到出租车司机和行人的冷落,晚上却受到名流们的款待,这种落差着实有些怪异。有一次,波伏瓦在新学院(New School,一个新成立的激进大学)发表演讲之后,波伏瓦与达达主义画家马塞尔·杜尚共进晚餐,然后去参加埃尔温·皮斯卡托为她举办的大型派对。参加这个派对的还有建筑师勒·柯布西耶、作曲家库尔特·魏尔，甚至还有查理·卓别林。波伏瓦和卓别林进行了愉快的交谈，但是当另一位客人提议波伏瓦应当承认卓别林是一个存在主义者时，场面变得有点尴尬，波伏瓦称这一幕"简直荒唐可笑"[27]。

《波伏瓦美国纪行》很快被译成英语，1952年首先在英国出版，被讽刺为"格列佛小姐美国游记"。1953年，美版面世，但是删掉了波伏瓦对于美国种族隔离的讨论。波伏瓦的作品不止一次遭遇到删改：英文版的《第二性》也删掉了大量波伏瓦对于压迫的分析。1953年，人们认为美国公众还没有准备好去接受波伏瓦关于种族问题的看法。不过，近期一些学者认为，波伏瓦的分析是"20世纪对美国最透彻的两种分析之一"。[28]

4月24日，波伏瓦写信给萨特，说她回巴黎后想先见博斯特一面，然后和他一起去度假。因为还有几天空闲时间，于是她给纳尔逊·阿尔格伦打了个电话，问是否可以去看他。波伏瓦飞去了芝加哥，和纳尔逊度过了三天的亲密时光。三天之后，波伏瓦回到纽约，她收到了萨特的回信。萨特已经在路易丝安那酒店帮她订好了"粉色房间"，并答应她会去机场大巴那里接她。

5月1日，伯纳德·沃尔夫带波伏瓦去了一个抽大麻的派对。波伏瓦也想试试，纽约人告诉她一支就能让她飘飘欲仙，但是波伏瓦抽了六支仍然没有什么反应。波伏瓦对于自己没有因为大麻香烟而飘飘欲仙感到恼火，于是她一个人喝了半瓶威士忌。但是半瓶威士忌下肚之后，波伏瓦也只是微醺而已，在场的美国人都震惊不已。[29]

5月3日，波伏瓦收到萨特的来信。瓦内蒂使得事情复杂起来，她希望波伏瓦能在纽约多待一个星期。收到信那天是周六，阴雨绵绵的，读完信之后，波伏瓦有些崩溃，像过去那样痛苦流泪。五天过后，波伏瓦才给萨特回信，在信中她说，这个消息让自己伤透了心，但是想到比萨特希望的早回国，她又感到无法接受。虽然有些棘手，但波伏瓦最终还是改签了机票，5月6日的时候一切都安排好了：波伏瓦将会在5月18日周日那天上午10点半抵达巴黎。波伏瓦不想在回去之后的几天里与别人分享萨特，所以她让萨特把一切安排妥当，以便他们能好好地待一段时间。波伏瓦还在信末附上了写给博斯特的话，说自己对他甚是想念，迫不及待地想要见到他。[30]

5月10日，波伏瓦登上了飞往芝加哥的飞机，10点左右抵达。波伏瓦和纳尔逊之后把这一天称为他们的"纪念日"。第二天，纳尔逊送给波伏瓦一枚廉价的墨西哥戒指，波伏瓦说她要一辈子都戴着它。

波伏瓦和纳尔逊度过了一周的时间，5月17日波伏瓦登上了回巴黎的飞机。在纽芬兰转机时，波伏瓦给纳尔逊写了第一封信。波伏瓦在去机场的出租车上就哭了，但是泪水是甜的。波伏瓦写道："我们永远不需要醒来，因为这并不是一个梦，而是一个刚刚开始的精彩而又真实的故事。"[31] 波伏瓦在这封信里称呼纳尔逊为"我珍爱的芝加哥男人"。[32] 不久之后，纳尔逊会成为波伏瓦"最亲爱的美国难题"。[33]

波伏瓦希望巴黎的美能冲淡她的悲伤。波伏瓦抵达巴黎那天，她很高兴，但是第二天，巴黎的天灰蒙蒙的，不见一丝生气。波伏瓦在给纳尔逊的信里写道："也许是因为我的心死了。"瓦内蒂还在巴黎，但是纳尔逊却不在。波伏瓦写信给纳尔逊，说只要他们中的一人手头宽裕就让他来巴黎。波伏瓦身在巴黎，但是心却在大西洋彼岸的某个地方，她感到既痛苦又茫然。

5月21日，波伏瓦带着书籍和笔记本离开巴黎去到切瓦雷里山谷中的圣兰伯特村。一英里外有一座修道院废墟，曾经是皇家香槟港，哲学家帕斯卡在那里住过一段时间，诗人拉辛也在那里求过学。在巴黎，波伏瓦身边既没有阿尔格伦，还得跟瓦内蒂分享萨特。她需要独处来找回自己的宁静。萨特之前答应过要和波伏瓦在一起待两周，毕竟他也想见她，于是萨特把时间拆分给巴黎和圣兰伯特两地。瓦内蒂对于波伏瓦的归来感到十分不满，两周之后萨特又回到巴黎，回到瓦内蒂身边。波伏瓦还留在圣兰伯特村，偶尔她会因为《摩登时代》杂志的工作需要，以及看朋友回一趟巴黎。

这段时间，波伏瓦疲惫不堪，甚至有些抑郁。波伏瓦比平常要睡得更久，有时候她会沿着小路走到皇家港，那里有一首拉辛的诗歌，写得不怎么样，赞美了大自然的自由、清澈和真实，还有这片乡村的"充裕的孤独"。波伏瓦戴着阿尔格伦送给她的戒指，用他送给她的红色自来水笔写信给他。波伏瓦告诉阿尔格伦，她平日里从来都不戴戒指，这次从美国回来，她的朋友们都注意到了她手指上的戒指："巴黎的每个人都大吃一惊。"[34]

5月底，在圣兰伯特，波伏瓦重读了自己在1946年底写的关于女性的文字，也就是《第二性》的早期素材。有一段时间，波伏瓦实在提不起兴致来写作。[35] 6月6日，波伏瓦决定在写完她的旅行游记之前不再动笔写"关于女人的书"，她开始全神贯注地写《波伏瓦美国纪行》，慢慢地找回了自己的节奏。

我们从波伏瓦写给阿尔格伦的信里能看到很多她日常生活的细节：

1948年，西蒙娜·德·波伏瓦和纳尔逊·阿尔格伦在芝加哥。

她写了什么,她在出版商的鸡尾酒会上见了谁,等等。波伏瓦想让阿尔格伦学习法语,于是在信里附上一些法语散文段落让阿尔格伦翻译。她告诉阿尔格伦这些是绝佳的法文,应该会让他有学习的动力。波伏瓦告诉阿尔格伦,默达尔的《美国困境:黑人问题与现代民主》以及和理查德·赖特的对话都对她那本女性之书深有启发[36],让她重新开始思考书写女性境况。"我想写一本重要性可以媲美这本黑人著作的书。"[37] 默达尔为非裔美国人所做的事情,波伏瓦也想要为女性做,她想要展示出文化中根深蒂固的种族主义和性别歧视,以及在面对女性议题时,人们是如何寻找托词的。

波伏瓦在信里鲜少谈到萨特,就更别提瓦内蒂了。到了7月,瓦内蒂乘船从勒哈弗尔离开法国,并再次下了最后通牒:如果波伏瓦再出现在她和萨特之间,她就要分手。萨特感到十分痛苦,波伏瓦也同样痛苦。波伏瓦回到法国已经两个月了,从那时起她就一直有一种挥之不去的不安。7月,阿尔格伦写信给波伏瓦说希望她下一次来芝加哥就不要再离开了。7月23日,波伏瓦回信说她做不到。她爱着阿尔格伦,但是她不能把自己的生命全部给他。波伏瓦不想对阿尔格伦撒谎,她一直在痛苦地思考着这个问题:"在没有准备好付出一切的情况下,自己只付出一部分是对的吗?"[38] 波伏瓦告诉阿尔格伦,她很清楚,不管发生什么,她都不能把自己的一切都给他。尽管这让波伏瓦感到痛苦和焦虑,她还是希望向阿尔格伦坦白她的真实想法。

阿尔格伦在回信中向波伏瓦求婚了。他本来打算当面向波伏瓦求婚的,但是波伏瓦的信使得他不得不在信里就提出来。

波伏瓦和阿尔格伦想要在一起,但是两个人都知道有一个问题横亘在他们之间：他不想离开芝加哥，而她也不想离开巴黎。阿尔格伦以前结过婚，和波伏瓦刚见面不久，他就觉得比起跟他有过七年婚姻的前妻，波伏瓦更像自己的妻子。因此，他们决定采取一种不那么传统的方法来处理未来的关系：她将会来芝加哥和他在一起一段时间，然后返回巴黎；之后他会去法国看她。

8月，波伏瓦和萨特一起去了哥本哈根和瑞典。9月6日，她登上飞往芝加哥的飞机。萨特鼓励她去，甚至提出要出钱让她去。到芝加哥以后，阿尔格伦带波伏瓦游览了这座城市：

> 我想让她知道，美国不完全是由富裕的资产阶级组成的国家，并不是所有人都在朝着拥有郊区住宅和乡村俱乐部会员的目标前进。我想让她看看那些头也不回地走向监狱的人。我带她认识了一些抢劫犯、皮条客、偷行李的贼、妓女和瘾君子。他们努力的方向是堕落，一直都是如此。那时候我认识很多这样的人。我带她参观了县监狱，给她看了电椅。[39]

波伏瓦为自己的书做了笔记，他们坐在芝加哥的比萨店里，喝着基安蒂酒。这次相聚接近尾声时，波伏瓦和阿尔格伦约定在1948年春天再次见面，一起旅行四个月。但即便如此，在离开阿尔格伦之后，波伏瓦还是用蹩脚的英语写信给他，告诉他在他们分别时，她的心都碎了。阿尔格伦仍然想娶波伏瓦，但波伏瓦告诉阿尔格伦，尽管为了和他在一起她愿意放弃很多，但她不会放弃自己的工作。"我不能只为幸福和爱而活，我不能放弃在巴黎写作和工作，因为只有在这里，我的写作和工作才有意义。"[40] 波伏瓦的哲学思考将境况概念置于首要地位：她认为个人生活和个人作品的文化背景很重要，可能正是因为如此，波伏瓦才看不到她的洞见有足够的力量去启发法国以外的地方。

1947年9月底，波伏瓦回到巴黎，萨特又有了新的恋情，瓦内蒂对其掌控已经渐渐松懈。萨特的新宠儿是23岁的美国记者萨莉·斯温·谢利，她是来巴黎报道伊丽莎白公主来访的。当这段恋情结束时，斯温会明白萨特对待女人就像对待梳妆台的抽屉一样，想打开哪一个就打开哪一个，但在那时候，萨莉·斯温疯狂地迷恋着萨特。[41]

1947年11月，波伏瓦发表了她的第二篇哲学论文《模糊性的道德》，进一步阐发了她的自由哲学观点。在《皮洛士与息涅阿斯》中，波伏瓦提出每个人都必须找到自己在世界上的位置。在《模糊性的道德》中，波伏瓦重新回到萨特坚不可摧的、自主的自由概念，以及她的《以眼还眼》的主题上。战争让波伏瓦了解了布痕瓦尔德和达豪集中营的暴行，和很多同时代的人一样，她也没法理解人类为什么能够做出如此惨无人道的事情。波伏瓦认为，纳粹是有计划地贬损那些他们想要消灭的人，这样他们的同胞就不会再把他们看作人类以及有自主意识的主体。[42]

在《皮洛士与息涅阿斯》中，波伏瓦写道，每个人都需要他人的自由，从某种意义上说，我们总是需要他人的自由，因为只有他人的自由才能阻止我们一步步陷入把自己看作物体或者客体的状态。[43] 波伏瓦认为，否定自由是邪恶的，无论否定的是自己的还是他人的。因此，为了与邪恶做斗争，我们必须认识到，肯定个人自由，意味着我们有责任去影响当下和未来，以便我们所有人都能获得自由。

然而，这并非易事。以孩子般的依赖状态存在，认为我们在这个世界上的角色是提前命定的,这种方式要舒服得多。作为孩子,我们不知道自己会成为什么样的人,在一段时间内,这是符合发展规律的。孩子的世界充满了各种有规律的、令人安心的特征,我们很少注意到这些特征,更不用说去质疑了:女孩要穿裙子,8点钟就得上床睡觉。但有些成年人对世界仍然有着相同的被动接受态度:犹太人佩戴大卫之星,晚上9点就要实行宵禁。

波伏瓦认为,被动地保持孩子般的天真是一种自欺行为。要成为有道德的人,我们必须做出她所说的(和萨特一样的)"原创的选择"。我们必须去选择想要成为什么样的人——不是一劳永逸,而是一而再,再而三,"每时每刻"都做出这种选择。[44] 波伏瓦再次批评了萨特在《存在与虚无》中提出的自由概念(到此时,在她的影响下,萨特已经开始改变自己曾经的想法了)。在波伏瓦看来,没有人能独自获得自由:"一个试图远离他人的人,同时也在对抗他人,最终会失去自我。"[45] 对于萨特提出的"人是由自己造就的",波伏瓦回应说,我们不是独自一人,也不是从零开始。"我们之所以能成为现在的自己,是因为出现在我们生命中的其他人。"[46]

1948年,英文版《模糊性的道德》出版,当时还没有英文版的《皮洛士与息涅阿斯》,而《第二性》也只是被选择性地翻译成了英文。因此,我们有必要简要说明一下,这部作品如何推动了波伏瓦早期哲学思想的发展,并为她之后要做的事情奠定了基础。当时的波伏瓦仍然在思考"境况"的概念,以及他人是如何影响我们的生活的。在《模糊性的道德》一书中,波伏瓦指出,为了在道德上获得自由,你必须用你的自由去拥抱将你与他人联系在一起的纽带。波伏瓦称这是对他人自由的

"呼吁"或者"召唤"。每个人都渴望自己的生命被真正地看到,不仅因为这是一个生命,而且因为这是她自己的生命。我们都想要成为"合理化"的存在,想要感受到自己的人生是有意义的。但是,如果我们只顾及自己,而不去理会他人对于自由的呼唤,这就是唯我论,是一种精神上的死亡,一种阻碍自身成长的拒绝行为。只有与他人一起,我们才能实现某项事业、某个价值观,甚至改变世界。

在《存在与虚无》一书的脚注中,萨特写道,他将写一部关于"解脱与救赎"的伦理学著作,以此作为《存在与虚无》中黯淡无望、遍布冲突的人类世界的解药。尽管萨特为一本关于道德的书写过笔记,但他在世时并未将其出版,而萨特绝不是一个不乐于出版作品的人(《经济学人》杂志统计过萨特的出版量,在他创作期间,相当于平均每天出版20页)。如今,有人认为波伏瓦的伦理学著作是在完成"萨特未兑现的诺言"。[47]但是在1947年,弗朗西斯·让松的《萨特和道德问题》(*Sartre and the Problem of Morality*)问世了。一位评论家写道,这是读者"第一次"能够在书中一窥自由伦理——"如果忽略波伏瓦那有趣的《模糊性的道德》的话"。[48]但是他没有说明为什么要忽略波伏瓦的作品,我们不得不怀疑他这样做的原因是什么。

不管怎样,很明确的是,直到1948年,波伏瓦仍然不被哲学评论家们重视,同时她也厌烦了大众对于她没能把哲学大众化而做出的"无能""不专业"的指责——他们怎么能指望波伏瓦用一句话就解释清楚存在主义呢?所以现在的波伏瓦,一边被哲学精英圈子排斥,一边被大众指责有哲学精英的做派。波伏瓦想成为一名联结社会和大众的作家,这就是她除了写哲学还写小说和杂志文章的原因。但是,没有人会认为自己能够通过读区区一句口号就理解康德或者黑格尔，但是为什么他们认为存在主义可以做到这一点？[49]在波伏瓦看来，理解存在主义需要理解它所依据的悠久的哲学传统。在这个阶段，波伏瓦认为，存在主义哲学并不适合每个人；相比之下，存在主义文学可以向读者展示存在主义的世界观，并通过不同的方式来吸引读者。

1948年1月，波伏瓦将《波伏瓦美国纪行》提交给了出版社，同时她给这本书题词献给埃伦和理查德·赖特。之后波伏瓦开始专注于她那部女性作品了。波伏瓦和阿尔格伦计划从5月到9月一起旅行，所以她想在旅行开始之前尽可能多地写作。当波伏瓦离开去找阿尔格伦的时候，萨特计划让瓦内蒂来巴黎住一段时间（不过萨特得暂时不去见萨莉了，因为瓦内蒂还不知道这件事情）。

波伏瓦也渐渐开始犹豫自己是否应该离开巴黎这么久——一方面是因为萨特，另一方面是因为波伏瓦计划在5月至7月出版一部分《第二性》。她和萨特谈了谈，决定把旅行时间缩短到两个月，但她不忍心写信告诉阿尔格伦，觉得还是当面说出来比较好。

波伏瓦和阿尔格伦沿着密西西比河来到新奥尔良，再向南到达尤卡坦半岛、危地马拉、维拉克鲁斯和墨西哥城。她和阿尔格伦乘着一艘河船顺流而下，在甲板上喝着威士忌。波伏瓦喜欢危地马拉布料的颜色和质地，买了毯子、窗帘和布料准备带回到巴黎的裁缝那里。[50]波伏瓦一直找理由不告诉阿尔格伦她要提前离开，直到有一天，在从墨西哥城到莫雷利亚的旅途中，波伏瓦磕磕绊绊地告诉阿尔格伦自己必须在7月14日回巴黎。"哦，好吧。"他说。但是第二天阿尔格伦就不想和波伏瓦一起去探索莫雷利亚了。切卢拉、普埃布拉和塔斯科，阿尔格伦也没有去。

波伏瓦问阿尔格伦到底怎么了,为什么墨西哥让他如此心烦意乱。

最终阿尔格伦告诉波伏瓦,他感觉他们之间和以前不一样了。回到纽约之后,一天晚上,波伏瓦忍不住脱口而出:"我明天就可以离开。"但阿尔格伦不想让波伏瓦离开,他说:"我现在就准备好了和你结婚。"[51]当时的情况着实让人痛苦:波伏瓦和阿尔格伦都觉得自己还没有做好为了爱而跨越大西洋的准备,但同时也都为对方不情愿迈出这一步而感到遗憾。1948年7月14日,波伏瓦动身返回巴黎,那时,她觉得自己可能再也见不到阿尔格伦了。

回到巴黎后,波伏瓦全身心投入工作中。波伏瓦还没有宽裕到能拥有一间自己的书房,所以她经常在萨特家或者双偶咖啡店写作。波伏瓦《第二性》的节选引起了人们的兴趣——第一部分是"女人与神话",波伏瓦在书中讨论了一些受人尊敬的小说家——如亨利·德·蒙特朗、保罗·克洛代尔和安德烈·布雷顿——在作品中表现女人的方式。波伏瓦写信给阿尔格伦,说这本书还需要一年的时间才能写得"很好"。但与此同时,"令她高兴的是",她"听说在《摩登时代》上发表的那部分内容激怒了一些男人"。书中有一章专门讲述了男人所珍视的那些关于女人的愚蠢谬论,以及由此产生的荒谬而庸俗的诗歌。"(这些人)显然被戳中了痛处。"[52]

波伏瓦和阿尔格伦都有各自的心事要解决:阿尔格伦仍然想要更多地和波伏瓦在一起。1948年8月,波伏瓦写信和阿尔格伦解释说自己不可能一直只属于他。波伏瓦知道萨特在她生活中扮演的角色让阿尔格伦很烦恼。"我已经告诉过你我有多么在乎他。"她写道:

萨特与我之间的感情是深厚的友谊，而不是爱情。我们之间的爱情没有成功，主要是因为萨特不太在乎性生活。他在任何地方都是一个热情、活泼的人，但在床上他不是。虽然当年的我没有经验，但我很快就感觉到了这一点。渐渐地，继续做情人似乎是无用的，甚至是不体面的。在坚持了八年、十年之后，我和萨特就彻底放弃了。[53]

最终，阿尔格伦的信又变暖了，他把装着书和威士忌的包裹（威士忌藏在面粉里）寄给波伏瓦。5月，阿尔格伦将会来巴黎看波伏瓦。

阿尔格伦读了《他人的血》，寄了一封长信，附了一封来自美国出版商的便条：这本小说里没有希望，里面写满了"无可救药"的人物。波伏瓦回复说，法国出版社也希望存在主义小说是"英雄主义式的和充满微笑的"。但对于波伏瓦来说，她喜欢书中的阴影，因为生活中总是存在着灰暗面，但也许在作品中她投下了太多的阴影。阿尔格伦对此不予置评，但他确实说这部小说富有哲思。波伏瓦想，也许他是对的，但即便如此，她还是回复阿尔格伦说："这是我真实的感受；任何事情发生在我身上时，我总是在心里推理……情感、事件和哲学，如果我把这些都撇在一边，那对我来说是相当不自然的。"[54] 波伏瓦这段时间正埋首于那本女性之书，没有精力考虑写另一本小说，但她知道她想试一试。

波伏瓦勤奋地工作，白天连续阅读和写作八个小时，晚上吃得少，喝得多。波伏瓦写信告诉阿尔格伦，也许她做什么事情都"有点太疯狂了"，无论是工作、旅行还是爱情，"但那是我的方式。我宁愿什么事都不做，也不愿意温和地做事"。[55] 波伏瓦有种特别的方式，能够把自己的记忆编织进信件里，将过去的时刻延续到当下。波伏瓦写信告诉阿尔格伦，她在兴奋而急不可耐地等待着新衣服到来，这些衣服是用他们在危地马拉买的布料做的：

> 我用在危地马拉买的绣花布料做了件漂亮的衣服：一件上衣，用来搭配黑色裙子。我站了整整两个小时，周围有五个裁缝帮我制作它。我等得都发疯了，但我想把这件衣服做得漂漂亮亮的，所以我去找了一个手艺特别好的裁缝。（还记得你在克萨尔特南戈为了那块蓝色的布料聪明地讨价还价吗？）[56]

1948年10月，波伏瓦不再长住于酒店，搬进了布切里街五楼的一套小公寓。它靠近塞纳河，在拉丁区，离萨特家步行15分钟。波伏瓦用红窗帘装饰房间，还买了白色的扶手椅；贾科梅蒂送给她一些自己设计的青铜灯。波伏瓦在屋顶的椽子上挂了在墨西哥和危地马拉买的彩色装饰物。现在波伏瓦终于有了自己的房间，上午她可以在家工作了，她也可以在家里自己做饭，而且有地方招待阿尔格伦了。12月，波伏瓦写信给阿尔格伦，说自己正在阅读《金赛报告：男性性行为》（Kinsey Report: Sexual Behavior in the Human Male），她希望也能有一本写女性性行为的书。[57]

按照传统情爱关系的标准，波伏瓦和萨特在这个阶段对彼此来说似乎不是很"必要"。波伏瓦和萨特各自对于性关系结束的确切时间存在分歧，萨特含糊其词地说他们的关系比波伏瓦所说的要长十年——1970年，他对一位采访者说："1946年，还是1947年、1948年，我不记得了。"[58]

波伏瓦和萨特从来没有住在一起,除非是在恶劣的环境之下,而且他们总是用正式的第二人称"vous"来称呼对方。但是波伏瓦和萨特每天都要花上几个小时在一起工作,编辑彼此的作品,管理《摩登时代》杂志。这就是瓦尔基里女神和花花公子梦想的生活吗?

后来,波伏瓦家楼下一层的一套公寓空了出来,博斯特搬了进去。在那之后,朋友们常常在一起吃晚饭。但自从阿尔格伦进入波伏瓦的生活之后,她就不再和博斯特有身体关系了。博斯特身边从来不缺女朋友,但即便如此,一开始,博斯特还是觉得自己受到了伤害。波伏瓦的下一本书《第二性》是献给博斯特的,他是波伏瓦眼中最不屑于摆男性气质那一套的男人。

第十二章　备受诽谤的《第二性》

波伏瓦在《盛年》中写道，20 世纪 30 年代初的"女权主义"和"性别战争"对她来说毫无意义。[1] 那么，波伏瓦为何写出所谓的"女性主义圣经"呢？

《第二性》出版那年，波伏瓦 41 岁。波伏瓦见证过她父母之间完全不平等的关系。作为一个女孩，当波伏瓦知道在上帝眼中男孩和女孩是平等的时候，她反对被当作"女孩"来对待。自从被露阴癖书店职员骚扰之后，波伏瓦在不认识的男性面前常常感到局促不安。波伏瓦失去了好友扎扎，扎扎死于嫁妆、礼仪和爱情的争论。波伏瓦也见证过自己的朋友在非法堕胎手术之后感染住院。波伏瓦也和那些对自己身体的功能和乐趣一无所知的女人交谈过。国外旅行的经历让波伏瓦意识到，公序良俗之所以看起来是必要的，也许只是因为大众都在遵守而已。波伏瓦读过朋友维奥莱特·勒迪克的小说《蹂躏》(Ravages)，开篇对女性性行为的坦率论述让她感到震惊：书中以"从未有过的女性视角、真实和诗意的语言，讲述了女性的性行为"[2]。

波伏瓦在《皮洛士与息涅阿斯》中写道，每个人都必须在世界上占有一席之地，但只有一部分人可以自由选择自己的位置。人类的处境是模棱两可的：我们既是主体又是客体。作为客体，你的世界被他人施加的约束所限制。作为主体，你的行为不仅实现了个人自由，还在世界上为他人创造了新的条件。18 岁时，波伏瓦在日记中写道："爱情中有许多让人讨厌的东西。"[3] 她在 20 世纪 40 年代的小说打破了哲学和文学之间的界限。但在《第二性》中，波伏瓦认为以"爱"之名发生的事根本就不是爱。这次，波伏瓦模糊了个人、哲学和政治之间的界限，因而毁誉参半。几十年后，这部作品才被公认为女性主义的经典之作。那么，这本书到底讲了些什么，既能激起时人的强烈厌恶，又能在几十年后被奉为经典？

在《第二性》的第一行，波伏瓦毫不掩饰她对"女人"这个话题的犹豫和恼怒。波伏瓦写道："在写一本关于女性的书之前，我犹豫了很久。但在过去的一个世纪里，有许多传统的长篇大论出版，它们哀悼女性气质的丧失，告诉女性必须"当一个女人，保持女人的状态，成为一个女人"——因此她再也不愿意被动接受、袖手旁观了。

如果看一下波伏瓦所处的时代，我们就更能理解波伏瓦之前的沉默。1863 年，儒勒·凡尔纳写了一本名为"20 世纪的巴黎"（*Paris in the Twentieth Century*）的小说。凡尔纳在这本书中大胆预测，将来女人会穿裤子，她们会像男人一样接受教育。凡尔纳的其他小说描述了人类的奇幻成就，比如潜水艇，比如 80 天内环游地球，甚至到月球旅行！尽管凡尔纳是一位享有盛誉的成功科幻作家，但当时的人却认为这部作品越界了。凡尔纳的文学经纪人认为《20 世纪的巴黎》太过牵强。在波伏瓦所处的年代，可可·香奈儿穿着长裤和飘逸的时尚服装，使中性风格变成一种潮流。女性进入工作场所的人数空前高涨，同时她们也刚刚赢得了选举权。一些女性甚至在竞争激烈的全国考试中排名高于男性。但是女性仍然不能拥有自己的银行账户,直到 1965 年《拿破仑法典》被修改之后情况才有所改变。[4] 但 20 世纪 40 年代末,"女权主义"这个词是和女性要求选举权紧密联系在一起的。[5] 在美国和法国,女性都成功地获得了选举权,那么她们还想要什么呢?

当波伏瓦审视历史时,她发现人类有一种习惯,那就是观察他人的身体,并根据他们的身体特征来建立等级制度,比如说奴隶制度。在种族问题上,大家也都认同这一点。但是,波伏瓦提出疑问:那么在性别问题上是怎样的呢?波伏瓦认为,男性将女性定义为"他者",并将她们归入另一个等级:第二性。

波伏瓦在美国旅行途中,与美国女权主义者对过话,她知道有些女权主义者甚至认为"女性"这个词早已是一个无意义的词汇。但波伏瓦认为这种做法是一种"自欺"行为。多萝西·帕克认为,性别之间的不平等可以通过将女性定义为"人类"而不是"女性"来解决。但波伏瓦说,"我们都是人类"这种观点的问题在于,女人并不是男人。他们在这个层面上所享有的平等是抽象的,而且男女所拥有的可能性是完全不同的。

每个人都有其独特的境况,具体来说,男女所处的境况是不平等的。但是为什么会是不平等的呢?波伏瓦指出,任何人都可以看出来,人类根据性别被分为两类,还拥有不同的身体、面孔、衣着、兴趣和职业。但即便如此,仅仅拥有某种生殖器官并不足以使一个人被认为是"女性",因为一些拥有这种生殖器官的女性,仍然被指责"不够女人"。当小说家乔治·桑蔑视传统的女性气质时,古斯塔夫·福楼拜讽刺她为"第三性别"。[6]

因此,波伏瓦问道:如果身为女性还不是成为一个女人的充分条件,那么女人又是什么呢?

波伏瓦对"女人是什么?"这个问题的答案是,女人是男人所不是的。正如普罗塔哥拉所说,"男人是衡量人性的尺度",即男人是评判"人"的标准。纵观历史,男性都认为女人是劣等的,她们的观点与"人类"无关。即使在20世纪40年代,波伏瓦仍然发现她的观点会因为她的女性身份遭到粗暴的否定:

> 我过去常常在抽象问题的讨论中听到男人们对我说:"你这样或那样想,是因为你是女性。"我知道我唯一的辩护是回答"我这样想是因为它是真的",借此来消除我的主观性;我不可能对这些人回应:"你之所以想法与我相反,是因为你是男人。"因为大众都认为,作为一个男人并不特殊;一个男人仅仅因为自己是男人就拥有权利。[7]

波伏瓦在提出"女人是男人所不是的"这个观点的时候,借用了黑格尔的"他者"理论。人类有一种根深蒂固的倾向,即把自己与他人对立起来,因此男人把自己视为自由的"主体",而把女人定义为客体。但波伏瓦想弄清楚这种情况为什么会如此普遍持久。波伏瓦想知道,为什么没有更多的女性站出来反对男性贬低她们呢?

波伏瓦非常熟悉人们反对女性主义的常见理由:女性主义会毁了家庭价值观!女性主义会降低工资!女人应该待在家里!男性和女性是

第十二章 备受诽谤的《第二性》 263

"独立而平等的"！波伏瓦本以为这些都是人们"自欺"的借口，就好像《吉姆·克劳法》一样。[8] 萧伯纳曾批评，美国白人让黑人给他们擦鞋，然后得出结论：黑人所能做的就是把鞋擦亮。波伏瓦认为，人们对女性的能力也做出了同样无效的推论——人们认为女性在社会中所处的地位较低，但波伏瓦指出这是因为女性总是处于劣势的境况中，这并不意味着她们天生就低人一等。波伏瓦写道："我们必须理解动词'是'（to be）的范畴，'是'什么样的人实际上就是'成为'（have become）什么样的人。"[9]

"成为"充满希望的一面是，情况可以变得更好。几个世纪以来，人们一直在为"人类"的境况争论不休。波伏瓦问道："在女性的境况中，一个人能成就自己吗？"[10]

在长达972页的两卷本的大部头著作中，波伏瓦在前言中只论述了这一小部分，但这部分并不是波伏瓦的第一批读者首先会读到的。《第二性》于1949年6月和11月以图书的形式分两册出版。从宣传的角度来看，波伏瓦在前几期《摩登时代》杂志上连载发表了《第二性》的部分内容，显然取得了很好的效果，但她也因此受到了公众的谴责。1963年，波伏瓦在《时势的力量》一书中公开回顾自己的作品，她写道，《第二性》使自己成了"讽刺的靶子"，而且面对的是前所未有的攻击。[11] 此外，讽刺还不是最糟糕的，针对波伏瓦的人身攻击也接踵而至。

1949年春，阿尔格伦要来巴黎，波伏瓦努力完成书中的部分内容。幸运的是，波伏瓦发现这本书写起来比小说要容易得多。在写小说时，波伏瓦必须精心构思观点，塑造人物形象，注意情节、对话和铺垫。而写《第二性》，她只需要研究问题、组织材料、落在笔头就可以了。波伏瓦希望女性获得自由。女性没有获得自由似乎只有两个可能的原因：要么是因为她们受到压迫，或者是因为女性选择不自由。不管是哪一种情况，都存在着一个道德问题——但究竟是谁的道德问题呢？

阿尔格伦刚抵达巴黎时，波伏瓦有些紧张，因为他们上次分别时状态很不好。波伏瓦穿着两年前在芝加哥时穿的白色外套去见他。阿尔格伦在波伏瓦身边的时候，"大家族"简直不敢相信他们在波伏瓦身上看到的变化——她变得温柔而快乐。此前，阿尔格伦一直对与萨特见面感到紧张，但没想到他们的初次见面很愉快，阿尔格伦也放松下来。他喜欢与奥尔加以及萨特的新情人米歇尔·维安交谈，因为她们能用英语和他交谈，听他讲美国人的罪恶故事。

那年夏天，波伏瓦决定在《摩登时代》杂志上分几期发表《第二性》第二卷的部分内容——关于"生活经验"。在第二部分中，波伏瓦以第一人称视角，运用不同的叙事方法对女性生活的不同阶段或可能性进行了历史梳理：童年、成为女孩、青春期、性启蒙、女同性恋、婚姻、母亲、社会期望、妓女、老年。

1949 年 5 月，波伏瓦发表了《女性的性启蒙》（*The Sexual Initiation of Woman*）一章，内容发人深省，引起了强烈的反响。在书中，波伏瓦描绘了一种自愿的、相互回馈的性行为的愿景，在这种性行为中，女性能够把自己视为主体，而不是作为客体去享受性行为。波伏瓦提出，女性应当拒绝被动顺从地接受非对等和互惠的男性欲望，而是应当在"爱、温柔和情欲"中与伴侣建立一种"对等互惠的关系"。只要存在性别之争，男性和女性的情欲不对称就会带来无法解决的问题；而若女人既能从男人那里满足欲望又能获得尊重，这些问题就迎刃而解了。[12] 不过后来，波伏瓦觉得先出版那一章可能是个错误。[13]

备受尊敬的天主教小说家弗朗索瓦·莫里亚克讽刺波伏瓦的写作"简直达到了下贱的极限"。他甚至评论道："在一个正经讨论严肃哲学和文学地方，西蒙娜·德·波伏瓦女士讨论这种话题真的合适吗？"[14] 弗朗索瓦·莫里亚克就是波伏瓦在学生时代去看望扎扎的路上，跟梅洛-庞蒂一起去朝圣过的作家。几十年来，他一直是波伏瓦仰慕的语言大师，而现在他却用这样的言语批判波伏瓦。

6月和7月的《摩登时代》杂志在报摊上销售一空。波伏瓦在这两期里发表过有关女同性恋和母性的章节，许多读者对此感到愤怒。当时，波伏瓦已经因为和萨特的关系而名声有损，但现在波伏瓦却招来了另一波侮辱："饥渴、冷淡、淫荡、女色情狂、女同性恋、流产过一百次，各种各样的骂名，甚至是未婚母亲。"[15] 波伏瓦被"性狂热者"和"第一性别的活跃分子"轮番抨击。共产党称波伏瓦是小资产阶级，因为她的作品与工人阶级毫无关系。这次，令人尊敬的保守派支柱人物弗朗索瓦·莫里亚克写信给《摩登时代》的一位赞助者："你员工的阴道对我来说已经不是秘密了。"[16] 这些话被公开后，莫里亚克感到十分震惊。此后不久，他开始在《费加罗文学报》（*Le Figaro Littéraire*）上发表一系列文章，全面谴责色情文学，尤其是西蒙娜·德·波伏瓦。

6月，波伏瓦《第二性》的第一卷正式成书出版，销量惊人，第一周就卖出了22000本。[17] 波伏瓦宣称"生物学不是命运"，婚姻和生育也不是。波伏瓦指出，像居里夫人这样的女性证明了，并非"女性的天生劣等决定了她们在历史中的卑微地位，而是她们在历史中的卑微地位致使其没有成就"。但是，不管地位高低，各种文化都在加强和巩固压迫女性的"神话"。波伏瓦写道:"女人不是一个固定的现实,而是一种成为的过程。她必须在与男人的比较中,找到她能成为的可能性。也就是说,当一个人考虑超越时,这就是一种有意识的、变化的、自由的存在,就没法结束。"[18]

波伏瓦认为,如果女性在生理、心理或经济上有确定的命运,那么就不会有问题。同时,那就会有一种普世的"女性气质",而拥有这种气质的人就是"女性"。在《第二性》第一部分中,波伏瓦从生物学、精神分析学和历史学的角度来分析"女人"。但是关于女性的次要地位,波伏瓦并没有在科学、弗洛伊德以及马克思那里找到令人满意的解释。波伏瓦也说明了为什么他们的分析都是不完善的:从没有过女性经验的弗洛伊德,凭什么认为可以基于自己男性的经验来论述女性的经验?

共产主义记者珍妮特·普南特批判波伏瓦阻止了女性成为妻子和母亲。另一位女性评论家玛丽-路易丝·巴龙称《第二性》第一卷是"冗繁而难解的天书",并预言第二卷只会给读者提供"鸡毛蒜皮的东西"。[19] 阿尔芒·胡格写道,波伏瓦真正想要解放的是她自己——作为一个女人,她感到屈辱,但"她生来就是个女人,我真的看不出她能改变什么……命运几乎不允许被否定"。[20]

波伏瓦因为《第二性》招致的骂名使得她带着阿尔格伦参观巴黎变得有点尴尬。波伏瓦希望带着阿尔格伦参观她的世界,对此她已经期盼了整整两年。她迫不及待地带着阿尔格伦去她喜欢的餐馆和咖啡馆,但人们一看到她就开始窃窃私语,盯着他们一直看,这让她感到很不自在。因此,在巴士底日之后,波伏瓦松了一口气,她和阿尔格伦一起去罗马、那不勒斯、阿马尔菲和庞贝旅行了两个月,然后又去了突尼斯、阿尔及尔、菲斯、马拉喀什。在从北非回来的路上,他们去了普罗旺斯看望奥尔加和博斯特,奥尔加和博斯特戏称他为"硬汉阿尔格伦"[21]。

9月中旬,波伏瓦送阿尔格伦去奥利机场,她觉得他们度过了最好的时光。波伏瓦计划明年去芝加哥看阿尔格伦,阿尔格伦也感到很高兴。在转机期间,阿尔格伦在一本杂志上发现,他的小说《金臂人》(*The Man with the Golden Arm*)刚刚获得了国家图书奖。他的事业登上顶峰。10月,海明威给他的编辑写了一封信,在信中称赞阿尔格伦是"当今50岁以下仍然在写作的最优秀的作家"。[22]

10月,波伏瓦回到普罗旺斯,和萨特在一起写作。波伏瓦考虑写一部新小说有一段时间了,但是她需要把《第二性》的事情先处理完。波伏瓦想在新小说中以自己为原型创作一个角色,但她却再次对着面前的白纸,不知从何写起。在这本书里,会有一个和波伏瓦差不多的角色:安娜。波伏瓦和萨特一起散步、读书、见朋友。有一天,他们去拜访索斯佩尔和佩拉-卡瓦,到了下一周的周日,他们很惊讶地发现那天下午的全部经历竟然都上报了。波伏瓦觉得这种没完没了的关注实在是令人厌烦;但其实这只是冰山一角。波伏瓦决定翻译阿尔格伦的一部小说——当她不写小说时,她去翻译图书了[23]。

1949年11月,《第二性》第二卷出版了。其中有一句名言:"女人不是天生的,而是后天成为的。"[24] 波伏瓦认为每个女人的经历都是一种成为(becoming)的过程,而不是一本紧紧合上的书。所以波伏瓦想要在书里展示女性对她们生活经历的描述,展示她们在整个生命过程中被"他者"化的过程。作为一个开放的人,波伏瓦也仍然处在成为自己、试图理解自己经历的过程中。波伏瓦意识到,她面临的一些阻碍对其他女性的成长也构成了宏观的威胁。尽管时间流逝，波伏瓦仍然受到阿尔弗雷德·富耶的影响。富耶认为"人不是生来自由的，而是变得自由的"。波伏瓦认为，使得男女性生活迥异、女性屈从于男性的，并不是生物学、心理学和经济学；在这个过程中，"文明"也发挥了重要作用。不过显然，"文明"对于西蒙娜·德·波伏瓦没有起到这种作用。

波伏瓦对女性性行为的坦诚态度使她遭受了各种绯闻和攻击，但她受到的最持久的抨击则源自她对母职的分析。波伏瓦认为社会沉浸在一种表里不一的集体自欺当中：整个社会蔑视女性，却同时尊重母亲。"整个社会不让女性参与所有的公共活动，不让她们从事男性的职业，声称女性在所有领域都没有能力，但是社会却把最复杂最重要的任务——养育人类——托付给女性，这简直是一种充满罪恶的悖论。"[25]

战争导致法国人口急剧减少，法国需要公民，因此波伏瓦被指控背叛了她的性别和国家。战后，法国工业需要复兴，所以除了更多的新生儿，他们也需要更多的女性进入劳动力市场。[26] 在过去和当时，波伏瓦的文章都有很多令人震惊的地方，而且事后回看，考虑到当时的政治环境，对于那些不觉得自己为人母是"奴隶"的女性来说，波伏瓦的有些文字似乎是判断失当的。波伏瓦把孕妇称为"寄生虫"的宿主和人类物种的奴隶。（实际上，叔本华也提出过类似的言论，但出于某种原因，他没有引起同样的反应。）波伏瓦对怀孕很感兴趣，因为怀孕是女性"从内向外审视自己"的主观体验——她们失去了身体自主权，并对自己会成为什么样的母亲感到焦虑。波伏瓦声称女性不应该沦为生育的工具，她还说（虽然似乎很少有人注意到），这并不代表完全拒绝做母亲。波伏瓦想要证明，即使同样是怀孕、分娩和照顾孩子——这些被认为是典型的女性身体体验——也会因女性的境况不同而产生不同的体验。

显然，波伏瓦自己并不是一位母亲，她也承认这一点，她在作品中借鉴了其他女性的论述，包括从各种信件、日记和小说，来证明"怀孕和做母亲的经历是因人而异的，取决于它们是发生在反抗、顺从、满足还是热情之中"[27]。波伏瓦想要厘清人们关于做母亲的两个错误观念，一是"成为母亲能够在任何情况下让一个女人感到满足"，二是孩子"一定能在母亲的怀抱中找到幸福"。[28] 波伏瓦通过研究发现，尽管很多女性享受做母亲的乐趣，但她们并不希望这是她们一生中唯一的事业。波伏瓦认为，如果母亲感到沮丧和不满足，她们的孩子也不太可能会感到快乐。因此波伏瓦得出结论：显然，对于母亲来说，做一个完整的人要比做一个残缺不全的人对孩子更好。[29] 很多男性读者对波伏瓦的论点提出异议：波伏瓦自己都不是母亲，怎么敢谈论这个神圣的话题？波伏瓦回应说，不是母亲这一点从来没有阻止男人们来谈论母亲这个话题。

除了批判社会对母亲这个话题的自欺之外，波伏瓦也在《第二性》中探讨了困扰她几十年的主题：爱与奉献的伦理。在《第二性》中，波伏瓦指出"爱"对男人和女人有不同的含义，而这些不同导致了男性与女性之间的许多分歧。

波伏瓦认为，男人在爱情中仍然是"至高无上的主体"——他们追求心爱的女人，同时也追求其他的事物，爱情是他们一生中不可分割的一部分，但仅仅是一部分。相比之下，对女性而言，爱情被视为生命本身，爱情理想则鼓励女性为了所爱的人去自我牺牲甚至是完全忘却自我。男人在成长过程中被教导要积极主动地去爱，但同时也要有雄心壮志，并在其他领域有所作为。女人则被教导她们的价值是有条件的——她们必须被男人爱才有价值。

通往真爱的障碍之一是，女性被物化得如此严重，以至于她们物化自己，试图认同自己心爱的男人，不断地追求他眼中的魅力。恋爱中的女人试着透过她所爱的人的眼睛去看，围绕着他去塑造她的世界和她自己：她读他喜欢的书，对他的艺术趣味、音乐、思想、朋友、政治观念等感兴趣。波伏瓦也反对性方面的不平等，她指出许多女人被当作男性享乐的"工具"，女性的欲望和快感从来不在考虑的范围之内。

在波伏瓦看来，爱的主要问题在于，它不是相互的。男人希望女人用不求回报的方式给予自己爱。因此，爱情对女人来说是危险的，而对男人来说则不是。波伏瓦没有把这件事完全归咎于男人。女人在这里面也有一定的责任，她们通过参与其中而使不平等的爱的压迫性结构永久化。但波伏瓦写道，要女人不参与其中是很难的，因为这个世界诱使女性应允了这种压迫。

尽管波伏瓦在《第二性》中的叙述在很大程度上是用异性恋的框架构建了这场讨论，但她自己也曾在与女性的关系中面临这种关系带来的紧张感。1940 年，波伏瓦与比安卡有过一次谈话，谈话中比安卡表示自己想要在波伏瓦的生活中扮演更重要的角色。谈话结束后，比安卡写信给波伏瓦：

你不给予，你只索取。

你说我是你的生命，这并不是真的——你的生命是一个拼贴出来的马赛克。

但是对我来说，你是我的生命，我完全属于你。[30]

波伏瓦认为，真正的爱是可能存在于相互的关系中的，她希望在未来这种形式的爱能更加普遍。当那一天到来的时候，女性就能在爱里展露自己的强势而不是弱势，就不用再在爱里逃避自己，而是找到自我，无须再为爱放弃自我，而是肯定自我。对于女性和男性来说，爱就不再是致命的危险，而成为他们生命的源泉。[31] 在波伏瓦的愿景里，女性能够作为一个主体去爱她们所爱的人，也能够被爱，但是这并不容易。因为关于单向的爱的谬论不断地巩固着女性的从属地位，这种谬论承诺女性爱能救赎她们，但实则把她们活活送进地狱。

就像波伏瓦的小说一样，《第二性》也让人们不禁去想：波伏瓦的哲学中有多少内容是带有自传性质的？除了波伏瓦早年与比安卡的邂逅外，在波伏瓦写给后来情人的一封信中，她坦白自己和萨特的关系中真正缺乏的并非性，而是"真正的相互回馈"。这就让我们提出一个问题：1949年，当波伏瓦描述"相互的爱"时，她自己是否经历过这种爱？《第二性》中还有一些文字与波伏瓦自己的成长经历非常相似，包括一个讨厌参与"家务杂事"的"姐姐"，以及"毫不掩饰"他们更喜欢孙子而不是孙女的祖父母。波伏瓦是取材于她对"女性"的研究，还是她和埃莱娜幼年的生活经历？[32] 波伏瓦关于女同性恋的那一章也引起了人们的猜测。波伏瓦写给萨特的信在她去世之后才出版，在那之前人们从她的小说中捕风捉影地猜测她的同性恋情。在《端方淑女》中，波伏瓦曾写到自己对女性有一种"模糊的渴望"[33]，人们不禁去猜测这些是不是来自她自己的经历，甚至是她压抑的欲望。波伏瓦对自己的性取向是不是也处在"自欺"当中？在《第二性》中，波伏瓦声称"性的命运不能支配一个人的生活",以及同性恋是"一个根据复杂的整体做出的选择,取决于一个自由的决定"。[34]

20世纪30年代,波伏瓦的小说《精神至上》被出版社退稿了,当时的编辑亨利·米勒对波伏瓦写道:"你满足于描写一个分崩离析的世界,但是当你写到新秩序的临界点时,你就把你的读者遗弃在那里,对于新秩序的好处,你没能给出任何提示。"在《第二性》的结尾,波伏瓦完成了当年她没有完成的部分。[35]

因此,在《第二性》最后,波伏瓦写了一章"独立的女性":独立女性的自由是有代价的,但不是以爱为代价。

在这一章里,波伏瓦指出,在一个把女性他者化的社会里,男性处在有利地位,不仅仅是因为他们所获取的利益(从外部看就已经显而易见了),还因为男性内在的感受。从童年开始,男性就可以自由自在地去追求和享受自己的事业,从来不会有人告诉他们,他们想追求的事业会和自己作为情人、丈夫以及父亲的幸福相冲突,他们的成功从来不会降低他们被爱的可能性。但是对于女性来说,为了女性气质,她就必须放弃波伏瓦所说的"主体性",即她不能拥有对自己生活的理想愿景,不能随心所欲地去追求自己想要成就的事业,因为这一切都被认为是"没有女性气质的"。这就把女性置于一个双输的境地:做自己就意味着变得不值得被爱,而如果想要获得爱就得放弃自我。萨特曾写道,作为人类,我们"注定要获得自由"。波伏瓦在此写道,作为女性,我们注定要感到分裂,注定得成为"分裂的主体"。

问题的根源在于"个人不能随意塑造女性气质"这个概念。[36]几个世纪以来,男人获益于关于女性气质的这个谬论,我们也不难理解,男性害怕失去这个谬论以及它所带来的相应的好处。因此，男性告诉女性，她们不需要有自己的职业，婚姻和家庭就是女性的全部；他们告诉女性，渴望成就一番事业有违她们的天性；只要成功地做男性欲望的客体，女性就能"幸福"，直至女性为爱牺牲自我，成为妻子和母亲。波伏瓦指出，男性应该对此感到不安，因为"我们永远没有办法去衡量他人的幸福，而人们总是轻易地把自己想要强加给别人的境况称为幸福"。[37]

1949年11月，《第二性》第二卷出版，评论家们开始了新一轮的抨击——波伏瓦后来形容自己当时受到的抨击简直是骇人听闻。《费加罗报》的专栏作家安德烈·卢梭觉得波伏瓦是"罗马神话中的酒神巴克科斯的女追随者"，他觉得波伏瓦所写的关于"性启蒙"的文章让他感到汗颜，安德烈批判波伏瓦为了追求自由而毁掉爱情，而女性已经解放了！[38] 安德烈花了大量篇幅去嘲讽和攻击波伏瓦个人："这个女人之所以是他者，是因为她恼怒于自己的自卑者情结。"安德烈还讽刺波伏瓦既然这么坚韧，应该需要存在主义来把她从执念中解救出来。埃马纽埃尔·穆尼耶在《论灵魂》（*L'Esprit*）中说自己很遗憾地发现波伏瓦的《第二性》全书充满了"怨恨的语气"。埃马纽埃尔说，如果作者能更好地控制一下情绪，也许"就不会如此妨碍她思路清晰地表达自己了"。[39] 这些评论家说波伏瓦的生活是悲惨的、神经质的、沮丧的。加缪指责波伏瓦"让法国男人看起来很可笑"。[40] 哲学家让·吉东说从字里行间就能看到波伏瓦"悲惨的生活"让她痛苦不堪。法国《时代》杂志（*L'Epoque*）发表了一篇文章预言，十年后将没有人会谈论"这部令人作呕的关于性倒错和堕胎的论辩"。[41]

梵蒂冈教会把波伏瓦的《第二性》列为禁书。

在《第二性》里，波伏瓦就女性受压迫的问题进行过一场哲学探讨，她从女性（包括她自己）的生活经历中得出结论：要想成为真正的"人"，就必须改变许多女性的处境。波伏瓦认为女人的欲望应该影响她们的性；女性的事业应该影响她们的家庭生活；女性的主观能动性应该影响这个世界。

但是波伏瓦受到的攻击大部分都是完全针对她个人的。在许多地方，波伏瓦遭到讽刺、嘲笑和奚落。但这不是全部——下一代人欢迎和拥抱波伏瓦的这部作品。下一代读者发现这部书前无古人，开诚布公地谈论女性经验这个曾经的禁忌话题：有些读者迫切地想了解自己的身体状况，甚至把《第二性》当作性手册来读。《巴黎竞赛画报》（Paris Match）在8月刊发了《第二性》的部分节选，把作者波伏瓦介绍为让－保罗·萨特的副手和存在主义专家，以及无疑是出现在男性历史上的首位女性哲学家。波伏瓦有责任从人类的伟大冒险中提炼出一种女性哲学。[42]

自出版以来，波伏瓦的"性别哲学"经常被总结为区分了"性"（sex）和"性别"（gender）的概念。这两个概念里，前者是生物性的（比如说，性别男性和性别女性），而后者则是通过文化积累习得的（比如男性化、女性化的）。但是，简单地认为《第二性》只是区分了"性"和"性别"的说法存在着重大问题。首先，"性别"这个词从未在这本书中出现过。其次，即便在1949年，像"女性"这个概念分别具有生物学和文化两方面的含义，以及女性受压迫的情况长期存在的观点都不是波伏瓦原创的。在波伏瓦之前的几个世纪里，正如她在《第二性》中讨论的那样，哲学家和作家们一直声称，女性在社会中拥有弱势地位是由于她们缺乏具体的教育、经济和职业机会，而不是由于任何天生的劣势。举个例子，在

18世纪狄德罗就已经写道,女性的低人一等"在很大程度上是由社会造成的"。[43]

注意到这一点很重要,因为只把《第二性》概括为"性别是一种社会建构",会让人们更加忽视里面一个不受欢迎但却更重要的观点:女性长期受压迫的很大原因是社会对女性身体的物化。在第一卷"事实与神话"中,波伏瓦研究了"女性气质"被建构成女性命运的方式——她一次又一次地发现,理想化的女性必须是男性欲望的客体。

《第二性》的第二卷"生活经验"要比第一卷在篇幅上长得多。在这里,波伏瓦采用了一种不同的分析方法,从女性自身的角度以及女性所处的人生阶段来探讨"女人是什么"这个问题。波伏瓦这样做颠覆了哲学的权力视角。波伏瓦没有从那些掌握权力的人的角度来分析"女人",而是转向了那些被期望要服从的人的日常生活。为了做到这一点,波伏瓦必须讨论一些哲学精英们认为不值得称为"哲学"的话题:家务如何分配,经理们如何评价工作,女性如何经历性启蒙和性实践。这些问题都没有被上升到现实的本质或知识的可能性。[44]相反,这些问题事关谁有权力来决定现实中的哪一部分更重要,以及谁更有发言权来决定知识。

波伏瓦很清楚,要让女性为自己说话是很困难的。因为女性受压迫的特点之一是,她们没有办法像男人那样记录自己的生活。女性的声音很少被公开,即使她们的证词被公开了,也往往被斥为是片面或虚假的、恶意或不道德的。为了分析女性的服从,波伏瓦列举了特定女性在私人领域的经历,以及女性如何在结构和系统上都被禁止发声。[45]

波伏瓦的童年灵感之一,乔治·爱略特曾经写道:"如果我们在平凡的人类世界中曾经视物深刻，感受敏锐，我们会听到草儿的生长和松鼠的心跳，会发现那寂静对岸的巨响，那隆隆之声震耳欲聋。"[46]对于波伏瓦来说，在寂静对岸，她听到了疑惑、顺从和绝望的不安回响，那是失语的女性集体的吟唱："我究竟变成了什么？"

为《第二性》做研究搜集资料的时候，波伏瓦对自己的发现感到沮丧，但她也找到了希望的理由。是的，在1949年，女性的地位要低于男性，"这是因为她们的处境为她们提供的可能性要少很多"。但是如果男人和女人不再躲在各自的借口后面，事情可能会有所不同。

《第二性》常常被描述为一本将萨特的哲学"应用"于"女性问题"的书。在这一阶段，波伏瓦确实在某些事情上与萨特意见一致，例如，自由的重要性。但她所做的和哲学家们一样——赞同她认为正确的东西，摒弃她认为错误的、前后矛盾的或不道德的东西，即使是她所爱的人的观点。波伏瓦拒绝了萨特的"情境"概念，借鉴了海德格尔关于人类被"扔进"一个世界的描述，这个世界总是有人类自己没法创造的意义。波伏瓦全力以赴地去解答她曾在20世纪30年代问过萨特的问题：一个被关在闺房里的女性能够实现怎样的超越？

现在波伏瓦已经更清楚地认识到，女人并非一定要被关在闺房里，并非一定要被告知她们的价值来自放大男人的伟大或满足他们的快乐。即便是在1949年，在美国或法国，女人也不能简单地通过声称自己是人类，来逃避性别差异给她的可能性带来的限制。胡塞尔、萨特和梅洛-庞蒂这样的哲学家已经开始书写关于身体的哲学（西方哲学家长期以来一直忽视身体这个主题，倾向于书写心灵的哲学）。对此，波伏瓦指出男性哲学家们未能考虑到女性的身体，特别是女人在发现自己的身体被贬低成某种男性凝视的客体时所感受到的异化，这种男性凝视把女性的身体当作猎杀和拥有的"猎物"，而不把女性看作一个处在成为过程中的人。

波伏瓦并不满足于通过这个扭曲的视角看到的关于女性的哲学思考。因此，波伏瓦采用了一种独创的哲学方法，用多种第一人称视角去呈现，她称之为"从女性的角度描述社会向女性所提议的世界"。如果女人真的天生就屈从于男人，那么男人和女人之间的等级制度就没有什么不道德的了。但是，如果这种等级制度是由文化延续和巩固下来的，以及女性的顺从被她们视为自由的"退化"，那么这个问题就是一个道德问题，其中涉及的压迫者和被压迫者都有责任去纠正这个问题。在《第二性》的第二卷中，波伏瓦用各种女性的声音来展示，她们是如何在男性制造出来的谬论的霸权之下成为女性的，波伏瓦用这些论述来呈现女性从少女时代就面临的学徒一般的境况，不断地准备着放弃自己的自主权，以期成为一个服务于男性的女性。[47]

因为这本书的部分内容被提前在杂志中刊登了，早期的一些读者无法从头到尾整体地去理解波伏瓦的观点。但并非这些零碎的解读导致了波伏瓦受到那么多人身攻击。许多读者强烈地希望波伏瓦是错误的，希望他们从未读过波伏瓦，或者波伏瓦被误读才好。毕竟找借口是人们摆脱困境的一个捷径。如果波伏瓦的读者们都把她斥为一个缺乏原创性的思想家、一个失败的女人或一个不道德的人，那么他们就可以不被波伏瓦在"女性的处境"中所描述的人类苦难所困扰，就可以再次让那些沉默中呐喊的女性闭嘴。

1949年，在一次关于《第二性》的电台采访中，波伏瓦被问及这本书出版后她受到的攻击。波伏瓦说,这不是她的错,在法国,一提到女人,"人们马上就会想到性"。波伏瓦也注意到,尽管在 1000 多页的《第二性》中,有关性的内容相对较少,但受到评论最多的却是这些内容。波伏瓦认为,性问题没有得到认真严肃的对待是有问题的,因为性问题本就应该得到哲学上的审视。人们似乎认为哲学不可以是有生命的东西,也不会照亮人类生活的这个层面。[48]

《第二性》在出版之后并没有立即获得成功——《第二性》超越了它所在的时代,坦率地说,对许多人来说,《第二性》让他们胆战心惊。波伏瓦所接受的大量经典的哲学和文学教育都能在这部作品中得到体现:波伏瓦在《第二性》中引用古希腊剧作家的作品、罗马哲学家的作品、《圣经》和《古兰经》,还有几个世纪以来关于女性的哲学和神学写作,大量的文学作品、信件日记以及精神分析的记录。此外,波伏瓦还运用现象学的方法和存在主义的角度去分析这些内容。马里内·鲁什研究发现,波伏瓦的许多读者来信责备她把《第二性》写得如此艰深晦涩。一位读者坦率地问道:

> 你为什么要写这样一本书?是为了让那些上百人(或上千人)的文学俱乐部去研究形而上学和存在主义的深奥术语吗?还是为了让拥有常识和理解力的公众来解决这类问题?就不能放弃所谓的专业"哲学家"们的迂腐专业伎俩,用生活中的语言来表达吗?[49]

在波伏瓦作品的鼓励下,20 世纪 60 年代和 70 年代的女权主义者将去对抗那些"拥有最杰出的头脑的人对女性说出的真正蠢话"[50]。但是在1949年,波伏瓦并不知道《第二性》之后会被公认为一部经典作品,并能激起政治运动。时机成熟之后,女权主义者批评波伏瓦有一种"无意识的厌女症",批判波伏瓦在描写女性时把自己与她们分开。[51]也有人认为波伏瓦对阶级、种族和教育的特权视而不见;另一些人认为波伏瓦了解这些特权,但却错误地把女性经验普遍化。波伏瓦被指控将个人的体验当作普遍的经验来写作;但同时波伏瓦也因将个人的经验转换成一种"充沛的愤怒"来写这本书而受到赞扬。[52]有一些女权主义者反对波伏瓦,指责她排斥有色女性,把她们的苦难作为一种修辞策略,以维护白人女权主义的利益。[53]《第二性》出版之后的几十年里,波伏瓦收到大量的读者来信,在阅读这些读者来信之后,波伏瓦承认自己对男性以及她个人经验的有些态度太过天真。波伏瓦成了一个"象征性的"女人,她的个人生活被免除了日常生活中的各种性别压迫。[54]但是,就在《第二性》出版后不久,波伏瓦就为自己的直言不讳付出了高昂的代价。这本书使得波伏瓦从萨特的阴影中走了出来,但却使她置身于另一种丑闻中——波伏瓦成为各种嘲笑、怨恨和羞辱的对象。

托莉·莫伊在《西蒙娜·德·波伏瓦:一个知识女性的形成》(*Simone de Beauvoir:The Making of an Intellectual Woman*)一书中写道,1949年底,"西蒙娜·德·波伏瓦已经真正成为西蒙娜·德·波伏瓦:就个人和事业而言,她都是'被造就的'"。[55]托莉·莫伊认为波伏瓦在1949年之后的作品大多是"回顾性的",在那之后波伏瓦"几乎都在写自传"。但是,从职业角度来说,那时的波伏瓦还没有写出她日后的获奖小说《名士风流》(*The Mandarins*)、另外两卷小说和她的生命写作,还有关于晚年的书——之后的波伏瓦会为法国立法的重大变革提供支持材料。日后,《第二性》会成为第二波女权运动的扛鼎之作;那时的波伏瓦作为女权主义活动家的生涯甚至还没有开始。从个人角度而言,波伏瓦还会迎来相互的爱情关系,还有很多"成为"的可能性在前路等着她。

第十三章　再次面对爱情

1950年初，波伏瓦重新回到让人安心的平静日常：写作与《摩登时代》杂志的编辑工作，以及接受有关《第二性》的采访。但就在那年2月的一天，波伏瓦偶然遇到了一个许久未见的人——她青梅竹马的表哥雅克。他像变了一个人一样，往日风采不再。现在的雅克倾家荡产、酗酒、一贫如洗，甚至连他的妻子和五个孩子都不愿意和他在一起。不知是看在当年的情分上，还是仅仅出于对他的慷慨，波伏瓦与雅克再次见面，并给予他经济上的支持。[1]

波伏瓦想去看看撒哈拉沙漠，于是在3月，她和萨特一起离开巴黎去往非洲。他们在四天里乘坐卡车穿越沙漠，途经塔曼拉塞特，再坐着大篷车前往埃尔戈利亚，最后飞越撒哈拉沙漠前往马里。

除了写作大部头的作品之外，波伏瓦也在写短篇文章。1950年，波伏瓦在美式风格的《天才杂志》（*Flair*）上发表了一篇文章。《天才杂志》并没有持续发行太长时间，只发行了一年，但在那段时间里，它收录了让·科克托、田纳西·威廉姆斯、埃莉诺·罗斯福、萨尔瓦多·达利和玛格丽特·米德的作品。在这篇题为"是时候让女人重新面对爱情了"[2]的文章中，波伏瓦讨论了性欲，她认为人类是自由的、有意识的，并以不同的肉体形式存在。波伏瓦写道,性吸引力正是因为差异而旺盛,"另一种性别的魅力就好像是异国的魅力"。

在波伏瓦看来,问题在于,男人认为爱情就是不平等和顺从的,而许多女人抗拒爱情,是因为"爱情让人想起古代的奴隶制度"。在波伏瓦看来,男女之间的差别常常是优等与劣等、主体与客体、剥削的索取者与给予者之间的差别,但支配和奉献都不是爱。如今女性在社会上越来越活跃,她们变得独立自主,能够对自己负责任。看到女性进入了公众生活,一些人对此感到沮丧,他们甚至发问:爱情会因此被毁掉吗?它会失去原本的诗意和幸福吗?波伏瓦不这么认为:"难道我们就不能创造出一种男女平等、谁都不用屈服于谁的新式爱情吗?"[3]

在一些著名作家身上,波伏瓦已经瞥见了这种新式爱情的模样。尼采、托尔斯泰和D. H. 劳伦斯认识到,"真正且富有成果的爱"既包括所爱之人的身体存在,也包括其生活目标。但是他们是向女人提出了这个关于爱情理想的要求,因为爱是女性唯一的目的和意义。相比之下,波伏瓦认为,在平等的爱情中,女性仍然可以渴望成为自己爱人的盟友,但是作为伴侣的两人应当追求对等、互惠和友谊,也就是说男性也应该对爱情抱有同样的理想:

> (在这种新式爱情中,)男人不再仅仅从伴侣那里寻求一种自恋式的满足,他应该在爱里发现一种跳出自我的方式,发现一种除了他的个人问题以外的世界。既然我们如此赞美慷慨和奉献,为什么不给男人一个参与慷慨奉献的机会呢?如果女人的自我奉献如此让人羡慕,为什么不给男人一个自我奉献的机会呢?[4]

如果男女双方都能"同时想到对方和自己",那么双方都会受益。

有一点很有趣,考虑到波伏瓦与萨特的无性关系,她在这篇文章中明确表示,这种新式爱情可以是柏拉图式的(尽管她承认性吸引"通常是爱情的仪式之一")。正如波伏瓦在《女性气质:陷阱》中提到的,她在女性身上看到了一种普遍的恐惧,即害怕失去"女性气质",害怕失去在男性眼中的吸引力。波伏瓦知道女人想要被男人渴望,但她不认为她们的吸引力会如此轻易地被消除:"两性之间的生理需求将维持其对彼此的吸引力。"[5]

6月,波伏瓦去芝加哥看望阿尔格伦。波伏瓦之所以选择在6月,是因为萨特打算看瓦内蒂最后一次——他想和瓦内蒂和平分手。波伏瓦和萨特希望他们能同时离开巴黎,这样行程结束之后他们就能有更多时间在一起。波伏瓦写信给阿尔格伦安排见面的时候,丝毫没说她是按照萨特的行程来安排自己的计划的。

阿尔格伦表示同意。但是他的信越来越少了。波伏瓦开始思考:她应该去看阿尔格伦吗?萨特鼓励她试试。

在飞机上,波伏瓦看到她旁边的人在读《第二性》,这种感觉让她觉得超现实。1951年9月,波伏瓦在纽约拜访了斯捷帕和费尔南多·杰拉西之后飞往芝加哥。24个小时还不到,波伏瓦就意识到事情已经发生了变化。她问阿尔格伦出了什么事。阿尔格伦说,他很高兴见到她,但他不喜欢她来了又要走。波伏瓦在给萨特的信中写道,阿尔格伦从起初的若即若离变成了现在的漠不关心。[6]阿尔格伦的前妻想和他复婚,但是在遇到波伏瓦之后,阿尔格伦已经不确定自己还能不能爱上别的女人了。

即便如此，阿尔格伦还是告诉波伏瓦，他们之间回不到从前了。第二天晚上，波伏瓦和阿尔格伦试图做爱，但双方的身体都不配合。8月初，波伏瓦和阿尔格伦搬到密歇根湖畔的一间小屋，他们睡在不同的房间里。波伏瓦开始担心她再也体会不到激情了。萨特一直服用大剂量的安非他命来维持他在写作上的持续高产，波伏瓦现在也开始服用安非他命来专心写小说——她将献给阿尔格伦的那本。波伏瓦和阿尔格伦的生活变得平静，没有激情，但产出颇丰：他们早上写作，下午游泳和阅读。有一次，波伏瓦差点淹死在湖里——她从来都不是个游泳好手。后来，纳塔莉·索罗金来拜访，事情就变糟了。阿尔格伦非常不喜欢纳塔莉，并且告诉波伏瓦说纳塔莉用她"女同性恋的一面"震惊了他的朋友们。[7] 波伏瓦在这两个人之间感到左右为难——纳塔莉的确不太好相处，但阿尔格伦这次没有很好地控制住自己。波伏瓦有点期待着回到萨特身边，她"亲爱的小绝对"[8]。

在《时势的力量》中，波伏瓦写到那次拜访时这么说道，绝望主导了她所有的情感。她没有详述故事的结尾，而是转而叙说萨特在巴黎受到的大量侮辱。[9] 但是波伏瓦的信表明，在10月底，就在她离开芝加哥去纽约之前，她和阿尔格伦的关系重新燃起了希望。离开之前，波伏瓦告诉阿尔格伦，她很高兴他们能维持友谊。阿尔格伦回答："这不是友谊。我给你的永远都不会低于爱情。"[10]

那天晚上波伏瓦给阿尔格伦写信，她说自己在去机场的路上和飞机上一直泪流不止："你昨天让我读的那篇文章里，托马斯·曼说，陀思妥耶夫斯基有几秒钟的幸福，这种幸福抵得上十年的普通生活。当然，你也有这种能力，给我几分钟的狂热，这种狂热抵得上十年的健康。"

波伏瓦说,她能够理解阿尔格伦想把她从他心里赶走的做法,因为这是公平的。但是,正如波伏瓦用不太流利的英语所说:"认为这公平并不妨碍它变得困难。"[11] 波伏瓦说她爱阿尔格伦,"因为你给我的爱","因为你在我身上新唤起的强烈的情欲和幸福"。但即使没有这些东西,她仍然爱他,"因为他是这样的人而爱他"。[12]

波伏瓦回到巴黎时,萨特正在写剧本,读有关马克思主义的书;在波伏瓦眼里,现在的萨特看起来很遥远,波伏瓦把这归咎于萨特已经成了公众人物。如今的萨特不再想坐在咖啡馆里,也不想在巴黎闲逛,或者和波伏瓦一起去滑雪。萨特邀请波伏瓦读他正在读的东西,追随他的学术道路,但是她有自己的小说要完成——尽管她对政治感兴趣——她不想花时间追随他。萨特想创造一种新的意识形态来解决人类的问题,然而波伏瓦没有这种野心。在有些日子里,萨特和波伏瓦之间的距离越来越远,仿佛隔着一层忧伤的薄纱;有些时候,绝望像腐蚀剂一样折磨着波伏瓦。[13]

《第二性》给波伏瓦带来了财富和她不想要的名声。为了缓解自己的心情,波伏瓦买了一台电唱机和一些唱片。萨特每周有几个晚上会到布切里街来听爵士乐或古典音乐。1951年11月,波伏瓦激动地写信给阿尔格伦,告诉他自己找到了一种新的激情:"既然爱情是被禁止的,我决定把我肮脏的心交给不像男人那么肮脏的东西:我要送给自己一辆漂漂亮亮的黑色轿车。"[14] 波伏瓦每周上三次驾驶课。

战后,巴黎发展成为欧洲主要的文化中心之一。迈尔斯·戴维斯在左岸俱乐部演奏,知识分子、艺术家和作家——包括反殖民活动人士——在一起集会和举行活动。1950年,诗人艾梅·塞泽尔发表了《论殖民主义》(*Discourse on Colonialism*),他把欧洲的纳粹主义比作殖民主义,因为这两者都追求统治和控制。1947 年,印度从英国人手中赢得了独立,反殖民主义也开始兴盛。1952 年,弗朗茨·法农的《黑皮肤,白面具》(*Black Skin, White Masks*) 出版,这本书充分描述了种族主义对被压迫人民的影响。尽管自 20 世纪 30 年代以来,反殖民主义和阿尔及利亚民族主义运动不断壮大,但许多法国人仍然不愿放弃法兰西帝国。

在此期间,波伏瓦的作品成为法国主要的文化输出品之一。1951 年,《第二性》的首个译本在西德问世,书名为 *Das andere Geschlecht*,意为"另一个性别"。这本书卖得很非常好,再版 3 次,5 年内整整卖出了 1.4 万册。[15]

与此同时,波伏瓦与阿尔格伦的通信也充满了忧郁的味道。波伏瓦开始称呼阿尔格伦为她"痛苦的收藏家"。阿尔格伦不仅想跟波伏瓦在一起,还想让她跟他一起住在芝加哥。他们现在一年只能在一起一个月,如果他能多去巴黎,一年也许可以共度三四个月。阿尔格伦对波伏瓦在纽约的那封信还耿耿于怀。但是波伏瓦应该怎么做呢?阿尔格伦指责波伏瓦只想着自己的生活,而不愿意为他做出牺牲,波伏瓦觉得这不公平。波伏瓦写道:"你不能指望我像一台顺从的机器那样做出反应。"[16] 在《第二性》中,波伏瓦指出,人们认为女人就应当视爱情为生命,并为之牺牲一切。现在的波伏瓦,正因此痛苦不堪。对波伏瓦来说,爱情只能是生活的一部分。在《时势的力量》里,波伏瓦写道:"即使萨特从一开始就不存在,我也不可能去芝加哥永久居住。"[17]

1952 年以后,波伏瓦和阿尔格伦之间的书信往来减少了;他们从几乎每天写信,减少到每周,再到每月才有通信。这一年波伏瓦 44 岁了,她担心自己"被放逐到阴影之地"[18]。在《第二性》中，波伏瓦指出女性在失去性欲之前先失去了自身的吸引力，成为"没有价值的物品"，因此波伏瓦将女性性欲的丧失描述为一场悲剧。波伏瓦认为女性在30多岁时性欲最旺盛，但不久之后就被衰老困扰。波伏瓦作品中的虚构女性，尤其是她后来小说中的女性，常常表现出因欲望而感到疲倦，以及因孤独而感到不满。

1952年初，由于萨特的公众声望越来越大，以及他越来越多的政治参与，波伏瓦和萨特的关系越来越疏远；现在他们的关系中有了第三个人：波伏瓦、萨特和大名鼎鼎的"让－保罗·萨特"。波伏瓦告诉萨特，她甚至希望他是一个默默无闻的诗人。虽然到这时，萨特采纳了波伏瓦关于道德和文化价值观重要性的一些观点，但是他们之间不匹配的日程和各不相同的兴趣，加剧了波伏瓦的失落感和孤独感。在《时势的力量》中，波伏瓦写道，自己的悲伤变成了"一种无所不在的绝望"，"潜入我的内心，我甚至开始渴望世界末日"。[19]

1952年1月，波伏瓦的打字员卢西安死于乳腺癌，不久之后，波伏瓦发现自己的一个乳房有肿块。她把这个情况告诉了萨特，萨特鼓励她如果担心就去看医生。到1952年3月，疼痛加剧，于是波伏瓦预约了医生，并于4月去看了专科医生。医生让波伏瓦别担心，她还年轻，情况应该不会太糟，但即便如此，医生还是建议她应该做一个活组织检查。最糟糕的情况是必须切除一个乳房，波伏瓦会同意吗？

波伏瓦最终还是做了检查。她从医生那里出来后，感到很震惊。波伏瓦见过卢西安的候诊室，她也见过因为乳腺癌失去一个乳房的女性在十年后又回来切掉另一个，或者死于感染。当波伏瓦把医生所说的话告诉萨特时,他以冷战时的讽刺口吻回答道:"最坏的情况是,她只能活12年,因为那时,原子弹就会把所有人都炸死。"[20] 手术前一天,她和博斯特一起参观了一座美丽的修道院。

1952年5月,在罗马,萨特听说法国政府暴力镇压了法国共产党的示威游行。萨特没有加入党派,当时大多数西方知识分子都开始疏远斯大林,而萨特公开为共产党员发声。不管萨特在政治上有什么想法,他对共产主义的支持给波伏瓦带来了一个意想不到的好处。星期日下午,《摩登时代》杂志在波拿巴街开例会。萨特希望这本杂志能反映他新的政治热情,所以他邀请了一些年轻的马克思主义者加入编辑委员会。其中一位名叫克洛德·朗兹曼的是萨特秘书的朋友,人很机智。朗兹曼当时27岁,幽默风趣,一双蓝眼睛尤其迷人。

有一天,萨特的秘书让·科告诉波伏瓦,朗兹曼觉得她很迷人。波伏瓦耸了耸肩:她已经开始为自己的衰老感到焦虑,并且相信她的性生活也快到头了。[21] 但有时波伏瓦注意到朗兹曼在开会时老是盯着她看。7月的一个派对后,波伏瓦的电话响了,朗兹曼邀请她去看电影。波伏瓦问:"哪一部电影?"朗兹曼说:"只要是你喜欢的就行。"波伏瓦和朗兹曼便约了个时间,放下电话后,波伏瓦忍不住哭了起来。[22]

波伏瓦后来在《老年》(在波伏瓦62岁时出版)中给出的叙述要比在《时势的力量》(在波伏瓦55岁时出版)中的自传体描述更清楚。年轻时的波伏瓦对成熟女性的性行为感到厌恶。那时候的波伏瓦"厌恶"她口中"年龄大的荡妇",这些女人厚颜无耻地染发,穿比基尼,用波伏瓦的话说,她们本应"待在架子上",却跑下来卖弄风骚。波伏瓦认为自己老了之后,就会"乖乖地退避到架子上"。44岁那年,波伏瓦就已经认为自己该去架子上待着了,但显然这一切还为时尚早。[23]

第一次见面,朗兹曼和波伏瓦从下午一直谈到晚上,最后他们意犹未尽,决定第二天共进晚餐。朗兹曼向波伏瓦表示爱意,波伏瓦接受不了——她比他大 16 岁。朗兹曼说:"我不在乎。"在他眼里,她并不老。那天晚上,朗兹曼没有离开波伏瓦在布切里街的公寓,第二天也没有离开。

几天后,波伏瓦离开巴黎去了米兰——她开着她的西姆卡牌小车,萨特坐火车去了——他们约好在斯卡拉广场见面。波伏瓦想参观博物馆、教堂和艺术品;而萨特只想工作。于是他们彼此做出妥协:上午观光,下午工作。萨特正在写《共产党人与和平》(The Communists and Peace),波伏瓦觉得自己正在写的这部小说似乎永远也写不完。萨特在 1952 年秋天读了波伏瓦的这部作品,十分赞赏,但不满意这本书的结尾。波伏瓦受够了,想要放弃这本书。但后来博斯特和朗兹曼读了这本书,都鼓励波伏瓦继续完成它。当这部作品最终完成时,萨特引用它作为他停止写小说的理由,甚至都放弃了他的"自由之路"系列。萨特说,完成自己的小说系列已经显得没有任何意义,因为波伏瓦在《名士风流》里已经"比我更好地探索了这个时代的问题",而且整部作品"始终保持自由、不确定性和模糊性"。[24]

波伏瓦从意大利写信给朗兹曼。事实上,在他回信之前,波伏瓦写了五封信。她答应回到巴黎后仍然爱他。朗兹曼问,只爱到那个时候吗?他对此更有信心。[25]

波伏瓦在去巴黎的途中看望了妹妹,但她等了两个星期,直到朗兹曼从以色列旅行回来,"他们的身体才又愉快地相遇"[26]。波伏瓦和朗兹曼开始分享他们过去的故事：朗兹曼是犹太人，他对犹太人身份的思考帮助波伏瓦以她意想不到的方式理解犹太人。[在后来的生活中，许多人也会这样评价朗兹曼；后来，在波伏瓦的持续支持下，朗兹曼还成功执导了广受好评的纪录片《浩劫》(*Shoah*)。]

波伏瓦和朗兹曼从过去谈到未来。旅行之后，朗兹曼几乎没有钱了，所以波伏瓦邀请他搬去和她一起住。这是波伏瓦人生中第一次和她的情人住在一起，她对放弃自己的孤独感到紧张，不过之后他们这样生活了七年。他也是波伏瓦唯一一个用亲密的第二人称"tu"去称呼的情人。萨特在后来的采访中对此发表了评论，声称他与任何女人的亲密程度都不及他和波伏瓦之间的亲密程度，但即便如此，波伏瓦和萨特也从来没有用亲昵的"tu"称呼过彼此。[27] 2018年，波伏瓦写给朗兹曼的信被公开，研究者们终于接触到了这部分材料。当波伏瓦不在朗兹曼身边的时候，她在信里记录和讨论自己的写作、阅读和所见所闻，穿插着她对朗兹曼的温柔表白和日常生活中的琐碎细节。对于一个像波伏瓦这样渴望独处的人来说，她愿意以这种方式与朗兹曼分享她的生活实在是难能可贵。

在约瑟·达扬对西蒙娜·德·波伏瓦的电影刻画中，波伏瓦问朗兹曼他对她的第一印象是什么：

> 朗兹曼说：我觉得你很漂亮，有一张光滑的脸，我想看看你无动于衷的背后隐藏着什么。
>
> 波伏瓦：然后你会发现我没有看上去那么冷漠。
>
> 朗兹曼：哦，绝对是的。……我不知道我是否应该谈论那件事……从一开始你就显现出与众不同的生活品位，而且你不

断地追求和进取。你总是想做些事情，去旅行，去看事物的细节……和你一起去观察这个世界是一个充满惊喜的过程，事实上我就是这么做的。[28]

对波伏瓦来说，她的爱情在过去两年里痛苦地终结了，似乎标志着她的性时代的终结。但和朗兹曼在一起，波伏瓦说："我欣喜若狂地跳了回去。"[29]

波伏瓦继续和萨特见面，但他们的习惯改变了。[30]波伏瓦和萨特通常每年都要休假两个月，但现在波伏瓦不想离开朗兹曼两个月，所以他们决定让朗兹曼也来一起度至少十天假。朗兹曼这段时间在写关于刚刚建立起来的以色列，他很高兴犹太人并不是局外人。因此，朗兹曼和波伏瓦早晨在一起写作，到了下午，波伏瓦按照往常一样去和萨特一起工作。

尽管波伏瓦和朗兹曼同住一套公寓，同睡一张床，但他们的关系和波伏瓦与其他人的关系一样，都是非排他性的。波伏瓦希望朗兹曼也有别的情人，并且把一切都告诉她；波伏瓦仍然期待着见到萨特，并告诉他一切。朗兹曼成了"大家族"中的一员：他们与奥尔加、博斯特、万达和米歇尔一起度过了新年前夜。随着时间推移，波伏瓦越来越欣赏他们这些人共享的漫长时光："我们之间互相理解，有时候一个微笑就像一整场演讲一样能传达很多意思。"[31]

朗兹曼是一个充满激情的人，他会很自然地向别人表达自己的情绪和反应；在波伏瓦和朗兹曼刚开始恋爱的那段时间，他很感激波伏瓦能够不顾他的"疯狂"而爱他。他有一段狂暴的过去，但那并不是塑造他性格的唯一因素。战后，朗兹曼发现法国在犹太种族的灭绝这件事上和德国沉瀣一气，悲痛欲绝。虽然朗兹曼在路易丝学校和让·科、吉勒·德勒兹都是好朋友，但是他父亲有严重的暴力倾向，以至于他母亲不得不抛下三个孩子离开他，不知所终。

但朗兹曼并不是唯一一个要面对黑暗的人，而朗兹曼——波伏瓦唯一同居过的情人——也近距离亲眼看见了波伏瓦的暴风雨。朗兹曼认为，波伏瓦与萨特的共同之处在于，他们都有一种存在主义的焦虑，使得他们处于抑郁或绝望的边缘。在萨特身上表现为"忧郁和消沉"，他用安非他命、写作和调情诱惑来对抗这些情绪。在波伏瓦身上，这表现为朗兹曼所说的"爆发"：

坐着、站着或躺着，在车里或步行，在公共场合或私下里，波伏瓦会突然猛烈地抽泣起来，全身上下因为喘气而颤抖，心碎不已的哭声不时被无法表达的绝望打断。我不记得第一次了，在我们一起度过的七年里，这种事发生了很多次，但现在回想起来，我写这篇文章的时候，它从来没有与她做过的什么错事或不幸联系在一起。相反，她似乎是撞在了幸福的岩石上，被幸福撞碎了。

朗兹曼曾经试图安抚波伏瓦，但面对波伏瓦"痛苦地意识到人类幸福的脆弱"，他"完全无能为力"。[32]但就像学生时代的"波伏瓦小姐"一样，爆炸总会过去；波伏瓦和朗兹曼在谢尔街一起生活和工作，有时候一天里他们俩能够平静地写上五个小时，彼此不说话。[33]

2018年，克洛德·朗兹曼将波伏瓦写给自己的部分信件卖给了耶鲁

第十三章 再次面对爱情　293

大学。[34] 在宣布这笔交易时,《世界报》发表了一封 1953 年的信,波伏瓦在信中写道,虽然她"肯定"爱过萨特,但他们之间"没有真正的对等,而我们的身体也没有达到和谐"。[35] 从波伏瓦的坦白中,我们可以看出,到 1953 年,波伏瓦显然没有把萨特作为自己爱情生活的中心,而且,她对两人关系的批评不仅有性方面的,还有伦理方面的。如果历史重演,这些信件的读者还是只会关注性的那一方面。他们会反复表演自己的惊讶:原来 20 世纪"最伟大的爱情故事"并非他们想象的那样。但波伏瓦发现,性并不是她唯一欠缺的东西。她反对的是缺乏互惠和对等——她认为这是浪漫爱情真实的必要条件。波伏瓦的几代读者都怀疑是否她与萨特的关系也处在一种"自欺"当中,很重要的是我们终于看到波伏瓦(向自己亲密的人)承认她和萨特关系的严重缺陷。是的,波伏瓦爱过萨特,但是在很多重要的方面,从波伏瓦的角度来看,他们的关系并不成功。

波伏瓦告诉公众的是一个不同的故事,而且因为公众对她的评价,故事也变得复杂。1953 年春,《第二性》的第一个英译本出版了。出版商阿尔弗雷德·克诺夫的妻子布兰奇·克诺夫在巴黎的时候听到人们谈论这本书,但她的法语不够好,无法对这本书做出评价。她以为这是某种知识分子的性手册,所以请了一位动物学教授写份读者报告。H. M. 帕什利回信称赞这本书"聪明、博学、平衡",它"在任何传统意义上都不是女性主义的"。

克诺夫夫妇回信问帕什利愿不愿意翻译,能不能删减一下篇幅(克诺夫夫妇认为该书的作者患有"言语的腹泻")。[36] 法语版《第二性》长达 972 页。帕什利在与克诺夫出版社的通信中表示,他将删减 145 页,占全书的 15%。帕什利是一个动物学家，他既没有哲学背景，也没有法国文学背景，帕什利完全没有理解波伏瓦法语原著中丰富的哲学内涵和文学典故，这使得他觉得波伏瓦的哲学思想并没有那么严谨。因此，帕什利带着自己的偏见去删减和翻译波伏瓦的作品，删改最严重的就是讲女性历史的部分，他删除了 78 个女性的名字和几乎所有涉及社会主义形式的女性主义内容。帕什利删去了涉及女性的愤怒和受到的压迫的内容，但保留了对男子情感的描写。此外，帕什利还删减了波伏瓦对家务劳动的分析。[37]

看到帕什利删减后的英译本后，波伏瓦回信说："在我看来很多重要的东西都被删掉了。"帕什利回信说，如果他不删减的话，这本书会"太长"，所以波伏瓦要求帕什利在前言中直截了当地说，他对原作进行了删减。但帕什利并没有像波伏瓦所希望的那样直率。

在美国，这本书没有被贴上"存在主义"作品的标签，因为布兰奇·克诺夫认为存在主义已经过时了；事实上，波伏瓦曾要求帕什利在前言中弱化这一点。[38]帕什利在译者序中说，因为"波伏瓦小姐的书毕竟是关于女人的，而不是关于哲学的"。[39]"为了简洁，他稍稍做了一些删减"，帕什利写道，实际上所有这些修改都是在作者明确许可的情况下做出的。[40] 在 1985 年的一次采访中，波伏瓦说她对帕什利的所作所为仍然耿耿于怀。[41]重新增补缺失部分的英译本直到 2009 年才在英国出版，2010 年才在美国出版。

《第二性》在美国上市销售后，一下子就成了畅销书排行榜的宠儿。一些早期的评价对波伏瓦的风格和独创性都非常赞许，也同时指出她错误地将女性面对的挑战普遍化，而这些挑战实际上只适用于艺术圈子或

第十三章 再次面对爱情 295

知识女性。[42] 其他一些评论者认为，波伏瓦（正如《大西洋月刊》的一位评论家所言）显然具有"极端的女权主义人格类型"。[43]《纽约客》的一位评论家和人类学家玛格丽特·米德分别称其为"一件艺术品"和"一部虚构作品"。[44]《第二性》自出版以来销量很好，据说在 20 世纪 80 年代就超过了百万册。在 20 世纪 50 年代，这本书是少数几本女性在想要思考自己在世界上的位置时可以求助的书籍之一。[45]

由于《第二性》，波伏瓦被称为第二波女权运动的"母亲"。然而，奇怪的是，20 世纪 60 年代一些最著名的女权主义先驱直到后来才承认她的影响。凯特·米利特的《性政治》在很大程度上受到了《第二性》的启发，这也促使波伏瓦评论道，米利特的书虽然"非常好"，但从她自己那里"借鉴了很多，形式、思想、一切"。[46]

在美国，波伏瓦关于性、"独立女性"和母性的观点吸引了读者们最持久的关注。[47] 虽然人们的反应不像法国人那样尖酸刻薄，但在某些方面，波伏瓦还是引起了人们的不满和愤怒。1953 年 4 月，波伏瓦和萨特、朗兹曼从圣特罗佩回到巴黎，在巴黎的双偶咖啡馆，波伏瓦收到了一个包裹。信上盖着芝加哥的邮戳，波伏瓦以为是阿尔格伦寄来的，便兴奋地拆开包裹。打开之后波伏瓦发现，那是一份匿名的礼物，上面写着："帮助胆汁排出的泻药。"[48]

波伏瓦仍然每月给阿尔格伦写信，定期向他介绍《名士风流》的最新情况。波伏瓦写信给阿尔格伦时，她称这本书为"他的"书——尽管书名是朗兹曼给起的（朗兹曼说，他们的关系从一开始就是"既理智又肉体的"[49]）。《名士风流》慢慢成形，比波伏瓦希望的要慢，所以到 1953 年 8 月，波伏瓦在给阿尔格伦的信中称这本书为"他那该死的书"。

到了12月，它成了她的"该死的下流小说"。

1953年6月，波伏瓦、朗兹曼、萨特和米歇尔一起去旅行，先后去了瑞士、南斯拉夫、威尼斯。朗兹曼开着波伏瓦的车，而波伏瓦则兴致勃勃地计划着进行8个小时的徒步旅行。在里雅斯特，他们发现他们可以获得进入南斯拉夫的签证。波伏瓦从来没有去过铁幕后面：他们准备了足够的生活补给，进入共产党的领地。

那年8月，波伏瓦在阿姆斯特丹继续写小说。她和萨特一起在那里工作，享受着这种工作的节奏。这时，她从朗兹曼那里得到了一个令人沮丧的消息：她原计划在巴塞尔和朗兹曼见面，但他在卡霍尔出了车祸，现在住院了。波伏瓦听闻之后立即上车，一路开车到朗兹曼身边。[50]

与此同时，萨特回到了巴黎。他决定之后去卡霍尔与波伏瓦和朗兹曼见面，但他有几件事要在巴黎处理，主要是为波伏瓦办事，还有去追求自己的新情人。萨特爱上了朗兹曼的妹妹埃弗利娜。米歇尔对此一无所知，埃弗利娜也爱上了萨特。因此，萨特现在有了三个"情妇"：万达、米歇尔和埃弗利娜，她们对萨特的了解程度不一，但萨特都在经济上给她们支持，并慷慨地给予各种文学的礼物。

1954年2月，波伏瓦收到了阿尔格伦的一封信，询问她的生活中是否还有"魔力"。尽管现在波伏瓦有朗兹曼，但是她还是跟阿尔格伦说她永远不会像爱他那样再爱上别人。她对这个世界不再抱有幻想，开始抱怨自己的年龄；现在她过着"没有魔力的生活"。[51]但是到了4月底，她怀着美好的心情给阿尔格伦写了一封信，因为她终于完成了《名士风流》，足足有1200页。萨特、博斯特和奥尔加都认为这是波伏瓦有史以来最好的小说。这是一个美国故事，一个男人和一个女人的故事，尽管波伏瓦还没有把这部长篇巨著的"怪物"交给伽利玛出版社,但她感到如释重负。

波伏瓦很担心萨特的健康:多年来,他一直严格要求自己,服用着几倍于推荐剂量的安非他命。萨特有高血压,所以医生建议他休息。但是他没有听医生的话,每次觉得自己迟钝时他还增加了兴奋剂的摄入量。波伏瓦和朗兹曼都告诉他,他这样做无异于自杀,但他不想停下来。

1954年5月,萨特启程前往苏联。他的访问被法国的报纸各种报道,波伏瓦也在媒体上关注着这些报道。萨特一直没有给波伏瓦回信。同月,波伏瓦的妹妹埃莱娜来到巴黎办画展,6月,波伏瓦和朗兹曼去了英国(在那里,她显然对英国的"夏天"并不着迷)。他们回来后,在公寓门下发现了一张博斯特的便条,请她马上来见他。他们下了楼(博斯特和奥尔加还住在楼下),想看看是怎么回事,博斯特告诉他们萨特在莫斯科住院了。让·科说,一切只是因为萨特的高血压,情况并不严重。

波伏瓦给莫斯科那边打了个电话,直至听到萨特的声音,她才放心下来。萨特花了十天时间康复,然后飞回法国。但是,除了他的健康之外,波伏瓦也开始为萨特的政治立场感到不安。在这次旅行中,他为《解放报》写了一篇文章,声称在苏联有完全的言论自由。每个人都知道这不是真的。萨特到底在想什么?萨特对此很固执,直到苏联入侵匈牙利他才公开批评苏联。

萨特从苏联回来后,前往罗马休养。米歇尔陪着他一起去,但萨特只想睡觉。1954年8月,萨特和波伏瓦一起前往德国和奥地利旅行。波伏瓦对萨特的低落情绪和身体状况感到惊讶,波伏瓦认为他身体上的疲劳已经带来了精神上的低谷。萨特性情急躁、不屑一顾,甚至称文学为

"胡扯"[52]——这可是他们两人都想献身的事业啊！萨特焦虑不安，对自己的人生目标产生了怀疑。再多情人也没法把他从这种绝望中解救出来。

1954年10月，波伏瓦的《名士风流》终于出版。有了《第二性》的经历之后，波伏瓦这次显得有些不安："我仿佛已经能听到那些让人不快的风言风语了。"让波伏瓦出乎意料的是，这部作品很受欢迎，而且几乎在任何地方都很受欢迎——左翼和右翼都觉得这部作品十分优秀。《名士风流》初版印刷了1.1万册都不够卖，到了第一个月的结尾时，已经卖出了4万册[53]；波伏瓦写信给阿尔格伦说，关于他的书是她有生以来最成功的作品。它甚至入围了龚古尔奖（Prix Goncourt）——龚古尔奖是在法国享有盛誉的一个奖项，每年11月颁发。很多人说这本小说应该获奖，但波伏瓦不确定《第二性》作者的身份是否会对自己不利。

龚古尔奖每年都会为被提名的作家举行一场特别的午宴，席间宣布获奖者的名字，然后——如果你幸运的话——要当场感谢陪审团。在那之后，出版商将会举办一场鸡尾酒会，记者可以在会上提问和拍照。许多作家喜欢大张旗鼓的宣传和公众的关注，并希望这样做。西蒙娜·德·波伏瓦对此完全不屑一顾。

她不喜欢报纸上写的关于她和萨特的"丑事"，也不喜欢最近关于她的《第二性》的报道。波伏瓦也不喜欢在公众场合露面，因为在她看来，"媒体报道只会抹黑被报道的人"[54]，所以波伏瓦决定用她自己的方式玩这个游戏，并且远离它的控制——她决定躲起来。

在宣布获奖的两天前，记者们开始从街对面的一个酒吧监视波伏瓦公寓的门。但是波伏瓦悄悄地从后门溜去了别的地方。在宣布奖项那天，波伏瓦、萨特、奥尔加和博斯特举行了一个小型派对，听广播上宣布谁

第十三章 再次面对爱情

获奖了，而记者们则在布切里街白白等了一整天。记者们失去了耐心，尝试了几招，包括给她的公寓打电话，甚至模仿萨特。

最终，波伏瓦获奖了。

文学圈的大佬们很生气，因为波伏瓦成功地传达了她的态度：没有他们她完全能活下去。一家报纸恶意刊登了一张加工后的波伏瓦照片，他们故意在她的眼睛下画上阴影让她看起来很老。电视节目播放了她缺席龚古尔文学奖的画面——白色亚麻桌旁的座位空空的，不见波伏瓦本人，然后是雷诺多奖（Renaudot prize）"不那么害羞"的获奖者让·勒韦齐在书上签名（用播音员的话说，是在履行"荣耀的小义务"[55]）。尽管波伏瓦拒绝按规矩办事，她的书却卖得很好，甚至比龚古尔奖以往的得主们还要好，而且她收到了更多的信件。这些信件的语气比《第二性》那些充满讽刺和轻蔑意味的读者来信要柔和得多。波伏瓦也收到了老朋友和曾经的学生的来信。但是波伏瓦最想知道阿尔格伦的想法。波伏瓦告诉阿尔格伦，这个美国爱情故事并非原封不动地照搬他们的故事，她只把他们的一部分故事写进了《名士风流》里。[56]

波伏瓦是龚古尔文学奖自1903年成立以来的第三位女性获得者。获奖一个月后，她的朋友科莱特·奥德里评论说，波伏瓦"为自己选择了一种知识分子的生活"，她的小说展现了"个人成长的创伤和集体体验的沉重"。奥德里写道，波伏瓦的作品"要求读者反思自己和自己的处境"。[57]波伏瓦作为作家的目标仍然是激发读者的自由，在1963年的一次采访中，波伏瓦对一些读者坚持认为《名士风流》是自传体小说表示失望："实际上，这是一部真正的虚构小说。这部小说的灵感来自环境，来自战后的时代，来自我认识的人，来自我自己的生活，等等，但它真正地跨越到了一个完全虚构的平面上，与现实相去甚远。"[58]

尽管遭到波伏瓦的反对，这本书至今仍被当作一本讲述左岸派著名知识分子生活圈的自传体小说售卖。2005年出版的《哈伯年鉴》（*Harper Perennial Edition*）称这本书为"史诗般的爱情故事和哲学宣言"，它将让读者深入了解名人的生活：

> 在战时的巴黎，一群朋友聚在一起庆祝德国占领的结束，并计划他们的未来。……中间穿插着对萨特、加缪和当时其他知识分子的细致入微的描述，这是一个让你永生难忘的爱情故事。

尽管《名士风流》获了奖，十分受欢迎，但也让更多人认为波伏瓦是个以自我为中心的女人，她的文学缺乏想象力，只取材于她自己的生活。按照这个思路去读《名士风流》的话，故事的女主人公安娜·迪布勒伊就是波伏瓦，她的丈夫罗贝尔是萨特，亨利·佩隆是加缪，他的情人波尔有时被认为是维奥莱特·勒迪克（尽管波伏瓦指出，有好几个女人都认为自己是波尔[59]）。还有一个叫刘易斯·布洛甘的美国人，安娜和他有过一段。

虽然波伏瓦承认这部小说的灵感来自她的生活，但从波伏瓦的角度来看，《名士风流》既不是自传，也不是论文小说，既然人们指责它两者兼而有之，她决定在《时势的力量》中解释自己的写作动机。《名士风流》的主题是克尔凯郭尔所谓的"重复"，波伏瓦将其理解为"真正拥有的东西，一定是失而复得，失去了之后重新找回的"。[60] 波伏瓦不想给小说强加一个主题，她想要的是展示"冲突观点的永恒舞蹈"。

在这里，波伏瓦也解释了两个令人震惊的事情：首先，她故意选用哲学上被称为"间接沟通"的方法，即给读者提供的不是一个特定的生活方式，而是一个选择。克尔凯郭尔在他的作品中运用了这一技巧——有时用假名出版，有时在假名中创造假名，以引起读者对什么是真实的思考，以及他们应该为自己选择什么样的生活方式。这样的作品在克尔凯郭尔笔下被称为哲学，那么为什么在波伏瓦那里就不是呢？答案仅仅是因为克尔凯郭尔是个男人，而波伏瓦是个女人吗？波伏瓦一而再，再而三地被认为是一个肤浅的、缺乏想象力的思想家，没有能力成为一个"真正的"哲学家。当她为自己哲学的深度和独创性辩护时，很少有人相信她。

第二，波伏瓦直接说，《名士风流》这本小说探究的问题来源于她遇到萨特之前就在日记里提出的问题："存在与虚无的基本冲突，这是20岁的我曾经在日记里勾勒的问题，而后我在所有的书籍中都没有解决，即使在这本书里我仍然没有找到确定的答案。我展示了一些人如何在怀疑和希望中挣扎，在黑暗中摸索、寻找出路；但是我想我证明不了什么。"[61]

在《时势的力量》中，波伏瓦直率而坚定地捍卫她作品的哲学本质和独创性。到20世纪60年代初，波伏瓦的哲学在过去的20年间都被误解成是"应用存在主义"，人们认为她的智识和创造都依附于萨特。波伏瓦现在很清楚，除了作家所说的话本身，说话的人也会带来紧张和压力。因此，波伏瓦毫不含糊但很平静地说，她的想法来源于她自己。

后来一种说法渐渐流传开来，认为波伏瓦"写了一部准确而忠实的编年史"[62]：

《习作》(Études, 1955)

"是的,我们被告知这是萨特'大家族'的故事。"[63]

《信息社会》(Information Sociales, 1957)

"《名士风流》售出18.5万册,这不仅仅是因为西蒙娜·德·波伏瓦获得了龚古尔文学奖,还因为圣日耳曼-德-普雷周边的传说。波伏瓦被认作让-保罗·萨特的缪斯女神、存在主义的象征,很多读者都希望通过阅读这本小说,对这个似乎充满神秘的运动拥有全新的认识。"[64]

美国对于这本书也这样宣传:"正如我们所料,我们在小说中找到了西蒙娜·德·波伏瓦本人的影子。"[65] 对于波伏瓦来说,这不仅是一个令人沮丧的回应,还让她很痛苦:"这种说法把我的创作变成了轻率之举,甚至是在谴责我的创作。"[66]

多丽丝·莱辛赞赏波伏瓦的《名士风流》,认为她展示了一幅"杰出的女性画像"。[67] 这本书里的女性被告知,女性都是一样的。[68] 然而,我们看到一些女性因为没有回馈的爱而经受着痛苦折磨[69];另一些女性因为男性不把她们当作可以谈论事情的对象而感到沮丧。故事主人公之一安娜的女儿纳迪娜将代际的维度带入了故事中,她向自己的情人抗议:"你和其他人讨论事情……但你永远都不会跟我讨论这些事情。我想这是因为我是一个女人,而女人只适合与男人上床。"[70]

间接交流的一个问题是,它会留下很多解释的空间和可能。尽管波伏瓦声称,主人公亨利和安娜身上都有她的影子在,但从波伏瓦死后出

第十三章 再次面对爱情 303

版的《给阿尔格伦的信》来看,《名士风流》的一部分内容与波伏瓦的真实生活非常相似:

《名士风流》

"哦!你已经在床上了!"布洛甘说。他拿着干净的床单,疑惑地看着我:"我想换床单。""没必要……""安娜!"布洛甘说话的方式深深地打动了我。他扑到我身上,我第一次叫出了他的名字:"刘易斯!"

信件(波伏瓦给阿尔格伦的信)

"我来睡觉的时候别忘了换床单。"我将永远记得,第一个夜晚,你抱着被单,看着躺在床上的我,一脸困惑的样子。在我看来,从那一刻起,我就真正地爱上了你,从未停止过。

在波伏瓦的信件出版后,读者们发现了书里栩栩如生的情节可以在她的信件中找到原型。读者们忍不住猜测这本书里还包含了哪些这样的例子,现实和想象之间的界限能划在哪里。

1955年1月9日,波伏瓦47岁了,她觉得自己"真的到了中年"。[71] 过生日总是使波伏瓦想起死亡,她仍然不能平静地去想它。

那年,波伏瓦用龚古尔奖的奖金买了一套单间公寓,位于维克多·舍尔歇大道上,这条路与蒙帕纳斯公墓东南侧的拉斯帕尔纳斯林荫大道相距不远。从她出生的公寓到圆顶酒店和库波勒酒店(Coupole)只有9分钟的路程。1955年8月,波伏瓦和朗兹曼搬进这个公寓。朗兹曼记得他们一起跨过门槛,用做爱来庆祝乔迁之喜。[72]但波伏瓦几乎没来得及打开行李，就在 9 月初与萨特一起前往中国。他们在北京住了一个月，然后周游全国，波伏瓦和萨特都对中国人的生活充满了好奇。在这次旅行中，他们敏锐地察觉到自己的外国身份和特权：这里没有奢侈品，也没有人听说过他们。最后波伏瓦和萨特经由苏联返回法国。

到了春天，维奥莱特·勒迪克的小说《踩躏》出版了。在早期的手稿中，勒迪克所描写的同性恋关系冒犯了伽利玛出版社的读者，结果，用波伏瓦的话来说就是，小说被"截肢"[73]了。因为出版社想要删减小说，因此勒迪克非常沮丧，甚至身体不适。在她康复期间，波伏瓦陪着她，同时给萨特写信讲述她们在一起的"艰难日子"。[74] 当这本书出版时，那些缺失的场景并没有被修复。但即便如此，波伏瓦和勒迪克还是漫步在风信子和郁金香丛中，讨论她们心里的希望。在文学圈子里，波伏瓦仍和埃伦和理查德·赖特保持联系，他们经常和她的美国出版商一起拿波伏瓦开玩笑。他们当时正在着手翻译《名士风流》，但可能要删减一些性内容，因为"在美国，在书中谈论性是可以的"，"但不能涉及性变态"。[75]

6 月，梅洛-庞蒂出版了《辩证法的历险》(*Adventures of the Dialectic*)；评论家们宣称，这是对萨特哲学的致命一击。波伏瓦认为并非如此，所以她写了一封回信，反驳梅洛-庞蒂对萨特的逐点解读。很多人批评波伏瓦：她为什么要为萨特辩护？在《时势的力量》中，波伏瓦讨论了她的回答是如何引起攻击的。一些人说她应该让萨特自己去回应，因为是他的哲学思想受到谴责，其他人说她太"恶毒"了。对于前者的批评，她说任何人看到有缺陷的哲学论证都可以反驳它。至于后者，她和梅洛-庞蒂的友谊"非常深厚"："我们在观点上的差异非常大，我会坚持到底，而梅洛-庞蒂会微笑面对。"从这件事，我们可以看出波伏瓦所流露出的尖刻和风趣。有人说,她的哲学论文语气应该温和一些(在那个时代,男性哲学家很少受到这样的指责),对此,波伏瓦回应:"我不这么认为。要使一袋热气爆炸,最好的办法不是轻拍它,而是把钉子一头扎进去。"[76]

1955 年秋,阿尔及利亚战争爆发,法国在种族和殖民主义问题上产生分歧。摩洛哥和突尼斯即将获得独立,阿尔及利亚也想要独立。但是那年 5 月,法国在印度支那战败,政府蒙羞。法兰西帝国——法国的骄傲——必须得到保卫,而保卫它的方法就是保留阿尔及利亚。波伏瓦深感不安,甚至感到厌恶;她认为法国的行为是站不住脚的。她晚上难以入眠,为自己国家对无辜者的折磨感到羞耻。她和萨特一起办的《摩登时代》杂志很早就站出来支持阿尔及利亚独立,但波伏瓦也因此再次被指控为法国的叛国者。

1955 年,波伏瓦以"特权"为题发表了三篇文章。三篇文章贯穿始终的一个问题是:特权阶层如何思考他们的处境?古代贵族完全忽视了这个问题:他们享受着自己的权利,而不考虑这些权利是否合法。因此,第一篇论文里波伏瓦对萨德侯爵进行了分析,她说,因为萨德侯爵阐明了一个观点:如果一个人想要对抗不公正的等级制度,首先要做的就是不要对这些制度一无所知。萨德没有做波伏瓦认为作家应该做的事:揭示世界的可能性,呼吁读者行使为正义而努力的自由。相反,萨德投身于虚构的世界,并为残忍和堕落找到了正当的理由。萨德所谓的情欲忽略了情欲的真相,只有那些让自己沉溺于所爱之人的脆弱和情感陶醉的人,才能发现真的情欲。尽管如此,波伏瓦认为萨德还是有优点的,他"聪明地展示出特权只是利己的渴望,无法在所有人眼中都合法"。[77]

在第二篇文章中,波伏瓦分析了保守派是如何为不平等辩护的:他们通常是将"普遍利益"与自己的利益混为一谈。波伏瓦说,从哲学角度为特权辩护是不可能的。因此,那些认为这种说法站得住脚的人要么是"健忘"(对世界缺乏关注),要么就是"自欺"。在第三篇文章中,波伏瓦分析了一个特殊的案例:文化。她在书中写道,文化是一种特权,许多知识分子像其他特权阶级一样,都忘记了其他人并不像他们一样拥有特权。

八年前,波伏瓦写过一篇文章,说非专业人士不应该妄想自己能理解存在主义,不可能用一句话或者一篇文章就把存在主义总结清楚:

> 没有人会要求用两三句话讲清康德、黑格尔的哲学体系,普及存在主义并不容易。哲学理论就像物理或数学理论一样,只有专业的人士才能透彻地理解。的确,如果一个人想要掌握新学说的基础和原创性,就必须熟悉它所依赖的悠久传统。[78]

即使在那时,波伏瓦也意识到,大量公众之所以对存在主义感兴趣,是因为它有"对待现今世界面临的问题的一种务实态度"。存在主义回应了人们的需求。但是在美国,这使得一些批评家质疑存在主义是不是哲学。在法国,哲学并没有如此狭隘的定义。[79]但即便如此,波伏瓦一定也在想:她是否忘记了需要答案的不只是知识分子。

写完关于特权的文章之后,波伏瓦决定写一本关于中国的书。她想暂停小说创作,同时也想挑战西方读者对共产主义的偏见。《长征》(*The Long March*)取材于波伏瓦对1955年去中国旅行的反思;这次旅行让她

第十三章 再次面对爱情 307

重新思考，不再把欧洲和美国的财富作为自己的准则。"我眼中的中国广大群众打破了我对西方世界的整体看法；那时，远东、印度、非洲长期缺乏食物，这才是世界的真相，我们西方人的舒适仅仅是一种有限的特权。"[80]波伏瓦希望她的亲身经历、所见所闻以及对话能让其他人看到中国人正在"努力建设一个人类世界"。

波伏瓦写了一篇关于从"民主到社会主义革命"转变的文章，因为她不想只停留在抽象的哲学定义上，而是想去体现"所有真理中最具体的真理：当下只不过是进程，是一种变化"。波伏瓦告诉读者，她在中国期间看到的一切，"既是过去的一种留存"，也是"走向新生所伴随的痛苦"。[81]波伏瓦在她所看到的东西中发现了很多值得赞扬的地方。

1956年，《名士风流》和《第二性》一起被天主教堂列为禁书。波伏瓦加入了萨特，一起去意大利度过秋天，他们后来一直保持这个习惯。在"永恒之城"的中心地带，波伏瓦和萨特的旅馆房间紧挨着，他们的日子遵循着一种和谐的节奏：孤独、陪伴、工作、威士忌和冰激凌。波伏瓦现在已经重新找回了自己的文学创作节奏，她特别喜欢从面对着空白页构思时的"迷乱"到完成最终稿的"细枝末节"之间的这段时期；在萨特、博斯特和朗兹曼发表评论后，她称这一过程为她"删减、放大、纠正、撕碎、重新开始、思考、做出决定"的过程[82]。

那一年，波伏瓦重新开始了她十年前，也就是在1946年时搁置的项目：回忆录。这十年间，很多事情都改变了，她写了《第二性》，遇见了阿尔格伦，与怪物一样的长篇小说做斗争，最终这个怪物成了《名士风流》，并赢得了龚古尔奖。波伏瓦去过美国、中国和许多其他地方，并形成了一种信念——正如她在《特权》（*Privileges*）的最后一篇文章中所说的那样,文化是一种特权,知识分子不应该忘记那些没有这种特权的人。那年秋天在意大利,波伏瓦让萨特读了她写的有关她表哥雅克的段落,这些段落后来成为《端方淑女》的一部分。波伏瓦定期给朗兹曼写信,讲述她的生活以及她觉得有趣的书,包括 C. 赖特·米尔斯的《权力精英》(*The Power Elite*)。书的开篇描述了"普通人的权力受到他们所生活的世界的限制,但即便是在这些工作、家庭和社区中,他们似乎也经常受到自己既无法理解、也无法掌控的力量的驱使"。米尔斯认为,大众社会的男性和女性"在一个他们没有目标的时代,同时他们也没有权力"。[83] 波伏瓦思考着,人们怎样才能认识到自己拥有的权力呢?

值得注意的是,波伏瓦转向自传的同时,人们对知识分子的特权和政治参与的批评也越来越多。[84] 这也许只是一个简单的巧合,但在我看来,更有可能的是,波伏瓦的生命写作是她将政治付诸行动的方式之一。玛格丽特·西蒙斯认为,波伏瓦的中国之行,更具体地说,是她与巴金的畅销书《家》的邂逅激发了她的灵感,让她以一种可能将读者从传统中解放出来的方式来书写自己的人生。巴金的《家》里记述了一个家庭里的两个兄弟对待包办婚姻的态度,一个接受,另一个反抗;它被数以万计的人阅读,波伏瓦认为它"表达了整整一代人的怨恨和希望"。[85]

在《第二性》里,波伏瓦批判了"传统"对女性的限制,以及她对女性解放的向往。但波伏瓦写这本书时并没有考虑到普通女性——这本书的语言、风格和篇幅是 20 世纪 40 年代典型的巴黎哲学精英风格,娴熟地运用各种普通人不甚了解的哲学家和他们的概念:黑格尔、马克思、胡塞尔、萨特、梅洛-庞蒂。到了 20 世纪 50 年代中期,波伏瓦意识到许多人并没有同时购买《第二性》的上下两卷,更不必说阅读了。

第十三章 再次面对爱情 309

到1956年5月,《第二性》第一卷的法文版本已经印了116次。第二卷的销售速度较慢（到1958年才达到104次），然而正是在第二卷中,女性用自己的声音讲述她们成为女性的经历；在那里,波伏瓦写下了爱、独立和拥有自己的梦想[86]。波伏瓦很疑惑为什么第二卷卖得不如第一卷,她甚至对谈论爱和解放的第二卷拥有更少的读者而感到失望。波伏瓦也考虑过自己是否做了足够多的事情来与其他女性分享她的特权,她分享的方式是否是最好的。

1957年,波伏瓦给阿尔格伦写新年问候时,告诉他自己快要完成这本关于中国的书了（她又妄自菲薄地说这本书"不太好"），以及现在她开始着手于一些不一样的东西："关于童年和青春的回忆录,不仅要讲述故事,还要试图解释清楚我是谁,我是如何成为我自己的,我与我生活的整个世界之间的关系。"[87]

像《第二性》一样,波伏瓦流畅地写出了《端方淑女》,前后一共花了18个月。波伏瓦翻阅自己的旧日记,在国家图书馆查阅旧报纸。她思考着该如何在自己的回忆录里处理其他人。波伏瓦很乐意与公众分享她的生活,或者至少她的个人形象；但是,波伏瓦所写的其他人会欣然接受她分享他们的故事吗？她给梅洛-庞蒂（在书中,他是扎扎的情夫或哲学家伙伴）、马厄和扎扎的家人都取了假名。但是波伏瓦还是担心她母亲的想法。

1958年1月,波伏瓦步入50岁,她对这一切深恶痛绝,比平时想到生命即将结束而感到的不安还要强烈得多。阿尔及利亚的战争愈演愈烈,波伏瓦对这件事很放不下,对自己是法国人感到厌恶,她睡不着觉,甚至觉得文学都变得"无足轻重"；波伏瓦曾为《摩登时代》杂志工作,出版阿尔及利亚人和士兵的证词。萨特也对政治深感不安,尽管并非出于同样的原因。1956 年 11 月 4 日,苏联坦克开进布达佩斯,杀死 4000 多名匈牙利人。萨特此前对苏联抱有极大的希望,但现在苏联的所作所为已经不容忽视。萨特在接受《快报》(L'Express)采访时谴责了苏联的行为,在苏联和阿尔及利亚局势日益恶化的这段时间,萨特服用了很多安非他命,以至于他晚上讲话都受到了影响,不得不喝酒放松。波伏瓦希望萨特停止损害身体健康的行为,有时她会气得摔碎杯子,以此来强调自己的坚定立场。[88] 在文学方面,萨特几乎总是听从波伏瓦的劝告,但在政治上显然波伏瓦拿萨特没辙,因为他完全不想听。

5 月,皮埃尔·普莱姆林成为法国总理。他是一名基督教民主党人,众所周知,他支持与阿尔及利亚民族主义者协商解决方案。5 月 13 日,阿尔及尔发生暴动,由雅克·埃米勒·马叙将军领导的法国右翼军队夺取了政权,目的是保卫"法属阿尔及利亚"。第二天,马叙将军要求夏尔·戴高乐重新掌权,并威胁说,如果他不这样做就攻击巴黎。政府重组,由戴高乐领导,戴高乐制定了新宪法。一些中左翼政治家和共产党人反对这次政变(包括萨特),但宪法将在 9 月进行投票。

5 月 25 日,克洛德·朗兹曼在朝鲜,波伏瓦再次阅读弗吉尼亚·伍尔夫——这对波伏瓦来说是一种"能够回归自我的解药"——同时波伏瓦也开始对她的生活进行另一种"评估"。波伏瓦已经完成了童年回忆录;她现在该写些什么呢?更多的小说吗?和《特权》与《长征》一脉相承的文章吗? 波伏瓦想写一本书,这本书将"比她的其他作品更重要",将"她童年时困惑的'天命感召'与她在 50 岁时所取得的成就"相比较。[89]

1958 年 6 月,波伏瓦和萨特比往常更早地去了意大利。《端方淑女》

将于 10 月出版，波伏瓦已经开始紧张人们的反应了。[90] 在这本波伏瓦人生写作的第一卷中，她就明确表示，她并不是在与读者订立通常的自传"协定"[91]。在《端方淑女》的宣传简介中，波伏瓦写道："也许可以说，我根据自己现在的样子重塑了自己的过去；我的过去造就了我，所以今天通过对它的解释，我见证了它。"[92] 1958 年 6 月 4 日，她在《法国观察周刊》(France Observateur) 的一篇文章中公开表示，她使用叙事或故事的手法来写回忆录是为了避免使用哲学和精神分析学的理论术语。波伏瓦想以成为一个女人为主题（这是《第二性》的核心），写她是如何成为她自己的。尽管她没有在《法国观察周刊》杂志上公开说，但到 1956 年，波伏瓦非常清楚地知道，她的生活对很多读者来说是有趣的（不管他们是否赞同她的生活方式）。考虑到波伏瓦过去以不同的文学形式写哲学文本和"想象的经历"，我们不难推测，波伏瓦很可能是要用另一种文学形式把《第二性》的哲学呈现出来，也就是用这种哲学来写她自己的人生。

波伏瓦回忆录的第一卷受到了热烈的欢迎，尚未命名的下一卷在她的脑海里抗拒着一个明确的轮廓。波伏瓦知道，她生命的下一个阶段将需要一种不同于《端方淑女》的文学形式和处理方式。这个阶段提出了不同的问题，这些问题在智识和个人方面都难解决。理智上，波伏瓦意识到她总是把小说看得比其他文学形式重要。她在日记中写道："但现在，我在问自己为什么……事后看来，我还必须谈谈哲学——我为什么没有这么做。"就个人而言，波伏瓦想写关于变老、孤独和萨特。关于萨特，或者博斯特、奥尔加、比安卡和纳塔莉，她应该说多少？在整个 5 月和 6 月，波伏瓦在两个选择之间犹豫：到底是用小说的形式还是延续自传的形式？后者将采取"关于作者的文章"的形式。在《法国观察周刊》的一次采访中，波伏瓦称之为"关于自己的随笔"。[93]

波伏瓦于 8 月中旬回到巴黎，与萨特一道前往比萨，然后独自驾车返回。波伏瓦发现跟萨特说再见更难了，不知道是不是年龄惹的祸，分离变得越来越困难。很快，波伏瓦又回到了国家图书馆，埋头写回忆录，但她的思绪已经转到另一个项目上去了。她在 8 月 24 日的日记中写道，她越来越想"写写晚年"。[94]

当波伏瓦与朗兹曼共度时光时，在意大利的萨特发现，他的情人米歇尔·维安十年来一直与安德烈·鲁里奥蒂有染；现在她要为了他离开萨特。尽管萨特自己也有过两三次出轨的经历，但他还是为此感到心烦意乱。萨特宁愿扮演说谎者，也不愿被人欺骗。此外，朗兹曼也有了外遇，并试图掩饰：她是一个贵族女人，比波伏瓦年轻。一天晚上，朗兹曼回到谢尔大街的时间比平时要晚。他蹑手蹑脚地走进卧室，发现波伏瓦正端坐在床上，脸色阴沉。"我想知道。"她说。[95]

朗兹曼把一切都告诉了她。波伏瓦立刻松了一口气，他对她的接受感到惊讶。波伏瓦提议：一个星期和她住三晚，和那个女人住四晚，每隔一周交换一下。朗兹曼认为他的贵族情人会觉得这是个很好的提议——他就无须再偷偷摸摸，半夜溜走了。但是这位贵族情人却不同意，她想要朗兹曼完全属于她一个人。[96]

9 月 14 日晚上，朗兹曼带波伏瓦去吃晚饭；第二天早上，她去车站接萨特。他们聊了一整天，波伏瓦已经知道萨特很疲惫，因为她看过他最近在报纸上发表的显然毫无灵感的文章。通过或否决戴高乐的宪法改革的全民公投即将到来，萨特渴望重返工作岗位，但没过几天，他的肝

第十三章　再次面对爱情　313

脏发生了感染。即便如此，他还是连续工作了 28 个小时——9 月 25 日周四，萨特向《快报》承诺要写一篇文章，他不想错过截稿日期。

萨特身体垮掉了，波伏瓦编辑了他的作品，重写了部分内容，准备发表。在选举的准备阶段，警察和北非人经常在巴黎街头互射机关枪。在阿尔及利亚，"一万名阿尔及利亚人被赶进了一处集中营，就像以前在德兰西的犹太人一样"。波伏瓦疲惫不堪，她的脖子总是紧绷着，难以入睡，难以集中精神。一天晚上，她突然感觉到了"曾经困扰她的恐惧"和绝望，觉得"这个世界上只有邪恶是无底的"。但是她一直在努力与它抗争。[97]

9 月 27 日，全民公投的前一晚，波伏瓦在索邦大学向 2400 人发表讲话。但是第二天，9 月 28 日，新宪法以 79.25% 的票数获得通过，法国进入第五共和国时期。新宪法扩大了总统的行政权，法国继续统治阿尔及利亚，但是赋予了阿尔及利亚人他们一个多世纪以来承诺的一些政治权利。阿尔及利亚工人也有了宵禁。

这是对他们所信仰的一切的否定，但正是这种失败促使他们采取进一步的行动。然而，这也是对萨特健康的严重打击。当波伏瓦最终说服萨特去看医生时，医生说萨特刚刚险些要心脏病发作。在罗马时，萨特不间断地服用安非他命，因为他正为一出戏剧做准备。尽管他的身体发出了多种警告信号——眩晕、头痛、语言障碍，但现在萨特仍然想要继续工作。

医生开了一些药，禁止萨特饮酒和吸烟，并让他休息。波伏瓦坐在波拿巴街她的桌子对面，望着他，他不知道怎么停下来。她叫他休息，萨特偶尔也会同意。但是他抗议说，他已经答应要在 10 月前完成这出戏，这是必须完成的。因此，波伏瓦又去看医生，她担心萨特就在她眼前自杀。医生坦率地对波伏瓦说，萨特是个情绪化的人，需要冷静下来，如果他不慢下来，他撑不过 6 个月。

冷静！在第五共和国？波伏瓦离开医生，径直去找了请萨特写这个剧本的女人，她同意把剧本《阿尔托纳的谴责》(The Condemned of Altona) 推迟到来年。然后波伏瓦回到家，把医生和剧本延期的事情告诉了萨特，因为萨特不能过度劳累。波伏瓦以为萨特会因为她没有和他商量就做了这一切而生气；相反，萨特以一种令人不安的被动态度接受了这个消息。波伏瓦开始意识到，她不得不目睹萨特的衰老，最艰难的事情是她正在失去她思想的"无与伦比的朋友"；她不能和萨特讨论她的担忧，因为他现在就是波伏瓦的担忧。

萨特一脱离险境，波伏瓦就开始享受 10 月 6 日出版的《端方淑女》受到的好评。这本书对波伏瓦个人的影响比她之前的书更大。一些评论家抱怨说，她对日常生活的叙述包含了太多乏味的细枝末节（谁想听沉默的另一面？），还有人把她比作卢梭和乔治·桑，和她一样，这两位也是 50 多岁开始写自传的作家。以前作品出版后，波伏瓦会收到一些信件，但这次不同。马里内·鲁什的研究表明，基于波伏瓦收到的 2 万多封信件的档案，回忆录的出版极大地改变了波伏瓦的读者群和她的关系。从此以后，波伏瓦将收到更多来自普通法国女人的信件，有的热情洋溢，有的很亲密，因为她们觉得回忆录里的波伏瓦距离她们很近："你走下神坛……变得更加人性化，你的知识和文化优势不再使你拒人于千里之外。"[98]

从这些信中我们了解到，波伏瓦的读者很惊讶地发现波伏瓦也做饭，也有挨饿受冻的时候，她的书比同时代男性作家的书更贵，而且尽管以廉价平装书的形式出版,却比萨特的书的出版花的时间更长。[99] 无数读者写信给她,说尽管她们作为妻子和母亲过着舒适的"成功"生活,她们也渴望有一个存在的"理由",有时候她们感到生活空虚。一位读者甚至写了她企图自杀的心路历程。

波伏瓦的回忆录也促使女性阅读《第二性》以及写信告诉波伏瓦她们阅读和推荐《第二性》给别人的经历:

> 读《第二性》的有两种女人,借出去这本书的时候我一直有点害怕:有些人读完觉醒了,感到害怕,但接着回去睡觉了;有些人读完觉醒了,感到害怕,就没法回去接着睡觉了!后面这种读者会把你所有的书都找来读,并试图理解。[100]

随着时间推移,从波伏瓦的读者来信我们可以看到,波伏瓦对女性的关心延伸到了给个别读者的回信上。在某些情况下,波伏瓦与个别读者的通信长达十年或更长时间,鼓励她们用自己的眼睛看世界,为自己的生活寻找有意义的事情;在这些信件中,波伏瓦有时会支持女性从事文学事业,并与她们见面。她的日常安排和以往一样严格,其中包括每天与读者通信的一个小时时间。

波伏瓦在《端方淑女》一书中以扎扎的死作为结尾,写她们一起与等待她们的"令人作呕的命运"做斗争,而且在很长一段时间里,波伏瓦认为"我用她的死换取了自己的自由"。[101] 现在——直到现在,波伏瓦才知道梅洛-庞蒂不被拉库万家族接受的真正原因。[102]

《端方淑女》出版后,扎扎的姐妹之一弗朗西斯·博比雄写信给波伏瓦解释拉库万家族拒绝梅洛－庞蒂的原因。波伏瓦和弗朗西斯在 11 月见了面，弗朗西斯给波伏瓦看了一些她从扎扎那里收到的信。事情的真相是，拉库万家当时雇了侦探来调查他们未来的女婿——毕竟，除了他们女儿的人生之外，还牵涉一笔 25 万法郎的嫁妆，结果发现梅洛－庞蒂是个私生子。拉库万家族笃信天主教，在天主教里，通奸是一桩致命的罪恶，因此他们的女儿和梅洛－庞蒂之间的任何结合都是不能被容忍的。

梅洛－庞蒂答应，如果拉库万夫妇保守秘密，他就不再追求扎扎——梅洛－庞蒂的妹妹当时已经订婚，他不希望丑闻妨碍妹妹的婚事。然而，扎扎不知道调查的事情及其后果。直到梅洛－庞蒂突然态度冷却，扎扎心灰意冷时，她母亲才终于把原因告诉了她。扎扎曾试图顺从父母的意愿。但是当他们意识到这个决定对他们的女儿来说有多么糟糕时，已经太晚了。

没有什么能改写扎扎的故事并带来一个圆满的结局——但最终波伏瓦知道了真相。她希望她的作品能够激励读者们去追求自由，为他们的想象力和生活道路开辟新的可能性。谁会想到，读者也能靠自己释放出自由的光芒呢？

第十四章　感觉被欺骗了

1958年底，波伏瓦开始了人生的第六个十年，克洛德·朗兹曼离开了她。关于这段感情的结束，波伏瓦没有太多记录。在《给萨特的信》(*Letters to Sartre*)中，以1958年为界，之后只在1963年有一封信；萨特出版的信件也有一段空白——我们知道，他们直到1963年才开始用电话交流。[1]在这段时间，波伏瓦给阿尔格伦的信件里只提到她"觉得自己有必要回归单身生活"。[2]在《时势的力量》中，波伏瓦的叙述也很简短，她说，他们"渐渐疏远"，"分离是件困难的事"。[3]我们从朗兹曼那里了解到，他们在分开后给了彼此一些空间，开始重建一种不同的友谊。朗兹曼回忆道："我和海狸（波伏瓦的昵称）之间从未有过一丝痛苦和怨恨，我们一如既往地经营着这份刊物，一起工作，一起做宣传。"[4]

波伏瓦和朗兹曼一起去见约瑟芬·贝克，之后，她再次被年龄困扰：她能从贝克的脸上看到她自己皱纹的影子。那年，波伏瓦在杂志《时尚先生》(*Esquire*)上发表了一篇题为"碧姬·芭铎和洛丽塔综合征"(*Brigitte Bardot and the Lolita Syndrome*)的文章。[5]波伏瓦当时读了纳博科夫的《洛丽塔》，她被碧姬·芭铎在美国和法国所受到的不同对待所震撼。芭铎的电影《上帝创造女人》(*And God Created Woman*)在法国票房收入甚微，而在大西洋彼岸却赚得盆满钵盈。波伏瓦认为，法国人之所以对碧姬·芭铎不感兴趣，不仅仅是因为法国人假正经（因为，"把肉体等同于罪恶"对他们来说并不特别）。

波伏瓦说，重要的不是真实的碧姬·芭铎，而是银幕上那个虚构的她。波伏瓦认为导演罗杰·瓦迪姆通过引入一种新的情色，让对女性的谬论在时代变化的挑战中生存下来，重新创造了"永恒的女性"。在20世纪三四十年代，男女两性之间的社会差异减少了。成年女性和男性生活在同一个世界，她们可以工作，拥有投票权。所以拍电影的"梦想商人"们不得不即兴发挥：他们创造了一个新的夏娃，把"诱人的果实"和"蛇蝎美人"结合在一起。男人们现在发现，成熟的女人能够主宰她们自己的命运，所以男人们不得不调整自己，把焦点转移到没有挑战他们性别成见的年轻女人身上。波伏瓦注意到《洛丽塔》的女主人公只有12岁；瓦迪姆的一部电影里的女主角是个14岁的女孩。波伏瓦将年轻女性被色情化归因于男性不愿意放弃他们作为"主子和主人"的身份幻想。他们仍然希望把女人看作东西——"他想怎么做就怎么做，而不用担心她的思想、心灵和身体"。

波伏瓦认为整个社会对于性的态度都很做作，人们喜欢瓦迪姆试图"把性爱拍得很接地气"。但瓦迪姆做得太过火了：他把性物化了。[6]瓦迪姆把身体降低为视觉消费的对象。在现实生活中，定义一个人的不仅仅是他们的性；我们的身体有历史，我们的情爱生活在情境中展开——这些情境包括我们的情感和思想。波伏瓦写道，出于某种原因，"如果男人怀里抱着的不是一个有血有肉的玩偶，而是一个正在打量他的有意识的人，他会感到不舒服"。[7]

波伏瓦的《碧姬·芭铎和洛丽塔综合征》批判了女性的性自主权是如何被剥夺的,也批判了男性仍然追求对女性的"主宰和控制"而不是平等互惠地相爱。尽管波伏瓦在这篇文章里做出这些批评,然而这篇文章却还是常常被误读。甚至在2013年,《纽约时报》还在引用波伏瓦的这篇文章,并认为她是在宣扬年轻人的性解放,在为追求"洛丽塔"的人辩护,可以和吉米·萨维尔和纳博科夫笔下的亨伯特·亨伯特同日而语。任何通读过这本书的人如果能得出这样的结论,都是一件令人惊讶的事。这颇具讽刺意味,毕竟,波伏瓦的观点是,男人不喜欢女人打量他们,也不喜欢具有欲望的女人。所以男性转而在梦里及影视剧里去选择更年轻的女性,以此来逃避面对那些信心十足的女性,因为这些女性能够自由地凝视男性,并说出自己的想法。波伏瓦被这样误解的事实让我们提出了一个问题:把波伏瓦塑造成一个对消费"洛丽塔"既无保留也无悔意的性放荡者,这对谁有利呢?

被一个有意识的人打量和审视会让人感到不舒服,甚至自我打量、自我审视也会让人不自在——波伏瓦仍然在犹豫如何处理她自传的第二卷。1959年1月,波伏瓦告诉阿尔格伦,她不想在"这样的法国"写作。[8] 1958年,波伏瓦因为法国侵占阿尔及利亚感到不安——1946年之后她就没有再写过日记,现在她要重新拾起这个习惯。[9]

1959年5月,波伏瓦在日记里写道:从20多岁到30多岁,再到现在的50多岁,她一直"对5岁的那个女孩心怀感激,并要求宽恕"。波伏瓦想,她的生活有一种"令人钦佩的和谐"。波伏瓦在做另一个"评价",在"本质"的标题下,她问了一个困扰她几十年的问题:爱意味着什么?让她感到困惑的是,有时她更喜欢萨特,"他的幸福,他的工

作,而不是我自己的":

> 难道我身上有什么东西可以使爱变得很容易?对我来说,对那些爱你的人来说,去爱是最容易的吗?……这是真正的关键,是我生命中唯一的问题和关键之处。正是因为我从来没有被质疑过,也没有质疑过自己。如果有人对我感兴趣,我会视他为天意:这是唯一的问题。[10]

即使是先驱者也要走很多弯路才能发现原来尽头是死胡同。在波伏瓦写给情人的信中,她使用过一些基督教神秘主义者用来描述他们与上帝结合的感情洋溢的语言来形容她与情人的关系:"完全的结合"(与朗兹曼)、"我的绝对"(与萨特)。但是,没有人能填补这个被上帝空出来的地方:波伏瓦希望有人用纯洁的爱的凝视来彻底地看她——从出生到死亡,或者从第一眼到最后一口气。尽管如此,51岁的波伏瓦已经多次做出当年21岁的自己做过的选择,她再次决定:"萨特对我来说是无与伦比、独一无二的。"[11]

波伏瓦和萨特又在罗马一起度过了一个月;萨特现在好多了,他完成了一年前差点要了他的命的剧本。一天晚上,他让波伏瓦读最后一幕。他们俩从不避讳讨论彼此的工作,波伏瓦确实不喜欢萨特的这部作品。每当波伏瓦对萨特的作品感到失望时,她首先试图说服自己不喜欢它是错误的。这使波伏瓦感到恼怒,使她更加坚信自己是对的。那天晚上在桑塔斯乔广场,萨特来找波伏瓦时,她的心情很不好,她感到很失望。萨特修改了剧本,把最后一幕变成了父子之间的对话——波伏瓦认为这是剧中最好的一幕了。[12]（该剧上演之后，人们对该剧的反应比萨特预想的要积极得多；收到评论后，他给波伏瓦写信说："非常感谢，我亲爱的，非常感谢。"[13]）

现在米歇尔·维安已经不在了，萨特把米歇尔的时间重新分配给了另一个年轻的女人：阿莱特·埃尔凯姆。阿莱特和萨特在一起的时间从周日的两个小时增加为每周两个晚上。阿莱特和萨特之间有过短暂的性关系，但总的来说，萨特对她的感情与其说是激情，不如说是父亲般的感情。不久之后，阿莱特成了萨特的假日伴侣。1959年9月，萨特离开波伏瓦来到米兰，与阿莱特一起旅行，但萨特与波伏瓦保持着书信联系，向她保证自己没有喝太多酒。[14]

一个星期后，朗兹曼以朋友的身份来见波伏瓦。他们在曼顿待了十天，朗兹曼在那里阅读波伏瓦的作品并发表评论。第一次见到朗兹曼时，波伏瓦觉得自己没有做好进入"老年"的准备，她觉得朗兹曼的存在让她能够躲避衰老。但不管怎么样，波伏瓦的确是年纪越来越大了，所以她不情愿地接受了这个事实："我还有力气憎恨它，但不再绝望了。"[15]

在波伏瓦把她回忆录的第二卷交给出版商之后，她回到国家图书馆开始写下一部分。她已经在《名士风流》里写了很多，但她觉得小说不像自传那样能够表现出生活的偶然性。小说被雕琢成一个艺术的整体；而人生在世，风云变幻，没有任何规律可言[16]。

1959年秋，波伏瓦继续写她自己的书，并花了几个小时研究萨特的《辩证理性批判》(Critique of Dialectical Reason)。[17]波伏瓦为计划生育和节育方面的书写序言——她开始成为这些问题的重要发言人。波伏瓦为一本名为"爱的巨大恐惧"(The Great Fear of Loving)的书写序，她在开篇问:"其他女人是怎么做到它的?"这里的"它"指的是避孕。波伏瓦的序言挑战了乐观派的主张,即女性拥有和男性同样的权利和可能性。但实际上女性仍然不能合法和安全地控制生育。波伏瓦问道:"在目前的经济环境下,如果怀孕带来的沉重负担随时袭来,你怎么能事业有成、建立幸福的家庭、快乐地养育孩子、服务社会、实现自我价值呢?"[18]

在这个冬天里,波伏瓦重新发现了音乐:白天写够了之后,她晚上就在长沙发上喝杯苏格兰威士忌,听听交响乐。波伏瓦和萨特经常在星期天一起散步,一起哀叹因年龄增长而减弱的好奇心。波伏瓦和萨特现在收到很多周游世界的邀请。萨特一想到要屈从于任何事情就退缩了,所以为了让自己安心,他接受了去古巴的邀请。1960年2月中旬,他们离开法国去古巴;巴蒂斯塔一年前被驱逐,古巴和美国的关系紧张。萨特和波伏瓦想知道革命为古巴人民带去了什么。他们花了三天时间与菲德尔·卡斯特罗在一起,并在哈瓦那的国家剧院观看了萨特的戏剧《恭敬的妓女》(*The Respectful Prostitute*)。[19] 卡斯特罗带波伏瓦和萨特去哈瓦那观看欢乐的人群、甘蔗和棕榈叶。那里的气氛充满希望,甚至是欢快的,萨特称之为"革命的蜜月期"。[20]

当波伏瓦2月20日从古巴回来时,纳尔逊·阿尔格伦正在她的公寓里。波伏瓦害怕见到阿尔格伦,1956年5月,《名士风流》在美国出版,与此同时,他的最后一部小说也出版了,媒体一直在纠缠他。阿尔格伦在公开场合和《时代》杂志上直言不讳地批评了波伏瓦的《名士风流》:他很生气,认为一个好的小说家"应该有足够的东西要写,无须拿自己的私生活来作为材料。对我来说,这只是一段例行公事的关系,而她却把它搞砸了"。[21] 然而,在私下里,阿尔格伦为自己说了这些话而向波伏瓦道歉——他想再来巴黎见波伏瓦。[22] 阿尔格伦这次来情绪低落：他和前妻再婚了，但他们的婚姻再次陷入了低谷。阿尔格伦告诉波伏瓦，他一生中最美好的时光就是和她一起度过的日子；但他还是不愿离开芝加哥来到巴黎，波伏瓦也不愿离开巴黎去到芝加哥。阿尔格伦觉得他已经失去了那些赋予他写作能力的东西。

很长一段时间，美国政府因为阿尔格伦之前同情共产党而拒绝给他护照，所以他不能去巴黎。但是波伏瓦鼓励阿尔格伦不要放弃写作，他是对自己太苛刻了。她说："你内心的微光不会消逝，永远不会。"[23] 在那之后的几年中，他们按照美国和法国的节日习俗交流——阿尔格伦寄圣诞卡给波伏瓦，波伏瓦寄新年祝福给阿尔格伦。

1959年7月，阿尔格伦终于拿到了护照。他给波伏瓦写了更多的信，给她寄去了一包又一包的书，并计划着去看她，在巴黎住上6个月。所以，1960年3月，当波伏瓦从古巴回来按响自家的门铃时，阿尔格伦开了门。波伏瓦的目光落在了阿尔格伦的脸上，她没有看到时间流逝的痕迹，只看到了阿尔格伦。年龄并没有影响他们对彼此亲密的感觉，"就像回到了1949年最美好的那段日子"。[24]

阿尔格伦刚从都柏林来，他和波伏瓦分享自己在爱尔兰迷雾中的旅行，以及他对美国政治希望的幻灭。阿尔格伦最后一次来访是在《第二性》出版时。波伏瓦的生活现在更安静了，所以他们一起在维克多·舍尔歇大道和"大家族"一起度过时光：奥尔加和博斯特，萨特和米歇尔（他们又在一起了），还有朗兹曼。

在巴黎，阿尔格伦和波伏瓦早上在她的公寓里一起工作，而到了下午，波伏瓦会像往常一样去萨特家。他们走到布赫里街，重温过去，晚上在疯马酒吧和脱衣舞夜总会度过，在那里，阿尔格伦对男女脱衣舞者的出现感到困惑。他们一起旅行，去了马赛、塞维利亚、伊斯坦布尔、希腊、克里特岛。

1960年春，波伏瓦收到了一封来自雷恩的毕业学生的信。她的名字叫西尔维·勒·邦。西尔维1941年出生于雷恩，她喜欢哲学，也很欣赏波伏瓦的作品，所以她写信来表达自己的仰慕之情。波伏瓦回信了，几个月后西尔维·勒·邦来巴黎时，波伏瓦带她出去吃饭。西尔维想去巴黎高师学习，后来她在那里取得了很好的成绩，成为哲学专业的一名优秀学生。随着时间的推移，西尔维·勒·邦逐渐占据了波伏瓦生活的中心位置。

8月，波伏瓦和萨特飞往巴西，阿尔格伦留在她的公寓里，一直待到9月。波伏瓦从里约热内卢给阿尔格伦写信，并且在这一年余下的时间里定期给他写信。波伏瓦对阿尔格伦的称呼回到了他们最初的亲密：他是她心中"颠覆性的野兽"。波伏瓦和萨特获得了荣誉，并受邀做了几次演讲和采访。8月25日，她在国家哲学学院做了一次演讲，主题是"西蒙娜·德·波伏瓦谈女性的状况"。9月初，她接受了两次采访，采访内容都发表在《圣保罗报》(*O Estado de Sao Paulo*)上。10月，波伏瓦和萨特花了一些时间进行私人旅行。波伏瓦在亚马孙河畔的马瑙斯生病了，后来因疑似伤寒在累西腓的一家医院住了一个星期。

即使他们不在法国，波伏瓦和萨特的行为也引起了轰动。1960年8月和9月，波伏瓦和萨特都签署了《121人宣言》(*Manifesto of the 121*)，要求阿尔及利亚获得独立，并在《摩登时代》杂志上公开发表。[25] 在波伏瓦和萨特离开巴西回法国之前，朗兹曼打电话告诉他们萨特飞到巴黎可

1960年9月6日,在巴西圣保罗的一场签售会。

能会不安全。除了签署宣言，萨特还提供了一封为弗朗西斯·让松辩护的信，后者正因支持阿尔及利亚民族解放阵线而受审。[26] 他被控叛国罪，5000 名退伍军人在香榭丽舍大街游行，高喊"射杀萨特"；宣言的签署者中有 30 人被控叛国罪，许多人失去了工作，还有人被威胁要坐牢。

萨特和波伏瓦立即改签了航班，博斯特在巴塞罗那接应。他们驱车前往巴黎，朗兹曼在城外加入了他们的行列，这样他们就可以从僻静的小路进入巴黎。[27] 波伏瓦在 11 月回到巴黎后，并没有收到阿尔格伦的来信。

萨特收到了死亡威胁，朋友们担心他和波伏瓦待在家里会有危险。因此在接下来的几周内，萨特和波伏瓦分别住在一个同情他们的朋友布提里耶的大公寓的两个房间里。[28] 这是波伏瓦和萨特唯一一次这样共同生活。在 11 月 16 日写给阿尔格伦的信里，波伏瓦半开玩笑地说："我竟然为他做饭。"也没有什么食材，只有一些火腿、香肠等罐头食品。有时候，博斯特会带来新鲜的食物和饭菜。[29]

波伏瓦没有在对弗朗西斯·让松的审判中作证，但是她很快就为另一个案件提供了支持：对贾米拉·布帕查的审判。贾米拉·布帕查是阿尔及利亚人，"解放阵线"的一员，曾被法国士兵残忍地折磨，包括性虐待。许多阿尔及利亚女性也像她这样被强奸和折磨。但是布帕查愿意作证——她得到了突尼斯裔律师吉塞勒·哈利米的支持，哈利米曾参与到了对"解放阵线"许多战士的审判案件中。哈利米要求见波伏瓦，并告诉了她布帕查的故事。像她的许多同胞一样，布帕查加入了独立运动，并利用法国人对北非女性"传统"和"被动"的刻板印象掩护自己，帮助地下网络。阿尔及利亚女性被认为是不关心政治的。但在 1956 年 11

月和1957年1月,布帕查在阿尔及尔放置了炸弹。她被发现遭遇了逮捕、拷打和审判,这些遭遇让她质疑法庭的合法性。

哈利米说服布帕查起诉法国当局,因为她遭受了酷刑。波伏瓦会公开支持她吗?后果可能会很严重:布帕查可能被判处死刑。波伏瓦同意以她力所能及的最有力的方式支持布帕查——用文字。波伏瓦为布帕查写了一篇辩护文章,并帮助成立了为她辩护的委员会。他们的目的是公开这件事,并借此揭露法国人在战争中的可耻行为。波伏瓦的文章在《世界报》上发表了,她写道,关于这桩丑闻最令人反感的是,人们已经对它习以为常了。人们对别人的痛苦如此漠不关心,对此我们怎能不感到震惊呢?

1946年,波伏瓦写了一篇关于罗贝尔·布拉齐亚克审判的文章;然后法国人要求为这个背叛了法国价值观的通敌者伸张正义。1960年,波伏瓦描述了同一国家的行动:"男人、女人、老人、儿童在突袭中被枪杀,在他们自己的村庄被焚烧、枪杀、割喉、剖开内脏;在拘留营中,整个部落都在挨饿、受冻、挨打、感染流行病。"波伏瓦说,每个法国人都参与了这种酷刑,这反映了他们的价值观吗?很多人对此表示否定,这让波伏瓦看到了更多的希望。比安卡·朗布兰也加入波伏瓦的宣传中,她们的友谊也因此加深了。[30]

1960年10月25日,波伏瓦回忆录的第二卷《盛年》出版了。这本书获得了巨大的成功,许多评论家认为,波伏瓦以自己的生活为主题写出了最好的作品。卡洛·莱维称其为"本世纪最伟大的爱情故事"。在这篇文章中,评论家称赞波伏瓦塑造了一个真实的萨特:"你揭示了一个没有被正确理解的萨特,一个与传奇的萨特截然不同的人。"波伏瓦回答说，这正是她想做的。起初，萨特不想让波伏瓦写他。但是，"当他看到我真实地谈论他时，他就放手让我写了"。[31]

我们从现在回看过去，很容易明白为什么波伏瓦会在这部自传里"简化"她和萨特的传奇故事。[32]奥尔加似乎仍然不知道波伏瓦与博斯特长达九年的恋情，但波伏瓦这么做到底是为了保护奥尔加、博斯特还是她自己，我们就不得而知了。至于波伏瓦与女性的关系，除了考虑到自己和那些与她有过亲密关系的女性的隐私之外，《第二性》受到的非议也让波伏瓦明白了坦白一切是不明智的。还有一些法律方面的原因需要考虑——尽管在几年之后的1970年法国才通过关于私人生活的法律，但联合国1948年《世界人权宣言》第十二条仍然有效："任何人的隐私、家庭、住宅或通信不得受到任何干涉，他的荣誉和声誉不得受到攻击。人人有权受到法律的保护，不受这种干涉或攻击。"奥尔加、纳塔莉和比安卡都过着各自的生活：她们仍然是波伏瓦的朋友，至少比安卡是这样，我们知道波伏瓦承诺过永远不会透露比安卡的身份。

考虑到波伏瓦经常被指责为假正经或者不诚实，我们应当记住波伏瓦从来没有向她的读者承诺过自己要坦白一切。波伏瓦隐瞒一些事情可能是出于谦虚、隐私或恐惧，或者仅仅是为了遵守法律。但也有可能，她以这样的方式讲述自己的故事，是因为她想要向读者传达这样的信息，不想因为故事的主人公而让大家误解了她要表达的意思。

评论家称赞波伏瓦的自传是她最好的作品，但女权主义者则因此怀疑：是不是因为波伏瓦写的东西更传统、更女性化？是不是因为它让读者前所未有地接触到让-保罗·萨特隐藏的一面？这种怀疑是有一定道理的，毕竟，《名士风流》是波伏瓦最成功的小说，也被认为是她最

第十四章 感觉被欺骗了 329

具自传性质的小说。但是波伏瓦被称赞是否是因为写了更女性化的作品呢？考虑到波伏瓦已经冒着极大的风险，这是不太可能的：之所以选择用这种形式来写作，是因为一个女人写她与"一个伟人"的生活要比表达她的政治和哲学观更合适。毕竟，这一结论与波伏瓦的政治和哲学观背道而驰。

波伏瓦认为，知识分子不应该忘记那些没有机会接触文化的人。这意味着写一些他们能读懂的东西——通过故事给他们的大脑输入新的可能性。不管波伏瓦是否有这样的想法，这本回忆录吸引了一批新的读者。《盛年》还没上架就卖出了4.5万册，上架第一周又卖出了2.5万册。[33] 太不可思议了！12月，她给阿尔格伦写信时，这本书已经卖出了13万册。[34]

波伏瓦在这本书中写道，她"不是一个哲学家"。她并不认为自己是一个哲学体系的创造者，她不像康德、黑格尔、斯宾诺莎或萨特那样。这句话被翻译成英文时，将波伏瓦对哲学体系的拒绝描述为"精神错乱"，因为这些哲学体系做出了对生活不公的普世主张，而"女性天生就不倾向于这种迷恋"。[35] 这些说法让波伏瓦的英语读者感到困惑：她不是一个哲学家，这是什么意思？为什么偏偏是她，对女性做出了如此大的概括呢？事实是，不是波伏瓦，而是她的英文翻译导致了这种误解。波伏瓦用法语写的是，哲学体系源于人们的固执，他们希望在自己粗略的判断中找到"万能钥匙"。波伏瓦说，"女性的境况"不会使人倾向于这种固执。英文翻译体现出了波伏瓦的质疑，但漏掉了原文中微妙的讽刺意味。[36]

到目前为止，波伏瓦几乎从未想过她是如何被当作萨特的衍生替身而遭到摒弃，以及被那些不理解她的既得利益者所误解的。所以波伏瓦直截了当地说：她不想成为任何人的门徒，她不满足于发展、整理或批评别人的观点，只想要进行自己的思考。在《盛年》里，波伏瓦直言不讳地问道：一个人怎么能"容忍成为别人的追随者"？波伏瓦承认，在某种程度上，她在生活中有时确实"默许"了扮演这样的角色。但波伏瓦并没有放弃在学生日记中所说的"思考生活"，她决定用文学来思考生活，因为她认为文学是在她自己的经历中传达"原创性元素"的最好工具。[37]

由于这段话的英文翻译经常被解释为波伏瓦内化了性别歧视，所以我们很有必要强调，不被冠以"哲学家"头衔的原因并非只有身为女性。事实上，以这种方式阅读波伏瓦的故事使我们没法看到她否认自己哲学家身份的哲学层面的原因。许多著名的"哲学家"都曾否认哲学家这个头衔，包括阿尔贝·加缪，他批评哲学过分夸大理性的作用，还有雅克·德里达。因此，重要的是不要把波伏瓦硬塞进"女人能成为什么，不能成为什么"的单一维度中，哲学能成为什么和不能成为什么的问题也很重要。

对波伏瓦来说，无论她是19岁还是50多岁，哲学都必须用生活去实践。现在波伏瓦的观点是，致力于他人的自由意味着参与具体的解放计划。随着对简森的审判的冲突加剧，萨特决定利用他的职位来抗议《121人宣言》的签署人的遭遇。萨特在波伏瓦的公寓里召开了一场新闻发布会，为被控叛国罪的30名签署人辩护，他说，如果他们被判有罪，那么全部121人都有罪。如果没有，那么应该撤回这个案子。政府撤销了指控。萨特的名声使他们所有人都幸免于难，因为，用戴高乐的话说就是："我们不能监禁伏尔泰。"

第十四章 感觉被欺骗了

这是一个好消息，不过这个事情还没有结束。1961年7月，萨特位于波拿巴街的公寓被一枚塑料炸药炸毁。损失并不大，但即便如此，萨特还是让母亲搬了出去，住到了波伏瓦家。1961年10月，3万阿尔及利亚人示威反对巴黎对他们实施的宵禁；这是一场目标明确的和平游行，他们希望晚上8点半以后仍然可以自由出行。但法国警察的反应很激烈，他们拿着枪和棍棒，甚至把一些阿尔及利亚人推进了塞纳河。目击者报告说，有阿尔及利亚人被警察勒死，当天至少有200名阿尔及利亚人被杀。

法国媒体掩盖了此事，但是《摩登时代》杂志却没有。

1961年7月，波伏瓦遇到了《白领与权力精英》(White Collar and the Power Elite)的作者C. 赖特·米尔斯；波伏瓦对他的作品及其在古巴的受欢迎程度很感兴趣。波伏瓦和萨特去了意大利度夏，他们在特拉斯特维莱的圣玛丽亚广场过夜，波伏瓦试着开始写回忆录的第三卷。但当她感到"被当下所纠缠"时，就很难去回想过去。最近，朗兹曼给萨特带来了一份弗朗茨·法农《地球上的不幸者》(The Wretched of the Earth)的手稿，并转达他希望萨特能为其作序，萨特同意了，当法农说他将去意大利拜访他们时，他们三个都很高兴。1954年阿尔及利亚革命爆发后，法农加入了阿尔及利亚民族解放阵线。1957年，他被阿尔及利亚驱逐出境，但仍在继续战斗，甚至在1961年初被诊断为白血病之后也没有停下来。

朗兹曼和波伏瓦到机场去接法农。波伏瓦在法农看见他们之前就看见了他：法农的动作紧张而突兀，他不停地四下张望，似乎很激动。两年前，他在摩洛哥边境受伤后，抵达罗马接受治疗，一名刺客找到了他的病房里。波伏瓦说，飞机降落时，他脑子里肯定一直在想这段经历。[38]

在这次访问中，法农以一种不寻常的坦率态度谈论了自己，促使他的传记作家达维德·马塞评论说,波伏瓦和萨特一定是"既技巧娴熟又富有同情心的提问者"。毫无疑问,没有任何其他记录表明,法农有像这样对人敞开心扉过。[39] 法农告诉波伏瓦和萨特,他年轻时在马提尼克岛,他认为教育和个人价值足以打破"肤色障碍"。他想成为法国人,在法国军队服役,然后在法国学医。但无论他受到了多好的教育,有多么优秀,在法国人眼里,他依然是一个"黑人"。[40] 即使法农当了医生,人们也叫他"男孩",甚至还有更糟的称呼。法农的生平引发了人们对法国性、黑人和殖民化的讨论。

波伏瓦认为法农知道的阿尔及利亚的情况比他告诉他们的要更深刻。他们谈论哲学的时候,法农是开放和放松的,但是后来波伏瓦和萨特带他去参观亚壁古道,法农不明白这有什么意义。当波伏瓦讲述故事的时候,法农直截了当地告诉他们:"在他眼里,欧洲传统没有任何价值。"萨特试图把话题转到法农的精神病学经历上。但法农追问萨特:"你怎么能继续正常生活,继续写作?"在法农看来,萨特在谴责法国方面做得还不够。法农给波伏瓦留下了深刻的印象,分别很久之后依然记忆犹新。跟法农握手时,波伏瓦"似乎触碰到了吞噬着他的激情",一种他与他人交流的"火焰般的激情"。[41]

那年秋天,萨特为法农的《地球上的不幸者》写了序,波伏瓦为吉塞勒·哈利米的一本书写了序,书中讲述了布帕查审判背后的女人的故事。正如波伏瓦批评萨德侯爵逃避现实的恐怖,追求想象的虚幻安全一样,波伏瓦也想让法国政府正视他们自己丑陋的行为。这本书的出版给波伏瓦带来了死亡威胁。

1962年1月7日,在波拿巴街又发生了炸药袭击。这次炸药被误放在五楼——萨特的公寓实际上在四楼——但波伏瓦第二天去看时,发现公寓的门已被毁掉。一个大橱柜消失了,萨特和波伏瓦装在里面的手稿和笔记本被偷了。[42] 为了萨特的安全,她的母亲一直住在一家旅馆里。到了 1 月 18 日,萨特被圣日耳曼公寓的房东赶了出来,于是他搬到了第 14 区布莱里奥特码头 110 号。[43]

到了 2 月,波伏瓦对贾米拉·布帕查的立场引起的反应,使她意识到自己的公寓处于危险之中,因此大学反法西斯阵线的一些学生留在波伏瓦身边守护她。那年春天,波伏瓦参加了反法西斯会议,并参加了抗议国家暴力的游行。在联合国通过了一项承认阿尔及利亚独立权利的决议后,戴高乐开始与解放党谈判,1962 年 3 月,他们签署了《依云协议》(*Évian Accords*)——该协议于 1962 年在法国举行公投并通过。

7 月 1 日,阿尔及利亚举行了全民投票:99.72% 的人投票赞成独立。但在 6 月 1 日登上飞往莫斯科的飞机时,波伏瓦和萨特对法国拼命坚持殖民主义的做法感到失望,在他们看来,这是国家层面上的"自欺"。萨特在 1956 年写了关于匈牙利的文章后,惊讶地收到了苏联的邀请。但在尼基塔·赫鲁晓夫的领导下,苏联正在解冻。斯大林的暴行受到谴责。厚重的西墙在逐渐变薄吗?

萨特和波伏瓦到达莫斯科之后,他们对眼前的景象感到惊讶:苏联人在听爵士乐,读美国小说。赫鲁晓夫甚至允许索尔仁尼琴的《伊凡·杰尼索维奇的一天》(*One Day in the Life of Ivan Denisovich*) 出版。苏联作家联盟为萨特和波伏瓦提供了一名导游,列娜·佐妮娜[44],她是一位文学评论家和翻译家——事实上,她希望翻译波伏瓦和萨特的作品。没过多久,萨特就遵循了他的传记作家所总结的不成文的规律:"萨特每到一个国家都会陷入爱情。"果不其然，萨特爱上了佐妮娜，而且是深深地爱上了她。[45]

萨特在见到佐妮娜后又活过来了。他每天给她写信，她也回信，但由于苏联的审查，他们不能使用邮政系统。这就意味着他们不得不依靠信使来传递信件，忍受长时间的等待无法沟通。这并不是一种简单的求爱方式，萨特告诉了佐妮娜他的"巡回生活"（他现在称之为他生命中的女性轮换），对此，佐妮娜并不在意。他仍然每周见万达两次，还有埃弗利娜、阿莱特·埃尔凯姆和米歇尔。佐妮娜为什么要相信萨特会有时间和注意力在她身上呢？那年12月，萨特和波伏瓦飞到莫斯科和佐妮娜一起过圣诞节，还去列宁格勒看了极昼。作为作家联盟国际委员会的一名雇员，佐妮娜是苏联政府的官方代表。在接下来的四年里，萨特和波伏瓦9次前往苏联。

20世纪60年代早期，萨特开始远离存在主义，它开始被视为一种时代下的哲学产物。20世纪50年代末，萨特写道，马克思主义确实是"我们这个时代不可超越的哲学"，而在20世纪60年代，他被克洛德·列维-斯特劳斯和其他人批评过于关注意识主体，而对无意识关注不够。[46]萨特的哲学光芒正在衰落，而女权主义者对波伏瓦的兴趣却在上升。在波伏瓦60岁的时候，她很擅长使用颠覆性的文字，并熟练地创造虚构的经历来唤醒读者的自由。但是，波伏瓦想要的不仅仅是颠覆性的言论和想象中的自由，她想要的是能够在真实的女性生活中带来具体改变的立法。

在这十年中，第二波女权运动的势头越来越猛。直到20世纪60年代，计划生育还是一种禁忌，立法也限制了避孕药的销售。1960年，避孕药获准在美国销售；在英国，国家医疗服务体系于1961年开始提供

第十四章 感觉被欺骗了 335

这项服务，但只对已婚女性开放。直到1967年，它才在法国被合法化（当时英国的未婚女性也获得了合法的购买途径），波伏瓦在倡导这一变革方面发挥了重要作用。波伏瓦的《第二性》继续激励着世界各地的女性和女权主义作家。1963年，贝蒂·弗里丹出版了《女性的奥秘》(*The Feminine Mystique*)，这本书被认为是美国女权运动的开端，深受《第二性》的影响。[47]

1963年夏天，萨特和波伏瓦回到苏联，与佐妮娜一起访问了克里米亚、格鲁吉亚和亚美尼亚。此前萨特和波伏瓦对"解冻"的所有希望都变成了失望。食物短缺，赫鲁晓夫又开始为斯大林辩护，攻击西方。萨特问波伏瓦：他应该向佐妮娜求婚吗？他们能不能见面还尚不确定。如果一个有国际声誉的知识分子要求娶她，苏联政府可能会答应，她和她的女儿就会获准去法国。但是佐妮娜不想离开她的母亲，也不想成为萨特的依赖者，成为他"巡视"的其中一站。佐妮娜拒绝了萨特。但不管接受与否，萨特能向另一个女人求婚，就表明他与波伏瓦的关系已经不再浪漫了。

苏联之后，萨特和波伏瓦又去了罗马。他们住在市中心密涅瓦广场上的密涅瓦酒店。当时波伏瓦正在写作，正在享受阅读和游览意大利的乐趣——他们开车去了西耶纳、威尼斯和佛罗伦萨。在罗马时，萨特收到了一封来自佐妮娜的信。佐妮娜说，她阅读波伏瓦的回忆录越多，就越意识到她无法改变萨特和波伏瓦之间的关系；她不想成为波伏瓦生活中的一个二流女人。她把波伏瓦当作朋友，并尊敬她。"但是你和海狸一起创造了一个非凡的、令人眼花缭乱的世界，对接近你的人来说这是非常危险的。"[48]

1963年的10月底,就在波伏瓦和萨特打算返回巴黎之前,博斯特打电话告诉给波伏瓦,她母亲弗朗索瓦丝摔了一跤,股骨骨折了。次月,情况已经非常清楚——弗朗索瓦丝撑不了多久了。秋天过后,弗朗索瓦丝被带到一家诊所,在那里他们发现她已经处于癌症晚期。波伏瓦听到这个消息后,萨特乘出租车陪她去了养老院,她一个人进去了。[49] 医生们把诊断结果告诉了波伏瓦和埃莱娜,但没有告诉弗朗索瓦丝。姐妹俩认为不告诉弗朗索瓦丝是最明智的。手术后的两个星期里,波伏瓦和埃莱娜平静地陪在她的房间里,一切都很乐观。波伏瓦在给阿尔格伦的信中写道,让她留下的不是爱,而是"一种深切而痛苦的同情"。[50] 母亲动手术的那天晚上,波伏瓦回到家,和萨特交谈,听了巴托克的讲话,她流着眼泪,"几乎到了歇斯底里的程度"。[51] 波伏瓦的强烈反应使她自己都感到吃惊:她父亲去世时,她一滴眼泪也没有流。

手术几周后,弗朗索瓦丝感到越发痛苦,而且精疲力竭。所以他们要求医生加大吗啡的剂量,减轻她的痛苦,尽管这样会缩短她的生命。从那以后,弗朗索瓦丝大部分时间都在睡觉。她从不请牧师或任何波伏瓦所谓的"虔诚的朋友"。那年11月,波伏瓦觉得自己和母亲的关系比她孩提时代更亲密了。手术后的那个晚上,波伏瓦被一股情感的浪潮所征服:她感到悲伤,为母亲的死亡,也为她的人生——母亲为那令人窒息的传统牺牲了那么多。

母亲去世后,波伏瓦全身心投入《一种非常安逸的死亡》一书的写作中,记录了母亲生命的最后6周,以及她自己对爱的痛苦体验、矛盾心理和丧亲之痛。她从来没有像现在这样迫切地需要写点东西,用文字来思考生活。波伏瓦将这部作品献给自己的妹妹埃莱娜。在母亲病危的那几个月里，波伏瓦一直在写日记（当时她给日记起了个名字，叫"母亲的病"，她不知道母亲将不久于人世）。这本日记记录了博斯特、奥尔加和朗兹曼的陪伴，这是《一种非常安逸的死亡》里面所没有记载的。波伏瓦每天都试图忍住泪水，但却没有成功。有几次，她提到在见萨特之前都得服用镇静剂，这样她才能"不会因为哭泣而惹恼萨特"。[52]

波伏瓦在《一种非常安逸的死亡》中记录了她母亲说的话："我为别人活得太久了。现在我将成为一个自私自利的老女人，只为自己而活。"[53] 1953 年，波伏瓦描述了失去意识的弗朗索瓦丝，看到母亲在医院里的裸体时，波伏瓦的内心是多么震撼——这是一个让她在孩童时期充满爱，在青少年时期极力排斥的身体。[54]

> 我变得非常喜欢这个垂死的女人。我们在半明半暗的夜色中交谈，这缓和了旧日的不快。我重新开始了在青春期中断的对话，我们之间的差异和相似之处让我们再也无法重新开始。早期的柔情，我曾以为已经死了，现在又复活了，因为它又出现在我们简单的语言和行动中。[55]

文章发表后，一些记者指责波伏瓦利用了母亲的痛苦和自己的悲伤；他们甚至找到一名外科医生做证，说波伏瓦坐在母亲床边无情地记着笔记，只顾着自己想要得到的写作"素材"。外人的看法再次使波伏瓦看起来十恶不赦。波伏瓦说，从内心来说，写作给她以慰藉，就好像"祈祷给信徒以安慰"。[56] 在波伏瓦看来，没有所谓的"自然"死亡。

自 1960 年 11 月与西尔维·勒·邦见面以来，波伏瓦一直与她保持联系，偶尔也会见面。到 1964 年，她们的会面变得越发频繁；西尔维在弗朗索瓦丝去世期间给了波伏瓦很大的支持。波伏瓦写道，她欣赏她们之间对等互惠的关系；西尔维的智识水平很高，和波伏瓦也有许多共同的爱好。波伏瓦和她有一种联系，波伏瓦越了解她，就越觉得自己像她。西尔维是个很好的聆听者，她体贴、大方、深情。[57] 波伏瓦自传的最后一卷《归根到底》(*All Said and Done*) 就是献给西尔维的。

波伏瓦形容她自己和西尔维的生活是相互交织的，她很感激生活给她带来了这个新伴侣。波伏瓦曾在 1962 年说，她已经有了人生中最重要的感情，但现在她觉得自己当年说错了。尽管波伏瓦和西尔维都否认这段关系涉及性，但她们有肉体上的亲密接触——西尔维在法语中将其称为"charnel"，因此被很多人翻译为"carnal"（肉体上的，性欲的）。它也可以指"embodied"（身体的），包括无性的身体爱抚。

1963 年 10 月 30 日，《时势的力量》在法国出版，这离波伏瓦向出版商提交该书才刚刚过去 5 个月。[58] 在这本书中，波伏瓦审视自己的人生，试着去评价自己能留给世人什么，对于很多人暗示她在智识上依赖于萨特这一点，波伏瓦明确地表示了否认，说她拥有自己的哲学兴趣和见解。在这本自传中，波伏瓦讨论了她在《第二性》出版后所经历的转变："我此前从来没有被当作讽刺的对象，直到《第二性》出版之后；在那之前，人们对我要么冷漠，要么友好。"[59] 她很清楚地意识到《第二性》的出版，招致了很多人对她个人的抨击，波伏瓦希望她的读者也能看到这一点。

波伏瓦在《时势的力量》中写道，《第二性》"可能是给我带来最大满足感的一部作品"。[60] 当然，事后看来，有些事情如果重新回到过去，波伏瓦是想要有所改变的。从收到的信件中，波伏瓦发现她帮助了很多女性"意识到自我的存在和自己的处境"。[61] 波伏瓦现在 55 岁了，她意识到（尽管她没有宣称自己是一个模范）她的生活已经成为一个理想化的榜样，其他人会从她那里寻求灵感。即便过了 12 年，波伏瓦仍会收到感谢信，感谢她写了《第二性》，告诉她，是她帮助广大女性克服了那些几乎压垮她们的谬论。在《第二性》出版后的十年里，其他女权主义者也出版了一些在波伏瓦眼中更大胆的作品。其中有太多的人过于关注性，但波伏瓦说，至少现在女性可以"把自己作为观看的眼睛，一种主体，一种意识，一种自由"。[62]

然而，也正是在《第二性》中，波伏瓦写了一句令人费解的著名声明：她避免让自己落入"女权主义"的陷阱。[63] 三年前，在 1960 年的一次采访中，波伏瓦解释说，她想要读者知道她不反对男性，因为如果用这样的角度去解读她的观点，她就会被误解，"我想让大家知道，写《第二性》的女人并不是为了报复曾经让她痛苦的生活。如果有人这样理解这本书，那就否定了这部作品。"[64]

在《时势的力量》的最后，波伏瓦写到她和萨特的关系，说这是她人生中"毋庸置疑的成功"。但是书的结尾让读者感到困惑——一开始波伏瓦就宣称她和萨特的成功，庆祝他们对彼此谈话的无限兴趣，但她以一句有趣的话结尾："所有的承诺都得到了遵守。然而，当我用怀疑的目光回看当年那个容易轻信别人的年轻女孩时，我才恍然大悟，自己被欺骗了。"[65]

这是什么意思？评论家推测，"萨特的伟大情人"后悔她和萨特的"世纪浪漫"了？"端方淑女"后悔成为无神论者了吗？波伏瓦是在对一个声称代表自由、平等、博爱的法国感到失望吗？因为他们完全不在乎阿尔及利亚人的自由、平等和博爱。

读者们也在震惊中写信给波伏瓦：波伏瓦曾是他们生命中希望的灯塔；波伏瓦有这样的才华，有这样的情人们，过着这样的生活，怎么还会觉得被欺骗了呢？弗朗索瓦丝·德奥邦写道，当时人们议论最多的就是波伏瓦的这句"我被欺骗了"，就连戴高乐最著名的一句话也难以与之媲美，她记得人们会"翻字典去了解这个词的确切含义，试图弄清楚这是作者的自嘲还是真实的幻灭"。[66]

波伏瓦知道这样结束这本书是一种挑衅。西尔维·勒·邦·德·波伏瓦说，这些词引发的"误解""有一部分是故意的"，"是关于文学的本质的"。[67]在1964年马德莱娜·戈贝伊的一次采访中（发表在1965年的《巴黎评论》上），波伏瓦被问及她的自传计划以及促使她成为一名作家的原因，波伏瓦的回答是，她希望自己的书能"触动读者"。波伏瓦想要创作能够打动读者的人物，在读者的想象中描绘出改变他们生活可能性的道路，就像影响了波伏瓦的乔·马奇和麦琪·塔利弗一样。[68]

波伏瓦触动了她的读者，但许多人并不喜欢这种触动。在读过波伏瓦声称自己被"欺骗"的文章后，一些人甚至写信安慰波伏瓦："你对自己不公平，你认为你的经历没有产生任何结果的想法是错误的。"作为一个点燃了"数百万女性心中光明的希望"[69]的女性，她怎么能这样想呢？她与女性的谬论斗争，难道只是为了让自己成为另一个谬论吗？

波伏瓦淡化了博斯特和朗兹曼在她生命中的作用。因为萨特的情人是苏联人，她把萨特生活中一段看似严肃的恋情也排除在外。显然，对隐私的担忧影响了他们两个人。在波伏瓦的生活中，年龄似乎开始迫使她选择独身；但在萨特的生活中，年龄没有影响他继续到处留情。

波伏瓦知道人们对她和萨特的关系着迷：这是一个有趣的故事。但为什么不通过自己的多卷自传来说明，成为一名女性可以在人生的不同时期重视不同的东西呢？或者你在事后可以对自己的处境有不同的理解？或者，实际上，如果你勇敢地说出许多人都不敢说出的话，可能会遭到那些不希望你被听到的人的攻击？

在《时势的力量》中有一段，波伏瓦重新提到了纳尔逊·阿尔格伦以及她和萨特的协议面临的挑战，年轻时的波伏瓦认为如下问题很容易解决："忠诚和自由有可能达成和解吗？"如果是这样，代价是什么？[70]

> 经常被宣扬，却很少实践，完全的忠诚通常是那些将其加诸己身、自我伤害的人所经历的。传统上，婚姻通常允许男人在没有互惠和对等地爱护伴侣的情况下进行一些"冒险"；如今，许多女性已经意识到她们的权利和幸福所必需的条件：如果她们自己的生活中没有什么可以弥补男性的反复无常，她们就会成为嫉妒和厌倦的牺牲品。

回看自己的过去，波伏瓦告诉她的读者，他们的做法有很多风险。一方可能会喜新厌旧，导致另一方感到被背叛；"一开始的两个自由人，就会变成相互对峙的受害者和施虐者"。在波伏瓦看来，有些夫妇是坚不可摧的。但有一个问题是她和萨特刻意回避的："第三者对我们的安排会有什么看法？"在这一点上，波伏瓦写道：

在《盛年》里我不可避免地修改了一些内容，所以书里所呈现的并不是现实真相的全部。尽管我和萨特之间的互相理解持续了30年以上，但是这其中有很多其他人的损失和痛苦。我们的协议体系本身的缺陷在我谈到的这段关系里尤为明显。[71]

波伏瓦的这本书问世后，它得到了不好的评论，甚至还有一些相当恶毒的评论。这本书卖得很好，但波伏瓦再次反对媒体对待她的方式。他们称波伏瓦"自满""不顾一切"[72]，是女性世界"突变"的化身。他们指责波伏瓦为了寻求关注，"为了无端无用地让人震惊，什么都做得出来"，"为了表达她自己去进行各种破坏"。[73]

《埃斯普利特》(*Esprit*)杂志刊登了弗朗辛·迪马撰写的书评，题为"一个悲剧性的反应"。文章指出对于选择了传统生活，选择了信仰、母性和婚姻的女性来说，发现信仰、母性和婚姻的缺失是导致波伏瓦"内心煎熬"的原因：

> 波伏瓦命运的伟大之处正是她故意放弃了这些传统的羁绊（这些东西在她眼里并不是毫无价值的），而且愿意用不断改变选择的危险方式将它们取而代之。这条绳子太硬了，随时都可能会断，而西蒙娜·德·波伏瓦拒绝任何安全网。[74]

有一家报纸断章取义地翻译了纳尔逊·阿尔格伦的《谁失去了一个美国人》(*Who Lost an American*)的部分内容，使其看起来像是阿尔格伦对萨特和波伏瓦满肚子的不满：波伏瓦很不高兴文章里的所有幽默都

第十四章 感觉被欺骗了 343

被拿掉了，那些"小小的友好的词语"都被删掉了。此时，波伏瓦和阿尔格伦还在通信，所以波伏瓦给他写信表达了自己的沮丧："这些肮脏的人什么都不懂，尤其是在友谊和爱情方面。"[75]

到了20世纪60年代中期，波伏瓦自传的第二卷和第三卷进一步加深了人们对萨特和波伏瓦的传奇印象。一些与他们关系密切的人认为波伏瓦出自传有自己的目的：他们认为波伏瓦是想让自己掌控她和萨特的公众形象。萨特对波伏瓦的描绘很满意，但其他女性却感到不安，或者更糟。万达憎恨波伏瓦的回忆录，她认为波伏瓦描绘的萨特与波伏瓦是一个虚构的理想形象，与现实相去甚远。不过这也让万达忧心忡忡：这么多年后，萨特在万达面前仍然否认他与波伏瓦的浪漫关系。

在后来的生活中，萨特继续同时处理多个情人关系，他没有转变观点，他不认为坦诚是每个人都应得的。相比之下，波伏瓦公开了她与萨特的关系，以及她和其他人的关系——这更诚实，但诚实并不意味着不伤人。

1965年春，《时势的力量》在美国出版，这使得波伏瓦和阿尔格伦的友谊戛然而止。波伏瓦已经用《名士风流》讲述了他们的浪漫故事，但她在《时势的力量》中所写的东西激起了他的愤怒。当被《新闻周刊》（Newsweek）问及回忆录中叙述的准确性时，阿尔格伦说，"亚克－亚克夫人"写的是一个中年老处女的幻想。[76] 阿尔格伦带着讥刺和怨恨在《壁垒》（Ramparts）和《哈珀斯杂志》（Harper's）两家杂志上评论了这本书。第二年夏天，阿尔格伦在《时代精神》（Zeitgeist）上发表了一首献给波伏瓦的诗：诗的主题是一个喋喋不休的人，他想把这个人驱逐到潮湿的地下室。1964年11月和12月，波伏瓦在《哈珀斯杂志》上发表了两篇《时势的力量》的摘录，题目是分别为"忠诚的问题"和"美国约会"。阿尔格伦在 5 月的回应中写道：

> 任何能够体验偶然的爱情的人，都是最近脑子抽风了。爱情怎么会是偶然的呢？什么是偶然的呢？这个女人表达的意思好像是，维持男人基本关系的能力——男人和女人的肉体之爱——是一种残害；而自由则是"在所有背离中保持一定的忠诚"！当然，除掉所有的哲学术语，她的意思其实是她和萨特创造了一种小资产阶级的体面外表，在这背后她可以继续寻找自己的女性气质。而萨特离开小镇时在想什么我肯定是不知道了。[77]

1964 年 11 月，波伏瓦给阿尔格伦写了最后一封信。波伏瓦希望在 1965 年去看他，但她的美国之行因越南战争而取消。然而，在阿尔格伦对《时势的力量》的反应之后，他们之间的亲密关系是否还能挽回就不得而知了。[78] 1981 年，阿尔格伦入选美国艺术与文学学院奖。在一次关于该奖的采访中，一名记者向阿尔格伦问起波伏瓦的事情；这个记者描述了阿尔格伦当时的反应，说他情绪非常激动。阿尔格伦有心脏病，所以采访者见状立马转移了话题。第二天，阿尔格伦本来打算在他的别墅里举行庆祝派对，但是第一位客人到达时发现阿尔格伦已经去世了。

1997 年，波伏瓦写给阿尔格伦的信出版，她回忆录的真实性引起了轩然大波。波伏瓦的长信表明，波伏瓦对阿尔格伦的热情虽然是内敛的，但是却很炽热。回忆录成功地编造了萨特与波伏瓦的神话，但向公众提供了惊人的错误信息。现在看来，阿尔格伦才是波伏瓦一生中爱得最热烈的爱人。有些人甚至认为波伏瓦在与萨特的关系中一直在"自欺"。[79]

波伏瓦和阿尔格伦的关系会有一个奇幻的文学来生：库尔特·冯内古特在《比死亡更糟糕的命运》(*Fates Worse than Death*)中写了一大段关于阿尔格伦的文章，书中"波伏瓦小姐"被称为"亚克-亚克夫人"，阿尔格伦"帮助她获得了第一次高潮"。[80]

在《时势的力量》在美国出版的前一年，波伏瓦为《女人的性反应》(*The Sexually Responsive Woman*)写了一篇很短的序言，研究另一种被误解的现象：女性的性行为。波伏瓦写道："和其他很多领域一样，在这个领域，男性偏执地认为女性处于依赖状态。与此形成鲜明对比的是，作者给予女性与男性同等的生理和心理自主权。"这篇评论既有趣又感人，波伏瓦说她"没有资格对菲利斯博士和埃伯哈德·克罗豪森博士的所有主张做出明确的判断"，但它"读来引人入胜，精彩绝伦"。[81]

有趣的是，《时势的力量》出版之后，就像在其他领域一样，波伏瓦被指责没有幽默感。[82]女性主义者经常被指责为扫兴者，波伏瓦生活中的许多插曲也证明了这一点：当波伏瓦表达她的不满时，人们总把矛头指向她有不满，而几乎不会去关注她不满的原因。[83]几十年来，波伏瓦对女性、犹太人和阿尔及利亚人在社会中受到的不公感到不满，人们却质问波伏瓦为什么不能放轻松一点，看开一点。现在波伏瓦对社会对待老人的方式越来越不满。让黑暗变成光明是不够的，关键是让情况本身不那么黑暗。

1964年5月，在写完《一种非常安逸的死亡》之后，波伏瓦决定与自传保持一些距离，重新写一部小说。这次波伏瓦笔下的主人公几乎在所有方面都和她不一样，除了她们是女人——上了年纪的女人。[84]在整个20世纪60年代，波伏瓦继续用写作来支持她认为可以改善女性处境的项目——无论是学术研究还是像《爱是什么，不是什么》(*What Love*

Is-And Isn't）这样的杂志文章。波伏瓦写道，爱只出现在"那些公开或秘密希望改变的人"身上。因为就在那时，你期待爱以及爱带来的东西——另一个人将会把一个全新的世界展示给你。[85]

1965年，萨特接近60岁生日，他意识到自己没有孩子，并且生命也已经快要走到尽头，他需要一个继承人和文学执行人。萨特想着，把这个任务交给波伏瓦是没有意义的，因为她几乎和他一样老了。所以萨特在阿莱特·埃尔凯姆满30岁的那年，也就是1965年3月18日合法收养了她，见证者是西蒙娜·德·波伏瓦和西尔维·勒·邦。《法国晚报》（France Soir）报道了这件事，萨特的大多数朋友都没有得到任何提前通知——万达、埃弗利娜和米歇尔为此都很生气和激动。

1965年2月美国轰炸北越后，波伏瓦拒绝了在康奈尔大学演讲的邀请。她接受了几个关于衰老、写作、文学和自传的采访。萨特也接受过关于波伏瓦的采访，1965年7月，美国《时尚》杂志发表了这篇对萨特的采访，标题为"萨特谈论波伏瓦"。萨特认为波伏瓦是"一个非常优秀的作家"：

> 她已经取得了一些成就，尤其是在《名士风流》之后。这在她的回忆录和她的书《一种非常安逸的死亡》中很明显，我认为这是她写得最好的作品。她所取得的成就是与公众的即时沟通。这么说吧，她和我是有区别的。我不进行感情上的交流，我和那些懂得思考、懂得反省、愿意对我展开心扉的人交流。这可能是件好事，也可能不是。但是西蒙娜·德·波伏瓦能立刻与人进行情感上的交流。人们总是因为她说的话而和她在一起。[86]

在 1965 年到 1966 年为《归根到底》写的笔记中，波伏瓦写道，关于她生活出版的"故事"只是传达了一个"残缺的真相"，因为它并不详尽；这是一个"扭曲的真理，因为时间没法倒流恢复原状"，但它传递了一个"文学真理"。[87] 波伏瓦认为自己的一生就是个例子，说明了存在主义选择意味着什么：没有上天来给出她应该是谁的"命令"，没有既定的道路或伊壁鸠鲁式的教条让她偏离什么。相反，这是一个毫无蓝图的变化过程（becoming）——一个波伏瓦一生都在追求的项目，有时会在这个过程中发展出次要的项目。[88]

有时，过去的选择会给波伏瓦带来沉重的负担。波伏瓦仍然后悔自己对待"莉丝"（纳塔莉·索罗金）的方式，她觉得自己被"囚禁"了，因为她的作品被"石化"了，在她身后堆积着"不可避免的过去"。[89] 但是，另一方面，波伏瓦不可避免的过去是她"成为自己"过程中的一部分，并且作为一个公众人物开启了新的可能性和责任。出于良心，波伏瓦不可能在写了她关于世界的那些东西之后，不采取让世界变得更好的行动。那么，波伏瓦怎么能拒绝回复信函和签署请愿书呢？波伏瓦的处境有能力改变其他人的生活，所以她必须充分利用它。

1965 年 8 月，西尔维和波伏瓦去了科西嘉岛。此后，波伏瓦和萨特开始了他们每年一次的罗马之旅。萨特于 10 月 12 日乘火车离开意大利前往巴黎；波伏瓦开车回法国。他们计划在 14 日晚上 7 点在她的住处见面会合。但在那天的午餐时间，电话响了，新闻上说波伏瓦在扬纳河附近出了车祸，住进了乔尼的医院治疗。朗兹曼和萨特立刻出发，以最快的速度开车去找她。波伏瓦断了四根肋骨。她的脸肿了，缝了针，眼睛也青了。车祸是因为波伏瓦拐弯时车速太快了。

萨特在附近的一家旅馆过夜，然后用救护车护送波伏瓦回到维克多·舍尔歇大道。萨特把波伏瓦扶到公寓，说他会一直陪着她，直到她能走路；波伏瓦太痛苦了，甚至连脱衣服都成了一种挑战。在波伏瓦卧床不起的那三个星期，萨特、朗兹曼和西尔维·勒·邦轮流照顾她，每天都有一名护士来看望她。

波伏瓦恢复得很好，1966年6月，萨特和波伏瓦回到苏联，9月，他们飞往东京。他们此前从未去过日本，波伏瓦和萨特知道那里有他们的读者——这是萨特作品最畅销的市场之一，而《第二性》刚刚被翻译成日语。但是他们并没有想到下飞机时会被记者的闪光灯闪得睁不开眼。翻译人员把波伏瓦和萨特带到一个房间接受记者提问；当他们经过时，热情的年轻粉丝试图触摸他们。在波伏瓦的回忆录中，波伏瓦记述了萨特的行程，以及她对日本历史和文化的贪婪阅读，却略去了她自己的讲座内容。[90] 但是日本之行，波伏瓦并不是萨特的陪衬，她做了三场关于"当今女性状况"的讲座。不过，我们仍然不清楚波伏瓦在自己的回忆录里略去这些内容是出于自嘲、谦虚的传统，还是为了不让读者觉得她的生活太过遥远。

知道了波伏瓦的回忆录中没有提到的内容，这个问题就更加尖锐了。波伏瓦在9月20日的讲座中说，女性主义"远未过时"，而且不仅仅对女性来说有价值：这是一项对男性和女性都有意义的事业，只有女性获得了更公正、更体面的地位，男性才能生活在一个更公正，组织更有效的体面世界中。追求两性平等是男女双方的事。[91] 波伏瓦希望《第二性》会有过时的那一天，因为一旦女性获得平等，《第二性》对女性异化的

第十四章　感觉被欺骗了　349

分析就会变得多余。波伏瓦认为可以在不消除性别差异的情况下停止对女性的剥削。但波伏瓦对自己和其他文化中反女性主义的"倒退"感到担忧。在法国，女性声称她们真正的职业是做妻子和母亲：家庭主妇。

波伏瓦的部分担忧是被"限制"在私人生活中的不稳定的女性生活，她们在经济上依赖于一个随时都可能不再爱她们的人，会因为爱的消失失去经济来源，以及赖以建立生活的意义。但是波伏瓦并没有掩饰她的真实想法：这种生活不如"真正参与社会生活"，不如"帮助建立我们生活的世界"。[92]波伏瓦认为女性是回归家庭成为主妇这一做法的"受害者"，部分原因是女性因与其他女性攀比而痛苦，另一部分原因是，人们仍然期望职业女性在下班回家后成为家庭主妇。结果就是她们对自己的决定感到内疚和疲惫，"如果一个女人每天工作八个小时，在家再多工作五六个小时，到了周末她会发现自己极度疲惫"，社会上还没有形成男人真正帮助女人的习俗和风气。[93]

波伏瓦发现，在那些有更多女性参加工作的国家，她们"自我和谐"，她们与自己的关系很有价值；波伏瓦认为这种自我理解来源于对公共生活的参与。波伏瓦一直对成为自我意味着什么很感兴趣，在《第二性》中她发现了一个所有女性面对的共同挑战：成为"被分裂的主体"的可能性，女性作为爱人和母亲的自我和她们在更广阔的世界里想成为的自我之间的撕裂和挣扎。波伏瓦在日本的第二场演讲回到了"女性境况的分裂特征"，由于职业女性想要幸福的生活、爱情和家庭，许多人选择牺牲自己的抱负："她发现在职业上低调一点才是明智的做法。"[94]

三年后的1969年，《第二性》在日本出版，它迅速登上畅销书排行榜。从东京回来的路上，波伏瓦和萨特在莫斯科停留。这是萨特第11

次访问苏联,但他现在意识到他已经失去了重返苏联的理由:因为他与列娜·佐妮娜的关系结束了。

1966年11月,波伏瓦重新开始写小说,不久后她出版了《美丽的形象》(*Les Belles Images*)。《都市报》(*La Cité*)的一篇评论称其为一部"浸透了存在主义道德观的关于当代道德的短篇小说",再次强调了波伏瓦和萨特属于同一知识分子的范畴,并没有注意到波伏瓦对女性的描写是如何质疑社会的不公对待的。这篇评论轻蔑地说波伏瓦的这本小说是失败的讽刺;一个"以拼贴的形式呈现周刊上的所有陈词滥调"的列表。[95] 但是这本书的销售情况却出人意料地好——迅速卖出了12万册。[96]

波伏瓦后来形容书中的主人公劳伦斯"厌恶生活,到了厌食症的地步"。[97] 主人公劳伦斯是一个成功的广告代理商,同时也是一个妻子和两个女儿的母亲。她喜欢工作时发生婚外性行为,然后回家照顾孩子,和她成功的建筑师丈夫共度夜晚。她喝酒,但不怎么吃东西。

劳伦斯的平衡(如果可以称之为平衡的话)被她孩子的问题所打破:"人为什么会存在?为什么有些人不开心?你会为不快乐的人做什么?"孩子的这些问题促使劳伦斯去思考自己的价值观。她从事的工作是推销美丽的形象,书写时髦的口号;她已经磨炼出了展现美丽自我的技能。但是维持美丽生活的外表——漂亮的汽车、漂亮的家、漂亮的衣服、漂亮的食物、漂亮的假期——让她对现状不满。1945年时劳伦斯10岁,她已经对大屠杀有了记忆。她开始纳闷,为什么阿尔及利亚没有那么多的悲伤;她开始注意到美国民权抗议者的形象一旦从电视屏幕上消失,就会被遗忘。

波伏瓦的这本书批判了资本主义和消费主义,明确地质问金钱是否能让人幸福。[98] 同时这本书也是在隐晦地回应女性主义和女性处境的转变，以及把金钱与独立画上等号的做法。它还讽刺了法国著名思想家米歇尔·福柯。在1966年的一次采访中，波伏瓦声称福柯的作品和《原样》杂志（*Tel Quel*）为"资产阶级文化"提供了"托词"。然而，《美丽的形象》所传达的信息是，进步"必须立即是物质的、智力的和道德的，否则就根本不是进步"，在波伏瓦看来，福柯的思想缺乏对社会变革的承诺。[99]

波伏瓦的小说以劳伦斯对孩子的反思作为结尾："抚养孩子并非要塑造一个美丽的形象。"波伏瓦在《第二性》中说过，抚养孩子是一项道德事业，是人类自由的形成，而对女性和儿童来说，这往往是一种漠不关心的教育。在小说的最后一幕，劳伦斯看着镜子，心想对她来说，一切都完了。她的孩子们将有他们自己的机会。但是是什么机会呢？[100]

1966年2月，波伏瓦、萨特和朗兹曼去了中东、埃及和以色列。《摩登时代》杂志刊登了一期关于阿拉伯－以色列冲突的特刊。在埃及，他们受到了《金字塔报》（*Al-Ahram*）主编穆罕默德·哈桑内因·海卡尔的欢迎。他也是埃及第二任总统贾迈勒·阿卜杜勒·纳赛尔的朋友。《金字塔报》对波伏瓦进行了一次采访，题为"写出《第二性》的哲学家在开罗"。[101] 在埃及之后，波伏瓦、萨特和朗兹曼于3月10日访问了加沙的巴勒斯坦难民营，3月11日波伏瓦在开罗大学发表了关于"社会主义和女性主义"的演讲。

由于巴以冲突，没有从埃及直飞以色列的航班，所以波伏瓦、萨特和朗兹曼必须经过雅典。[102] 到达以色列之后，他们去了雅法、特拉维夫和一些集体农场。波伏瓦、萨特和朗兹曼待了两周，波伏瓦又在耶路撒冷的希伯来大学做了一次讲座，主题是"当代世界作家的角色"。波伏

克洛德·朗兹曼、西蒙娜·德·波伏瓦和让-保罗·萨特在吉萨。

瓦对女性在这个社会中的地位很感兴趣，想要了解年轻人对以色列人和巴勒斯坦人的对立主张的感受。1977年6月，"六日战争"重新划定了领土，并使世界以及"大家族"成员之间产生了政治分歧。波伏瓦支持以色列，萨特则支持巴勒斯坦。波伏瓦公开支持以色列后，她的作品在伊拉克被禁——就在"六日战争"的两天前。回到家，朗兹曼觉得自己被萨特出卖了。他在20世纪40年代读过萨特关于反犹太主义的书，觉得非常鼓舞人心，难道它的作者萨特现在反倒成了一个反犹主义者吗？

之前一个月，萨特和波伏瓦参加了罗素集会。当时94岁的英国哲学家伯特兰·罗素领导了一个组织，旨在唤起公众对美国人在越南犯下的暴行的关注和谴责（当时罗素年事已高，所以只是名义上的领导，他本人一直在英国）。1966年5月，该组织在斯德哥尔摩进行了为期10天的讨论；11月，他们又在哥本哈根开会。[103] 他们听取了目击者的报告，这使参与者筋疲力尽。"大家族"的许多成员都在那里——朗兹曼、博斯特 [《新观察家》(Le Nouvel Observateur) 报道]、西尔维·勒·邦和阿莱特·埃尔凯姆。

在《美丽的形象》之后，波伏瓦开始着手创作三部短篇小说，后来于1967年结集成册出版，名为"被摧毁的女人"(The Woman Destroyed)。很长一段时间，波伏瓦和埃莱娜都想一起做一本书，由波伏瓦来写，埃莱娜画插图。这个短篇集是完美的，埃莱娜给标题故事配了画，为了宣传这本书，波伏瓦安排在《世界时装之苑》(Elle) 杂志上做了连载[104]，但是反响不太好，甚至一些人问埃莱娜为什么会同意为她姐姐最糟糕的书画插图。

波伏瓦早期的小说中既有男主人公也有女主人公，但《被摧毁的女人》中的每一篇中篇小说都只是从一个单身女人的意识角度来写的——每一篇都是一个上了年纪的女人的意识——并且都讨论了孤独和失败的主题。波伏瓦写道，在她的作品中，她试图"描绘女性存在的三个关键时刻：与衰老的相遇，对孤独的愤怒，以及一段恋情的残酷结束"。[105]

《谨慎的年龄》(The Age of Discretion) 讲述了一位作家、妻子和一个成年儿子的母亲的心碎经历。她敏锐地意识到自己在变老，带着厌恶和放弃的心情感受着自己的身体。[106] 她刚出版了一本书，担心自己永远不能达到以前作品的高度，再也没有什么值得说的了。她的儿子做出了一个她强烈反对的选择，所以她威胁儿子，若是不同意她的意愿，她就永远不再和他说话。她的丈夫不顾她的反对，继续和他们的儿子说话，这加深了他们婚姻的裂痕——她正在为失去亲密的身体接触而悲伤。这部短篇小说包含了各种各样的和解：主人公和她的丈夫一起面对他们日渐幻灭的未来，学着过"短期的生活"。[107]

第二个故事的文体不同于波伏瓦的其他作品——它是一股徘徊在疯狂边缘的意识之流。主人公的孩子被夺走了，她被孤立、被遗弃，这个故事是一面丑陋的镜子，反映了一个事实：当你情绪低落的时候，人们也会变得"可鄙"。[108]

标题故事《被摧毁的女人》是以日记的形式写的，这是一部一个女人陷入抑郁的毁灭性编年史。莫妮可迫切地想挽回自己正在衰退的婚姻。她认为幸福的"使命"是成为一名妻子和母亲。但是她的孩子们最近都成年了，她现在想要稍微"为自己而活一点儿"。[109] 奉献和无私——波伏瓦学生时代的日记主题——对她来说是自我实现、自由选择的体验。但随后她的丈夫莫里斯开始了一段婚外情。没有了他的忠诚，他们共同建造的一切轰然倒塌，她也被埋在了令人麻痹的焦虑和自我怀疑之下。

莫妮可的故事讨论的是大家熟悉的主题：被别人指手画脚和被丈夫背叛的痛苦——女性什么也不做，就和孩子们待在家里，她们会因此被别人指手画脚；女性的伴侣承诺她要共同生活，对方接受了女性无私的奉献，然而却为了更年轻的第三者抛弃她，让她无比痛苦。莫妮可质疑丈夫，但他却指责她"大吵大闹"，试图让她为制造了一个不舒服的局面而感到内疚，而这不舒服与她自己的痛苦相比实则相形见绌。莫妮可的丈夫成功地将道德的聚光灯转走，蒙蔽了她的良知，而不是灼烧他自己的良心。有几次莫妮可觉得自己跌到了谷底，但没想到后面竟会陷入更深的痛苦中。

《被摧毁的女人》出版后遭到了严厉的批评，即使从人们对波伏瓦其他作品的反应标准来看也是如此。文学评论家亨利·克卢阿尔写道，波伏瓦以前从未"如此肆意地将她的才华用于打击士气的宣传上"。这个讨厌的女人现在是不是在暗示所有围绕男人生活的女人都会失败？克卢阿尔说，波伏瓦又在给公众上课了。[110]克卢阿尔认为主人公莫里斯的性格也塑造得不够好。事实上，他指出，人们希望波伏瓦的艺术能"更清晰、更自由"。他说："真的，波伏瓦已经过时了……波伏瓦女士正在继续她的女性解放运动，就好像我们同时代的人仍然需要它一样。"[111]

波伏瓦自己也不会如此匆忙地根据一个特定的案例（或者更确切地说，三个特定的短篇小说）得出一个普遍的结论。波伏瓦小心翼翼地把莫妮可的处境写得模棱两可，波伏瓦的创作意图是把这本书写成一个侦探故事，对一桩婚姻进行尸检，请读者确定谁或什么是罪魁祸首。但杰奎琳·皮亚捷在《世界报》上写道："无论波伏瓦怎么说，居高临下的训导无处不在。"[112] 总的来说，波伏瓦对人们读这本书的方式感到遗憾；她一如既往地被指控为在写自传，把波伏瓦和萨特的声音放在作品里，仿佛他们能代表全人类说话。有人问波伏瓦萨特是否离开了她。[113] 具有讽刺意味的是，还有人反对这本书不是"真正的西蒙娜·德·波伏瓦"，因为小说并非基于他们眼中的波伏瓦的生活。萨特在哪里？为什么这一切都是关于妻子和母亲的？

波伏瓦在《归根到底》中写道，她不明白为什么这本书激起了那么多仇恨。他们的屈就态度并没有让波伏瓦感到惊讶，她在《世界时装之苑》杂志上连载过这本书，所以《费加罗文学报》声称这是一本给女店员看的小说。但波伏瓦却遭遇了恶毒的性别和年龄歧视：

> 自从我在雷恩街瞥见西蒙娜·波伏瓦以来，我一直在为自己写了那篇文章感到后悔：她蹑手蹑脚地走着，看上去憔悴不堪。一个人应该同情老人。这就是为什么伽利玛继续出版她的作品。哦，是的，夫人，变老是可悲的！[114]

波伏瓦知道她老了，而且她很诚实地承认她不喜欢变老。而且波伏瓦觉得没有理由躲起来，相反，她直面这个缺乏哲学分析、需要政治行动的主题。波伏瓦已经想了好几年准备写老年的书了；后来，她称其为《第二性》的姊妹篇。但当波伏瓦开始认真地研究并开始寻找关于老年的书籍时，她惊讶地发现她能找到的资料实在是少之又少。在国家图书馆的目录室里，波伏瓦发现了爱默生和法盖的文章，然后慢慢地编了一个参考书目列表。波伏瓦阅读法国的老年学期刊，从芝加哥订了很多英语期刊和书籍。[115] 波伏瓦以前的同事克洛德·列维－斯特劳斯帮助波伏瓦查阅法国学院的比较人类学资料，这样她就可以研究探讨几个社会中老年人地位的专题论文。

波伏瓦日复一日地做她的研究。随着1968年"五月风暴"的展开——大规模的学生抗议和大罢工使得法国经济陷入停顿——萨特和波伏瓦在《世界报》上发表了一则简短声明，支持学生的抗议活动。今年的政治动荡促使萨特重新考虑知识分子应该在社会中扮演何种角色；他对毛泽东思想的兴趣越发浓厚了。

《摩登时代》杂志的编辑们每两周在波伏瓦的公寓里开例会。每周三上午10点半，他们到了之后就开始工作。西尔维·勒·邦是编辑部的新成员，博斯特和朗兹曼也参与了进来（当时朗兹曼还没有开始拍摄他的史诗纪录片《浩劫》。但是萨特来的次数越来越少了。在20世纪40年代，《摩登时代》杂志具有开创性，但现在它已经成了一个落满灰尘的老旧读物。

萨特想成为革命的一部分，他和一些毛派分子变得很友好，其中包括一个名叫皮埃尔·维克托的年轻人。维克托问萨特是否愿意担任法国毛派报纸《人民事业报》（*La Cause du peuple*）的编辑，因为如果萨特是编辑，这份报纸就不会遭到那么多的政府指责。1970年4月，萨特被任命为总编辑。那年6月，他和波伏瓦在蒙帕纳斯大街上散发传单，并因此被捕。他们很快就被释放了，但这次逮捕给了萨特一个平台，让他可以大声疾呼批判政府的双重标准，要求真正的新闻自由。

波伏瓦没有萨特那么高涨的政治热情。事实上，近年来，他们的政治斗争已经出现了显著的分歧。萨特的毛主义使他从知识分子的主流中被边缘化,而波伏瓦的女性主义使她在国际女性运动中发挥了主导作用。仅在1969年,平装版的《第二性》就卖出了75万册。[116]到1970年,它在北美获得了"经典"的地位;加拿大活动家舒拉密斯·费尔斯通用她1970年出版的《性的辩证法》(*The Dialectic of Sex*)向波伏瓦致敬,并与1949年《第二性》在法国出版后的"丑闻"发生了有趣的逆转——费尔斯通和许多其他女权主义者对波伏瓦的一生以及她的作品表示赞赏,《性的辩证法》的扉页写着"献给西蒙娜·德·波伏瓦,她保持了自己的品格"。在1971年伊丽莎白·詹韦出版的《男人的世界,女性的地方》(*Man's World, Woman's Place*)中,她将波伏瓦的女性"他者"理论与从属群体的行为联系起来。在法国,1971年一家著名的文化杂志把波伏瓦的《第二性》与卡夫卡的《审判》和第一本(男性)金赛报告列为当时最重要的书。[117]

在过去一年里,法国女性解放运动的政治势头不断增强。1970年春,在文森斯大学发生了女性示威活动。而在8月假期无人居住的巴黎,女性解放运动应运而生。凯旋门下面放置着纪念无名战士妻子的花环,她们的横幅上写着"两个人中有一个是女人""比无名士兵更不为人知的是他们的妻子"。

10月,《游击队员》(*Partisans*)特刊以"女性解放,第一年"为题出版。[118]此后不久,波伏瓦会见了发起该活动的激进分子——尽管在报纸上,波伏瓦和他们都不承认已经迈出了第一步。[119]安妮·泽林斯基、克里斯蒂娜·德尔菲和其他人想发起一场严肃的运动来解除对堕胎的限制。1967年,法国已将避孕合法化,但堕胎仍然是非法的。《新观察家》同意发表一份宣言,但条件是要有知名人士支持这份宣言。西蒙娜·德·波

第十四章 感觉被欺骗了　359

伏瓦当时名声很大，她同意借用自己的力量。他们也需要见面的地方，所以波伏瓦提供了自己的公寓。

接下来几个月的星期天，运动都是在波伏瓦家里的沙发上进行的。他们获得了 343 个签名，并于 1971 年 4 月 5 日在《新观察家》上发表了《343 宣言》(*Manifesto of the 343*)。这份宣言传递的信息很简单：

> 法国每年有 100 万女性在危险的条件下堕胎。虽然这只是个由医疗专业人员进行的很简单的手术，但是女性会因此而面临谴责，所以她们都是悄悄做这件事的。数以百万计的女性不得不沉默。我宣布我是她们中的一员，我宣布我堕胎了。

签署者声称她们中的每个人都堕过胎（尽管我们不确定波伏瓦以及其他很多签署者是否堕过胎）[120]；她们签字是因为她们希望女性有权自由安全地进行堕胎手术。

"堕胎"这个词以前从未在法国的广播或电视上出现过。但现在，科莱特·奥德里、多米尼克·德桑蒂、玛格丽特·杜拉斯、吉赛勒·哈利米、凯瑟琳·德纳芙和让娜·莫罗都声称自己做了这种不可言说的事。除波伏瓦以外，"大家族"的许多成员也签名了：奥尔加、阿莱特、米歇尔和埃莱娜都支持这项事业。不出所料，这次签名的人被有些媒体含糊地讽刺为"343 荡妇"。

第十五章　老年

　　1970年9月，萨特和波伏瓦从罗马回巴黎，那时她正等待着《老年》的出版，思考接下来要做的事情。萨特的健康已经有一段时间没让她担心了，但在10月的一个星期六的晚上，萨特和西尔维在波伏瓦的公寓里——星期六晚上萨特都是和她们一起度过的——他喝了很多伏特加，然后睡着了。第二天早上，萨特回到了自己的公寓。但当西尔维和波伏瓦带他去吃周日午餐时（在拉库波尔每周一次的约会），他居然撞到了家具上。那时候萨特几乎没喝多少酒，他为什么会走不稳呢？

　　回到住处时，波伏瓦感到绝望：自从1954年莫斯科的那次事件以来，她就有种不祥的预感，而萨特仍然每天抽两包波雅尔香烟，一直酗酒。第二天，萨特似乎恢复了平衡，他去看了医生，医生建议他做些检查。脑电图显示正常。但萨特得服用治疗眩晕的药物，这种药物的副作用是会让他嗜睡。波伏瓦试着不去担心最坏的情况，但万一就是这样呢？

　　1963年，《时势的力量》出版时，55岁的波伏瓦没有避而不谈自己的晚年不适，这让许多读者感到愤怒。波伏瓦自己明白其中的原因：人们赋予了她一个形象，而且他们想与他们想象中的偶像西蒙娜·德·波伏瓦一样，不必担心衰老、死亡。他们宁愿不面对衰老和死亡的现实；

1970年8月,波伏瓦和西尔维·勒·邦还有萨特在罗马的纳沃纳广场。

作为偶像的波伏瓦怎么可以承认她害怕衰老和死亡呢?[1]

作为一个女人,波伏瓦有过"他者"的感觉,这也有助于她在《第二性》中进行相关的分析。但在20世纪60年代,波伏瓦开始以另一种方式感受"他者":她开始觉得自己老了。波伏瓦自己的经历再次让她对别人的经历感到好奇。但谈论衰老和老年在当时是禁忌。小说家安德烈·纪德也对这个问题感到疑惑,他通过自己笔下的人物拉·白鲁斯问,为什么书籍里对老年人的描写那么少。他回答:"这是因为老年人不再能写了,而人们年轻时不愿费心谈论老年。"[2]

因此,波伏瓦决定趁她还来得及的时候要谈论这个话题。波伏瓦从1967年年中开始研究这个问题,她回到国家图书馆进行研究。波伏瓦在书的前半部分回顾了生物学、人类学和历史方面的内容,在后半部分,就像她在《第二性》中所做的那样,她想把生活经历包裹进去。波伏瓦去了养老院,读了老人写的回忆录,像往常一样,她还读描写老年的文学作品。最终的成书取材从阿兰的哲学到索菲娅·托尔斯泰的日记,包括路易·阿拉贡、塞缪尔·贝克特、查尔斯·波德莱尔、孔子、温斯顿·丘吉尔、狄更斯、狄德罗、陀思妥耶夫斯基、玛格丽特·迪朗、拉尔夫·瓦尔多·爱默生、伊拉斯谟、詹姆斯·弗雷泽、朱迪特·戈蒂埃、纪德、黑格尔、康德、居里夫人、尼采、普鲁斯特、乔治·桑、叔本华、萧伯纳、瓦莱里、伏尔泰,还有弗吉尼亚·伍尔夫。

弗吉尼亚·伍尔夫58岁时在她的日记中写道:

> 我厌恶老年的冷酷。我感觉它就要来了。我吱吱作响,充满怨恨。

> 脚步没法那么轻快地踏在露珠上了
> 心脏没法感知新的情感了
> 没法那么快地重燃被熄灭的希望了
> 我刚打开马修·阿诺德的书,抄写了这几行字。[3]

在《老年》一书中,波伏瓦认为,并非所有的衰老都艰难而痛苦,因为"老年"并非指某一种普遍的经历。和成为女人一样,衰老也有很大的不同,它取决于个人的生理、心理、经济、历史、社会、文化、地理和家庭环境。衰老的境况极大地影响了它的体验。

就像成为女性或怀孕一样,"衰老"有着明显的生物学成分。但波伏瓦认为这也是一种文化现象。她对于社会对年龄的忽视感到困惑。波伏瓦说,确实只有一半的女性不得不面临性别歧视所带来的次要地位。只要活得长久,年龄增长——作为一个生物学事实——是人类普遍的命运,但年龄变化带来的边缘化和孤独感却不是普遍的。

波伏瓦用来自实际生活经验的哲学来阐述自己的论点,就像她的《第二性》那样。波伏瓦还展示了年龄歧视和性别歧视如何经常同时起作用。无论是男性还是女性,老年人经常被禁止参加新的项目和拥有新的可能性。但对于男性来说,年龄似乎并没有对性的前景产生同样的影响。

波伏瓦在这本书中的分析与《第二性》不同,因为这本书比《第二性》更关注经济匮乏。波伏瓦说,人们在谈及小孩子和老人时,都会认为他们在年龄上是与众不同的,这并非偶然。"与众不同之处在于,当他们还不是人或者已经不是人的时候,他们的行为就像或仍像人一样。"然而,孩子代表着未来,而老人"只不过是一具被判缓刑的尸体"[4]。

从外向内看，衰老就像被囚禁一样，这一点也不奇怪。波伏瓦想要向读者展示，人的经历是如何随着时间的推移而变化的。波伏瓦说，随着年龄的增长，过去变得"沉重"起来；从过去的选择中解脱出来并践行新的计划变得更加困难。年轻的时候，我们充满了梦想和可能性；波伏瓦写道，随着年龄的增长，我们意识到，我们做过的一些梦"与实现的梦想相去甚远"[5]。但我们也意识到，赋予生命意义的是"对等而互惠的关系"——即使在生命走到苦乐参半的结局时也是如此[6]。

1970年1月，《老年》出版，很快就登上了畅销书排行榜。波伏瓦再次触及了一个禁忌话题："老年"可能带来的各种体验。波伏瓦在写作中引用了那些经历过和反思过变老的人，这意味着她的研究主要来自那些享有特权的人的变老经历。但波伏瓦认为她把文学资源包括进来是合理的，因为在把年龄放到社会和政治范畴中讨论时，她能够强调主观经验的作用。从外部来看，年龄就是这样一个范畴。但不管是在可能变好还是可能变坏的情况下，它必须从内心出发去生活和体验。

波伏瓦再次被指责为缺乏独创性，写了一本"二手"书，一本"合集"[7]，毫无新意，"试图根据萨特的存在主义原则设计出一种看似复杂的老年人哲学"[8]。一位评论家甚至声称："波伏瓦没有精细的或原创的头脑。显然，她狼吞虎咽地吃掉了整个图书馆，但消化得不完全。她不加批判地接受了三个男人（马克思、弗洛伊德和萨特）的作品。"[9]

事实上，自20世纪40年代以来，波伏瓦就一直在对这三个思想者的哲学进行批评和评论。在波伏瓦回忆录的第四卷《归根到底》中，她为《老年》的原创性辩驳："在第一部分，各种材料的分析、它所引起的反思和我所得出的结论——所有这一切都是之前从来没有人做过

第十五章 老年 365

的。"[10] 此外，第二部分是"完全私人的作品"，是由波伏瓦她自己的问题所引出的："老人和他的形象、他的身体、他的过去和他的事业之间是什么关系？"波伏瓦的确是通过阅读信件、日记和回忆录来取材了，但是她所得出的结论完全是原创的。[11]

波伏瓦再次让人们注意到她眼中的不道德行为，但也再次被人说成是萨特的跟班，没有独创性，无法理解伟人。所以波伏瓦在报纸上为自己辩护，并决定尝试通过其他媒介提出她的想法。1974年，波伏瓦同意参与一部关于衰老问题的纪录片的拍摄。在此之前，波伏瓦很少同意在广播或电视上做任何事情，却在讨论社会对老年人的待遇和她自己的衰老经历时破例了。在疗养院的场景中，波伏瓦让观众确信，她认为这种结束生命的方式是不人道的。枯燥乏味的机构背景和波伏瓦在巴黎公寓里的场景并列在一起——在那里，波伏瓦被她辉煌灿烂人生中的物品包围着，有书籍、来自世界各地的手工制品和朋友的照片。波伏瓦说，死亡最糟糕的一点是，未来在眼前消失。在最后一幕中，波伏瓦在墓地里漫步，她说，她已不再像年轻时那样恐惧死亡了。30岁时，她无法平静地想象自己从地球上消失；将近80岁时，波伏瓦发现比起生命结束，自己更恐惧和厌恶未知的生活。[12]

20世纪70年代早期，波伏瓦吸引了外界的大量关注，招致了一些女权主义者的批评，说她"执着于萨特"，还为一家男性期刊《摩登时代》杂志写作。[13] 波伏瓦觉得这些结论太草率，太令人气愤，个中原因不难想象。在专业上，尽管波伏瓦的作品与萨特的哲学立场不同，但她仍然被看作萨特的傀儡、影子或帮凶。就个人而言，公众对波伏瓦与博斯特的关系只知一二，对她与阿尔格伦的故事知之甚少，对她与朗兹曼和西

波伏瓦在家里。

尔维的关系更是一无所知（更别提她在战争期间与女性的关系了）。波伏瓦对人们轻率地下结论感到沮丧。考虑到波伏瓦叙述自己生活的方式，人们可能会觉得她不真诚，但许多读者和评论家对波伏瓦的定义和排斥，简直讨厌到像一种惩罚。当波伏瓦指责社会虚伪时，人们说她可悲、缺乏独创性，甚至是其他更难听的话。

1971年，萨特不得不戴上假牙，这既是一场真实的挣扎，也是一场具有象征意义的挣扎：他还能继续他的公开演讲吗，还是今后因为牙口不好就再也没法演讲了？[14]对波伏瓦来说，这不可避免地提醒着她萨特的衰老。到了5月，萨特和波伏瓦住在一起的时间比平时多了，因为波伏瓦的公寓在一楼，而萨特那栋楼的电梯又坏了——他觉得爬10层楼梯太累了。5月18日星期二晚上，萨特觉得自己双腿都要软了。他话讲不清楚，嘴也哆哆嗦嗦的。这显然是中风，但波伏瓦尽量让自己不惊慌，提醒自己见过有朋友中风之后能完全康复。萨特同意周三早上去看医生，但坚持要喝他的夜间威士忌。到了午夜，他挣扎着上床睡觉；波伏瓦竭力使自己保持镇定。

当他们最后去看医生时，医生说情况比10月更糟，而且他担心很快就会再次出现这些症状。当晚，西尔维开车送波伏瓦和萨特回波伏瓦的公寓，萨特没有喝威士忌，而是喝了果汁。他处于震惊的状态，仍然无法控制自己的身体：他的波雅德香烟不停地从嘴里滚出来。西尔维帮他捡起来，但是他又把它弄掉了。于是整个晚上，同样的循环一直出现，痛苦地重复着。第二天萨特换了处方，医生建议他休息，还要有人陪伴，不能独自待着。他们说，如果他能遵从医嘱，用不了三周就可以康复。

到接下来的那个周三，萨特已经能正常走路和说话了，但仍然不能弹钢琴和写字。波伏瓦的任务是让他远离酒精、咖啡因和兴奋剂。他对自己身体机能的衰退表现出超然的冷漠,轻描淡写地说起自己的病情,认为病情不会持续那么久。波伏瓦并没有因此得到安慰。她对自己死亡的恐惧也许减轻了,但她对萨特死亡的恐惧却没有减轻。

那年夏天,他计划花五周的时间去旅行——三周和阿莱特在一起,两周和万达在一起——而波伏瓦和西尔维在一起。波伏瓦很喜欢和西尔维一起旅行,但是在这种情况下离开萨特是很困难的。在意大利,波伏瓦每天晚上都哭着入睡。波伏瓦在政治上仍然很活跃,她继续着她的女性主义主张,在1971年7月成为"选择"(choose)运动的主席。她与吉塞勒·哈利米、学者让·罗斯丹、小说家克里斯蒂娜·罗什福和诺贝尔奖得主雅克·莫诺共同发起了这个运动。这个运动有三个目标:对女性进行关于性和避孕的教育;修改自1920年起生效的《法国堕胎法》;为堕胎的女性提供免费的法律辩护。

同月,在瑞士的萨特旧病复发,但他不让阿莱特告诉波伏瓦。当波伏瓦在罗马终点站遇见萨特时,他的脸因为牙龈上的脓肿而肿了起来,但他似乎充满了活力;他们一直聊到凌晨一点。萨特又恢复了精力,享受着罗马的生活。萨特在服药,并限制自己的酒精摄入量,午餐时喝一杯葡萄酒,晚餐时喝啤酒,还有两杯威士忌。萨特正在写福楼拜传记《家庭白痴》(*The Family Idiot*),谈论着自己的生活,仿佛还有几十年可以活。回到巴黎后,萨特重新对人和世界大事产生了兴趣。萨特读了波伏瓦第四卷回忆录的手稿,并提了一些意见。到了11月中旬,波伏瓦几乎不再担心了。从波伏瓦行动主义的角度来看,这是个好时机——女性解放运动正在快速发展,1971年11月11日,波伏瓦与数千名女性游行穿过巴黎，要求获得堕胎的合法权利。

1972年，萨特开始了他的最后一段罗曼史：与20多岁的埃莱娜·拉西蒂奥塔基斯恋爱了。这也证明了波伏瓦在《老年》中提出的观点：年龄对男人和女人的情爱可能性的影响是不同的。同年，英文版《老年》出版了，《洛杉矶时报》对它进行了严厉的评论，认为波伏瓦粗心大意，作品过于笼统——评论者是纳尔逊·阿尔格伦。

那时波伏瓦正在为堕胎权利奔走，她开始收到女性来信，她们声称做母亲和做家务使她们觉得很有成就感。有些来信是用挑衅的语气写的；还有一些人责备波伏瓦不应把母亲只看成是一种劳役。所以在1972年3月6日，波伏瓦在《新观察家》上发表了一篇题为"对一些女人和男人的回应"的文章，波伏瓦写道，她意识到母亲的身份是可以刻意选择的，她"意识到当人们需要孩子时孩子能带来的快乐"。她说，她不想把自己的生活方式强加给所有女性，因为她是在"积极为她们争取自由：选择孕产、避孕或堕胎的自由"。[15]

但波伏瓦也认为，对母性的尊重是可疑的，现实仍然被伤害女性和儿童的谬论所困扰。波伏瓦指出，在1972年的法国，做一个未婚妈妈是很困难的。许多女性选择结婚是因为她们认为结婚是安全的选择，但"没有父亲的孩子往往比父母不和的孩子更快乐"。[16]

波伏瓦大胆地宣称，她支持把母职与婚姻分离开来："我支持废除家庭。"这句话在断章取义的情况下，很好地迎合了反对波伏瓦的保守派和热衷人身攻击的读者，他们认为波伏瓦反母性，不女性化，甚至不女性主义了。但在同一段中，波伏瓦对"家庭"一词的定义是这样的："家庭是这个男权世界剥削女性的中介，每年从她们那里勒索数十亿个小时的'隐形工作'。"1955 年，法国人花在有偿工作上的时间为 430 亿个小时，相比之下，在家里花在无偿工作上的时间为 450 亿个小时。[17]

波伏瓦认为，女性是在外界影响下接受这项工作的，并认为这是自己的天命，因为谁都不会自然地接受自己的职业生活就是洗碗和洗衣服。波伏瓦说，女性必须找到更好的价值所在：

> 人们之所以歌颂母亲，是因为母性能够让女人毫无怨言地待在家里做家务。他们没有告诉一个两岁、三岁或四岁的小女孩"你注定要去洗碗"，而是告诉她"你注定要成为一个妈妈"。人们给她布娃娃，歌颂母亲，所以当她长大后，她就会想到一件事：结婚生子。她坚信，如果没有孩子，她就不是一个完整的女人。

但是对于男人却不是这样说的：没有人会对一个没有孩子的男人说"他不是一个真正的人"。[18]

堕胎法惩罚了社会上最贫穷的女性（至少曾经是这样的）。如果一个女人能"根据自己的欲望和兴趣"计划怀孕，那么她就能适应包括学习和工作在内的生活。波伏瓦认为男性对这种可能性的抵制源于恐惧——"害怕女性会发现并通过掌握自己的命运来重新获得她们在所有领域的自主权"。[19]

在此背景下，1965 年以前，法国已婚女性在未经丈夫许可的情况下，没有合法工作的渠道，也无权开设自己的银行账户。1970 年，法国法律确立了"父母权威"来代替"父权"。1972 年，新的立法赋予非婚生子女和婚生子女平等的地位。

　　波伏瓦希望"通过提供更多官方授权的避孕方法,让堕胎变得无关紧要",但当时法国只有7%的女性在使用避孕措施;波伏瓦相信,实现这一改革的同时还能实现更大的超越。[20] 波伏瓦对堕胎的辩护提出了权力、责任和正义的问题,不仅仅是"选择"。1972年10月,波伏瓦写道:"把一个人带到这个世界上是一项巨大的责任,一个人怎么会不帮助自己的孩子在世界上找到自处的位置呢?"[21] 由于缺乏避孕和安全堕胎的途径,最贫穷的女性处于最不利的地位,而正是这些女性被控违法,而富有的资产阶级女性则有办法逃避这些后果。

　　1972年秋,波伏瓦出版了第四卷也是最后一卷回忆录,书名故意取了不吉利的《归根到底》。这本书不像前三本书那样按照时间顺序展开,而是汇集了波伏瓦对她所重视的事物的想法:写作、阅读、电影、政治、音乐、艺术、参与到世界中。自从1963年《时势的力量》出版以来,波伏瓦发现读者们想把《时势的力量》的结论当作"对失败的承认和对自己生活的否定,尽管波伏瓦所有的声明从根本上否认了任何这样的解释"。[22]《归根到底》出版时,《埃斯普利特》上有一篇评论问道:"波伏瓦为什么要写这部作品?"波伏瓦想告诉我们什么?它"既不是历史也不是传说",而是"萨特思想的应用练习(有人在学校说),有点烦人"。看到波伏瓦"对充满失败的过去完全缺乏反思",众人感到失望。[23]

　　但波伏瓦的这部作品并不是萨特哲学的应用——尽管她没有向世界展示,但波伏瓦确实是一个会反思自己失败的女性。在这部作品中,波伏瓦捍卫她的原创性、描述《老年》的方法论以及写作在她生活中不断变化的角色。从1963年到1970年,波伏瓦写了一本关于她母亲去世的回忆录、两部小说、两篇序和《老年》。但波伏瓦也经历过一想到要拿起笔就恶心的时候。波伏瓦觉得自己一生的公共事业已经完成了："我的事业已经完成了，尽管我还会继续下去。"[24]

在书的开头，波伏瓦也记录了她身边的人的死亡和疾病：贾科梅蒂生病了，他的母亲去世了。她还重新讲述了萨特母亲的死。

波伏瓦纪念维奥莱特·勒迪克。自从20世纪40年代中期在电影院门口排队时与这个有抱负的小说家相识之后，波伏瓦密切关注着维奥莱特，尤其是在1972年5月维奥莱特突然死于癌症之前的那段日子里。[25] 勒迪克总是把波伏瓦当作她的文学导师，并授权波伏瓦来打理她未出版的作品。波伏瓦还负责了勒迪克的作品《寻找爱》(*La chasse a l'amour*) 在1973年的出版事宜。[26]

波伏瓦继续以读书为乐，读书使她能够通过别人的眼睛看世界。波伏瓦的《归根到底》记录了一些她自己的兴趣，包括索尔仁尼琴的《伊凡·杰尼索维奇的一天》、阿图尔·伦敦的《审判》(*On Trial*)、民族学研究、贝特尔海姆的《空堡垒》(*The Empty Fortress*) 和人物传记等。波伏瓦读奥斯卡·王尔德、乔治·桑、阿内丝·尼恩、汉娜·阿伦特、精神分析和侦探小说，重读了《圣经》。[27] 她也做填字游戏——时间不再是她想囤积的商品。

波伏瓦仍然对"一个女人如何调整自己以适应她的女性状态、她的女性处境"这个问题感兴趣。但波伏瓦的观点已经发生了变化，她想告诉读者，生活的过程是如何让她看到新的视角的。波伏瓦说，如果要重写《第二性》，她会采取一种更加唯物主义的方法，而不是把她的分析建立在自我和他人之间的对立上。事后看来，波伏瓦并没有足够重视稀

第十五章 老年

缺经济学和男人是如何变成男人的情形。波伏瓦说，一个人"不是生下来就是女人，而是成为女人"的说法是正确的，但还应该补充一句"人不是生下来就是男人，而是成为男人"。[28]

波伏瓦感到遗憾的是，自从《第二性》出版以来，很多鼓励女性接受传统女性"使命"的书籍出现反弹，一些虚假的先知宣称女权主义已经过时。新一代的女权主义者（米勒、费尔斯通、摩根、格里尔）所要求的是"女性的去殖民化"，因为女性已经被"从内部殖民"，把家庭中无报酬的工作以及工作场所中的歧视和剥削视为理所当然。[29] 在《归根到底》的结尾处波伏瓦写道："这次我不给这本书下结论了。我让读者自由地得出他们的结论。"[30] 和以往一样，作家的使命是呼吁读者追求自由——即使是写自己的生活。

1972年，西蒙娜·德·波伏瓦在接受德国记者阿莉塞·施瓦策尔采访时，公开接受了"女权主义者"的标签。考虑到波伏瓦在20世纪40年代至70年代初的作品和政治活动，很难相信她会破天荒地承认这一点。这已经是个大新闻了，足以让一家报纸买下这条消息。尽管1949年波伏瓦宣布，自己就像要求女性拥有投票权的人一样，是一个女性主义者[31]，甚至在1965年称自己是"彻底的女性主义者"（《摩登时代》杂志的一个工作人员接受采访时说的）[32]，但在更广为人知的《时势的力量》中，她声称自己在写《第二性》时"避免落入'女权主义'的陷阱"[33]。

随着政治势头的增强，在20世纪70年代早期，法国（和其他地方）的女权主义的辩论已经呈多样化发展趋势，以至于需要对女权主义联盟进行精确定义。波伏瓦和施瓦策尔做这次采访有两个原因：一是她们想让公众知道波伏瓦已经"转变"为一种特殊的政治女权主义者；二是她们需要为女权主义"集会"筹集资金,该集会将于 1972 年 2 月在巴黎互助会举行。她们认为这样的采访会很有看点,最后《新观察家》买下了它的独播权。

施瓦策尔称这次采访是"历史性的";波伏瓦在采访中大声而清晰地宣称:"我是一个女权主义者。"[34] 施瓦策尔问了波伏瓦一个显而易见的问题:为什么《第二性》出版 23 年后她才称自己为女权主义者?波伏瓦的回答是,在这些年里,法国的情况没有太大的变化,只有 7% 的女性在服用避孕药,而且女性仍然被禁止从事有趣的职业并得到晋升。波伏瓦声称,在女性解放阵线之前,她并不认同她在法国看到的改革和法律主义的女权主义,她更喜欢当下女权主义的激进做法,因为这种做法似乎更有利于解决持续存在的性别不平等问题。即使是在以解放所有人为目标的政治团体中,波伏瓦仍然看到女性从事着乏味、无信誉、无权力的工作,而男性则被赋予了有意义的公共责任角色。波伏瓦明确表示,她并没有否定男人——她拒绝将女权主义和厌男症混为一谈,并承认她那个时代的男人并没有建立起男权社会结构。但这些男人仍然从中获利,因此波伏瓦认为保持"谨慎态度"很重要。[35]

有些女权主义者曾批评《第二性》是一部中产阶级的作品,由一位对自己的特权视而不见的精英女性撰写。在这次采访中,波伏瓦承认她在早期的作品中忽略了很多关于阶级的问题。但她不认为阶级斗争会解放女性,因为男女的区别不在于不同阶级,而是不同的种姓。人们可以上升或下降到不同的阶级。但一旦你出生在一个种姓,你就只能永远停留在那里。波伏瓦说,女人不能变成男人,她们在经济、政治和社会上都被视为低级种姓。[36]

在采访中,波伏瓦没有承认自己从非女权主义者转变为女权主义者,而是公开批判了她自己之前的信念,即经济独立和社会主义将带来解放女性所需的变革。相反,波伏瓦支持女性运动,支持让"匿名"的女性,而非男性"专家"发出声音。

女性解放联盟有一股同性恋的暗流,波伏瓦认为这在一定程度上削弱了它的地位,因为这延续了她们"歇斯底里的悍妇和女同性恋"的形象。[37] 波伏瓦的文字让现代读者震惊,尤其是在知道波伏瓦自己是性别侮辱的目标以及她拥有同性恋关系之后。波伏瓦的恋情那时还不为人所知,但在她的采访中,施瓦策尔问波伏瓦女同性恋是否可以成为"政治武器"。波伏瓦的回复以及她接下来的谈话,表明她把同性恋女权主义者和"性教条"联系在一起。波伏瓦认为同性恋可以在政治上发挥有益的作用,但"当他们执着于自己的偏见时,会有使异性恋者远离运动的风险":

> 阿莉塞·施瓦策尔:她们的第一个论点是,在当前形势下,任何和男人的性关系都是压迫性的。因此女权主义者拒绝和男人有性关系。对此,你怎么看?
>
> 西蒙娜·德·波伏瓦:一个男人和一个女人之间的任何性关系真的是压迫性的吗?为什么不接受这种关系,努力使其往非压迫性的方向发展呢?认为所有性交都是强奸的说法让我震惊。我不相信这个看法。当她们说所有的性交都是强奸时,她们又拿起了男性的谬论。这意味着男人的性器官是一把剑、一件武器。我们真正要做的是创造一种不带有压迫的新型性关系。[38]

1972年5月,波伏瓦前往格勒诺布尔为她参与的竞选做演讲,11月8日,博比尼法庭上的一场审判引起了全国的关注。16岁的少女玛丽-克莱尔在母亲的帮助下做了流产手术,因此违反了法律,她和另外三个女人一起受审。吉塞勒·哈利米利用几个著名的科学和文化权威(包括波伏瓦)来为自己辩护。她认为这些女性是在另一个时代受审的。1920年的法律尤其擅长惩罚穷人。每年都有无数女性因为不了解避孕方法而选择流产。在流产时,她们面临着生命危险和不可逆转的残害。

审判改变了公众舆论的导向——1970年,只有22%的法国人赞成取消对堕胎的限制;一年后支持率已升至55%。[39] 1974年,卫生部长西蒙娜·韦伊通过新的立法,在1974年12月使人们更容易获得避孕措施,同时拥护《韦伊法》(*The Veil Law*),从1975年1月将堕胎合法化。

与此同时,1973年3月,萨特再次中风。这次更糟,萨特什么都记不住了,也认不出人来。医生说他是大脑窒息,并再次建议不要喝酒或抽烟。萨特现在67岁了,他"半心半意"地试图放弃他的恶习,后来又全心全意接纳了它们。

除了写作和女权主义工作,波伏瓦继续致力于她在《摩登时代》杂志的编辑工作。因为萨特病了,所以波伏瓦来主持周三上午的编辑会议。朗兹曼在20世纪60年代末介绍给波伏瓦认识的小说家克莱尔·埃切列利回忆起当时的情景:

> 11点,波伏瓦坐在她的黄色长沙发上欢迎每一个人。在她旁边有一堆文章……都是她认真读过和注释过的。组成委员会

的那一小群人在长沙发边上坐成半圆形。[40]

埃切列利描述了目睹波伏瓦给那些有抱负的作家打拒绝电话的经历,在那段时间里,波伏瓦在批判时"坦率而粗暴"。但是波伏瓦并没有利用她的主编身份在没有委员会支持的情况下发表任何东西。[41]

那年夏天,波伏瓦和西尔维·勒·邦在法国南部旅行,然后和萨特一起去威尼斯旅行。(他已经和阿莱特过了暑假,正在去和万达度假的路上。)波伏瓦和西尔维·勒·邦在威尼斯待了几天后就离开了。波伏瓦不想让西尔维在威尼斯感到无聊,这两个女人都喜欢游览新地方。但是波伏瓦开始感受到一种"双重内疚"——如果她离开萨特,她会感到内疚,如果她留下,她也会感到内疚,因为这样会让西尔维失望。[42]

波伏瓦、萨特和西尔维三人于8月中旬在罗马重新会合。萨特的视力恶化了;他的左眼里面出血,现在两只眼睛都看不清楚了。在家里,他们总是按照严格的时间表办事,而现在,为了适应萨特的新需求,他们改变了日常工作习惯:波伏瓦早上给他念书,中午三人一起吃午餐,然后萨特午休,波伏瓦和西尔维去散步或安静地读书。萨特醒来后,波伏瓦给他读法语或意大利语的报纸,然后三人一起去吃晚饭。饮食显示了萨特的衰老程度。萨特处于糖尿病早期,波伏瓦担心他不小心吃了太多意大利面和意大利冰激凌。由于戴假牙和中风的缘故,萨特没法完全控制自己的嘴唇,所以吃东西会弄得到处都是。[43]那年奥尔加和博斯特在罗马见到他们时,看到萨特衰老的模样,甚是惊讶。

回到巴黎后不久,萨特决定雇用一名新秘书,不是处理信件(这件事已经有人做了),而是为他朗读和与他交谈。最终雇用的秘书是皮埃尔·维克托，那个希望他接管《人民事业报》的人。一开始，阿莱特对此充满怀疑。她给波伏瓦打了电话，说她不想让他们陷入"舍恩曼"的境地。（拉尔夫·舍恩曼是罗素的法庭秘书，他声称代表伯特兰·罗素发言，因为罗素年事已高，身体不便，无法出席会议，因此他的秘书舍恩曼便在斯德哥尔摩和哥本哈根代表罗素发言。）但萨特希望这样，波伏瓦也不想把他当小孩子对待。这也意味着波伏瓦会在早晨有一些属于她自己的时间，因为皮埃尔会给萨特大声朗读。[44]但这是一个会令波伏瓦后悔的决定。

萨特不再和他的女人调情了，她们现在轮流照顾他。萨特已经68岁了，完全依赖别人。1973年10月，萨特搬到了蒙帕纳斯大厦附近的埃德加基内大街22号的一栋现代建筑的10层公寓里。它就在波伏瓦的公寓对面。1974年夏，波伏瓦在罗马录下了与萨特的一系列对话，她说这将是萨特自传《词语》(Words)的口头续篇。到那年夏天结束时，萨特意识到自己的视力无法变好：他再也看不见东西了。

但萨特仍在努力工作，计划和皮埃尔·维克托写一本书，书名暂定为《权力与自由》(Power and Liberty)。维克托和他同时代的许多人一样，对福柯和德勒兹的思想很感兴趣，他告诉萨特，他们的合作是一种辩证关系，他们的思想是对立的。即使在事件发生后，波伏瓦也确信，维克托接下这份工作是出于对萨特的真诚照顾。这并不容易——维克托经常想放弃。维克托到达萨特的公寓里时，常常见萨特坐着打盹儿或听音乐。维克托写道，这是一场"与死亡的持续斗争"，他受雇与"睡眠、兴趣索然，或者更简单地说——麻木，做斗争"。他说自己真正参与的可以算是一种康复治疗。[45]

第十五章 老年　379

在1973年至1974年的冬天，法国的女权运动正处于一个转折点。随着堕胎之战接近胜利，运动中出现了不同倾向和策略上的分歧。西蒙娜·德·波伏瓦想要一部反对性别歧视的法律，就像现存的反对种族主义的法律一样。性别歧视不可能像种族主义一样被立法废除，但波伏瓦认为，针对它的法律将是一个有用的工具。因此，她与安妮·泽林斯基共同创立了"女性权利联盟"（League of Women's Rights），这是一个以反性别歧视立法为目标的组织。

该联盟遭到了其他女权主义者的反对，她们认为这是对资产阶级和男权法律体系框架的让步，甚至要与之合作。联盟认为，颠覆社会已不再是正确的做法；相反，他们追求在现有的结构上改革。波伏瓦是该联盟的主席，但她也利用自己在其他领域的权力表达了反对意见。1973年，波伏瓦在《摩登时代》杂志上为那些想要遣责性别歧视的人设立了一个永久专栏。这个专栏被称为"日常的性别歧视"（Everyday Sexism），作者运用生活经历和反思，幽默地揭露和挑战性别歧视，而不是寻求法律赔偿。这个专栏的序言非常直接：

> 将他人称为"肮脏的黑鬼"，或翻印侮辱犹太人或阿拉伯人的言论，都可能被送上法庭，并被判"种族歧视罪"。但是，如果一个男人公开对一个女人大喊大叫，称她为"妓女"，或者在他的作品中指责女人背叛、愚昧、反复无常、愚蠢或歇斯底里，他绝对不会有风险。我们（女权联盟）要求将"性别歧视"也视为一种犯罪。[46]

第二年,波伏瓦为一本书写了序,热切地呼吁进行离婚改革。同样,波伏瓦的分析包含了哲学上的细微差别,这些细微差别在激烈的政治辩论中很容易被忽视。关于离婚对孩子有害的反对意见,波伏瓦回答说:"孩子可能会被貌合神离在一起的父母'迫害'。"波伏瓦认为,离婚"不是万灵药","只有当女性知道如何以积极的方式利用她们的自由,她们才会获得解放。"但为了发现自己的可能性,离婚往往是一个必要条件。[47]

20 世纪 70 年代,波伏瓦越来越多地用她的影响力帮助别人发声。在《摩登时代》的特刊《女性坚持》(Women Insist)的序言中,波伏瓦写道,反对性别歧视的斗争"让我们思考每个人内心最私密和最确信的东西"。它质疑我们的欲望,质疑我们快乐的形式。[48]女权主义者让人不舒服;但如果她们的话实际上是无能为力的,她们也不会受到嘲笑,不会被当作泼妇和"煤气灯"。在这篇文章中,波伏瓦承认在过去,她"或多或少扮演了一个象征性的女人的角色",她曾经认为克服性别障碍的最好方法就是忽略其存在。但年轻的女权主义者帮助波伏瓦认识到,这种立场使她成为不平等的帮凶,所以现在波伏瓦要把它和她自己表达出来。

波伏瓦承认自己曾经是同谋者,这是令人钦佩的:波伏瓦已经变成了一个能够看到自己以前失败的女人。但是她能看到全部的失败吗?当波伏瓦写道,反对性别歧视的斗争"让我们思考每个人内心最私密和最确信的东西"时,是怎样的限制和欲望让波伏瓦无法完整地讲述她对哲学的热爱以及她对萨特以外的情人的爱?波伏瓦的动机是自我保护,是关心"大家族"中的其他人,还是妄想?还是像波伏瓦自己所说的那样,她的动机是赋予她的生活一种"艺术的必要性",使其具有解放读者的潜力,向他们展示新的可能性,就像路易莎·梅·奥尔科特的乔和乔

第十五章 老年

治·爱略特的麦琪对年少时的她产生的影响一样?[49]（20世纪60年代中期，波伏瓦在接受《巴黎评论》的采访时说，这就是她在做的事情。《归根到底》也暗示波伏瓦是认真的。）

考虑到萨特是一个名过其实的花花公子，以及他对他"偶然的情人们"持续不断的谎言，人们不免会有点惊讶：在讲述他和波伏瓦的故事时，萨特首先强调了波伏瓦在他生命中和思想上的中心地位。20世纪70年代接受采访时，萨特确实是这么做的。他表示，人们在波伏瓦的回忆录中看到的是波伏瓦的版本，但"对我来说，我认为我们的关系最初是在智力上发展起来的"[50]。采访他的约翰·杰拉斯——波伏瓦朋友斯捷帕的儿子——坦率地问道："难道当时你们俩不相爱吗？"

萨特的回答是，他们彼此相爱，但不是以一般人所理解的方式相爱：

> 我们爱上了彼此的直觉、想象力、创造力、观念，并最终有一段时间也爱上了彼此的身体，但是就像一个人不能主导（当然，除非通过恐吓）另一个人的思想那样，一个人也不能主宰另一个人的品位、梦想、希望，等等。有些事情海狸（波伏瓦）更擅长，有些事情我更擅长。你知道吗？如果没有海狸的批准，我永远不会允许我的任何作品发表，甚至公开给任何人。[51]

萨特一直很关心自己留给后世的名声，他决心以一个伟大作家的身份来实现不朽。1975年6月，为了纪念萨特的70岁生日，《新观察家》委托进行了一次采访。除此之外，萨特的采访者米歇尔·孔塔询问了他有多少个情人。萨特承认有好几个。但他说，"在某种意义上"，西蒙娜·德·波伏瓦是唯一的一个。萨特提到了另外两个人的名字——米歇尔和阿莱特。但是萨特说,波伏瓦扮演了独一无二、无可替代的角色:

> 萨特:在我的想法真正成形之前,我都先把它讲给西蒙娜·德·波伏瓦听。在我的想法形成的过程中,我毫无保留地告诉了她。
>
> 米歇尔·孔塔:因为她和你在哲学上处于同一个层次?
>
> 萨特:不仅如此,还因为她是唯一了解我、知道我想做什么的人。正因为如此,她是一个很适合交谈的人,很少能遇到这样的人。这是我独特的幸运……
>
> 米歇尔·孔塔:不过,你还得在西蒙娜·德·波伏瓦的批判面前为自己辩护,不是吗?
>
> 萨特:常有的事!事实上,我们甚至互相批判。但我知道她最终会是对的那个人。这并不是说我接受了她所有的批评,但我确实接受了大部分。
>
> 米歇尔·孔塔:你对她和她对你一样严厉吗?
>
> 萨特:当然了,尽可能地严厉。如果你很幸运地爱上了你所批评的人,那么不严厉的批评是没有意义的。[52]

同一年,波伏瓦决定为《摩登时代》杂志采访萨特本人(尽管他们发表时不把它叫作采访,他们称之为"审问")。波伏瓦开门见山地说:"萨特,我想问你关于女人的问题。"波伏瓦问道,为什么萨特声称自己站在受压迫者一边,这些受压迫者可以是工人、黑人、犹太人,却不能是女性,他对此怎么解释?

萨特说,可能是因为他的童年。

"可你已经长大成人了!"波伏瓦追问他,是不是很多男人在女性问题上都有一个盲点(就像很长一段时间里的她自己一样)。他们对女性的苦难视而不见,就好像古代雅典人那样,当奴隶在自己的土地上劳作、做饭时,他们却大谈正义和民主之类的理想。萨特的冷漠不是像雅典人的冷漠一样让后人感到震惊吗? [53]

波伏瓦继续参与到了女权主义作家活动和运动中,也接受了许多采访。1976年,当波伏瓦与阿莉塞·施瓦策尔交谈,回顾自己的生活时,她评论说,她摆脱了女性的"奴隶劳动",因为她既不是母亲,也不是家庭主妇。但20多年来,波伏瓦一直收到世界各地女性的来信,诉说她们的挣扎,这让她意识到沉默的另一面比她想象的还要糟糕。许多写信给她的女性年龄在35岁到45岁之间,已经结婚。为了爱情,她们很年轻就结婚了,当时也很高兴这样做,但后来她们发现自己面对的是死胡同:孩子长大后不再需要她们,她们没有接受过任何专业培训,也没有自己的追求。

1976年,波伏瓦认为结婚和做母亲在很多时候仍然是陷阱。波伏瓦说,如果一个女人想要孩子,她应该认真考虑抚养孩子的条件,因为她必须放弃工作,孩子生病时在家照顾孩子。如果女性做不到这些,她将受到责备。[54] 波伏瓦说,问题不在于家务和护理工作本身,因为工作本身没有高低贵贱之分;但每个人——不仅仅是女性——都应该去做维持生命所需的工作,因为这样一来她们才能有足够的时间去做那些赋予生命的事情。波伏瓦称自己为主张"自愿做母亲"的活动家。[55]

同年，在大西洋彼岸，阿德里安娜·里奇出版了《女人的诞生》（*Woman Born*），这本书以波伏瓦《第二性》中对母性的讨论为开端，阐述了母性的力量。1976年3月，一个在布鲁塞尔举行的针对女性犯罪问题的国际法庭把波伏瓦的一封信作为诉讼的一部分。波伏瓦觉得这件事情很好笑，因为那年正好是在"女性之年"之后，显然，这又是一个由男性社会为了神秘化女性而组织的活动。[56]

1977年3月，萨特的腿开始疼，医生警告他，如果他再不戒烟，他们可能不得不切除他的脚趾，甚至让他截肢。两天后，萨特把他的香烟和打火机交给了西尔维·勒·邦。但是酒更难戒掉，萨特为了获得一杯酒，开始在生活中和女人玩骗人的小把戏。萨特告诉波伏瓦他每晚只喝一杯威士忌。但他让米歇尔偷偷把瓶子藏在他书架里的书后面。他说，海狸不必什么都知道。

一天，波伏瓦发现萨特宿醉不醒，她很生气。当她发现他还在米歇尔家喝威士忌时，便一怒之下给米歇尔打电话，不让她在周六晚上陪伴萨特了。[57]阿莱特对此很高兴——她一直嫉妒萨特的其他女人。随着时间的推移，阿莱特·埃尔凯姆·萨特克服了对皮埃尔·维克托的厌恶。皮埃尔和她一样，是北非犹太人。1978年，维克托对犹太神学和弥赛亚主义产生了兴趣，他们开始一起学习希伯来语。1978年2月，波伏瓦担心他们利用了萨特的弱点——利用他的名声来达到他们的政治目的，因为萨特、维克托和埃尔凯姆要去耶路撒冷。萨特坐着轮椅上了飞机，住在一家豪华酒店里；他安然无恙地回来了。但当他们回来后，维克托试图在《新观察家》上发表一篇关于以色列和平运动的文章，他要萨特作为共同作者署名。波伏瓦接到当时在报社工作的博斯特打来的电话，博

第十五章 老年 385

斯特告诉她这篇文章不好，萨特不应该署名。波伏瓦读了之后表示赞同，并说服萨特不要出版它。

此时，波伏瓦显然是萨特的守护者之一。但有几个人觊觎这个位置，想成为萨特在智识方面的监护人，但他们对于萨特本人的想法却说法不一。萨特从来没有告诉维克托这篇文章没发表的原因。但在《摩登时代》杂志的一次编辑会议上（维克托在萨特的住处参加了会议），波伏瓦提到了这件事，波伏瓦以为他知道。维克托怒火中烧，跺着脚走出会场，称他的同事们是"腐朽的尸体"。[58]维克托自此不再参加《摩登时代》杂志的编辑会议，轻蔑地把老一代卫道士称为"萨特人"。这次阿莱特站在维克托一边。

与此同时，萨特接受了更多的采访，在采访中他说，在出版前，除了西蒙娜·德·波伏瓦，他从不让任何人读他的手稿，甚至在1978年7月，他仍声明波伏瓦是他生活中"必不可少的独特角色"。[59]据西尔维·勒·邦所说，萨特生命的最后五年对波伏瓦来说特别艰难。波伏瓦不得不眼睁睁地看着他失明，发现对他隐忍要比对自己隐忍更难。波伏瓦喝了酒，吃了安定，但这并没有阻止她经常流泪。波伏瓦尽可能从其他朋友那里获得安慰。克洛德·朗兹曼住在五分钟路程之外的博拉尔街，他在巴黎时，每周会和波伏瓦见两次面。但他当时正在执导《浩劫》——波伏瓦借给他钱以启动电影的拍摄——经常需要外出旅行。

1978年，一部改编自《被摧毁的女人》的电影在法国上映，影评刊登在《世界报》上，该片再次宣布波伏瓦的作品已经过时，说她的女权主义低劣："如今，这本书的论点和基调似乎特别具有考古价值。它们使得衡量女权主义的加速发展成为可能，因为这类问题与其说是关于'流动中的女性'的问题,不如说是《世界时装之苑》或《嘉人》(*Marie-Claire*)的问题。"[60]

到了 20 世纪 70 年代末,波伏瓦因萨特的衰老而筋疲力尽,没有心力再去写长篇作品,但在 1979 年,波伏瓦出版了《精神至上》(这是波伏瓦在 20 世纪 30 年代写的小说,当时被伽利玛和格拉塞出版社退稿了)。这部作品以扎扎和梅洛-庞蒂为原型虚构了一对情侣,即安妮和帕斯卡,写于波伏瓦发现梅洛-庞蒂求爱的真相之前。安妮的母亲迫害她的女儿,批评她的想法、读书习惯,以及她与西蒙娜的友谊,"好像一切都是罪恶"[61]。这本书并不像波伏瓦后期的作品那样圆满,但它揭示了波伏瓦在 20 世纪 30 年代关注的问题,包括爱、自我牺牲、幸福以及成为女人意味着什么。这也表明,即使在那时,波伏瓦也不害怕在她的文章中加入哲学元素,她笔下的人物会讨论邓斯、司各脱、柏格森、莱布尼茨、霍布斯、拉辛、波德莱尔、克洛代尔和贝矶。

那年秋天,波伏瓦参演了由约瑟·达扬和马尔卡·里博斯卡拍摄的一部关于她的作品的电影《西蒙娜·德·波伏瓦》,片头称其为"我们唯一的女哲学家的纪录片"。[62] 在关于这部电影的采访中,波伏瓦被问及她已经围绕着自己写了那么多作品之后,为什么还要同意拍这部片子。波伏瓦回答说,她想"纠正"某些事情,说实话,想给自己一个"更公正的形象"。[63]

1979 年,波伏瓦成了杂志《女权主义者问题》(*Questions féministes*)的出版总监,该杂志在 20 世纪 80 年代初由她监督重启,并获得了奥地利欧洲文学奖。《费加罗报》以"完美的资产阶级:西蒙娜·德·波伏瓦"为标题宣布了这项荣誉,并解释说"西蒙娜·德·波伏瓦,第一位获得奥地利欧洲文学奖的女性,这一切都归功于一个男人"。[64] 这也难怪,当被问及为何继续倡导女权主义时,波伏瓦回答说,这是因为即使到了 1980 年,女性还是被赋予了一种假象:"今天的女性可以成就任何事,如果做不到,那就是她自己的错。"[65]

1980 年 3 月,波伏瓦听说《新观察家》将刊登皮埃尔·维克托对萨特的采访,分三期在星期日出版。萨特已经很长时间没有发表任何东西了(至少以萨特的标准来看);这会引起很多人的关注。近年来,波伏瓦曾数次要求看看他们在做什么,可谁都没有告知她具体是什么——萨特和埃尔凯姆都回避了波伏瓦的问题。当萨特给波伏瓦看他们为出版挑选的摘录时,她吓坏了。

皮埃尔·维克托打算在发表时使用他的真名——本尼·莱维(在萨特雇用他之前,他在法国没有合法的居留权)。这篇文章的语气对萨特所主张的很多东西都不屑一顾,拒绝接受萨特毕生致力的文学和政治活动的意义。在最后一次采访中,莱维甚至让萨特——萨特一直是世俗犹太人的朋友——声称唯一"真正的"犹太人是虔诚的犹太人,萨特甚至对救世主主义做出了让步。波伏瓦恳求萨特不要发表,但他不听波伏瓦的劝阻。难道这位波伏瓦无与伦比的朋友失去了思考的能力吗?

波伏瓦非常难过,都急哭了。朗兹曼和博斯特都打电话给《新观察家》的编辑,试图阻止该文章的发表。但编辑让·丹尼尔接到了萨特本人打来的电话,说他希望这篇采访能发表,如果《新观察家》不接受,其他报纸也会接受。访谈最终于 1980 年 3 月 10 日、17 日和 24 日发表。

在第二个和第三个星期日之间的星期三,也就是 3 月 19 日,当波伏瓦来到萨特的公寓轮值时,他们之间的气氛仍然紧张。第二天早上 9

点，波伏瓦走进萨特的房间叫他起床时，他正坐在床上喘着气。他已经这样好几个小时了，既不能说话，也不能呼救。波伏瓦去给医生打电话，但是没有拨号音——秘书忘了交电话费。

于是波伏瓦跑下楼去打门房的电话，医生很快就来了，叫了救护车。波伏瓦焦急地看着他们对萨特进行了紧急治疗，然后把他送到布鲁萨斯医院。波伏瓦回到楼上的公寓，穿好衣服，按照计划和让·普永一起去吃午饭。波伏瓦问他是否愿意和她一起去医院，因为她不想一个人去。起初，萨特的情况看起来充满希望。他们又安排了一个读者和访客轮班来陪伴萨特，有几个星期，波伏瓦需要按计划参加下午的活动。4月13日，星期天，萨特握着她的手腕，说他非常爱她。4月15日，萨特进入昏迷状态。波伏瓦在他旁边待了一整天，听着他的呼吸，然后回到自己的公寓开始喝酒。晚上9点，电话响了。是阿莱特·埃尔凯姆打来的——萨特去了，一切都结束了。

第十六章　风烛残年

波伏瓦和西尔维·勒·邦一起回到了医院。她给博斯特、朗兹曼、让·普永和安德烈·戈尔兹打了电话，他们立即赶到了医院。医院的工作人员说，凌晨5点之前他们可以一直陪着萨特的遗体，之后"它"就得被送走了。

他们怎么能用"它"来指代萨特呢？

阿莱特回家了，而"大家族"里的人们则一边喝酒一边回忆，直到凌晨。记者把这个地方围得水泄不通，但博斯特和朗兹曼告诉他们不要一直留在这里。波伏瓦想单独和萨特待一会儿——其他人走后，波伏瓦爬上萨特的床。她正要钻进萨特的被单时护士拦住了她，因为他的褥疮已经坏疽了。于是波伏瓦爬上被单，躺在他旁边，睡着了。

凌晨5点，医院里的人来取遗体。波伏瓦去朗兹曼家睡觉，星期三一整天一直待在那里。波伏瓦无法忍受公寓里的电话，更别提那些记者，所以在朗兹曼离开后，波伏瓦去了西尔维·勒·邦那里。埃莱娜从阿尔萨斯赶来，她收到了大量的卡片、信件和电报。朗兹曼、博斯特和西尔维负责安排葬礼。葬礼定于4月19日，星期六。

葬礼那天，波伏瓦和西尔维、埃莱娜、阿莱特一起上了灵车。成千上万的人跟在她们身后,向萨特致敬。但是波伏瓦什么也看不见,再多的安定和威士忌也抑制不住她的眼泪。到了蒙帕纳斯公墓,波伏瓦要了一把椅子。那个星期的晚些时候,伦敦的《泰晤士报》报道说,"波伏瓦夫人"站在棺材前时,"正处于崩溃的边缘,由两个朋友扶着"。[1] 波伏瓦周围有一大群人,但她的脑子却一片空白。波伏瓦不记得在那之后发生了什么。她去了朗兹曼家,然后他们在一个包间里吃了晚饭,但她喝得太多了,不得不由人搀扶着下楼。西尔维试图阻止她喝酒,但根本无济于事。[2]

此后波伏瓦住在西尔维家。接下来的星期三,火葬仪式在拉雪兹公墓举行,但波伏瓦太累了,无法前往。西尔维和朗兹曼回来时,发现波伏瓦躺在地板上,神志不清。波伏瓦患上了肺炎,她在科钦医院住了一个月——一开始,医生们认为波伏瓦永远都不会康复,因为在大量服用安定和威士忌之后,她患上了肝硬化并有一些运动神经元损伤。当波伏瓦回到维克多·舍尔歇大道时,肺炎痊愈了,但抑郁情绪却消散不了。整个 6 月和 7 月,西尔维每星期都尽可能和波伏瓦待在一起。当西尔维上课时,朗兹曼和博斯特来陪她。波伏瓦总是说,她的生命将在萨特的生命结束时也结束;他们担心波伏瓦会真的这么做。周末,西尔维开车带她离开巴黎。1980 年 8 月,波伏瓦要进行一年一度的罗马旅行了。波伏瓦对西尔维说她们必须离开巴黎,因为"我想要活下去,我需要远远地离开此地才能做到"。[3]

波伏瓦和西尔维去了挪威,进行了一次峡湾巡游。慢慢地,波伏瓦想起她的生活中还有其他值得为之而活的、有意义的关系,渐渐地走出来。但波伏瓦也开始意识到,有些关系永远回不到从前的样子了。在萨

第十六章 风烛残年

特火化三天后，阿莱特清空了他的公寓。实际上这不被法律允许，因为按照法律规定，在进行税务评估之前任何人不得接触萨特的财产。至于她为什么这样做，阿莱特有自己的一套说辞：在遗嘱认证期结束之前，她无法支付租金，担心有人会闯入。但波伏瓦确信她这样做是为了阻止波伏瓦拿走理应属于她的东西。这是一场不愉快的争执，其他朋友也想要萨特的纪念品，而当朗兹曼要求阿莱特给博斯特一些东西时——尽管他们已经是40年的朋友了——她却只把萨特的旧拖鞋给了他。

西尔维从来都不喜欢阿莱特，因此非常生气。萨特把波伏瓦父亲的书放在自己的公寓里，这些书不是萨特留给阿莱特继承的。萨特还有一幅毕加索送给他和波伏瓦的画，以及一幅来里贝罗的画。西尔维和朗兹曼都向阿莱特索要波伏瓦的礼物，但阿莱特说如果她真的很想要的话，她应该自己开口。

西尔维要回了波伏瓦的父亲乔治·伯特兰·德·波伏瓦的书。但波伏瓦自己只要一件东西：萨特《伦理学笔记》（*Notebooks for an Ethics*）的手稿。萨特写完《存在与虚无》后，手稿一出版就交给了波伏瓦，这是她最珍贵的财产。在《存在与虚无》的结尾，萨特曾承诺要出版一部伦理学作品，他于20世纪40年代末开始创作，大约在同一时间，波伏瓦写了《模糊性的道德》。阿莱特知道波伏瓦想要这份手稿，因为波伏瓦出院后做的第一件事就是"低声下气地"向阿莱特要这份手稿。但是阿莱特不肯给波伏瓦，而且在1983年，阿莱特还出版了这本手稿。

1980年5月波伏瓦出院时，医生让她停止服用安定、戒酒，并进行按摩和治疗以帮助她的身体恢复。除了没能放弃威士忌和伏特加，波伏瓦听从了医生的大部分建议。在这几个星期里，波伏瓦意识到她希望她的医生能够和西尔维讨论她的情况。可根据法国法律，波伏瓦最近的血亲埃莱娜是她的法定监护人和继承人。没有埃莱娜的允许，西尔维甚至不能开车送波伏瓦去治疗。

波伏瓦不想搬到阿尔萨斯去跟埃莱娜和利昂内尔一起生活，而让他们搬到巴黎来照顾她也是不现实的。所以波伏瓦决定问西尔维自己是否可以合法收养她，波伏瓦先告诉了朗兹曼和博斯特，两人都赞成。他们从阿莱特的事情中了解到，如果各方不赞成新的安排，会出现什么问题，所以波伏瓦先向西尔维小心翼翼地提出这个问题，再向埃莱娜提出。一开始，埃莱娜对此感到不适，但她意识到她不会比她姐姐活得更久，而且自己的人生已经够充实的了。

另一方面，西尔维有点不情愿，她一直讨厌阿莱特依附于萨特的做法。西尔维·勒·邦是一个独立的女人，有她自己的职业生活——她是一名教哲学的老师，她不希望人们认为她和波伏瓦的关系就像阿莱特和萨特那样。西尔维也知道有学者已经开始关注波伏瓦作品中母亲和女儿的角色了，她如果被波伏瓦收养势必会给研究者提供一个猜测的"盛宴"。

但几十年来，波伏瓦已经习惯了人们随意地揣测她的生活。波伏瓦鼓励西尔维只管用心去看待她们的友谊，这种友谊不受年龄和传统角色的限制。波伏瓦向西尔维透露，在她的一生中，她曾多次尝试寻找另一段像她和扎扎那样的友谊。但在西尔维之前，一直都没有成功。波伏瓦说，西尔维让她仿佛找到了扎扎的转世。西尔维接受了，后来她写道，她和波伏瓦的关系是"独一无二、无与伦比的亲密关系"。[4] 波伏瓦在一次采访中告诉贝尔，她很幸运"能分别与一个男人和一个女人都拥有一段完美的关系"。[5]

萨特去世那年,波伏瓦承受着悲伤带来的所有伤痛:眼泪、沮丧、不知道自己还能做些什么。波伏瓦再次求助于文学来宣泄:她决定写一部关于萨特之死的作品。《告别的仪式》(Adieux: A Farewell to Sartre)出版于1981年,记录了萨特的衰老和死亡,聚焦于年龄和疾病如何限制了他的可能性,他生活的变化情况。书中还包括20世纪70年代中期波伏瓦在罗马对萨特的采访,以证明他们之间的思想友谊和不断的交谈。朋友们都对波伏瓦这本书有些担心,但这是她唯一能接受他死亡的方式。扎扎去世的时候,波伏瓦就是靠写作走出来的,母亲去世的时候,写作同样也是波伏瓦宣泄情绪的方式,所以她坚持写作。她的开场白是:

> 这是我的第一本——毫无疑问是唯一一本——在出版前你没读过的书。我把它完完全全地奉献给你,你不受它的影响。我说的你,只是一种假设,一种修辞手段。因为我只能对着空气说话了。[6]

一些读者把《告别的仪式》称为波伏瓦的第五部回忆录。但这本书比其他的书更加隐晦,描述了萨特的衰老,很少关注波伏瓦自己的生活,它是回忆录和对话的混合体。波伏瓦认为《告别的仪式》是对萨特的一种致敬,也是《老年》的延续。1970年,《老年》描述了老年人被边缘化,被一些人视为次等人。在最后一段中,读者们看到,甚至让-保罗·萨特也不得不经历这种命运。[7]

波伏瓦已经预感到人们会严厉地批评这部作品。她是对的,她再次被指责轻率,或者是在萨特无法为自己说话的时候替他说话。帕斯卡尔·布吕克内在《观点》杂志（Le Point）上形容这本书是"敬意与复仇"[8]的结合。（波伏瓦问过萨特，为什么他认为男人从童年起就有"某种自豪感"，他是否一直感到自由。[9]）波伏瓦的捍卫者主要是说英语的女性，其中，《存在与虚无》的译者黑兹尔·巴恩斯谴责了那些将《告别的仪式》说成波伏瓦"因为不得不忍受萨特的不忠而做出的报复"，这完全是诽谤。《告别的仪式》中的叙述既是基于事实，也是一种敬意。[10]萨特的传记作家安妮·科恩－索拉尔认为，这部作品引起了人们对这对神秘夫妇的惯常反应："要么完全尊重，要么全盘否定。"[11]

当然，最严厉的批评者之一是阿莱特·埃尔凯姆·萨特。她在《解放报》上发表了一封攻击波伏瓦的公开信，贬低波伏瓦与萨特的关系，讽刺波伏瓦声称自己是萨特生活的中心，以及波伏瓦在本尼·莱维事件中的行为。这两个女人都认为对方贬低了萨特的地位，并声称自己是萨特一生中最杰出的见证人。波伏瓦拒绝以书面形式回复，因为她不想用回复来美化阿莱特的说法，也不想成为公众的笑料；她私下里十分轻蔑阿莱特。

1981年，波伏瓦开始与她的第一个传记作家戴尔德丽·贝尔交谈——波伏瓦喜欢美国女性，她和贝尔常常在下午4点一边喝着纯苏格兰威士忌一边进行访谈。20多年来，波伏瓦一直在思考自己将留给后人的形象，因为她已经有了几十年的经验，"公众形象若落入他人之手，会让人变丑"。[12]波伏瓦不想让阿莱特左右她和萨特的关系，因此她决定出版萨特写给她的信，并公开宣布这一意图，以便让世人能够亲眼看到让－保罗·萨特对西蒙娜·德·波伏瓦的看法。但当时波伏瓦没有这样做的权利，因为在法国，文学执行人对萨特写的任何文字都有权利，不管他写给谁,也不管这些文字是谁持有的。于是波伏瓦咨询了她的出版商罗贝尔·伽利玛,伽利玛建议波伏瓦让他出面去说服阿莱特。

这比萨特的两个女人争论他更爱谁更危险。这不是一个浪漫的问题。对于波伏瓦来说:她一生都被那些否认她作为思想家的独立性的人所困扰,这些人甚至声称波伏瓦的书是萨特写的。波伏瓦认为这些信会显示出"我们对彼此的重要影响"[13]。

萨特死后,巴黎的有些讣告没有提到一次波伏瓦。《世界报》提到了萨特的葬礼上有数千人,但是没有提到波伏瓦。[14]《快报》上的一篇长文包含了一条时间线,其中提到了萨特和波伏瓦相遇的日期,波伏瓦在哲学教师资格考试中名列第二,但是对他们的其他关系却只字未提。[15]

《伦敦时报》在宣布萨特死亡的第一篇文章中没有提到波伏瓦[16],完整的讣告将她介绍为萨特"最亲密的朋友"之一,"成为他的情妇和一生的政治、哲学和文学盟友"[17]。《卫报》的讣告中也没有提到波伏瓦,只是说"在朋友和门徒的帮助下,萨特独自在巴黎度过了晚年"[18]。在全部讣告中,波伏瓦并不在他学习的"天才知识分子群体"中,而只是因为他们的"终身结合"而被提及。在这段关系中,她"帮助了他事业的方方面面"[19]。

《纽约时报》的报道更多地谈及了波伏瓦:"作为一个作家和思想家,萨特的名声比其多年密友和伴侣西蒙娜·德·波伏瓦更大。他们的关系经历了无数个阶段,但他们对彼此的依恋,对彼此的坚定,从未受到严重怀疑。"[20] 但《华盛顿邮报》把波伏瓦介绍为"情妇"[21]——难道没人能把波伏瓦看作一个有智慧的对话者、一个积极的参与者,甚至是萨特思想发展的灵感来源吗?

这种"女人是男人的贤内助"的惯用说法对波伏瓦也产生了一定影响。在20世纪80年代早期，波伏瓦仍然定期与比安卡·朗布兰共进午餐。当以色列这个问题一出现，她们的讨论就变得很激烈。朗布兰批评波伏瓦"无条件地亲以色列"，甚至没有试着去看巴勒斯坦的观点。朗布兰被她们的谈话弄得心烦意乱，于是在谈话结束后写信给波伏瓦，进一步说明她的立场。就像波伏瓦对梅洛－庞蒂的《辩证法的历险》的评论一样，波伏瓦对朗布兰的回复显示出波伏瓦自己的矛盾以及挫败——人们总是认为她的观点是萨特或者其他男人的附属：

我给你回信，是为了让你知道我不是不在乎。既然情况是"模糊的"，就像你说的，我为什么要怨恨或蔑视不赞同我观点的人呢？至于朗兹曼……我很遗憾你赞同大男子主义的偏见，认为女人只能从男人那里获得思想。[22]

波伏瓦出版她与萨特的书信时，她失去了一些朋友——奥尔加和万达第一次看到了她们在萨特生活中的真实角色。博斯特夫妇近年来已经分开过几次，波伏瓦很少见到奥尔加。波伏瓦和博斯特走得比较近，他们仍然一起为《摩登时代》工作。据戴尔德丽·贝尔描述，波伏瓦曾警告奥尔加说她会出版这些信件，并无视奥尔加要求排除任何有关她们姐妹信息的要求，导致她们的关系出现永久性裂痕。[23] 但是，在波伏瓦看来，即使这会打破人们的幻想，向世界展示其真相也是值得的。波伏瓦重新开始做关于女权主义的演讲和宣传，她比以往任何时候都更加认识到，就连她的成就也被归功于萨特的天才。整理他们大量的信件花了很

第十六章 风烛残年 397

长时间。在1982年11月，波伏瓦把手稿交给了伽利玛出版社，题词是"献给克洛德·朗兹曼，带着我全部的爱"[24]。

出版的道路并不容易：在出版之前，阿莱特想要确立自己作为萨特哲学遗产的合法继承人的地位，她不仅出版了《伦理学笔记》（她拒绝给波伏瓦的手稿），还出版了萨特的《战争日记》（*War Diaries*）。

当信终于被公开时，读者们可以看到萨特对波伏瓦说了什么。但他们又问：波伏瓦为什么不发表自己的那部分呢？在1974年的采访中，萨特说他希望自己的信件能在他死后出版，所以波伏瓦说她遵从了他的遗愿。至于她自己的信，波伏瓦告诉贝尔，那是她自己的事，与别人无关。[25] 在1985年的一次采访中，玛格丽特·西蒙斯问波伏瓦她是否读过米歇尔·勒·德夫对萨特书信的评论，是否知道勒·德夫声称萨特是他们关系中"唯一说话的人"[26]吗？波伏瓦回答："这些信是萨特写给我的信，自然是萨特在信中说话。如果我发表自己的作品，我就是那个说话的人，但在我有生之年，我不会发表我的信件。"[27]

在萨特的书信出版后，波伏瓦把她的时间花在两件让她快乐的事情上：为女性的解放而工作，与西尔维和其他朋友在一起。阿莉塞·施瓦策尔在一次采访中说，女性之间"如此伟大的友谊"并不多见。但波伏瓦回答说她"不那么肯定"："女人之间的友谊往往会长久，而爱情却会消逝。以及，男女之间真正的友谊是非常非常罕见的。"[28]

1980年预示着20世纪70年代女权主义在法国的终结，不仅在日历上标志了一个新的十年，而且一个新的协会在这一年成立了，自称为"女性解放运动"——这个名字也在国家工业产权研究所正式注册了商标。20世纪70年代的女性解放运动是一场有组织的运动，有三个简单的归属标准：女性，意识到女性所受的压迫，致力于抗争。这个新的女性解放阵线声称要为女性说话，而不是让她们为自己说话。在波伏瓦看来，这不再是女权主义，而是"暴政"[29]。

但也有好消息：1980 年，法国成立了第一个内阁级别的女性事务部。它的第一位女性部长伊薇特·鲁迪请求波伏瓦支持密特朗的竞选活动。

1981 年，波伏瓦接受了一次采访，宣传《新女权主义者问题》(*Nouvelles Questions Féministes*) 的重新出版，她在采访中讨论了新的反性别歧视法对她的意义。伊薇特·鲁迪是当时的女权部长，她正致力于有关职业平等的立法，她想通过一项反对性别歧视的法案来补充这一点。这将把反种族主义立法扩大到反性别歧视，并使打击侵犯女性尊严的公共广告成为可能。

波伏瓦希望侮辱女性是违法的，尽管她意识到法律"不会阻止女性自己领导反抗性别歧视的斗争"。在她的一生中，波伏瓦在信件和编辑工作中看到，女性遭受了大量的男性暴力。尽管事实就是如此，但她相信没有"天生既定"的东西会让男人变得暴力。相反，她声称"男人不是天生的，而是后天成为的"——在容忍性别歧视的社会中，暴力根植于每个男人身上。

波伏瓦不喜欢"我们身体的部分被展示在城市街道上，为了这个逐利社会的荣耀"。女性权利联盟的宣言声称，女性的身体不应该被用作商品；身体上的愉悦和性的主动性不应该是男人的专利；她们将为女性已经获得的权利而奋斗，并追求新的权利。宣称自己是自由先驱的广告商们轻蔑地谴责波伏瓦的提议：她既是清教徒又是伪君子。难道她没有意识到，如果她的规则付诸实施，包括她自己的作品在内的文学本身就会被禁止吗？

第十六章　风烛残年

波伏瓦的合理回应被忽视了：她不是在攻击文学。她认为攻击广告是有充分理由的，因为"广告不提供（个人）自由"，它们"强加在所有受其支配的人的眼睛上，无论愿意与否"。[30] 一些人声称反性别歧视法是对男性的报复，但波伏瓦认为，它的动机是为了改变男人之所以成为男人的文化环境，这样他们对女性的暴力行为就不会被合理化了。波伏瓦想通过禁止在广告、色情和文学中出现有辱人格的女性形象来达到这个目的。一项反性别歧视的法律将允许她们公开谴责每一起性别歧视案件。[31] 波伏瓦认为，这还将帮助女性应对性别歧视，帮助她们站起来反对不公和虐待，而不是把它视为理所当然，认为男人就是这样的，或者这就是女人的命。

波伏瓦和女权主义者被指控为"不了解现实的知识分子"，但她们是医生、律师、工程师、母亲——难道这不是现实吗？在公众的强烈抗议背后，波伏瓦看到了两个动机：金钱和操纵。在资本主义晚期，有关金钱的争论再熟悉不过，无须重述。在波伏瓦看来，许多男人仍然"深信女人是被操纵的对象，而男人是操纵的主人"[32]。波伏瓦希望女性成为"看世界的眼睛"，希望她们能表达出自己对世界的观点，并得到倾听和尊重。

当鲁迪创立"女性与文化委员会"时，波伏瓦被任命为名誉主席。她是一个积极的参与者，这个组织私下里称自己为"波伏瓦委员会"。波伏瓦每月都参加会议，研究社会结构，以便向政府提出改善女性状况的具体建议。1982年弗朗索瓦·密特朗授予波伏瓦荣誉军团勋章，但她拒绝了。波伏瓦是一个勤奋的知识分子，参加这些活动并不是为了沽名钓誉。

12年后,克洛德·朗兹曼的电影《浩劫》终于迎来了尾声。这是一部艰难的电影,他非常依赖波伏瓦的陪伴和支持:"我需要和她交谈,告诉她我的不确定、我的恐惧和我的失望。我从谈话中变得强大,因为波伏瓦独特而强烈的倾听方式,严肃,庄重,开放,完全信任。"[33]在萨特死后的最初几年里,朗兹曼看到了波伏瓦对生活的厌倦。在电影制作过程中,他多次邀请波伏瓦来剪辑工作室——波伏瓦仍然喜欢参与他的项目,观看电影的各个部分。

1982年,密特朗总统邀请朗兹曼私下放映影片的前三个小时。波伏瓦和他一起去了爱丽舍宫,看还没有字幕的电影,而朗兹曼在过道上大声翻译。第二天,她写信给朗兹曼:"我不知道你的电影上映时我是否还活着。"当时,她在《世界报》上写了一篇头版文章,后来又为《浩劫》这本书写了序言。但在总统首映后的第二天,她把自己的想法写给了朗兹曼,以防她活不到电影上映那天:

> 我从来没有读到或看到过任何东西能如此感人、如此扣人心弦地传达了"最终解决方案"的恐怖,也没有任何东西能让如此多的证据证明它的可怕机制。朗兹曼把自己置于受害者、刽子手、证人和同谋的角度,这些人比其他人更无辜,也更有罪。朗兹曼让我们体验了一种经历的无数方面,我相信,直到现在,这种经历似乎都是无法言传的。这是一座纪念碑,它将使世世代代的人类能够了解他们历史上最邪恶、最神秘的时刻之一。[34]

除了像这篇这样的笔记（写的时候半是为后代考虑的），我们几乎找不到波伏瓦临终时的私人资料。但在20世纪80年代，波伏瓦参加了几次采访。在其中一次采访中，阿莉塞·施瓦策尔问她，在与萨特保持关系的同时，她是如何成功地保持独立的。波伏瓦的回答是她一直想要自己的事业："我有梦想，不是幻想，是非常大胆的梦想，在我遇见萨特之前很久我就知道我想做的事情！为了幸福，我必须完成我的人生。对我来说，满足就意味着工作。"[35] 在这些采访中，波伏瓦透露，在萨特与多洛雷丝·瓦内蒂有婚外情时，她确实对自己与萨特的关系产生了怀疑，她后悔他们的关系给他们生活中的第三方造成了如此多的痛苦。在一次公开采访中，波伏瓦已经欣然承认萨特没有善待女性。萨特使她成为一个特殊的例子，一个象征——就像她年轻时一样。但萨特鼓励波伏瓦——从来没有别人这样鼓励过她——相信自己的潜力，即使是在她自己挣扎着去发现的时候。如果没有他们之间的对话，没有他们两人的行动，他们都不会成为现在的自己。

波伏瓦的大部分时间仍然致力于写作：她为自己支持的书写序言和介绍，写终身教职推荐信，鼓励积极分子，回复信函。波伏瓦为女权主义出版商提供资金支持，并向女性庇护所捐款。波伏瓦说，有时她觉得自己的公众声誉已经变成了"神圣的圣物"，她的话语是对年轻一代女性的命令，让这些女性有精力采取下一步的改革措施。[36]

在萨特去世两年后，波伏瓦对自己的工作、过去和现在都很满意，她旅行的愿望重新点燃。波伏瓦还在康复的时候，西尔维就鼓动她去纽约旅行，这个建议奏效了。从20世纪40年代起，波伏瓦就对美国有一种矛盾的感觉：既崇拜又厌恶。1983年，她获得了桑宁欧洲文化奖

（Sonning Prize for European Culture），奖金是2.3万美元，她已经准备好迎接另一场冒险。于是，那年7月，波伏瓦和西尔维登上协和飞机前往纽约。她不想出现在公众的视线中，所以美国万神殿图书公司的编辑为她做了谨慎的安排。波伏瓦见到了斯捷帕·杰拉西和她的儿子约翰，还有一些最近的朋友，比如女权主义者凯特·米利特，但她希望这次旅行能是安静的、私人的。波伏瓦此行不做演讲也不接受访谈。

尽管他们做了很多保密工作，但当波伏瓦入住纽约阿尔冈昆酒店时，几乎立刻就被《纽约客》的记者认出来了。那位记者打电话到波伏瓦的房间，她毫不含糊地告诉他，她不接受电话采访，记者只好作罢。波伏瓦和西尔维参观了很多博物馆——大都会博物馆、古根海姆博物馆、现代艺术博物馆，还有她最喜欢的弗里克博物馆，没有受到骚扰，还登上了世贸中心的顶端。一天晚上她们在晚餐时经介绍认识了同桌的伍迪·艾伦和米亚·法罗。之后，她们在新英格兰旅行了六个星期，波伏瓦参观了凯特·米利特在波基普西的圣诞树农场，米利特在那里建立了一个全女性艺术家的公社。在这个农场里，波伏瓦进行了这次旅行中唯一的工作：为一部关于《第二性》的电视连续剧拍摄与凯特·米利特的对话。波伏瓦和西尔维回到法国，正好赶上西尔维回去教书。波伏瓦带回了许多书。

1983年12月，波伏瓦摔了一跤，西尔维发现她躺在地板上，她在那里待了太久，得了肺炎。波伏瓦在医院里度过了圣诞节和1月的大部分时间，但在复活节时，她已经康复，可以去比业里茨了。到了夏天，波伏瓦已经完全康复，可以去更远的地方旅行了。于是，波伏瓦和西尔维飞往布达佩斯，开车在匈牙利和奥地利转了一圈。

第十六章　风烛残年　403

1985年，尽管克洛德·朗兹曼接管了越来越多的事务，波伏瓦仍然是《摩登时代》杂志的主编。他们在她的公寓里见面，波伏瓦像往常一样阅读投稿，挑选文章，编辑和校对——她继续参加会议，直到去世前几周。克莱尔·埃切列利记得波伏瓦的"存在、力量和权威，激励着他们让这本杂志保持活力"[37]。

波伏瓦还从事女权主义活动并接受采访，她希望能出一个新的《第二性》英译本，"忠实于原文的翻译，从哲学维度还原那些帕什利先生认为毫无意义，但我认为有道理的部分"[38]。在与玛格丽特·西蒙斯的谈话中，波伏瓦澄清了自己在《盛年》里声称"自己不是哲学家"这一令人困惑的说法：

> 我不是哲学家，指的是我不是系统的创造者。我又是一个哲学家，我研究了很多哲学，我有一个哲学学位，我教授哲学，思考哲学，把哲学写进书里，因为这对我来说是一种看世界的方法，我不允许他们消除这种观看世界的方式。[39]

在波伏瓦之前的几个世纪，像帕斯卡和克尔凯郭尔这样的思想家也表示抵触像笛卡尔和黑格尔这样"系统的"哲学家，因为他们忘记了人类的一部分意义，即每个人都必须在不知道未来的情况下生活——追寻一种无法提前知道答案的意义。波伏瓦也信奉这样一种观点，因为生活无法提前预知，我们对自己和他人眼中的自己会成为什么样的人感到焦虑。[40]但是对于波伏瓦同时代的法国人来说，甚至帕斯卡和克尔凯郭尔也被认为是"次等哲学家"，这显然不是因为他们是女性，而是因为他们笃信宗教。波伏瓦早期的哲学洞见以及她对避免陷入自我主义和献身主义两个极端的关注，都是在与许多思想家的对话中写成的，这些思想家在今天可能不会因为同样的原因被称为"哲学家"[41]。

1985年，波伏瓦的健康状况恶化。她将其归因于1986年3月即将到来的选举，但每个人都知道是因为波伏瓦喝了太多威士忌。肝硬化使波伏瓦的腹部膨胀无法站直。波伏瓦走路会很疼痛，朋友们在旁边痛苦地站着，而她却假装没有注意到。西尔维试图稀释波伏瓦的威士忌，但现在的波伏瓦是一个拒绝节制的病人，她只是不断地倒威士忌。博斯特在这方面并没有什么好的影响，所以西尔维求助于朗兹曼，朗兹曼认为给《浩劫》写序可能会分散波伏瓦的注意力。波伏瓦欣然同意了，还为另一本书也写了序言，但她没有停止饮酒。

1986年初，波伏瓦仍在与朋友、学者和作家会面。年事已高的她此时唯一的让步是穿着红色浴衣去见他们。

1986年2月，波伏瓦见到了埃莱娜；波伏瓦走路不方便，但她们一起逛了画廊。她一如既往地鼓励妹妹的艺术创作——那一年，埃莱娜正在期待在斯坦福大学举办她的艺术展览，该展览由法国女性权利部资助。但是，3月16日的立法选举却另有规定：女性事务部长的资金已不再可用。波伏瓦不赞成妹妹缺席她自己的展览，坚持要为她付钱。[42]

3月20日晚，西蒙娜·德·波伏瓦发生了胃痉挛。她以为是因为她晚餐吃了火腿，但疼痛持续了很长时间，西尔维坚持要送她去医院。几天后，在没有明确诊断的情况下，他们进行了一次探索性手术。除了糖尿病和动脉损伤，波伏瓦经历了萨特之前遭受的所有问题：肝硬化损伤、体液潴留和肺水肿。手术后，波伏瓦患上了肺炎，被转移到重症监护室。

她在那里待了两周，期间她试图说服女按摩师不要投票给极右翼民族主义者让－玛丽·勒·邦。

当埃莱娜和朗兹曼收到这个消息时，两人都在加州——埃莱娜在她的展览上，朗兹曼在领奖。波伏瓦去世了，享年78岁。[43] 当时是4月14日下午4点，距离萨特逝世的周年纪念日还有8个小时。第二天，《世界报》宣布了她去世的消息，标题是："波伏瓦的作品名过其实。"[44]

后记:西蒙娜·德·波伏瓦将会成为什么?

> 对于生者,我们应给予尊重。对于逝者,我们应还他们真相。[1]
> ——伏尔泰

《世界报》并不是唯一一个以性别歧视、蔑视、虚假的措辞和口吻宣布波伏瓦去世的媒体,他们再次给波伏瓦这个人定了调子。全球报纸和文学评论的讣告都指出,即使是在临终前,波伏瓦也在追随萨特,尽职尽责地占据她应有的位置:第二位。尽管萨特的一些讣告完全没有提到波伏瓦,但波伏瓦的讣告却一直都在提萨特——有时甚至篇幅很长,把写波伏瓦作品的篇幅压缩到令人震惊的程度。

伦敦的《泰晤士报》宣称萨特是"她的导师"——作为一名哲学学生,波伏瓦"名义上是布伦施维克的学生,但实际上是由她的两个同学指导的:勒内·马厄和萨特"。[2]但是事实上,波伏瓦就是布伦施维克的学生,在哲学上获得的成功与另外两人并无因果关系。倒是波伏瓦在马厄和萨特口试前辅导他们学习莱布尼茨,并对萨特的几乎所有作品给予了批判性的意见。

在《纽约时报》上,我们读到:"萨特鼓励了波伏瓦的文学抱负,并鼓励她深入调查女性受压迫的问题,这启发波伏瓦创作了充满愤怒和指责的 Le Seconde Sexe。"萨特确实鼓励了波伏瓦的文学抱负,毫无疑问,波伏瓦也珍视这位"无与伦比的思想之友"。但事实上,她的书叫作 Le Deuxième Sexe(即《第二性》),而且在写这本书之前,波伏瓦已经发展了自己的哲学和对女性压迫的分析。《华盛顿邮报》倒是正确地肯定了波伏瓦的哲学家身份,但也称她是萨特的"护士""传记作家",以及"充满嫉妒"的情妇。[3]

我们可能希望在专业文学评论中得到更公正的评价,但这样的希望也落空了。1986 年《文学传记词典》(Dictionary of Literary Biography Yearbook)年鉴中的"西蒙娜·德·波伏瓦"收录了整整 7 页的条目,都是为了纪念萨特和波伏瓦的一生。萨特是这段叙述的主体,是萨特使她感觉自己是"智力上的主宰",并提出了《第二性》的概念。[4]

在《两个世界的回顾》(Revue de Deuxmondes)中,我们读到,即使在死亡中,"等级制度也受到尊重:她是第二,仅次于萨特";"因为她是一个女人,波伏瓦仍然是她所爱的男人的追随者"。她是一个追随者,一个空的、没有想象力的容器:"波伏瓦和她的墨水池一样没有想象力。"这并不是她唯一的缺点。通过她在"大家族"中扮演的角色,波伏瓦限制并削弱了一个伟大的男人:"如果没有这堵围绕着他们这对情侣一点一滴建造起来的不可渗透的墙,如果没有这种精心维护的复仇,萨特的生活将会完全不同。"[5]

1991 年,波伏瓦写给萨特的信以英文出版,其中包括波伏瓦叙述她与比安卡和索罗金的性接触的内容,她被称为"一个报复心重、操纵欲强的女人",同时"令人反感、乏味、以自我为中心"。[6]克洛德·朗兹

曼当时反对这些信件的出版,他写道,波伏瓦和萨特年轻写信时都是"傲慢又好强的":

> 虽然波伏瓦有时会对她亲近的人不甚友好,但伤害他们的想法对她来说是无法忍受的:我从未见过她错过与她母亲、妹妹的约会,也从未见过她错过与闯入者的约会(如果她同意与他们见面的话),也从未见过她因为囿于某些过去的想法而错过与很久以前认识的学生的约会。[7]

事实证明,朗兹曼的担心是有根据的,波伏瓦的话很伤人。在戴尔德丽·贝尔的传记公开了比安卡的身份后,比安卡·朗布兰写了一本自己的回忆录:《一件不光彩的情事》(*A Disgraceful Affair*),指责波伏瓦一生都在撒谎。用朗布兰的话来说,波伏瓦是"她自己过去虚伪的囚徒"[8]。

但是,用最糟糕的时刻,以及让波伏瓦深感遗憾的如木乃伊般逝去的自我来代表波伏瓦的一生,这样做肯定是有失偏颇的。波伏瓦可能是自己过去的人质,但她也是社会偏见的受害者;波伏瓦的生活证明了束缚女性发展的"女性状况"的双重标准的存在,特别是对敢于说真话的女性的惩罚——当女性成为"看的眼睛"时,当她们批判男性的行为并实话实说时,她们就会受到惩罚。

就个人而言,在哲学和政治上,萨特都没有逃脱波伏瓦的批判。波伏瓦认为萨特的哲学有盲点,并出版了一些她的批判给世界看[9]。尽管如此,波伏瓦还是选择了爱萨特。

波伏瓦跟萨特一样,也葬在了蒙帕纳斯公墓。下葬时波伏瓦戴着红色头巾,穿着红色浴袍,戴着阿尔格伦送给她的戒指。波伏瓦受到世界各地团体的致敬,从蒙帕纳斯的社会党到美国、澳大利亚、希腊和西班牙的大学生。在她的葬礼上,人群高呼着伊丽莎白·巴丹泰的话:"女人,你们欠她一切!"

尽管这么说有些夸张,但波伏瓦是第一个承认有些女性觉得她的想法"令人沮丧"[10]的人。在波伏瓦去世后的几天里,波伏瓦的最后一篇序言——这篇序是为小说《米路》(Mihloud)而写——出版了。这本书讲述了两个男人之间的爱情故事,引发了关于性和权力的问题。波伏瓦用自己的名声去推荐这本书,它讲述了一个很难被公开的故事:关于大屠杀、阿尔及利亚被虐待和强奸的女性、女权主义的斗争,或者一个天才女同性恋的异化。这些都是人性里许多人难以直视的方面。

去世时,波伏瓦已经成名40年了,一生经历了各种爱与恨,诋毁与崇拜。[11]成名以后,人们会拿波伏瓦早年与萨特的爱情故事来抨击她的道德操守,以及她的作品在哲学、个人和政治上的挑战——尤其是《第二性》。波伏瓦声称,如果男性想要变得有道德,他们需要承认他们的行为造成了世界上其他人的恶劣状况,并且他们在努力改善这种情况。波伏瓦还向女性发出了挑战——停止服从"做女人就得为了男人而存在"的谬论。作为一个人,当你被如此无情地从外部定义时,你是很难茁壮成长的。

从内心来说,波伏瓦从来没有把自己视为"偶像"。波伏瓦在接受阿莉塞的采访时说:"我是为别人做西蒙娜·德·波伏瓦,不是为了我自己。"[12]波伏瓦知道女性都渴望去效仿积极的榜样,人们经常问波伏瓦,为什么她要在自己的小说中书写那些没有实现她的女权主义理想的女性，而不是创造更多积极的人物角色。读者们指出在她的女性角色中看到了波伏瓦的影子[13]，他们想知道：这些女性角色之所以辜负了她的女权主义理想，是因为波伏瓦自己也没有实现吗？

波伏瓦回应说，她觉得正面的英雄"令人心生恐惧"，有正面角色的书没有意思。她说，一部小说"就应该是有问题的"。用波伏瓦自己的话来说，她的生活也是如此：

> 我的人生历程本身就充满了问题，我不需要给人们解决问题，人们也没有权利等待我的解决方案。在这种情况下，你所谓的我的名气——简而言之，人们的关注——偶尔会让我烦恼。有一种要求让我觉得有点愚蠢，因为它禁锢着我，把我完全固定在女权主义的混凝土块里。[14]

在波伏瓦的一生中，读者们因她的生活方式而拒绝她的思想，因为她爱了太多的男人，爱了错误的男人，或者以错误的方式爱了正确的男人（读者还不知道波伏瓦也爱了女人）。他们指责波伏瓦付出的太少或太多，过于女权主义或不够女权主义。波伏瓦承认，她对待别人的方式并不总是无可非议的。波伏瓦清楚地表达了自己的遗憾，她和萨特的关系给其他人造成了痛苦。

施瓦策尔提到波伏瓦曾声称自己与萨特的关系是她一生中最成功的事，她问波伏瓦他们是否是在平等的基础上成功地建立了关系。波伏瓦说，他们之间从来没有出现过平等不平等的问题，因为萨特"完全不是一个压迫者"。[15] 奇怪的是，波伏瓦也说过，如果（她）爱的不是萨特，

后记：西蒙娜·德·波伏瓦将会成为什么？　41

她自己就不会受到压迫。有些人将这一评论归因于她逃脱了萨特的控制并有了职业自主性;女权主义者怀疑波伏瓦是否处在"自欺"中,是否将萨特置于"她生命中一个神圣不可侵犯的领域,在这里连她自己的批判眼光也不适用"[16]。

现在,毫无疑问,波伏瓦是批判过萨特的——尽管很多人可能觉得她批判得还不够。

20世纪80年代中期,一位美国哲学家告诉波伏瓦学者玛格丽特·西蒙斯,她对波伏瓦感到愤怒,因为她在自传中写道"我们,我们,我们"。她自己在什么地方?她完全消失了。但波伏瓦并没有消失。她确实在用她的声音说话。她说"我们",也说"我",因为她相信"一个人可以既接近一个男人,同时也是一个女权主义者"[17]。事实上,一个人可以接近很多人——男人们和女人们,同时还能做一个女权主义者。波伏瓦认为她最重要的是她的思想,萨特是她思想上无与伦比的朋友。波伏瓦的评论家称她是一种衍生品,缺乏想象力;甚至连波伏瓦自己的情人们都曾告诉她,她的书要么枯燥乏味,要么过于哲学[18]。但萨特在波伏瓦人生的大部分时间里,都是她"主要的鼓励来源"[19],是一位无与伦比的思想交流的对话者。

我们永远不会知道波伏瓦的内心是什么样子的,光靠叙述无法完全还原真实活过的人生。但从外部来看,我们不能忘记波伏瓦努力成为自己的样子。在某些情况下,波伏瓦会选择写一些"我"这个词被忽略的例子。在《时势的力量》一书中,波伏瓦声称自己在遇到萨特之前就已经有了存在与虚无的哲学思考,萨特后来因写作《存在与虚无》而出名,波伏瓦曾说:"20岁时,我在我的私人日记中写到过存在与虚无的基本对抗，在我所有的书中探索过，但从未解决。"[20] 波伏瓦还说，在《女宾》之后，有些事情发生了变化："我总是'有话要说'。"[21]

《归根到底》中有一段波伏瓦明确表示，她更喜欢与"对她很重要的人——通常是与萨特，有时是与西尔维"——共享生活。波伏瓦直率地说，她不会区分"我"和"我们"，因为"事实上，除了几段短暂的时间外，总是有人陪着我"。[22] 在晚年，波伏瓦把孤独描述为一种"死亡的形式"，而她自己则感觉到了"人类接触的温暖"[23]，因而又回到了生活中。

波伏瓦热爱哲学，但她想用它来表达"可感知的现实"，撕裂"传统的自我所巧妙编织的网"。[24] 在许多情况下，波伏瓦选择文学作为实现这一目标的最佳途径，因为她笔下的人物在相互接触时可以变得栩栩如生。尼采认为爱是没法教授的[25]，但是波伏瓦认为她可以把爱表现出来。在她的小说中，波伏瓦给出了具体的例子，在这些例子中，女性和男性遭受了缺乏对等互惠的爱的痛苦。在《第二性》中，波伏瓦明确地提出了哲学主张：有伦理的爱情必须是对等而互惠的，爱人与被爱的人都必须有意识，是自由的，努力拥抱彼此生活中的价值所在。而且，当他们的爱涉及性时，他们都必须是性的主体，而不是客体。

卢梭出于政治目的在他的著作《论人类不平等的起源和基础》(*Discourse on the Origin of Inequality*) 中审视"文明"的历史，他这样做是为了更好地勾勒出存在于人与人之间的不平等。尼采转向过去，在《道德的谱系》(*On the Genealogy of Morality*) 中阐明现在的道德，认为"价值重估"在"上帝之死"之后是必要的。波伏瓦认为，对女人进行哲学上的重估是必要的，如果没有所谓的"文明"之爱的重估，女性真正的自由就不会实现。

当像柏拉图这样的哲学家使用一种文学形式时,这就是哲学。当他讨论爱时,这是哲学——即使它来自于一个鸡奸被认为是一种文化规范的语境,即使会讨论一些荒诞的事情比如认为所有的人类曾经都是四足动物,我们和自己的另一半分开并一直寻找丢失的另一半[26]。

西蒙娜·德·波伏瓦的一生成了一代又一代不再满足于"通过男人的梦想来实现梦想"[27]的女性成功的象征。波伏瓦是20世纪女权主义的代表声音[28],她的思想很明显地改变了立法进程和许多人的生活。然而,在2008年她的百岁诞辰之际,《新观察家》决定出版一张波伏瓦的裸照来纪念她——即使波伏瓦曾经发起运动将翻印女性的裸照定为非法行为。

从内心来看,波伏瓦将自己视为一种永不停止的蜕变。波伏瓦认为她生活中的单一瞬间无法显示出完整的"西蒙娜·德·波伏瓦",因为"生命中没有那种与一切都和解的瞬间"。[29]所有的行动都有失败的可能,而有些失败只是在事后才显现出来。时间在流逝,梦想在变化,而自我总是遥不可及。"波伏瓦成为波伏瓦"过程中的每一个瞬间都是极其多样化的。但如果说我们能从西蒙娜·德·波伏瓦的生活中学到什么的话,那就是:没有人孤独地成为她自己。

参考文献

Algren, Nelson, 'Last Rounds in Small Cafés: Remembrances of Jean-Paul Sartreand Simone de Beauvoir', *Chicago*, December 1980.

Algren, Nelson, 'People', *Time*, 2 July 1956.

Altman, Meryl, 'Beauvoir, Hegel, War', *Hypatia* 22(3) (2007): 66–91.

Anon. 'Views and Reviews', *New Age* 1914 (15/17).

Arp, Kristana, *The Bonds of Freedom: Simone de Beauvoir's Existentialist Ethics*, Chicago: Open Court, 2001.

Audry, Colette, 'Portrait de l'écrivainjeune femme',*Biblio* 30:9 (November 1962).

Audry, Colette, 'Notes pour un portrait de Simone de Beauvoir', *Les Lettres françaises*17–24 December 1954.

Aury, Dominique, 'Qu'est-ceque l'existentialisme? Escarmouches et patrouilles', *Les Lettresfrançaises*, 1 December 1945.

Bair, Deirdre, Simone de Beauvoir: *A Biography*, London: Jonathan Cape, 1990.

Barrett, William, *Irrational Man: A Study in Existential Philosophy*, New York: Doubleday, 1958.

Barron, Marie-Louise, 'De Simone de Beauvoir à Amour Digest. Les croisés de l'émancipation par le sexe', *Les lettresfrançaises*, 23 June 1949.

Baruzi, Jean, Leibniz: *Avec de nombreuxtextesinédits*, Paris: Bloud et cie, 1909.

Battersby, Christine, 'Beauvoir's Early Passion for Schopenhauer: On Becoming a Self', forthcoming.

Bauer, Nancy, *Simone de Beauvoir, Philosophy, and Feminism*, New York: Columbia

University Press, 2001.

Bauer, Nancy, 'Introduction' to 'Femininity: The Trap', in Simone de Beauvoir, *Feminist Writings*, ed. Margaret A. Simons and Marybeth Timmerman, Urbana: University of Illinois Press, 2015.

Beauvoir, Hélène de, *Souvenirs*, Paris: Séguier, 1987.

Beauvoir, Simone de – see *Abbreviations* on pp. xii–xiv for all primary sources cited.

Beauvoir, Simone de, in discussion with Claudine Chonez, 'Simone de Beauvoir: Le DeuxièmeSexe' (actualité du livre), 30 November 1949, Institut National de l'Audovisuel, France. https://www.ina.fr/audio/PH806055647/simone-de-beauvoir-le-deuxieme-sexe-audio.html

Beauvoir, Simone de, in interview with Madeleine Gobeil, 'The Art of Fiction No. 35', *Paris Review* 34 (Spring–Summer 1965).

Beauvoir, Simone de, in Interview with Margaret A. Simons and Jane Marie Todd, 'Two Interviews with Simone de Beauvoir', *Hypatia* 3:3 (1989).

Bergson, Henri, *Time and Free Will: An Essay on the Immediate Data of Consciousness*, trans. F. L. Pogson, New York: Dover, 2001.

Bergson, Henri, *The Creative Mind: An Introduction to Metaphysics*, trans. Mabelle L. Anderson, New York: Citadel Press, 1992.

Blanchet, A., 'Les Prix littéraires', *Études* 284 (1955): 96–100.

Boisdeffre, P. de 'LA REVUE LITTERAIRE: Deux mortsexemplaires, un même refus: Jean Genet et Simone de Beauvoir', *Revue des deux mondes* (1986): 414–28.

Boulé, Jean-Pierre, Sartre, *Self-formation,and Masculinities*, Oxford: Berghahn, 2005.

Carter, Angela, 'Colette', *London Review of Books*, 2:19, 2 October 1980.

Challaye, Félicien, letter to Amélie Gayraud, in *Les Jeunes filles d'aujourd hui*, Paris: G. Oudin, 1914.

Chaperon, Sylvie, 'The reception of The Second Sex in Europe', *Encyclopédie pour unehistoire nouvelle de l'Europe*, 2016.

Charensol, G. 'Quelsenseignementspeut-ontirer des chiffres de tirage de la production littéraireactuelle?', *Informationssociales*(1957): 36–45.

Churchwell, Sarah, The Many Lives of *Marilyn Monroe*, New York: Picador, 2005.

Cleary, Skye, *Existentialism and Romantic Love*, Basingstoke: Palgrave Macmillan, 2015.

Cohen-Solal, Annie, Sartre: *A Life*, London: Heinemann, 1987.

Collingnon, A. 'Bouchesinutiles aux Carrefours', Opéra, 31 October 1944.

Conant, James, 'Philosophy and Biography', lecture given at 'Philosophy and Biography' symposium, 18 May 1999, published online by the Wittgenstein Initiative: http://wittgenstein-initiative.com/philosophy-and-biography/

Cottrell, Robert D., *Simone de Beauvoir*, New York: Frederick Ungar, 1975.

Crosland, Margaret, *Simone de Beauvoir: The Woman and Her Work*, London: Heinemann, 1992.

Dayan, Josée and Malka Ribowska, *Simone de Beauvoir*, Gallimard: Paris, 1979.

Deguy, Jacques and Sylvie Le Bon de Beauvoir, Simone de Beauvoir:*Ecrire la liberté*, Paris: Gallimard, 2008.

Delacourt, Xavier, 'Simone de Beauvoir adaptée: Une fidélité plate', *Le Monde*, 1978.

Descartes, René, *Oeuvres de Descartes*, ed. Charles Adam and Paul Tannery, volume I, Paris: Cerf, 1897.

Dijkstra, Sandra, 'Simone de Beauvoir and Betty Friedan: The Politics of Omission', *Feminist Studies* 6:2 (Summer 1980).

d'Eaubonne, Françoise, *Une femme nommée Castor*, Paris: Harmattan, 2008.

Eliot, George, *Middlemarch*, Oxford: Oxford University Press, 1988.

Emerson, Ralph Waldo, 'Considerations by the Way', from *Complete Works*, vol. 6, 'The Conduct of Life', 1904.

Fallaize, Elizabeth, *The Novels of Simone de Beauvoir*, London: Routledge, 1990.

Fallaize, Elizabeth, (ed.) *Simone de Beauvoir: A Critical Reader*, London: Routledge, 1998.

Fouillée, Alfred, *La Liberté et le déterminisme*, 3rd edn, Paris: Alcan, 1890.

Francis, Claude and Fernande Gontier, *Les écrits de Simone de Beauvoir*, Paris: Gallimard, 1979.

Fullbrook, Edward and Kate Fullbrook, *Sex and Philosophy: Rethinking de Beauvoir and Sartre*, London: Continuum, 2008.

Galster, Ingrid, *Le DeuxièmeSexe de Simone de Beauvoir*, Paris: Presse universitaire Paris-Sorbonne, 2004.

Galster, Ingrid, *Beauvoir dans tout sesétats*, Paris: Tallandier, 2007.

Galster, Ingrid, 'Simone de Beauvoir et Radio-Vichy: A propos de quelques scenarios retrouvés', *Romanische Forschungen* 108. Bd. H. 1/2 (1996).

Galster, Ingrid, ' *"The limits of the abject"*: The Reception of The Second Sex in 1949', in Laura Hengehold and Nancy Bauer (eds), *A Companion to Simone de Beauvoir*, Oxford: Wiley-Blackwell, 2017.

Garcia, Manon, *On ne naît pas femme, on le devient*, Paris: Flammarion, 2018.

Gayraud, Amélie, *Les Jeunes filles d'aujourd hui*, Paris: G. Oudin, 1914.

Germain, Rosie, 'Reading *The Second Sex* in 1950s America', *The Historical Journal* 56(4) (2013): 1041–62.

Gerassi, John, *Jean-Paul Sartre: Hated Conscience of His Century*, vol. 1, London: University of Chicago Press, 1989.

Gerassi, John, *Talking with Sartre: Conversations and Debates*, New Haven: Yale University Press, 2009.

Gheerbrant, Jacqueline and Ingrid Galster, 'Nous sentions un petit parfum de soufre ...' *Lendemains* 94 (1999).

Giardina, Carol, *Freedom for Women: Forging the Women's Liberation Movement, 1953–1979*, Gainesville: University Press of Florida, 2010.

Gide, André, *The Journals of André Gide*, trans. Justin O'Brien, New York: Knopf, 1948, vol. II: 1914–27.

Gines, Kathryn T., 'Comparative and Competing Frameworks of Oppression in Simone de Beauvoir's *The Second Sex*', *Graduate Faculty Philosophy Journal* 35 (1–2) (2014).

Grell, Isabelle, *Les Chemins de la liberté de Sartre: genèse et écriture* (1938–1952), Bern: Peter Lang, 2005.

Guidette-Georis, Allison, 'Georges Sand et le troisièmesexe', *Nineteenth Century French Studies* 25:1/2 (1996): 41–9.

Gutting, Gary, *Thinking the Impossible: French Philosophy Since 1960*, Oxford: Oxford University Press, 2011.

Heilbrun, Carolyn, *Writing a Woman's Life*, London: The Women's Press, 1988.

Heller, Richard, 'The Self-centredLove of Madame Yak-yak', *The Mail on Sunday*, 1

December 1991.

Hengehold, Laura and Nancy Bauer (eds), A Companion to Simone de Beauvoir, Oxford: Wiley-Blackwell, 2017.

Hirschman, Sarah, 'Simone de Beauvor: professeur de lycée', *Yale French Studies* 22 (1958–9).

Hoog, Armand, 'Madame de Beauvoir et son sexe', *La Nef*, August 1949.

hooks, bell, 'True Philosophers: Beauvoir and bell', in Shannon M. Mussett and William S. Wilkerson (eds), *Beauvoir and Western Thought from Plato to Butler*, Albany, NY: SUNY Press, 2012.

Horvath, Brooke, *Understanding Nelson Algren*, Columbia, SC: University of South Carolina Press, 2005.

Jannoud, Claude, 'L'OEuvre: Une vulgarisation plus qu'unecréation', *Le Monde*, 15 April 1986.

Jansiti, Carlo, *Violette Leduc*. Paris: Grasset, 1999.

Jeannelle, Jean-Louis and ElianeLecarme-Tabone, 'Introduction', in Simone de Beauvoir, *Mémoires*, tome I, ed. Jean-Louis Jeannelle and ElianeLecarme-Tabone, Bibliothèque de la Pléiade, Paris: Gallimard, 2018.

Jeanson, Francis, *Simone de Beauvoir oul'entreprise de vivre*, Paris: Seuil, 1966.

Joyaux, G. J. 'Les problèmes de la gauche intellectuelle et Les Mandarins de Simone de Beauvoir', *Kentucky Foreign Language Quarterly* 3 (1956).

Kaplan, Gisela, *Contemporary Western European Feminism*, London: UCL Press, 1992.

Kluckholm, Clyde, 'The Female of our Species', *New York Times Book Review*, 22 February 1953.

Kristeva, Julia and Philippe Sollers, *Marriage as a Fine Art*, trans. Lorna Scott Fox, New York: Columbia University Press, 2016.

Kristeva, Julia, Pascale Fautrier, Pierre-Louis Fort and Anne Strasser (eds), *(Re) Découvrirl'oeuvre de Simone de Beauvoir: Du DexuièmeSexe à La Cérémonie des Adieux*, Paris: Le Bord de L'eau, 2008.

Kruks, Sonia, *Situation and Human Existence: Freedom, Subjectivity, and Society*, London: Unwin Hyman, 1990.

Kunda, Z. and R. Sanitioso, 'Motivated Changes in the Self-concept', *Journal of*

Experimental Social Psychology 25 (1989): 272–85.

Lacoin, Elisabeth, *Zaza: Correspondence et carnets d'ElisabethLacoin (1914–29)*, Paris: Seuil, 1991.

Lacroix, Jean, Maurice Blondel: *Sa vie, son oeuvre, avec un exposé de sa philosophie*, Paris: Presses Universitaires de France, 1963.

Lacroix, Jean, 'Charitéchrétienne et justice politique', *Esprit* 1945 (February).

Lagneau, Jules, *De l'existence de Dieu*, Paris: Alcan, 1925.

Lamblin, Bianca, *A Disgraceful Affair*, trans. Julie Plovnick, Boston: Northeastern University Press, 1996 [Fr. 1993].

Lanzmann, Claude, *The Patagonian Hare: A Memoir*, trans. Frank Wynne, London: Atlantic Books, 2012.

Lanzmann, Claude, 'Le Sherpa du 11bis', in Julia Kristeva, Pascale Fautrier, Pierre-Louis Fort, Anne Strasser (eds), *(Re)Découvrirl'oeuvre de Simone de Beauvoir: Du DexuièmeSexe à La Cérémonie des Adieux*, Paris: Le Bord de L'eau, 2008.

Laubier, Claire (ed.), *The Condition of Women in France, 1945–Present: A Documentary Anthology*, London: Routledge, 1990.

Le Bon de Beauvoir, Sylvie, 'Chronologie', in Simone de Beauvoir, *Mémoires*, tome I, ed. Jean-Louis Jeannelle and ElianeLecarme-Tabone, Bibliothèque de la Pléiade, Paris: Gallimard, 2018.

Le Bon de Beauvoir, Sylvie, 'Avant-propos',Simone de Beauvoir et Jacques-Laurent Bost, *Correspondence croisée*, Paris: Gallimard, 2004.

Le Bon de Beauvoir, Sylvie, interview with Magda Guadalupe dos Santos, 'Interview avec Sylvie Le Bon de Beauvoir', *Sapere Aude*, Belo Horizonte, 3(6), 357–65, 2 semestre 2012.

Lecarme-Tabone, Eliane, 'Simone de Beauvoir's "Marguerite" as a Possible Source of Inspiration for Jean-Paul Sartre's "The Childhood of a Leader" ', trans. Kevin W. Gray, in Christine Daigle and Jacob Golomb, *Beauvoir & Sartre: The Riddle of Influence*, Bloomington: Indiana University Press, 2009.

Le Doeuff, Michèle, *Hipparchia's Choice: An Essay Concerning Women and Philosophy*, trans. Trista Selous, New York: Columbia University Press, 2007.

Lee, Hermione, *Virginia Woolf*, London: Vintage, 1997.

Lejeune, Philippe, *Le pacteautobiographique*, Paris: Seuil, 1975.

Lennon, Kathleen, *Imagination and the Imaginary*, London: Routledge, 2015.

Lessing, Doris, 'Introduction' to *The Mandarins*, trans. Leonard Friedman, London: Harper Perennial, 2005.

Lundgren-Gothlin, Eva, *Sex and Existence: Simone de Beauvoir's The Second Sex*, trans. Linda Schenck, Hanover, NH: Wesleyan University Press, 1996.

Macey, David, *Frantz Fanon: A Biography*, London: Verso Books, 2012.

Martin, Andy, 'The Persistence of "The Lolita Syndrome" ', *The New York Times*, 19 May 2013. https://opinionator.blogs.nytimes.com/2013/05/19/savile-beauvoir-and-the-charms-of-the-nymph/

Martin Golay, Annabelle, *Beauvoir intime et politique: La fabrique des Mémoires*, Villeneuve d'Ascq: Presses Universitaires du Septentrion, 2013.

Mauriac, François, 'Demanded'enquête', *Le Figaro*, 30 May 1949.

Maza, Sarah, *Violette Nozière: A Story of Murder in 1930s Paris*, Los Angeles: University of California Press, 2011.

Mead, Margaret, 'A SR Panel Takes Aim at *The Second Sex*', *Saturday Review*, 21 February 1953.

Merleau-Ponty, Maurice, 'Metaphysics and the Novel', trans. Hubert Dreyfus and Patricia Allen Dreyfus, *Sense and Nonsense*, Evanston, IL: Northwestern University Press, 1991.

Moi, Toril, *Simone de Beauvoir: The Making of an Intellectual Woman*, 2nd edn, Oxford: Oxford University Press, 2008.

Moi, Toril, 'While We Wait: The English Translation of *The Second Sex*', *Signs* 27:4 (2002): 1005–35.

Mussett, Shannon M. and William S. Wilkerson (eds), *Beauvoir and Western Thought from Plato to Butler*, Albany: State University of New York Press, 2012.

Myrdal, Gunnar, with Richard Sterner and Arnold Rose, *An American Dilemma: The Negro Problem and Modern Democracy*, New York: Harper, 1944.

Nouchi, Franck, 'L'exilaméricain des lettres d'amour de Simone de Beauvoir à Claude

Lanzmann', *Le Monde*, 19 January 2018.

Parshley, Howard, 'Introduction' to *The Second Sex*, trans. H. M. Parshley, New York: Random House, Vintage, 1970.

Pattison, George and Kate Kirkpatrick, *The Mystical Sources of Existentialist Thought*, Abingdon: Routledge, 2018.

Radford, C. B., 'Simone de Beauvoir: Feminism's Friend or Foe?' Part II, *Nottingham French Studies* 7 (May 1968).

Rolo, Charles J., 'Cherchez la femme', *The Atlantic*, April 1953.

Rouch, Marine, ' "Vousêtesdescendue d'un piédestal": une appropriation collective des Mémoires de Simone de Beauvoir par ses lectrices (1958–1964)' *Littérature* 191 (September 2018).

Rousseaux, André, 'Le DeuxièmeSexe', *Le Figaro littéraire*, 12 November 1949.

Rowbotham, Sheila, 'Foreword' to *The Second Sex*, trans. Constance Borde and Sheila Malovany-Chevallier, London: Vintage, 2009.

Rowley, Hazel, *Tête-à-tête: The Lives and Loves of Simone de Beauvoir and Jean-Paul Sartre*, London: Vintage, 2007.

Rubenstein, Diane, ' "I hope I am not fated to live in Rochester": America in the Work of Beauvoir', *Theory & Event* 15:2 (2012).

Rudman, Laurie A., Corinne A. Moss-Racusin, Julie E. Phelan and SanneNauts, 'Status Incongruity and Backlash Effects: Defending the Gender Hierarchy Motivates Prejudice against Female Leaders', *Journal of Experimental and Social Psychology* 48 (2012): 165–79.

Saint-Bris, Gonzague de and Vladimir Fedorovksi, *Les EgériesRusses*, Paris: Lattès, 1994.

Sanitioso, R., Z. Kunda and G. T. Fong, 'Motivated Recruitment of Autobiographical Memories', *Journal of Personality and Social Psychology* 59 (1990): 229–41.

Sanitioso, R. and R. Wlordarski, 'In Search of Information that Confirms a Desired Self-perception:Motivated Processing of Social Feedback and Choice of Social Interactions', *Personality and Social Psychology Bulletin* 30 (2004): 412–22.

Sanos, Sandrine, *Simone de Beauvoir: Creating a Feminist Existence in the World*, Oxford: Oxford University Press, 2017.

Sartre, Jean-Paul, *Écrits de jeunesse*, Paris: Gallimard, 1990.

Sartre, Jean-Paul, *Carnets de la drôle de guerre*, Paris: Gallimard, 1995.

Sartre, Jean-Paul, War Diaries, trans. Quintin Hoare, London: Verso, 1984.

Sartre, Jean-Paul, *Being and Nothingness*, trans. Hazel Barnes, London: Routledge, 2003.

Sartre, Jean-Paul, with Michel Contat and Alexandre Astruc, *Sartre by Himself*, New York: Urizen Books, 1978.

Schwarzer, *Alice, After the Second Sex: Conversations with Simone de Beauvoir*, trans. Marianne Howarth, New York: Pantheon Books, 1984.

Schwarzer, Alice, *Simone de Beauvoir Today: Conversations 1972–1982*, London: Hogarth Press, 1984.

Sevel, Geneviève, 'Je considèrecommeunegrande chance d'avoirpurecevoir son enseignement', *Lendemains* 94 (1999).

Simons, Margaret A., *Beauvoir and The Second Sex: Feminism, Race, and the Origins of Existentialism*, New York: Rowman & Littlefield, 2001.

Simons, Margaret A., 'Introduction', to Simone de Beauvoir, *Philosophical Writings*, ed. Margaret Simons with Marybeth Timmerman and Mary Beth Mader, Chicago: University of Illinois Press, 2004.

Simons, Margaret A., 'Introduction' to Simone de Beauvoir, *Feminist Writings*, ed. Margaret A. Simons and Marybeth Timmerman, Urbana: University of Illinois Press, 2015.

Simons, Margaret A., 'Introduction' to 'Literature and Metaphysics', Beauvoir, *Philosophical Writings*, ed. Margaret Simons with Marybeth Timmerman and Mary Beth Mader, Chicago: University of Illinois Press, 2004.

Simons, Margaret A., 'Beauvoir's Ironic Sacrifice; or Why Philosophy is Missing from her Memoirs', forthcoming.

Simons, Margaret A. (ed.) *The Philosophy of Simone de Beauvoir: Critical Essays*, Bloomington: Indiana University Press, 2006.

Simons, Margaret A. and Hélène N. Peters, 'Introduction' to 'Analysis of Bernard's Introduction', Beauvoir, *Philosophical Writings*, ed. Margaret Simons with Marybeth Timmerman and Mary Beth Mader, Chicago: University of Illinois Press, 2004.

Spiegelberg, Herbert, *The Phenomenological Movement: A Historical Introduction*, volume 2,

The Hague: Springer, 2013.

Tidd, Ursula, *Simone de Beauvoir*, London: Reaktion, 2009.

Tidd, Ursula, 'Some Thoughts on an Interview with Sylvie le Bon de Beauvoir', *Simone de Beauvoir Studies* 12 (1995).

TIME, 'Existentialism', 28 January 1946, pp. 28–9.

Times, The [London], 'Simone de Beauvoir', 15 April 1986, p. 18.

Viellard-Baron, Jean-Louis, 'Présentation' to Jean Baruzi, *L'Intelligence Mystique*, Paris: Berg, 1985.

Vintges, Karen, 'Introduction' to 'Jean Paul Sartre', in *Philosophical Writings*, ed. Margaret Simons with Marybeth Timmerman and Mary Beth Mader, Chicago: University of Illinois Press, 2004.

Vintges, Karen, 'Simone de Beauvoir: A Feminist Thinker for the Twenty-First Century', in Margaret Simons (ed.), *The Philosophy of Simone de Beauvoir*, Bloomington, IN: Indiana University Press, 2006.

Voltaire, 'Première Lettre sur Oedipe', in *OEuvrescomplètes*, tome I, Kehl: Imprimerie de la Société littérairetypographique, 1785.

Waelhens, A. de, compte-rendude Francis Jeanson, *Le problème moral et la* pensée de Sartre, *Revue Philosophique de Louvain* 10 (1948).

Wahl, Jean, *Petite histoire de 'l'existentialisme'*, Paris: Éditions Club Maintenant, 1947.

Webber, Jonathan, *Rethinking Existentialism*, Oxford: Oxford University Press, 2018.

Woolf, Virginia, *A Room of One's Own/Three Guineas*, London: Penguin Classics, 2000.

Wright Mills, C., *The Power Elite*, Oxford: Oxford University Press, 2000.

致谢

很难准确地说这本书是从什么时候开始萌芽的,这一路以来给予我鼓励和启发的人太多了。首先我要感谢弗朗索瓦·贝里斯、兰德尔·莫里斯、梅格·沃纳、帕梅拉·苏·安德森、珍妮·特洛特、米歇尔·勒·德夫、乔治·帕蒂森和马塞勒·德尔沃-阿博特以及我的家人,是你们点燃了我对哲学和法国文学的热爱。

在这本书里我描绘了我所知道的波伏瓦,但这建立在许多学者对波伏瓦的开拓性研究之上。我要特别感谢玛格丽特·西蒙斯和伊利诺伊大学出版社出版的波伏瓦研究系列的所有译者、编辑和前言作者。此外,我还要感谢米歇尔·勒·德夫、伊丽莎白·法蕾丝、索尼娅·克鲁科斯、贝尔·胡克斯,南希·鲍尔、斯特拉·桑福德、梅丽尔·奥特曼、托莉·莫伊、托弗·佩特森以及芭芭拉·克劳。我非常感谢西蒙娜·德·波伏瓦国际协会成员与我进行的热情而慷慨的讨论,他们让我一瞥他们心中的波伏瓦,也丰富了我自己对波伏瓦的认知。

我要感谢亚伦·加布里埃尔·休斯,感谢他出色的研究帮助我追踪晦涩的法国评论;感谢艾米丽·赫宁,她将亨利·柏格森的狂热带到了现实生活中;感谢马里内·鲁什慷慨地与我分享了她对波伏瓦读者来信的研究；感谢耶鲁大学拜内克珍本与手稿图书馆；感谢伽利玛出版社档案馆的埃里克·勒让德；感谢让·路易·让内勒分享给我报纸文章；尤其感谢西尔维·勒·邦·德·波伏瓦，感谢她花时间接受我的采访，也感谢她耐心地回答我的问题。

如果不是因为布鲁姆斯伯里出版社莉莎·汤普森最初的热情，《成为波伏瓦》这本书不会存在。如果没有她富有洞察力的批评，这本书也不会成为现在的样子。我非常感谢她的热情和批评。我还要感谢布鲁姆斯伯里出版社的黛西·爱德华兹、露西·罗素和凯莉·里格登为这个项目所做的工作。感谢布鲁姆斯伯里的匿名审稿人，也感谢克莱尔·卡莱尔和苏珊娜·利普斯科姆。

在项目进展的各个阶段，有很多人给予我兴趣和鼓励，对此我要感谢我在牛津大学、牛津大学哲学学院和伦敦国王学院的学生和同事。

每个作家都知道，成就一本书需要一整个村庄，我很感激有这样一个美好的村庄，有朋友和家人——尤其要感谢索菲·戴维斯－琼斯、梅兰妮·古德温、菲利斯·古德温、苏西和汤姆、内奥米和约瑟夫、玛丽和阿德、安吉拉和西蒙。

最后，感谢我充满创意和启发的孩子们——他们开玩笑的问题："西蒙娜·德·波伏瓦，她是谁？"成了某种意义上的箴言。以及，感谢我的丈夫——独一无二的你。

译后记

　　说起波伏瓦，大部分人可能只听说过她那句"女人不是天生的，而是后天成为的"。波伏瓦的人生，尤其是她与萨特的爱情故事，却一直为人所津津乐道。然而，与萨特的传奇爱情故事，只是波伏瓦漫漫人生中的一些片段，但这却时常成为人们解读她整个人生的唯一视角。人们已经着墨很多去解读波伏瓦的名句以及"'成为'一个女人意味着什么"，而这本波伏瓦的全新传记《成为波伏瓦》探讨的则是波伏瓦如何成为她自己。

　　在中国，直到 1992 年波伏瓦回忆录的中译本才从英文版翻译过来，戴锦华教授在她的文章《岁月留痕——西蒙娜·波伏瓦在中国》中曾回忆，这套四卷共六册的精装版《西蒙·波娃回忆录》，只发行了 2 000 套，在人口基数如此之大的中国，这大约只相当于某种收藏版。而且，波伏瓦自己所写的传记只能让我们从她自己"加工"过的角度去了解她的一生。正如《成为波伏瓦》的作者凯特·柯克帕特里克所指出的：波伏瓦真实的生活其实和她之前在回忆录里呈现给公众的相去甚远。从最新发现的材料，也就是波伏瓦的日记和给情人克洛德·朗兹曼的信件里，我们才发现，波伏瓦在回忆录里隐去的不仅仅是她的情人们，还有早期她关于爱情的哲学思考，以及她的哲学创作对萨特的影响。

当然，这本新的传记，并不奢望让读者看到一个"真正"的波伏瓦，因为任何传记都不可能用上帝之眼去看待一个人的人生。作者柯克帕特里克在"前言"中强调，她写作这本书的出发点是想找到一条新的出路，既不割裂地看待波伏瓦的生活和作品，也不只聚焦她的私人生活。作为译者的我，非常赞同柯克帕特里克的立场。

我第一次接触波伏瓦，是在大学图书馆里偶然借了一本《第二性》。但当时那个质量欠佳的中译本，并没有给我留下太深的印象。后来去香港念书，机缘巧合下我读到了英文版的《第二性》，惊为天人，感叹竟然有人能如此精准且深刻地剖析女性的一切，从童年到老年，从身体、人生、婚姻、爱情、性爱、母亲、女同性恋到妓女等。至今我都记得当时感受到的震动和共鸣，《第二性》中很多段落让我有如见到一束光，它把我自己难以描述的生命体验和生存境况照得清清楚楚。

当进一步了解波伏瓦的生平和她的著作之后，我才知道，原来我所读到的《第二性》是 1949 年从波伏瓦出版的法语版翻译过来的，而这个英译本本身问题颇多。英译本的译者霍华德·帕什利（Howard Parshley）是一位动物学家，他在翻译过程中做了许多改动，甚至还删减了波伏瓦大量的哲学分析。直到 2011 年，这本有问题的英译本，都是所有中译本所依照的原文。

在攻读硕士学位的三年里，我对比了波伏瓦的《第二性》从 1972 年到 2013 年的十几个中译本。这个研究过程当时带给我双重绝望，一方面阅读波伏瓦和萨特等法国哲学家的存在主义著作，让我意识到自己穷尽一生也难以企及这样的高度，甚至连理解他们的作品都需要很多努力；

另一方面是对于翻译本身，我花费大量时间仔细对比各个译本之后，发现各有各的问题。粗浅的研究之后，我得出的一个结论是，世上没有完美的译本，只有带着各自立场的译者和译者所在的时代和社会所带来的影响。另一个结论是，译者的立场、观点和作者越贴近，越有利于在译文中"重现"作者的声音。

当然，我翻译这本《成为波伏瓦》是没法和译界前辈们相提并论的。首先，这本书是波伏瓦的传记，语言翻译和哲学阐释的难度显然不及波伏瓦本人的著作。其次，我虽然曾花了三年时间研究《第二性》的中译本，但我深知自己不可能译出完美的作品。在翻译这本书的大半年里，我对这一点更是深有体会。每个词、每个句子其实都可以翻译成不同的样子，因此译者必须选择统一的价值判断和立场，以及遣词造句的风格。

我在翻译的过程中，尽量去贴近这本书的作者，也就是凯特·柯克帕特里克的声音和立场，尽量重现出一种效果，即如果她就是要用中文来写这本传记，会写成什么样子。柯克帕特里克不厌其烦地爬梳了有关波伏瓦的评论、日记以及她晚年所接受的采访，从而让我们能够重新去认识这位鼓舞人心的女性主义者和哲学家的丰富人生。因此在翻译的过程中，我尽量多的使用成语以贴近中文，避免翻译腔。比如前言里的这句话："I have tried to show the full spectrum of her humanity: her confidence and her doubt, her energy and her despair, her intellectual appetites and her bodily passions." 如果只是从字面进行翻译，译出来的文字会是干巴巴的："我试着展现她人性的完整光谱：她的自信和怀疑，她的能量和绝望，她的智识视野和她的身体激情"。因此我把它"重写"成了："我试着去展示一个完整的波伏瓦：她的踌躇满志与自我怀疑，她的意气风发和万念俱灰，她的求知若渴和恣情纵欲。"类似这样的例子不胜枚举，我的出发点只有一个，那就是希望能给读者带来更好的阅读体验。

另外交代两点关于字词细节翻译方面的考虑。一是 Beauvoir 这个姓氏的翻译，目前市面上相关的出版物基本都译为"波伏娃"，但是我更倾向于译为波伏瓦。原因有两点，第一，这只是个姓氏，如果是一个男性作家姓 Beauvoir，很大概率我们不会选择"娃"字。第二，即便是名字里的单词，很多女性名字被翻译成中文时都会被女性化加工，比如刻意选用草字头、心字旁、女字旁的字。因此，为了避免在翻译一个女性主义者的姓名时加入性别偏见，我选择了译为波伏瓦而不是波伏娃。

还有一处需要解释的是关于 feminism 和 feminist 在文中翻译不一致的问题。首先，国内对于把这个词翻译成女性主义还是女权主义一直有争论。其次，波伏瓦在早期并没有明确表示自己是女权主义或女性主义的立场，直到 1972 年，在接受德国记者阿莉塞·施瓦策尔的采访时，才公开接受了"女权主义者"的标签，并更多地参与到女权主义的行动中来。因此，我和编辑最终决定将 1972 年之前波伏瓦提到的 feminism 和 feminist 译成"女性主义"，在那之后的部分译成"女权主义"，但文中出现的 1972 年之前的情况如果是非常明确的行动性的，则译为"女权主义"。

正如作者凯特·柯克帕特里克所指出的，波伏瓦的很多成就是史无前例的，她的所作所为更是为后来的女性开辟了新的道路。在女性主义的圈子里，波伏瓦被奉为一个理想榜样，"她的存在象征着可能性，作为一个女性，能够不顾一切，按照自己的意愿过一生，为了自己不受成见和偏见约束"。然而，《第二性》的核心观点之一便是，没有一个女性能够"不受成见和偏见约束"地过她自己的一生。波伏瓦显然也没有做到，而这本传记正是讲述了波伏瓦是如何在成见和偏见里苦苦挣扎并勇敢反击的。

翻译这本书让我第一次如此近距离地"观察"波伏瓦的生活，她日记里的心境袒露，信件里的情感流露，以及一个不同于以往波伏瓦自传里的她。同时，翻译这本传记也让我心中的波伏瓦"走"下神坛。之所以这样说，并不意味着我对波伏瓦不再崇拜，而是我在阅读这本传记的过程中发现，如此"不凡"的波伏瓦竟然也有如此"平凡"的喜爱、犹豫和痛苦，也有如此"平凡"的厌恶、不堪和悔恨。我们所熟知的那个女性主义图腾式的人物，那个拒绝婚姻的独立女性其实也有过青涩的恋爱经历，也有过普通人的挣扎和痛苦。

如果套用波伏瓦那句"女人不是天生的，而是后天成为的"，那么波伏瓦也不是天生的，而是后天成为的。让波伏瓦纵情一生并且不断反思自己人生的，正是她的哲学理念。用她自己的话说"哲学和生活从来都是不可分割的。生活中的每一步都是一个哲学的选择"。在这本传记里，我们能够看到的，正是波伏瓦如何在自己的生活中努力思考、不断挣扎，一步步做出每一个"哲学的选择"。

在《第二性》出版20年后，加拿大广播电台曾采访波伏瓦，波伏瓦说："我认为从总体上看，今天的女性处境一点儿都不好，我甚至认为情况比我当初写《第二性》的时候还要糟糕，因为当我写《第二性》的时候，我抱着一个热切的希望，希望女性处境即将发生深刻的变化，这也是我曾说过的：我希望这本书有朝一日会过时。"很遗憾，直到今天，波伏瓦的著作还没有过时，她的人生也仍然是个传奇。因此，阅读

译后记　431

波伏瓦的传记还是能给我们带来很多启发和改变的可能性。以下两段是我个人最喜欢的段落，摘录在这里作为译后记的结尾。

在《第二性》最后，波伏瓦写了一章"独立的女性"：独立女性的自由是有代价的，但不是以爱为代价。在这一章里，波伏瓦指出，在一个把女性他者化的社会里，男性处在有利地位，不仅仅是因为他们所获取的利益（从外部看就已经显而易见了），还因为男性内在的感受。从童年开始，男性就可以自由自在地去追求和享受自己的事业，从来不会有人告诉他们，他们想追求的事业会和自己作为情人、丈夫以及父亲的幸福相冲突，他们的成功从来不会降低他们被爱的可能性。但是对于女性来说，为了女性气质，她就必须放弃"主体性"，即她不能拥有对自己生活的理想愿景，不能随心所欲地去追求自己想要成就的事业，因为这一切都被认为是"没有女性气质的"。这就把女性置于一个双输的境地：做自己就意味着变得不值得被爱，而如果想要获得爱就得放弃自我。萨特曾写道，作为人类，我们"注定要获得自由"。波伏瓦在此写道，作为女性，我们注定要感到分裂，注定得成为"分裂的主体"。

波伏瓦认为，在平等的爱情中，女性仍然可以渴望成为自己爱人的盟友，但是作为伴侣的两人应当追求对等、互惠和友谊，也就是说男性也应该对爱情抱有同样的理想：（在这种新式爱情中，）男人不再仅仅从伴侣那里寻求一种自恋式的满足，他应该在爱里发现一种跳出自我的方式，发现一种除了他的个人问题以外的世界。既然我们如此赞美慷慨和奉献,为什么不给男人一个参与慷慨奉献的机会呢?如果女人的自我奉献如此让人羡慕,为什么不给男人一个自我奉献的机会呢?

最后,我想借此机会感谢好友牧孜的引荐,感谢编辑郭悦的辛勤工作,以及最需要感谢的是我的家人,是他们的"慷慨奉献"让我能够在生完娃的头两年有足够的时间和精力"成为"我想成为的自己。

刘海平

图片来源

封面照片 Elliott Erwitt / IC Photo.

P28 Collection Sylvie Le Bon de Beauvoir, © Diffusion Gallimard.

P34 Collection Sylvie Le Bon de Beauvoir, © Diffusion Gallimard.

P84 Collection Sylvie Le Bon de Beauvoir, © Diffusion Gallimard.

P126 Photo: Frédéric Hanoteau/Collection Sylvie Le Bon de Beauvoir, © Diffusion Gallimard.

P159 Photo: Frédéric Hanoteau/Collection Sylvie Le Bon de Beauvoir, © Diffusion Gallimard.

P167 Collection Sylvie Le Bon de Beauvoir, © Diffusion Gallimard.

P210 Robert Doisneau/Gamma-Legends Collection/Getty Images.

P222 Robert Doisneau/Gamma-Legends Collection/Getty Images.

P249 Collection Sylvie Le Bon de Beauvoir, © Diffusion Gallimard.

P326 Collection Sylvie Le Bon de Beauvoir, © Diffusion Gallimard.

P353 Bettmann/Bettmann Collection/Getty Images.

P362 Collection Sylvie Le Bon de Beauvoir, © Diffusion Gallimard.

P367 Jacques Pavlovsky/Sygma Collection/Getty Images.

Beauvoir

波伏瓦重要作品简称表 / 1

注　释 / 5

前言 / 6

第一章 / 11

第二章 / 14

第三章 / 20

第四章 / 23

第五章 / 26

第六章 / 28

第七章 / 34

第八章 / 38

第九章 / 43

第十章 / 46

第十一章 / 50

第十二章 / 54

第十三章 / 59

第十四章 / 66

第十五章 / 73

第十六章 / 78

后记 / 82

人名索引 / 85

波伏瓦重要作品简称表

A	《告别的仪式》（*Adieux: A Farewell to Sartre*），London: Penguin, 1984.
ADD	《波伏瓦美国纪行》（*America Day by Day*），Berkeley: University of California Press, 1999.
AMM	《人都是要死的》（*All Men Are Mortal*），London: Virago, 2003.
ASD	《归根到底》（*All Said and Done*），London: Penguin, 1977.
BB	《碧姬·芭铎和洛丽塔综合征》（*Brigitte Bardot and the Lolita Syndrome*），London: Four Square, 1962.
BI	《美丽的形象》（*Les Belles Images*），Paris: Gallimard, 1972.
BO	《他人的血》（*The Blood of Others*），London: Penguin, 1964.
CC	《往来通信》（*Correspondance Croisée*），Paris: Gallimard, 2004.
CJ	《青年笔记》（*Cahiers de jeunesse*），Paris: Gallimard, 2008.
DPS	《一个哲学学生的日记：第一卷，(1926—1927)》（*Diary of a Philosophy Student: Volume I, 1926 – 1927*），Urbana: University of Illinois Press, 2006.
EA	《模糊性的道德》（*Ethics of Ambiguity*），New York: Citadel Press, 1976.

FC	《时势的力量》(*Force of Circumstance*), London: Penguin, 1987.
FW	《女性主义书写》(*Feminist Writings*), Urbana: University of Illinois Press, 2015.
LM	《长征》(*The Long March*), London: Andre Deutsch and Weidenfeld & Nicholson, 1958.
LS	《给萨特的信》(*Letters to Sartre*), New York: Arcade, 1991.
M	《名士风流》(*The Mandarins*), London: Harper Perennial, 2005.
MDD	《端方淑女》(*Memoirs of a Dutiful Daughter*), London: Penguin, 2001.
MPI	《回忆录：第一卷》(*Mémoires, tome I*), Paris: Gallimard, 2018.
MPII	《回忆录：第二卷》(*Mémoires, tome II*), Paris: Gallimard, 2018.
OA	《老年》(*Old Age*), Harmondsworth: Penguin, 1977.
PC	《皮洛士与息涅阿斯》(*Pyrrhus et Cinéas*), Paris: Gallimard, 1974.
PL	《盛年》(*The Prime of Life*), London: Penguin, 1965.
PW	《哲学写作》(*Philosophical Writings*), Chicago: University of Illinois Press, 2004.
PolW	《政治写作》(*Political Writings*), Chicago: University of Illinois Press, 2012.
QM	《战争里的安静时分：让-保罗·萨特和西蒙娜·德·波伏瓦的通信（1940—1963）》(*Quiet Moments in a War: The Letters of Jean-Paul Sartre and Simone de Beauvoir 1940 – 1963*), London: Hamish Hamilton, 1993.
SCTS	《女宾》(*She Came to Stay*), London: Harper Perennial, 2006.
SS	《第二性》(*The Second Sex*), London: Vintage, 2009.

SSP 《第二性》(*The Second Sex*), New York: Random House, Vintage, 1970.

TALA 《越洋情书》(*A Transatlantic Love Affair: Letters to Nelson Algren*), New York: New Press, 1998.

TWD 《被摧毁的女人》(*The Woman Destroyed*), London: Harper Perennial, 2006.

UM 《"白吃饭的嘴巴"和其他文学写作》(*'The Useless Mouths' and Other Literary Writings*), Urbana: University of Illinois Press, 2011.

VED 《一种非常安逸的死亡》(*A Very Easy Death*), New York: Pantheon, 1965.

WD 《战时日记》(*Wartime Diary*), Urbana: University of Illinois Press, 2009.

WML 《我生命的见证者:让-保罗·萨特给西蒙娜·德·波伏瓦的信件(1926—1939)》(*Witness to My Life: The Letters of Jean-Paul Sartre to Simone de Beauvoir, 1926 – 1939*), London: Hamish Hamilton, 1992.

WT 《精神至上:早期故事五则》(*When Things of the Spirit Come First: Five Early Tales*), London: Flamingo, 1982.

注 释

前 言

1 DPS 266, 28 May 1927.

2 参见 Toril Moi, Simone de Beauvoir: *The Making of an Intellectual Woman*, 2nd edn, Oxford: Oxford University Press, 2008, p. 26.

3 Claude Jannoud, 'L'Œuvre: Une vulgarisation plus qu'une création', *Le Monde*, 15 April 1986.

4 Moi, *Simone de Beauvoir*, p. 27.

5 Beauvoir, 'Existentialism and Popular Wisdom', PW 218.

6 Sandrine Sanos, *Simone de Beauvoir: Creating a Feminist Existence in the World*, Oxford: Oxford University Press, 2017, p. 118.

7 SS 3.

8 DPS 57, 7 August 1926.

9 FC 288.

10 Henri Bergson, *Time and Free Will: An Essay on the Immediate Data of Consciousness*, New York: Dover, 2001, p. 178.

11 Ovid, Tristia III.iv.25, 引自 Descartes (Descartes, Letter to Mersenne), April 1634, *Oeuvres de Descartes*, ed. Charles Adam and Paul Tannery, volume I, Paris: Cerf, 1897, pp. 285–6.

12 PL 22.

13 Annie Cohen-Solal, *Sartre: A Life*, London: Heinemann, 1987, p. 86

14 http://www.bbc.com/culture/story/20171211-were-sartre-and-de-beauvoir-the-worlds-first-modern-couple

15 引自马德莱娜·戈贝伊对波伏瓦的采访，'The Art of Fiction No. 35'，*Paris Review* 34 (Spring–Summer 1965).

16 Hazel Rowley, *Tête-à-tête: The Lives and Loves of Simone de Beauvoir and JeanPaul Sartre*, London: Vintage, 2007, p. ix.

17 MDD 344.

18 Beauvoir, 引自 Simone de Beauvoir, Margaret A. Simons and Jane MarieTodd, 'Two Interviews with Simone de Beauvoir', *Hypatia* 3(3) (1989): 13.

19 Alice Schwarzer, *Simone de Beauvoir Today: conversations* 1972–1982, London: Hogarth Press, 1984, p. 13.

20 本段中提到所有的出版日期均指法语首版。

21 玛格丽特·西蒙斯发现，波伏瓦写给萨特的信的英语译文也没有改善这个问题，译文删除了法语原文里三分之一的内容。从1939年11月到12月，有38处提到波伏瓦的小说《女宾》的内容都被删除了。(参见 Margaret Simons, 'Introduction', PW 5.)

22 这些信件可以在耶鲁大学的拜内克珍本与手稿图书馆（Beinecke Rare Book & Manuscript Library）查阅到。

23 PL 8.

24 Robert D. Cottrell, *Simone de Beauvoir*, New York: Frederick Ungar, 1975, p. 95.

25 'Elle est incapable d'inventer, de s'oublier.' P. de Boisdeffre, 'LA REVUELITTERAIRE: Deux morts exemplaires, un même refus: Jean

Genet et Simonede Beauvoir', *Revue des deux mondes* (1986): 414–28.

26 SS 166.

27 DPS 77, 21 August 1926.

28 Bianca Lamblin, *A Disgraceful Affair*, trans. Julie Plovnick, Boston:Northeastern University Press, 1996 [Fr. 1993], p. 161.

29 CJ, 758, 2, 3, 4 September 1929, 'l' ami incomparable de ma pensée' (italicsadded).

30 SdB to Nelson Algren (NA), 8 August 1948, TALA 208.

31 Virginia Woolf, *A Room of One's Own*, in *A Room of One's Own/Three Guineas*, London: Penguin Classics, 2000, p. 32.

32 William Barrett, *Irrational Man: A Study in Existential Philosophy*, New York:Doubleday, 1958, 见 pp. 231–2.

33 'Simone De Beauvoir', *The Times* [London, England] 15 April 1986: 18. TheTimes Digital Archive. Online 24 March 2018.

34 Deirdre Bair, *Simone de Beauvoir: A Biography*, London: Jonathan Cape, 1990, p. 514.

35 https://www.the-tls.co.uk/articles/private/sartres-sex-slave/

36 *Moi, Simone de Beauvoir*, pp. 44–5.

37 *Moi, Simone de Beauvoir*, p. 39.

38 Bell Hooks, 'True Philosophers: Beauvoir and bell', in Shannon M. Mussett and William S. Wilkerson (eds), *Beauvoir and Western Thought from Plato toButler*, Albany, NY: SUNY Press, 2012, p. 232.

39 Rowley, *Tête-à-tête*, p. 13.

40 Elizabeth Bachner, 'Lying and Nothingness: Struggling with Simone

deBeauvoir's Wartime Diary, 1939–41', *Bookslut*, November 2008.

41 Richard Heller, 'The Self-centred Love of Madame Yak-yak', *The Mail onSunday*, 1 December 1991, 35.

42 The 1978 edition of *le Petit Robert*. 见序言'Everyday Sexism', Notes, FW 241.

43 Bell Hooks, 'Beauvoir and bell', p. 231.

44 Sarah Churchwell, *The Many Lives of Marilyn Monroe*, New York: Picador, 2005, p. 33.

45 François Mauriac, 'Demande d'enquête', *Le figaro* (1949), 30 May. 见 IngridGalster, *Le Deuxième Sexe de Simone de Beauvoir*, Paris: Presse universitaireParis-Sorbonne, 2004, p. 21. 波伏瓦在《时势的力量》第197页有讨论对于这个章节的反应。

46 约翰·斯图亚特·穆勒在《功利主义》(*Utilitarianism*) 的第二章中讨论了公平和"像爱自己一样爱你的邻居"这样的思想，康德在《道德形而上学基础》(*Groundwork for the Metaphysics of Morals*) 中也讨论了这个问题。

47 Laurie A. Rudman, Corinne A. Moss-Racusin, Julie E. Phelan and Sanne Nauts, 'Status Incongruity and Backlash Effects: Defending the Gender Hierarchy Motivates Prejudice against Female Leaders', *Journal of Experimental and Social Psychology* 48 (2012): 165–79.

48 参见 Z. Kunda and R. Sanitioso, 'Motivated Changes in the Self-concept', *Journal of Experimental Social Psychology* 25 (1989): 272–85; R. Sanitioso, Z. Kunda and G. T. Fong, 'Motivated Recruitment of Autobiographical Memories', *Journal of Personality and Social Psychology* 59 (1990): 229–

41; R. Sanitioso and R. Wlordarski, 'In Search of Information that Confirms a Desired Self-perception: Motivated Processing of Social Feedback and Choice of Social Interactions', *Personality and Social Psychology Bulletin* 30 (2004): 412–22.

49 Voltaire, 'Première Lettre sur Oedipe' in *Oeuvres* (1785) vol. 1.

50 Carolyn Heilbrun, *writing a woman's Life*, London: The Women's Press, 1988, p. 30.

51 举例来说，心理分析派和马克思主义的传记作家们试图通过人的童年经历、经济状况和其他社会结构来理解人的一生。参见 James Conant, 'Philosophy and Biography', lecture given at a symposium on 'Philosophy and Biography', 18 May 1999.

52 BO 39.

53 EA 20.

54 SS 88.

55 PC 120.

56 Bair, p. 13.

57 SdB to S, 24 April 1947, LS 451.

58 'A story I used to tell myself', UM 159.

59 DPS 297, 29 July 1927.

60 Schwarzer, Simone de Beauvoir Today, p. 86; DPS 296, 29 July 1927.

61 Virginia Woolf, 'Not One of Us', October 1927, CE IV, p. 20, 引自 Hermione Lee, Virginia woolf, London: Vintage, 1997, p. 773 n. 42.

第一章

1 波伏瓦的出生证明上的名字原来的拼写是 Simonne.

2 尽管他们家的地址是蒙帕纳斯大街 103 号，但是根据埃莱娜的回忆，房子是面朝拉斯帕伊大道的。参见 HdB to Deirdre Bair, 引自 Bair, p. 620 n. 18.

3 戴尔德丽·贝尔在波伏瓦传记中写道，贝特朗·德·波伏瓦家族的历史可以追溯到 12 世纪，他们的祖先是巴黎大学的创始人之一，也是圣安塞尔姆的弟子，不过他们并没有把自己看成是名门望族。在我采访西尔维·勒·邦时，她否认了这一点，并证实了《回忆录》(*Souvenirs*)里埃莱娜的说法 (HdB p. 14)。对于波伏瓦的童年，我们主要依据了《端方淑女》、《人都是要死的》、戴尔德丽·贝尔写的波伏瓦传记、埃莱娜·德·波伏瓦的《回忆录》及西尔维·勒·邦《回忆录：第一卷》里的"大事年表"(Chronologie)。

4 MDD 37.

5 参见 Sylvie Le Bon de Beauvoir, 'Chronologie', MPI lv; 对于波伏瓦父母的初次见面，戴尔德丽·贝尔的记录是依照对西蒙娜·德·波伏瓦和埃莱娜·德·波伏瓦的采访，见 Bair, pp.27–30.

6 Simone de Beauvoir, 引自 Bair, p.620 n. 19.

7　MDD 37.

8　MDD 42.

9　HdB, *Souvenirs*, p.13.

10　MDD 75, 24, 25.

11　HdB, *Souvenirs*, p.16.

12　MDD 23.

13　MDD 36, 51.

14　HdB, *Souvenirs*, p.44.

15　HdB, *Souvenirs*, p.58.

16　MDD 43.

17　SLBdB, 'Chronologie', 1915, MPI lvii. 在西蒙娜·德·波伏瓦的《端方淑女》中，波伏瓦没有提到这个故事。波伏瓦在回忆录中记录的自己写的第一个故事是 89 页的《玉米家族》(*La Famille Cornichon*)，于 1916 年 10 月写成，当时的波伏瓦只有 8 岁。波伏瓦童年的其他作品被保存下来了，但是没有出版，其中包括一篇献给她妹妹的故事，题为"让诺·拉平的故事"(*Histoire de Jeannot Lapin*)，写于 1917 到 1918 年之间，是一个由波伏瓦手写了 45 页的故事；此外还有写于 1918 年到 1919 年间的 19 页故事《各种各样的传说故事》(*Contes et Histories Variées*)，以及写于 1919 年 6 月的 23 页故事《两个女友的唱和》(*Correspodance de Deux Petites Amies*)。

18　MDD 61.

19　在《端方淑女》(*Memoirs of a Dutiful Daughter*)中，她被化名为伊丽莎白·马比勒（Elisabeth Mabille），以保护她的身份。

20　Hélène de Beauvoir, 引自 Bair, p.133.

21 MDD 114.

22 DPS 67, 16 August 1926.

23 VED 33.

24 MDD 38.

25 MDD 41, 82.

26 MDD 41.

27 引自 Bair, p.47.

第二章

1 MDD 72.

2 MDD 106.

3 MDD 16.

4 MDD 71.

5 Bair, p.51.

6 Hélène de Beauvoir, 引自 Bair, p.58.

7 MDD 97.

8 MDD 131.

9 VED 35.

10 Thion de la Chaume, 引自 HdB, *Souvenirs*, p.27.

11 MDD 66.

12 MDD 29.

13 MDD 30.

14 MDD 55.

15 *Entretiens avec Simone de Beauvoir* [1965], in Francis Jeanson, *Simone de Beauvoir ou l'entreprise de vivre*, Paris: Seuil, 1966, 引自 Deguy and Le Bon de Beauvoir, *Simone de Beauvoir: Ecrire la liberté*, Paris: Gallimard, 2008,

p. 99.

16 MDD 121.

17 MDD 36.

18 SLBdB, 'Chronologie', MPI lix. 弗朗索瓦丝·德·波伏瓦在1919年7月给了西蒙娜一本。

19 1965 Paris Review interview.https://www.theparisreview.org/interviews/4444/simone-de-beauvoir-the-art-of-fiction-no-35-simone-de-beauvoir

20 MDD 85.

21 MDD 109.

22 波伏瓦读到结局时，发现劳里和艾米结婚了，气得把书扔到了房间对面；而乔·马奇嫁给了一个老教授，从此封笔，开办了一所学校。波伏瓦写道，这个男性角色的闯入让她不爽(MDD 104–5)。在《第二性》中波伏瓦也提到了这些。

23 DPS 63, 12 August 1926.

24 MDD 140.

25 见 VED 36–7.

26 MDD 166.

27 MDD 131.

28 BO 10 11.

29 HdB, *Souvenirs*, p.29.

30 Bair, p.55.

31 VED 35.

32 MDD 57.

33 SS 320.

34 MDD 92.

35 见 Bair, pp.79–80.

36 SS 378.

37 HdB, *Souvenirs*, p.36.

38 MDD 176.

39 MDD 121.

40 见 CJ 744, 3 August 1929.

41 见 MDD 152.

42 Félicien Challaye to Amélie Gayraud, in Amélie Gayraud, *Les Jeunes filles d'aujourd hui*, Paris: G. Oudin, 1914, pp.281–3.

43 Bair, p.90.

44 MDD 157.

45 MDD 158.

46 见 MDD 101–2, 107.

47 MDD 160.

48 MDD 160.

49 Claude Bernard, Introduction to the Study of Experimental Medicine, 85, 引自 Margaret Simons and Hélène N. Peters, 'Introduction' to 'Analysis of Bernard's Introduction', Beauvoir, PW 18.

50 Bernard, Introduction to the Study of Experimental Medicine, 37, 38, 39, 73, 引自 Margaret Simons and Hélène N. Peters, 'Introduction' to 'Analysis of Bernard's Introduction', Beauvoir, PW 18.

51 'On ne naît pas libre, il le devient' 这句话引自波伏瓦当时的教科书 Charles Lahr, S.J., *Manuel de philosophie résumé du cours de philosophie*,

Paris: Beauchesne, 1920, p. 366. 另一句相同句式的话（'one isn't born, but rather becomes, free'）通常被认为出自诗人兰波，简洁地概括了斯宾诺莎关于自由的哲学。见 Alain Billecoq, 'Spinoza et l'idée de tolérance', *Philosophique* 1(1998): Spinoza, pp. 122–42.

52 见 Alfred Fouillée, *La Liberté et le déterminisme*, 3rd edn, Paris: Alcan, 1890. 波伏瓦在回忆录中写道富耶的作品是她的哲学课上布置的阅读作业，但是我们不清楚波伏瓦指的是富耶以下作品中的具体那一部: Fouillée published three essays on 'idées-forces' between 1890–1907: L'évolutionisme des idées-forces (1890), La psychologie des idées-forces (1893) and La Morale des idées-forces (1907). 见 MDD 157; MPI 146.

53 MDD 160.

54 Moi, Simone de Beauvoir, p.42; HdB, *Souvenirs*, p.67.

55 见 SLBdB, 'Chronologie', MPI lxi.

56 MDD 208.

57 见 DPS 58–61, 66, especially 16 August 1926.

58 Simone de Beauvoir, carnets 1927, unpublished holograph MS, Bibliothèque Nationale, Paris, 54–5; 引自 Margaret A.Simons, 'Introduction' to 'Literature and Metaphysics', PW 264.

59 PL 265–6.

60 DPS 55, 6 August 1926.

61 DPS 55, 6 August 1926.

62 DPS 63, 12 August 1926.

63 DPS 63, 12 August 1926.

64 见 DPS 65, 63.

65 DPS 67, 16 August 1926.

66 SLBdB,'Chronologie', MPI lxi.

67 DPS 68, 17 August 1926.

68 见 DPS 112, 12 October 1926.

69 DPS 162, 5 November, 1926.

70 DPS 164, 5 November 1926.

71 见 Bair, p.112.

72 见 Elizabeth Fallaize, The novels of Simone de Beauvoir, London: Routledge, 1990, p.84.

73 MDD 171–3.

74 DPS 232, 20 April 1927.

75 MDD 195.

76 DPS 246–8, 6 May 1927.

77 DPS 246–8, 6 May 1927.

78 MDD 82. 见以赛亚 6∶8 和创世纪 22∶1，亚伯罕姆也用到同样的话。康德和克尔凯郭尔讨论到献祭以撒（Akedah）的道德时也谈到这里。

79 MDD 188.

80 MDD 193.

81 DPS 265, 28 May 1927.

82 DPS 277, 7 July 1927.

83 DPS 279, 10 July 1927.

84 DPS 274, 29 June 1927.

85 MDD 158.

86 见 Bair, p.119.

87 DPS 163, 5 November 1927.

88 人们一般认为萨特在黑格尔提出的"in-itself"(自在)和"for-itself"(自为)的基础上加上了"pour autrui"(他为),但实际上这个概念是在阿尔弗雷德·富耶的作品中找到的。萨特和波伏瓦都在青年时期读过阿尔弗雷德·富耶的作品。见 Herbert Spiegelberg, *The Phenomenological Movement: A Historical Introduction*, volume 2, The Hague: Springer, 2013, 472–3. 此外,波伏瓦"从内向外对自我的审视"和"从外向内对自我的观察"的分类也有一部分是受到亨利·柏格森的形而上学中类似分类的启发。见 *The Creative Mind: An Introduction to Metaphysics*, trans. Mabelle L. Anderson, New York: Citadel Press, 1992.

89 见 Bair, p.124.

第三章

1 CJ 255–62, 4 January 1927.

2 见 George Pattison and Kate Kirkpatrick, *The Mystical Sources of Existentialist Thought*, Abingdon: Routledge, 2018, especially chapters 3 and 4.

3 MDD 234–43.

4 MDD 239.

5 见 Bair, p.124.

6 MDD 262.

7 DPS 277, 7 July 1927.

8 西蒙娜·德·波伏瓦,《端方淑女》,314 页。"人的个性"是当时那个阶段波伏瓦阅读的书籍里的讨论到的一个概念。在《时间与自由意志》(*Time and free will*)里,亨利·柏格森写道:"当我们的行为是发自我们完整的个性的时候,我们是自由的。我们的个性能够表达出自己,这就好像艺术家和他们的作品之间的关系一样,他们有一种无法描摹的相似性。"之后波伏瓦在巴黎高师读书的时候,在里昂·布兰斯维克的指导下写了一篇关于莱布尼茨的论文。莱布尼茨指出他者的位置(la place d'autrui)是思考政治和道德的真正角度。见 'La Place d'autrui est le vrai point de perspective' in Jean Baruzi, Leibniz : *Avec de nombreux*

textes inédits (Paris: Bloud et cie, 1909), p. 363.

9 MDD 265.

10 DPS 277, 7 July 1927.

11 据我所知，这个论文没有留存下来。这一点也在西尔维·勒·邦·德·波伏瓦和让·路易·让内勒之间的对话中得以证实。

12 MDD 295.

13 Bair, p.124.

14 MDD 137.

15 MDD 138.

16 MDD 138.

17 CJ 771, 'résumé de ma vie'.

18 MDD 74.

19 MDD 125.

20 MDD 132.

21 MDD 161.

22 HdB, *Souvenirs*, p.39.

23 HdB, *Souvenirs*, p.43.

24 MDD 41.

25 MDD 138.

26 MDD 141.

27 DPS 262, 21 May 1927.

28 DPS 284, 18 July 1927.

29 在这里，波伏瓦把理性和男性联系到一起，把心灵和女性联系到一起，是比较奇怪的。因为在法国哲学传统里，心灵历来都被认为是和认知有关联的。布莱斯·帕斯卡有一句著名的话：心灵有自己的理性，超越一般理性。也就是说，心灵的理性是通过直觉和欲望，而非推理来驱动我们的。

30 Jules Lagneau, *De l'existence de Dieu*, Paris: Alcan, 1925, pp.1–2, 9. 拉尼奥认为"用理性证明上帝的存在的论证"一定不如"人追求完美的欲望是有道德证明的"更有说服力。

31 DPS 289, 20 July 1927.

32 DPS 299, 1 August 1927.

33 见 CJ 733, 20 July 1929.

34 DPS 303, 304, 5 and 6 August 1927.

35 DPS 311, 7 September 1927.

36 见'Notes for a Novel', 1928 年手稿, UM 363–4.

37 'libre de se choisir', 'Notes for a Novel', UM 355.

38 引自 Jean Lacroix, *Maurice Blondel: Sa vie, son oeuvre, avec un exposé de sa philosophie* (Paris: Presses Universitaires de France, 1963), p.33.

39 'Notes for a Novel', UM 367.

40 DPS 315, 3 October 1927.

41 这封信引自 Bair, p.137.

42 见 MDD 349–60.

43 引自 MDD 354.

第四章

1 MDD 323.

2 MDD 313.

3 In French, 'la douceur d'être femme'. Résumé de September 1928–1929, CJ 766.

4 希拉·罗博特姆声称波伏瓦"开始了一段恋情"(《第二性》2009年译本"前言"),Fullbrook and Fullbrook (2008) 也对他们的性亲密做出推断,但我从波伏瓦的文本中没有找到证据。见 Edward Fullbrook and Kate Fullbrook, *Sex and Philosophy: Rethinking de Beauvoir and Sartre*, London: Continuum, 2008.

5 Bair, p.129.

6 MDD 321.

7 SI BdB, 'Chronologie', MPI lxv.

8 CJ 704, 22 June 1929.

9 CJ 709, 25 June 1929.

10 引自 MDD 331。日记中的原始记录在 CJ 707, 25 June 1929 中可以找到。

11 MDD 331–2.

12 Bair, pp.144, 142–3.

13 HdB, *Souvenirs*, p.90.

14 A 245.

15 Sartre, Jean-Paul, with Michel Contat and Alexandre Astruc, *Sartre by Himself*, New York: Urizen Books, 1978, pp.21–2.

16 MDD 334.

17 见 CJ 720, Monday 8 July 1929.

18 见 CJ 721, 10 July 1929.

19 Sartre, Jean-Paul, with Michel Contat and Alexandre Astruc, Sartre by Himself, New York: Urizen Books, 1978, p.23. 又见 CJ 723, Thursday 11 July 1929.

20 MDD 337.

21 CJ 724, 12 July 1929.

22 CJ 727, 14 July 1929.

23 CJ 730–1, 16 July 1929.

24 MMD 339.

25 CJ 731, 17 July 1929.

26 CJ 731, 17 July 1929.

27 *Le nouvel observateur*, 21 March 1976, 15; 引自 Gerassi, *Jean-Paul Sartre: Hated conscience of His century*, vol. 1, London: University of Chicago Press, 1989, p.91.

28 14 July 1929 journal entry, *Zaza: correspondence et carnets d'Elisabeth Lacoin (1914–29)*, Paris: Seuil, 1991, pp.304, 367.

29 CJ 731, 17 July 1929.

30 CJ 734, 22 July 1929.

31 CJ 738–9, 27 July 1929.

32 见 Jean-Paul Sartre, *écrits de jeunesse*, Paris: Gallimard, 1990, 293 ff.

33 CJ 740, 29 July 1929.

34 CJ 731, 17 July 1929; MDD 343–4.

35 MDD 344.

36 Bair, pp.145–6.

37 CJ 734, 22 July 1929.

38 Maurice de Gandillac, 引自 Cohen-Solal, Sartre, p.116.

39 Moi, 2008, p.37.

40 Moi, 2008, pp.44–5.

41 MDD 343.

42 Moi, 2008, p.71.

43 Ralph Waldo Emerson, 'Considerations by the Way', from *complete works*, vol. 6, 'The Conduct of Life', 1904.

44 CJ 734, 22 July 1929.

第五章

1 CJ 744, 3 August 1929.

2 Bair, p.148.

3 CJ 734, 22 July 1929.

4 CJ 749, 8 August 1929.

5 埃莱娜·德·波伏瓦的信,引自 Bair, p.148.

6 见 CJ 749–50.

7 CJ 753.

8 CJ 756.

9 CJ 757.

10 CJ 757.

11 CJ 757.

12 CJ 758, 2, 3, 4 September 1929, 'l'ami incomparable de ma pensée'.

13 CJ 759. 2, 3, 4, September 1929.

14 DPS 76, 21 August 1926.

15 CJ 760, 6, 7, 8 September 1929.

16 CJ 762, 10 September 1929.

17 Gerassi, *Jean-Paul Sartre*, p.90. 马厄在和杰拉西的一次访谈中证实了他

是波伏瓦的第一个情人。见 Bair, p.628.

18　PL 62.

19　CJ 763.

20　Alice Schwarzer, *After the Second Sex: conversations with Simone de Beauvoir*, trans. Marianne Howarth, New York: Pantheon Books, 1984, p.84.

第六章

1 VED 40.

2 PL 12. SLBdB,'Chronologie', MPI lxvi.

3 WT 50.

4 PL 14.

5 CJ 789.

6 CJ 795.

7 CJ 788, 24 September 1929.

8 CJ 783, 20 September 1929.

9 该分类是在《盛年》第 19 页由萨特提到的。在日记中出现的情况参见 CJ 801–2, 14 October 1929.

10 DPS 274, 29 June 1927.

11 PL 22.

12 PL 24.

13 PL 27.

14 PL 25.

15 CJ 801–2.

16 CJ 807.

17 CJ 808, 23 October 1929.

18 CJ 808, 814.

19 PL 15–16.

20 CJ 815, 3 November 1929.

21 CJ 825, 12 December 1929.

22 CJ 824, 12 December 1929.

23 CJ 828, 13 December 1929.

24 Maheu, copied in SdB to Sartre, 6 January 1930, LS 3.

25 CJ 824, 12 December 1929.

26 PL 52–3.

27 CJ 839, 9 June 1930.

28 CJ 839, 9 June 1930.

29 HdB, Souvenirs, pp.71, 96.

30 见 Christine Battersby, 'Beauvoir's Early Passion for Schopenhauer: On Becoming a Self', 即将出版.

31 PL 52.

32 CJ 839.

33 CJ 842, 6 September 1930.

34 CJ 842, 6 September 1930.

35 CJ 814–15.

36 Sartre to Simone Jollivet, 具体日期不详 (1926), 记于 witness to My Life, pp.16–17.

37 PL 40.

38 PL 41.

39 PL 42. 又见 MDD 343–5.

40 MDD 145.

41 CJ 827.

42 SS 710.

43 PL 70–74.

44 PL 47.

45 PL 61.

46 CJ 848–9, 31 October 1930.

47 CJ 848–9, 31 October 1930.

48 PL 59.

49 PL 51.

50 PL 54.

51 FC 287.

52 Cohen-Solal, *Sartre*, p.43.

53 PL 82.

54 PL 71.

55 PL 56.

56 PL 57.

57 PL 76.

58 PL 78.

59 PL 88.

60 Bair, p.177.

61 PL 94.

62 PL 95.

63 PL 80, 101.

64 PL 106

65 Bair, p.176.

66 Colette Audry, 'Portrait de l'écrivain jeune femme', *Biblio* 30(9), November 1962: 3–5.

67 Bair, p.173, 引自一个与奥德里的访谈。

68 PL 128.

69 PL 128.

70 引自 Bair, p.201.

71 PL 16.

72 PL 134.

73 PL 129.

74 让-路易·韦亚尔-巴龙表示，法国哲学里后来被称为"现象学的方法"和宗教研究的实际上就是柏格森所说的"具体的形而上学"。见'Présentation' to Jean Baruzi, *L'Intelligence Mystique*, Paris: Berg, 1985, p. 16.

75 见 DPS 58–61, 66 especially 16 August 1926.

76 Anon. 'Views and Reviews', *New Age* 1914 (15/17): 399. 我很感谢埃丝特·赫林提醒我注意到这个。

77 PL 143.

78 PL 145.

79 PL 17, 18.

80 PL 15.

81 SLBdB, 'Chronologie', MPI lxx. 关于诺齐埃事件，见 Sarah Maza, *Violette nozière: A Story of Murder in 1930s Paris*, Los Angeles: University of California Press, 2011.

82　PL 149.

83　PL 181.

84　SLBdB, 'Chronologie', MPI lxxii–lxxiii.

85　见 Cohen-Solal, *Sartre*, pp.99–100. Jean-Pierre Boulé, *Sartre, Self-formation, and Masculinities*, Oxford: Berghahn, 2005, p.165.

86　PL 184.

87　PL 186.

88　Cohen-Solal, *Sartre*, p.100.

89　PL 153.

90　PL 162.

91　WD 87.

92　Jean-Paul Sartre, *War Diaries*, trans. Quintin Hoare, London: Verso, 1984, p.76, 引自 Rodolphe T.pffer.

93　库萨的尼古拉和其他很多人都称上帝为"绝对者"(the Absolute), 见 WD 77; PL 207.

94　PL 107.

95　PL 206–9.

96　PL 210.

97　PL 213.

98　SdB to Sartre, 28 July 1935, LS 6–7.

99　PL 212.

100　PL 222.

101　见 Eliane Lecarme-Tabone, 'Simone de Beauvoir's "Marguerite" as a Possible Source of Inspiration for Jean-Paul Sartre's "The Childhood of a Leader"', trans. Kevin W. Gray, in Christine Daigle and Jacob Golomb, *Beauvoir & Sartre: The Riddle of Influence*, Bloomington: Indiana University Press, 2009.

102 见 Jean-Louis Jeannelle and Eliane Lecarme-Tabone, 'Introduction', MPI x.

第七章

1 HdB, Souvenirs, p.115.

2 Julia Kristeva and Philippe Sollers, *Marriage as a fine Art*, trans. Lorna Scott Fox, New York: Columbia University Press, 2016, p.6.

3 但她在市政厅登记结婚时把日期改到了 1917 年。见 Hazel Rowley, *Tête-à-tête*, p. 59.

4 PL 165.

5 PL 166.

6 WML 249, SdB to Sartre, 24 January 1940.

7 约翰·杰拉西与奥尔加·科萨基维奇的访谈，May 1973, Gerassi collection at Yale.

8 PL 218–19; WML, S to SdB, 3 May 1937.

9 PL 220.

10 PL 220.

11 Beauvoir, 'Jean-Paul Sartre', PW 232.

12 PL 221.

13 Simone de Beauvoir, 与马德莱娜·戈贝伊的访谈, 'The Art of Fiction No..35', Paris Review 34 (Spring–Summer 1965).

14 Simone de Beauvoir, 引自 Bair, p.194.

15 引自 Rowley, p.357: SdB to Olga, 6 September 1935; Sylvie Le Bon de Beauvoir archives.

16 PL 226.

17 PL 239.

18 PL 261.

19 PL 246.

20 PL 260.

21 PL 260.

22 DPS 267, 3 June 1927.

23 与戴尔德丽·贝尔的访谈, 引自 Bair, p.200.

24 PL 276–7.

25 Bair, p.203.

26 PL 288, 290.

27 PL 315.

28 PL 316.

29 SdB to S, 10 September 1937, in LS 9.

30 引自 *Nouvelle Revue Française*, January 1970, p.78.

31 Sylvie Le Bon de Beauvoir, 'Avant-propos' to *Correspondances Croisées*, p.8.

32 引自 PL 327.

33 Bair, p.197.

34 见 Sarah Hirschman, 'Simone de Beauvor: professeur de lycée', *Yale French Studies* 22 (1958–9), 引自 Jacques Deguy and Sylvie Le Bon de Beauvoir, *Simone*

de Beauvoir: Ecrire la liberté, Paris: Gallimard, 2008.

35 Lamblin, *A Disgraceful Affair*, p.18; Jacqueline Gheerbrant and Ingrid Galster, 'Nous sentions un petit parfum de soufre ...' Lendemains 94 (1999): 42.

36 SdB to Bost, 28 November 1938, CC 136.

37 SdB to Sartre, 19 January 1940, LS 262.

38 Lamblin, *A Disgraceful Affair*, p.25.

39 在戴尔德丽·贝尔所著的波伏瓦传记出版之后，比安卡用婚后的名字"比安卡·朗布兰"写了一本关于她和波伏瓦关系的书《一段不光彩的情事》(*A disgraceful Affair*，其中第 8~9 页指出了比安卡这么多年后写这本书的原因)。

40 与阿莉塞·施瓦策尔的访谈，见 Schwarzer, *Simone de Beauvoir Today*, p.112.

41 见 Lamblin, *A Disgraceful Affair*, pp.6, 25.

42 Lamblin, *A Disgraceful Affair*, pp.6, 9.

43 Lamblin, *A Disgraceful Affair*, pp.8–9.

44 Lamblin, *A Disgraceful Affair*, p.171.

45 Lamblin, *A Disgraceful Affair*, pp.6–7.

46 WML, 1938 年 7 月, 周日（具体日期不详）, p.145.

47 SdB to Sartre, 15 July 1938, LS 16.

48 SdB to Sartre, 27 July 1938, LS 21 (translation modified).

49 Bost to SdB, 6 August 1938, CC 52.

50 CC 74 和其他几处.

51 Bost to SdB, 3 August 1938, CC 47.

52 SdB to Bost, 30 July 1938, CC 33.

53 SdB to Bost, 22 August 1938, CC 57.

54 SdB to Bost, 21 September 1938 CC 86; SdB to Bost, 27 August 1938, CC 62.

55 Sylvie Le Bon de Beauvoir, Avant-propos to CC 12.

56 SdB to Sartre, 6 July 1939, LS 30.

57 SdB to Bost, 28 August 1938, CC 64.

58 Bost to SdB, 13 September 1938, CC 79.

59 SdB to Bost, 21 September 1938, CC 84.

60 SdB to NA, 8 August 1948, TALA 209.

61 SdB to Bost, 25 August 1938, CC 59.

62 SdB to Bost, 2 September 1938, CC 69.

63 SdB to Bost, 28 November 1938, CC 136.

64 见 Lamblin, *A Disgraceful Affair*, p.5.

65 Lamblin, *A Disgraceful Affair*, p.39.

66 SdB to Bost, 5 February 1939, CC 233.

67 'what kind of reality does the consciousness of another have', SdB to Bost, 24 May 1939, CC 373.

68 Bost to SdB, 25 May 1939, CC 376.

69 SdB to Bost, 4 June 1939, CC 386.

70 Bost to SdB, 7 June 1939, CC 391.

71 SdB to Bost, 8 June 1939, CC 397.

72 PL 319–20.

第八章

1 WD 40, 2 September 1939.

2 Bair, p.201.

3 WD 51, 5 September 1939.

4 WD 85, 3 October 1939.

5 André Gide, *The Journals of André Gide*, trans. Justin O'Brien, New York: Knopf, 1948, vol. II: 1914–27, p.91, 16 October 1914.

6 WD 61, 14 September 1939.

7 WD 63–70, 16–19 September 1939.

8 WD 73, 20 September 1939.

9 WD 75, 22 September 1939.

10 WML 275, 2 October 1939.

11 Jean-Paul Sartre, *carnets de la drôle de guerre*, Paris: Gallimard, 1995, pp.116–21, 10 and 11 October 1939. 1995年的这一版本包括了第一本笔记，涵盖了1939年9月至10月的内容，而首版的法文版和英文版则省略了这一内容。

12 WD 105, 15 October 1939.

13 WD 120, 20 October 1939.

14 WD 86, 4 October 1939.

15 WD 98, 11 October 1939.

16 WD 119, 29 October 1939.

17 Sartre to SdB, 30 October 1939, WML 322–3 .

18 WD 129–30, 2 November 1939.

19 SdB to Algren, 8 August 1948, TALA 208.

20 WD 132–3, 3 November 1939.

21 见 WD 109 for the commendation.

22 WD 143, 147, 9–12 November 1939.

23 见 Annabelle Martin Golay, *Beauvoir intime et politique: La fabrique des Mémoires*, Villeneuve dAscq: Presses Universitaires du Septentrion, 2013, p.147.

24 WD 144, 10 November 1939.

25 WD 147, 11 November 1939.

26 见 WD 147–9.

27 WD 157, 16 November 1939; WD 159.

28 WD 176–7, 2 December 1939.

29 WD 192, 14 December 1939. 玛丽·维尔的评论见 WD 187. 玛丽·维尔在回忆录和日记中被称作玛丽·吉拉尔或"月亮上的女人"(the Moon Woman)。

30 SdB to Sartre, 11 December 1939, LS 206.

31 SdB to Sartre, 14 December 1939. Lettres à Sartre, p.351 (French edition).

32 WD 192, 13 December 1939.

33 在这封信里波伏瓦没有提到被奥尔加以这种方式爱。SdB to Sartre, 21 December 1939, LS 223.

34 WD 210, 30 December 1939.

35 WD 210, 30 December 1939.

36 SdB to Sartre, 14 December 1939. Lettres à Sartre, p.350. 同一天，波伏瓦在日记里写道："我不知道他会怎样来写道德观。"(14 December 1939, WD 192.)

37 Beauvoir, 引自 Bair, p.270.

38 SdB to Sartre, 12 January 1940, LS 252.

39 见 Lamblin, *A Disgraceful Affair*, p.90.

40 见 WD 217–20.

41 Sartre to SdB, 12 January 1940, QM 25.

42 SdB to Sartre, 14 January 1940, LS 255.

43 Sartre to SdB, 16 January 1940, QM 31.

44 Sartre to SdB, 17 January 1940, QM 33.

45 SdB to Sartre, 19 January 1940, LS 261.

46 Sartre to SdB, 18 February 1940, QM 61.

47 Sartre to SdB, 19 February 1940, QM 64.

48 SdB to Bost, 5 February 1939, CC 234.

49 SdB to Sartre, 18 February 1940, LS 277.

50 Sartre to SdB, 29 February 1940, QM 87–8.

51 SdB to Sartre, 4 March 1940, in LS 285.

52 Lamblin, *A Disgraceful Affair*, p.9.

53 Lamblin, *A Disgraceful Affair*, p.86.

54 SdB to Sartre, 27 February 1940, LS 279.

55 Sartre to SdB, 28 February 1940, QM 85.

56 SdB to Sartre, 1 March 1940, LS 282.

57 SdB to Sartre, 4 March 1940, LS 285.

58 见 LS 311.

59 SLBdB, 'Chronologie', MPI lxxix.

60 Sartre to SdB, 29 May 1940, QM 206.

61 SdB to Sartre, 11 July 1940, LS 312.

62 SdB to Sartre, 11 July 1940, LS 315.

63 更多参见 Ursula Tidd, *Simone de Beauvoir*, London: Reaktion, 2009, p.70.

64 Bair, pp.242–3.

65 Sandrine Sanos, *Simone de Beauvoir*, p.88.

66 Simone de Beauvoir, *La force de l'age*, Paris: Gallimard, 1960, p.549.

67 PL 456–7.

68 PL 456–8. 又见 WD 304–9.

69 WD 304, 6 July 1940.

70 Lamblin, *A Disgraceful Affair*, p.89.

71 Lamblin, *A Disgraceful Affair*, pp.94, 92.

72 WD 318, 19 November 1940.

73 WD 320, 9 January 1941.

74 WD 320, 21 January 1941.

75 VED 104.

76 VED 31.

77 VED 15.

78 VED 42.

79 Sylvie Le Bon de Beauvoir, 'Chronologie', MPI lxxxiii.

80 18世纪90年代，同性恋在法国受到歧视。在1942年8月6日，维希政府在《刑法典》里加入了一条新法规，把同性恋可以进行性行为的合法年龄提高至21岁。当时，异性恋性行为的合法年龄是13岁，后来于1945年提高至15岁。[《刑法典》第334条（1945年2月8日移至第331条），第45-190号法令，法兰西共和国临时政府。]

81 见 Ingrid Galster, *Beauvoir dans tout ses états*, Paris: Tallandier, 2007.

82 至少在1942至1943学年的卡米尔塞学院（Camille Sée），波伏瓦就已经给自己的学生教授现象学。她的学生之一热纳维耶芙·塞维尔描述波伏瓦的课程为"由现象学的视角来提纲挈领"，并很感谢波伏瓦"把现象学早早地介绍给她，让她能够接触到胡塞尔和黑格尔"——哲学在当时的法国还不是教授课程。Geneviève Sevel, 'Je considère comme une grande chance d'avoir pu recevoir son enseignement', Lendemains 94 (1999): 48.

83 见 SdB to Sartre, 20 January 1944, LS 380.

84 Ingrid Galster, 'Simone de Beauvoir et Radio-Vichy: A propos de quelques scenarios retrouvés', *Romanische forschungen* 108. Bd. H. 1/2 (1996):.112–32.

85 见 LS 384 n. 320; 'Chronologie', MPI lxxxi.

第九章

1 WD 320, 21 January 1941.
2 PL 434.
3 SCTS 343.
4 PL 340.
5 SCTS 6–7.
6 Angela Carter, 'Colette', *London Review of Books* 2(19) 2 October 1980: 15–17.
7 Edward Fullbrook and Kate Fullbrook, *Sex and Philosophy*, London: Continuum, 2008, 79 & passim.
8 PL 434.
9 见 VED 68.
10 SCTS 108.
11 SCTS 17.
12 SCTS 16.
13 SCTS 158.
14 SCTS 159.
15 见 SCTS 124, 207, 297, 337.

16 SCTS 244.

17 Claude Francis and Fernande Gontier, *Les écrits de Simone de Beauvoir*, Paris: Gallimard, 1979, p.16. 见 SCTS 371.

18 SdB to Sartre, LS 21.

19 SCTS, chapter 8.

20 'Introduction', MPI: xii.

21 'Notes' autour de *Tout compte fait*, MPI 984.

22 见 LS 381 n. 318.

23 学术调查表明，这样的文章共有七篇，但我们不清楚是萨特要求波伏瓦帮助他，还是波伏瓦主动提出这么做的。Ursula Tidd, 'Some Thoughts on an Interview with Sylvie le Bon de Beauvoir', *Simone de Beauvoir Studies* 12(1995): 22–3.

24 PL 46.

25 Jean-Paul Sartre, *Being and Nothingness*, trans.Hazel Barnes, London: Routledge, 2003, p. 647.

26 Sartre, *Being and Nothingness*, 627.

27 PC 90.

28 PC 92, 翻译有改动。法语原文中"婴儿"这个词是阳性的，所以在英文翻译中用的是男他的代词，但是这个故事和1958年《端方淑女》中记载的西蒙娜自己的记忆是吻合的。因此我用的是女她的代词，而不是男他。

29 PC 93.

30 PC 107.

31 但波伏瓦这里说的是"我不知道上帝是否存在"。(PC 116.)

32 PC 118.

33 重要的不是"脱离自我的自由",正如萨特的"超越自我"所暗示的那样,成为道德自我的自由才是关键。许多波伏瓦研究者对此都已写过一些优秀的文章,包括Karen Vintges, 'Introduction' to 'Jean Paul Sartre', PW 223–8 and 'Simone de Beauvoir: A Feminist Thinker for the Twenty-First Century' in Margaret Simons (ed.) *The Philosophy of Simone de Beauvoir*, Bloomington, IN: Indiana University Press, 2006; Sonia Kruks, *Situation and Human Existence: freedom, Subjectivity, and Society*, London: Unwin Hyman, 1990; Nancy Bauer, *Simone de Beauvoir, Philosophy, and Feminism*, New York: Columbia University Press, 2001.

34 LS 389, SdB to Sartre, 13 December 1945.

35 Lamblin, *A Disgraceful Affair*, p.170.

36 FC 75.

37 'Dominique Aury, 'Qu' est-ce que l' existentialisme? Escarmouches et patrouilles', *Les Lettres françaises*, 1 December 1945, p.4, 引自 Simons, 'Introduction', PW 11 n. 14.

第十章

1 见 Cohen-Solal, Sartre, p.237.

2 SdB to S, 26 July 1945, LS 386 n. 321.

3 FC 46.

4 Jean Lacroix, 'Charité chrétienne et justice politique', *Esprit* 1945 (February).

5 BO, 封底。

6 BO 128.

7 BO 129.

8 BO 174.

9 UM 3.

10 见 BO 9.

11 BO 17.

12 BO 51.

13 BO 102.

14 关于让, 见 BO 106; 关于马塞尔, 见 BO 126.

15 PL 607.

16 FC 44, 45.

17 WD 322, 29 January 1941.

18 UM 66.

19 SdB to her mother, in Bair, p.267.

20 A. Collingnon, 'Bouches inutiles aux Carrefours', *Opéra*, 31 October 1944.

21 FC 59.

22 Jean-Jacques Gautier, writing in figaro, 引自 Maragaret A. Simons, 'Introduction' to 'Literature and Metaphysics', PW 263.

23 引自 UM 25.

24 Emmanuel Levinas, in Jean Wahl, *Petite histoire de 'l'existentialisme'*, Paris: éditions Club Maintenant, 1946, pp.84–6.

25 之后在1946年以"文学和形而上学"（*Literature and Metaphysics*）为题出版。

26 Maurice Merleau-Ponty, 'Metaphysics and the Novel', trans. Hubert Dreyfus and Patricia Allen Dreyfus, *Sense and Nonsense*, Evanston, IL: Northwestern University Press, p.28. First published as 'Le roman et la métaphysique', *Cahiers du sud* 270 (March 1945).

27 'Literature and Metaphysics', PW 270.

28 'Literature and Metaphysics', PW 274. 在《文学和形而上学》中，波伏瓦区分了形而上学的两种哲学家：一种是"系统的"哲学家，一种是"主体性的"哲学家。波伏瓦写道，如果要前者去写小说会很荒诞，比如亚里士多德、斯宾诺莎和莱布尼茨，因为他们对主体性和时间性不感兴趣。但是像克尔凯郭尔这样的哲学家本来就很喜欢用文学的形式去表达独立个体在时间中展开的真理。

29 见 Jonathan Webber, *Rethinking Existentialism*, Oxford: Oxford University

Press, 2018, p.3.

30 FC 164.

31 Bair, p.302.

32 'Existentialism and Popular Wisdom', PW 210.

33 'Existentialism and Popular Wisdom', PW 214.

34 'Existentialism and Popular Wisdom', PW 204, 205.

35 'Existentialism and Popular Wisdom', PW 216.

36 'Existentialism and Popular Wisdom', PW 213.

37 FC 27. 又见 LS 390 n. 350.

38 SdB to JPS, 25 January 1946, LS 400.

39 SdB to Sartre, 18 January 1946, LS 395.

40 SdB to Sartre, 18 January 1946, LS 397.

41 Sartre to SdB, February 1946 (n.d.), QM 274.

42 Sartre to SdB, February 1946 (n.d.), QM 275.

43 Cohen-Solal, Sartre, p.279.

44 TIME (1946) 'Existentialism', 28 January, 28–9.

45 Sartre to SdB January 1946 (n.d.), QM 274. 萨特之后在1946年2月也表达过类似的情绪。

46 见 Jean-Pierre Boulé, *Sartre, Self-formation and Masculinities*, p.168.

47 Beauvoir, 'An Eye for an Eye', in Margaret Simons, ed., *Philosophical Writings*, Urbana: University of Illinois Press, pp.245–60, here p.257.

48 FC 87.

49 FC 78.

50 FC 84.

51 见 Sylvie le Bon de Beauvoir, 'Chronologie', xc. FC 92.

52 ASD 105.

53 例如，1946年1月25日波伏瓦给萨特的信，"我们刚出了30万法郎"。在20世纪50年代，也有信件提到"我们的财务状况"。（见 SdB to Sartre, 20 August 1950, LS 472).

54 FC 171.

55 见 FC 70, 84.

56 'Introduction to an Ethics of Ambiguity', PW 290.

57 FC 103.

58 DPS 259, 19 May 1927.

59 DPS 284, 19 July 1927.

60 WD 3 November 1939.

61 WD 133.

62 见 SdB, in SdB, Simons and Todd, 'Two Interviews with Simone de Beauvoir', *Hypatia* 3:3 (1989): 17.

63 *La Force de l'age*, p.417, 引自 Simons, 2010, p.921.

64 Sartre to SdB, QM 277–8.

65 AMM 187.

66 FC 72.

67 FC 75.

68 SSP 187.

69 Elizabeth Fallaize, *The novels of Simone de Beauvoir*, p.83.

70 FC 73.

71 FC 72.

第十一章

1 SdB to Sartre, 26 January 1947, LS 412.

2 PL 138–41.

3 ADD 15.

4 SdB to Sartre, 30 January 1947, LS 415.

5 见 Margaret Simons, 'Introduction' to FW 2.

6 见 Bair, p.389.

7 SdB to Sartre, 11 February 1947, LS 425.

8 Gunnar Myrdal, with Richard Sterner and Arnold Rose, *An American Dilemma: The Negro Problem and Modern Democracy*, NewYork: Harper, 1944, Appendix 3.

9 'The Talk of the Town', *The new Yorker*, 22 February 1947.

10 Beauvoir, 'Problems for Women's Literature', 23 February 1947, *France-Amérique* 14. Translated by Véronique Zaytzeff and Frederick Morrison, in FW 24.

11 Beauvoir 'Problems for Women's Literature', FW.25.

12 'Women of Letters', in FW 30.

13 SdB to Sartre, 28 February 1947, LS 433.

14 'Chicago's Bowery', *The Chicago Tribune*, 13 November 1910.

15 SdB to Sartre, 28 February 1947, LS 433.

16 见 SdB to NA, 12 March 1947, TALA 13.

17 ADD 72.

18 见 Nancy Bauer, 'Introduction' to 'Femininity: The Trap', in FW 39.

19 见 ADD 40; and LS 419, 423, 427, 430.

20 'Femininity: The Trap', FW 43.

21 'Femininity: The Trap', FW 46.

22 ADD 330–34.

23 *Daily Princetonian*, 22–24 April 1947, 引自 Francis and Gontier, *Les écrits de Simone de Beauvoir, Textes inédits ou retrouvés*, Paris: Gallimard, 1979, p. 147.

24 ADD 57.

25 ADD 272.

26 ADD 58.

27 SdB to Sartre, 24 April 1947, LS 451.

28 Simons 182. 见 Diane Rubenstein, ' "I hope I am not fated to live in Rochester": America in the Work of Beauvoir', *Theory & Event* 15:2 (2012).

29 SdB to Sartre, 8 May 1947, LS 454.

30 SdB to S, 8 May 1947, *Lettres à Sartre*, p.355.

31 SdB to NA, 17 May 1947, TALA.15.

32 SdB to NA, 18 May 1947, TALA 16.

33 SdB to NA, 17 January 1954, TALA 490.

34 见 SdB to NA, 23 May 1947, TALA 18.

35 SdB to NA, 24 May 1947, TALA 19.

36 见 ADD 236–48; 又见 Margaret Simons, *Beauvoir and The Second Sex: Feminism, Race, and the Origins of Existentialism*, New York: Rowman & Littlefield, 2001, p. 177.

37 SdB to NA, 1 December 1947, TALA 113.

38 SdB to NA 23 July 1947, TALA 51.

39 Nelson Algren, 'Last Rounds in Small Cafés: Remembrances of Jean-Paul Sartre and Simone de Beauvoir', *Chicago*, December 1980, p. 213, 引自 Bair, pp. 335–6.

40 SdB to NA, 26 September 1947, TALA 66.

41 见 Isabelle Grell, *Les chemins de la liberté de Sartre: genèse et écriture (1938–1952)*, Bern: Peter Lang, 2005, p.155. 关于斯温后来的回忆, 见 Hazel Rowley, *Tête-à-tête*, p.187. 罗利在 2002 年采访了斯温。纽约摩根图书馆收藏着萨特给斯温的 62 封信。萨特在给波伏瓦的信件中称斯温为 " 小家伙 "; 见 QM 282.

42 EA 101.

43 EA 71.

44 EA 40.

45 EA 66.

46 EA 71.

47 Jean-Louis Jeannelle and Eliane Lecarme-Tabone, 'Introduction', MPI xl. In English, 见 Webber, *Rethinking Existentialism*.

48 A. de Waelhens, compte-rendu de Francis Jeanson, *Le problème moral et la pensée de Sartre, Revue Philosophique de Louvain* 1948 (10): 229.

49 见 Beauvoir, 'What is Existentialism?', PW.

50 SdB to NA, Friday, 20 August 1948, TALA 213.

51 FC 170.

52 SdB to NA, 3 August 1948, TALA 206.

53 SdB to NA, 8 August 1948, TALA 208.

54 SdB to NA, Friday, 20 August 1948, TALA 210, 212.

55 SdB to NA, Friday, 20 August 1948, TALA 214.

56 SdB to NA, 26 August 1948, TALA 216.

57 SdB to NA, 31 December 1948, TALA 254.

58 Sartre, 引自约翰·杰拉西的采访, *Talking with Sartre:Conversations and Debates*, New Haven: Yale University Press, 2009, p.32.

第十二章

1 PL 62.

2 TALA 184. 小说的原名是"蹂躏"（Ravages），但波伏瓦读到的早期部分太不堪入目，无法在 1954 年与书中其他部分一起出版，直到 2000 年才以《特蕾莎和伊莎贝拉》（*Thérèse et Isabelle*）的名字出版了法语版。

3 DPS 77, 21 August 1926.

4 Gisela Kaplan, *Contemporary Western European Feminism*, London: UCL Press, 1992, p.163.

5 Rosie Germain, 'Reading The Second Sex in 1950s America', *The Historical Journal* 56(4): 2013: 1041–62, p.1045.

6 Gustave Flaubert, 引自 Allison Guidette-Georis, 'Georges Sand et le troisième sexe', *Nineteenth Century French Studies* 25 (1/2): 41–9, p.41.

7 SS 25.

8 SS 32.

9 SS 13.

10 SS 37.

11 FC 199.

12 SS 475, 476.

13 Schwarzer, *Simone de Beauvoir Today*, p.71.

14 François Mauriac, 'Demande d'enquête', *Le figaro*, (1949), 30 May. 见 Ingrid Galster, *Le Deuxième Sexe de Simone de Beauvoir*, Paris: Presse universitaire Paris-Sorbonne, 2004, p.21. 波伏瓦在《时势的力量》中讨论了本章出版后的反馈, FC 197.

15 FC 197.

16 完整笔记参见 Ingrid Galster, *Le Deuxième Sexe de Simone de Beauvoir*, p.45 n. 33.

17 FC 196.

18 SS 46.

19 Marie-Louise Barron, 'De Simone de Beauvoir àAmour Digest.Les croisés de l'émancipation par le sexe', *Les Lettres Françaises* (1949), 23 June. Ibid. p.128.

20 Armand Hoog, 'Madame de Beauvoir et son sexe', *La Nef* (1949), August. Ibid. p.161.

21 FC 192 ff.

22 引自 Brooke Horvath, *Understanding nelson Algren*, Columbia, SC: University of South Carolina Press, 2005, p.7.

23 FC 207.

24 SS 330.

25 SS 644.

26 Claire Laubier (ed.), *The condition of women in france, 1945–Present: A documentary Anthology*, London: Routledge, 1990, p.1.

27 SS 607.

28 SS 641, 644.

29 SS 645.

30 引自 SdB to Sartre, 19 January 1940, LS 262.

31 SS 724–5.

32 SS 310, 311.

33 MDD 148.

34 SS 442.

35 引自 PL 327.

36 SS 816.

37 SS 37. 波伏瓦不否认女性会发自内心地爱自己的单偶制伴侣和自己的孩子，但是让女性这样做的必要条件并非单偶制或母职本身，而是女性处于这样的角色上的境况。但是，很多早期的读者认为波伏瓦无视她们的感受，并因此感到震惊。

38 André Rousseaux, 'Le Deuxième Sexe', *Le Figaro littéraire* (1949), 12 November. Ibid. p.210.

39 Emmanuel Mounier, *L'Esprit*, December 1949.

40 FC 200.

41 见 Ingrid Galster, '"The limits of the abject": The Reception of The Second Sex in 1949', in *A Companion to Simone de Beauvoir*, ed. Laura Hengehold and Nancy Bauer, Oxford: Wiley, 2017, p.40.

42 引自 Galster, "The limits of the abject", p.39.

43 SS 127.

44 这个部分要感谢玛农·加西亚在《第二性》中对波伏瓦方法的精彩讨

论。*On ne naît pas femme, on le devient*, Paris: Flammarion, 2018, p.93.

45 见 Garcia, on ne na.t pas femme, p.109.

46 George Eliot, *Middlemarch*, Oxford: Oxford University Press, 1988, p.159.

47 关于波伏瓦在《第二性》中的现象学方法，见 Garcia, *On ne nait pas femme*, p.124 ff.

48 'Simone de Beauvoir: Le Deuxième Sexe', actualité du livre, Institut National de l'Audovisuel, France. https://www.ina.fr/audio/PH806055647/simone-de-beauvoir-le-deuxieme-sexe-audio.html.

49 这封信是 1958 年 1 月 29 日写的，引自 Marine Rouch, '"Vous êtes descendue d'un piédestal": une appropriation collective des Mémoires de Simone de Beauvoir par ses lectrices (1958–1964)' *Littérature* 191 (September 2018): 72.

50 Michèle Le Doeuff, *Hipparchia's Choice: An Essay Concerning Women and Philosophy*, trans. Trista Selous, New York: Columbia University Press, 2007, p.34.

51 比如，伊娃·隆格伦－戈特林认为波伏瓦大量依赖黑格尔，导致她的作品"以男性为中心"，甚至有时候到了濒临"厌女症"的程度。*Sex and Existence: Simone de Beauvoir's The Second Sex*, trans. Linda Schenck, Hanover, NH: Wesleyan University Press, 1996.

52 C. B. Radford, 'Simone de Beauvoir: Feminism's Friend or Foe?' Part II, *Nottingham French Studies* 7 (May 1968): 44. On 'energetic anger' 见 Margaret Crosland, *Simone de Beauvoir: The Woman and Her Work*, London: Heinemann, 1992, p.359.

53 Kathryn T. Gines, 'Comparative and Competing Frameworks of Oppression

in Simone de Beauvoir's *The Second Sex*', *Graduate faculty Philosophy Journal* 35 (1–2) (2014): 251–73.

54 Beauvoir, 'Introduction to women Insist', trans. Marybeth Timmerman, in FW 250.

55 Moi, *Simone de Beauvoir*, p.28.

第十三章

1 见'Chronologie', MPI xcviii.

2 'It's About Time Women Put a New Face on Love', *Flair* 1(3), April 1950: 76–7. Included in FW.

3 'It's About Time', FW 76.

4 'It's About Time', FW 78.

5 'It's About Time', FW 79.

6 SdB to Sartre, early July 1950, *Lettres à Sartre*, p.370.

7 SdB to Sartre, 2 September 1950.

8 SdB to Sartre, 20 August 1950, LS 474.

9 FC 245. TALA 434.

11 SdB to NA, 30 October 1951 TALA 434, 435.

12 SdB to NA, 30 October 1951, TALA 436.

13 FC 267–8.

14 SdB to NA, 9 November 1951, TALA 440.

15 Sylvie Chaperon, 'The reception of The Second Sex in Europe', *Encyclopédie pour une histoire nouvelle de l'Europe*, 2016.

16 SdB to NA, 3 December 1951, TALA 446.

17 FC 170.

18 FC 291.

19 FC 268. 关于萨特在 1952 年出版《圣热内》时采纳波伏瓦的一些观点，见 Webber, *Rethinking Existentialism*.

20 FC 269.

21 FC 296–7.

22 FC 291.

23 FC 291.

24 Sartre, in 'Sartre on Literature and Politics: A Conversation with Redmond O'Hanlon', *The crane Bag* 7(1), *Socialism and culture* (1983): 83.

25 Claude Lanzmann to SdB; Sylvie Le Bon de Beauvoir archives, 引自 Rowley, *Tête-à-tête*, p.214.

26 FC 294.

27 1971 年 3 月 12 日杰拉西与萨特的访谈。

28 见约瑟·达扬和马尔卡·里博斯卡于 1978 年拍摄的纪录片《西蒙娜·德·波伏瓦》(*Simone de Beauvoir*)，纪录片文本于 1979 年由伽利玛出版社出版。

29 FC 297.

30 FC 297–8.

31 FC 298. 又见 ClaudeLanzmann, *The Patagonian Hare: A Memoir*, trans. Frank Wynne, London: Atlantic Books, 2012, p. 244 on becoming part of 'the family'.

32 Lanzmann, *Patagonian*, p.265.

33 Lanzmann, *Patagonian*, p.259.

34 卖给耶鲁大学的信件有112封，但是朗兹曼在2008年声称有300封。见 Claude Lanzmann, 'Le Sherpa du 11bis', in Julia Kristeva, Pascale Fautrier, Pierre-Louis Fort, Anne Strasser (eds)*(Re)découvrir l'oeuvre de Simone de Beauvoir: du dexuième Sexe à La cérémonie des Adieux*, Paris: Le Bord de L'eau, 2008, p. 20.

35 引自 Franck Nouchi, 'L'exil américain des lettres d'amour de Simone de Beauvoir à Claude Lanzmann', *Le Monde*, 19 January 2018.

36 见 Introduction to SS 12.

37 见 Toril Moi, 'While We Wait: The English Translation of *The Second Sex*', *Signs* 27(4): 1005–35 (2002).

38 Blanche Knopf to Harold Parshley, 2 November 1951, 引自 Rosie Germain, 'Reading The Second Sex in 1950s America', *The Historical Journal* 56(4) 2013: 1041–62.

39 Parshley, 'Introduction', SSP vi.

40 Parshley, 'Introduction', SSP x.

41 Beauvoir, in SdB, Simons and Todd, 'Two Interviews with Simone de Beauvoir', p.20.

42 Clyde Kluckholm, 'The Female of our Species', *New York Times Book Review*, 22 February 1953, 3, 33.

43 Charles J. Rolo, 'Cherchez la femme', *The Atlantic*, April 1953, 86.

44 Margaret Mead, in 'A SR Panel Takes Aim at *The Second Sex*', *Saturday Review*, 21 February 1953.

45 在美国，波伏瓦的书和其他一批关于"女性"的当代书籍同时面世。《金赛性学报告（男人篇）》(*Sex and the Human Male*) 出版于1946

年,而正如波伏瓦在写给阿尔格伦的信中所希望的,关于女性的性学报告也开始出现。阿什利·蒙塔古的《女性天生的优势》(*The Natural Superiority of Women*)于1952年出版,《金赛性学报告(女人篇)》(*Sex and the Human female*)和米拉·科马罗夫斯基的《现代女性》(*Women in the Modern World*)在1953年出版。

46 Carol Giardina, *freedom for women: forging the women's Liberation Movement, 1953–1979*, Gainesville: University Press of Florida, 2010, 79.

47 更多关于《第二性》在20世纪50年代美国的接受情况,参见Rosie Germain's excellent article 'Reading *The Second Sex* in 1950s America'.

48 SdB to NA, April 1953, TALA 479.

49 Lanzmann, *Patagonian*, p.235.

50 SdB to Sartre, summer 1953 (n.d.), LS 493.

51 SdB to NA, 15 February 1954, p.492.

52 FC 323.

53 FC 326.

54 FC 328.

55 'Les prix Goncourt et Renaudot', *Journal les actualités françaises*, 10 December 1954, Institut National de l'Audovisuel, France, https://www.ina.fr/video/AFE85007180/les-prix-goncourt-et-renaudot-video.html

56 SdB to NA, 9 January 1955, p.512.

57 Colette Audry, 'Notes pour un portrait de Simone de Beauvoir', *Les Lettres françaises*, 17–24 December, 1954, p.5.

58 Beauvoir, 'A Story I Used to Tell Myself' [1963], UM 159.

59 FC 328.

60 FC 282.

61 FC 283.

62 FC 328.

63 A. Blanchet, 'Les Prix littéraires', *Études* 284 (1955): 96–100, here p.98.

64 G. Charensol, 'Quels enseignements peut-on tirer des chiffres de tirage de la production littéraire actuelle?', *Informations sociales* (1957): 36–45.

65 G. J. Joyaux, 'Les problèmes de la gauche intellectuelle et Les Mandarins de Simone de Beauvoir', *Kentucky foreign Language Quarterly* 3 (1956): 121.

66 FC 328.

67 Doris Lessing, 'Introduction' to M 9.

68 M 48

69 M 107.

70 M 203.

71 TALA 511.

72 Lanzmann, *Patagonian*, p.257.

73 FC 336.

74 SdB to S, late May 1954（具体日期不详）, LS 505.

75 FC 361.

76 FC 332.

77 PW 7.

78 'What is Existentialism?' PW 324.

79 'What is Exisentialism?' PW 324.

80 FC 358–9.

81 LM 32.

82 FC 487.

83 我无法直接引用朗兹曼的信件,这些信件来自 1956 年 8 月和 9 月,可以在耶鲁大学的拜内克珍本与手稿图书馆找到。引文来自 C.Wright Mills, The Power Elite, Oxford: Oxford University Press, 2000, p. 3.

84 见 Sandrine Sanos, *Simone de Beauvoir*, p. 117. Margaret Simons, 'Beauvoir's Ironic Sacrifice; or Why Philosophy Is Missing from her Memoirs',即将出版。

85 TLM 130.

86 This information is taken from 1956 (tome I) and 1958 (tome II) NRF editions of *Le Deuxième Sexe* (Paris: Gallimard).

87 TALA 526, 1 January 1957.

88 FC 398.

89 Unpublished journal, 25 May 1958, Sylvie Le Bon de Beauvoir archives,引自 the 'Introduction' to MPI ix.

90 FC 443.

91 见 'Notice' to Mémoires d'une jeune fille rangée, in MPI 1226,缺乏菲利普·勒热纳所谓的"自传性约定",根据该约定,作者承诺向读者讲述有关自己的真实情况。(见 *Le pacte autobiographique*, Paris: Seuil, 1975.)

92 'Texte de Présentation de l'édition Originale', Simone de Beauvoir, *Mémoires d'une Jeune fille Rangée*, MPI 352.

93 'essai sur l'écrivain',引自 MPI, 'Introduction', xv.

94 FC 448.

95 Lanzmann, *Patagonian*, p.329.

96 Lanzmann, *Patagonian*, p.330.

97　FC 614.

98　1959 年 6 月 20 日一位读者的来信；引自 Marine Rouch, ' "Vous êtes descendue d'un piédestal" : une appropriation collective des Mémoires de Simone de Beauvoir par ses lectrices (1958–1964)' *Littérature* 191 (September 2018): 68.

99　见 Marine Rouch, 'Vous êtes descendue d'un piédestal', p.72.

100　1959 年 11 月 15 日一位读者的来信；引自 Rouch, 'Vous êtes descendue d'un piédestal', p.71.

101　MDD 360.

102　FC 456.

第十四章

1 在波伏瓦出版的萨特写给她的信中，1963 年 7 月 25 日的是最后一封，在那之后他们开始用电话取代了信件。QM 304.

2 SdB to NA, September 1959, TALA 530.

3 FC 466.

4 Lanzmann, *Patagonian*, p.330.

5 *Brigitte Bardot and the Lolita Syndrome*, trans. Bernard Frechtman, London: Four Square, 1962. First published in Esquire in August 1959.

6 BB 36.

7 BB 30.

8 TALA 528, SdB to NA, 2 January 1959.

9 'Chronologie', MPII xiv; xvi. 我们从西尔维的大事年表中知道有几本波伏瓦的日记留存了下来，但是没有完全发表，其中有一些选段分别于 2018 年发表在《回忆录：第一卷》(*Mémoires, tome I*) 和《回忆录：第二卷》(*Mémoires, tome II*) 里。

10 Simone de Beauvoir, *Extraits du journal*, May 1959, MPI 349.

11 Simone de Beauvoir, *Extraits du journal*, May 1959, MPI 349.

12 FC 479–80.

13 October 1959, QM 295.

14 Sartre to SdB, October 1959（具体日期不详）, QM 297.

15 FC 480.

16 FC 511.

17 FC 487.

18 'Preface to The Great fear of Loving', FW 84.

19 SLBdB, 'Chronologie', MPII xvii.

20 FC 503.

21 Nelson Algren, 'People', *Time*, 2 July 1956, p.33.

22 SLBdB, 'Chronologie', MPII xvii.

23 SdB to NA, 1 January 1957, p.526.

24 FC 506.

25 见 SdB to S, August 1958 (n.d.), LS 514.

26 Cohen-Solal, *Sartre*, p.419 ff.

27 Cohen-Solal, *Sartre*, p.428.

28 SLBdB, 'Chronologie', MPII xx.

29 SdB to NA, 16 November 1960, TALA 538.

30 Lamblin, *A Disgraceful Affair*, p.148.

31 SdB, 与马德莱娜·戈贝伊的采访, 'The Art of Fiction No..35', *Paris Review* 34 (Spring–Summer 1965).

32 见 'Introduction' to MPI xxxviii.

33 SdB to NA, 16 November 1960, TALA 538.

34 SdB to NA, December 1960, TALA 539.

35 PL 220.

36 The French text reads: 'il faudrait plutôt expliquer comment certains individus sont capables de mener à bein ce délire concerté qu'est un système et d'où leur vient l'entêtement qui donne à leurs aperçus la valeur des clés universelles. J'ai dit déjà que la condition féminine ne dispose pas à ce genre d'obstination'.

37 PL 221.

38 SLBdB, 'Chronologie', MPII xxii.

39 David Macey, *Frantz Fanon: A Biography*, London: Verso Books, 2012, pp.455–6.

40 FC 606–7.

41 FC 611.

42 SLBdB, 'Chronologie', MPII xxiii. 一些被盗材料后来又出现在私人买卖中。

43 由于不愿在那里常住，萨特于12月搬到了拉斯帕伊大道222号。

44 ASD 306.

45 Cohen-Solal, Sartre, p.406.

46 见 Gary Gutting, *Thinking the Impossible: French Philosophy Since 1960*, Oxford: Oxford University Press, 2011, chapter 4.

47 尽管弗里丹后来才承认这一点，见 Sandra Dijkstra, 'Simone de Beauvoir and Betty Friedan: The Politics of Omission', feminist Studies 6(2) (Summer 1980): 293–4.

48 引自 Gonzague de Saint-Bris and Vladimir Fedorovksi, *Les Egéries Russes*, Paris: Lattès, 1994, p.282.

49 VED 29.

50　SdB to NA, December 1963, p.555.

51　VED 31.

52　'Maladie de ma mère', ff. 254, 287, 311. 引自 'Notice' MPII 1276.

53　VED 24.

54　VED 19–20.

55　VED 76.

56　ASD 135.

57　ASD 75.

58　SLBdB, 'Chronologie', 稿件提交日期为 1963 年 5 月 7 日。

59　FC 199.

60　FC 202.

61　FC 202.

62　FC 203.

63　FC 202.

64　Simone de Beauvoir, 'Une interview de Simone de Beauvoir par Madeleine Chapsal', in *Les écrivains en personne* (Paris: Julliard, 1960, pp. 17–37), reprinted in *Les écrits de Simone de Beauvoir*, ed. Claude Francis and Fernand Gontier, Paris: Gallimard, 1979, p. 396.

65　FC 674.

66　Françoise d'Eaubonne, *Une femme nommée castor*, Paris: Harmattan, 2008, p.253. 见 also MPII 1017 ff on 'j'ai été flouée'.

67　SLBdB, 'Chronologie', MPII xxvi.

68　Simone de Beauvoir, 与马德莱娜·戈贝伊的采访, 'The Art of Fiction No..35', Paris Review 34 (Spring–Summer 1965). 又见 SLBdB 'Chronologie',

MPII xxviii 以获得日期信息。

69 信件日期是 1964 年 10 月 29 日，引自 Rouch, 'Vous êtes descendue d'un piédestal', p.81.

70 FC 133.

71 FC 133–4.

72 Jacques Ehrmann, 'The French Review,' *The French Review* 37(6) 1964: 698–9, 699.

73 G. Ménie, 'Le Prix d'une révolte,' *Esprit* 326(3) 1964 (March): 488–96, 493.

74 Francine Dumas, 'Une response tragique,' *Esprit* 326(3) 1964 (March): 496–502.

75 SdB to NA, December 1963, TALA 556.

76 Nelson Algren, 'I ain't Abelard', *Newsweek*, 28 December 1964, 58–9.

77 Nelson Algren, 'The Question of Simone de Beauvoir', *Harper's*, May 1965, 136.

78 见《越洋情书》第 559 页的注释。

79 http://www.lepoint.fr/actualites-litterature/2007-01-18/simone-de-beauvoir-ces-lettres-qui-ebranlent-un-mythe/1038/0/45316

80 Kurt Vonnegut, *Fates Worse than Death: An Autobiographical Collage of the 1980s*, New York: 2013, 60. 冯内古特的说法是基于贝尔的波伏瓦传记。

81 'Preface to The Sexually Responsive woman', first published in English in 1964; no surviving French version; FW 97.

82 见 Jean-Louis Jeannelle and Eliane Lecarme-Tabone, 'Introduction', MPI xliv.

83　Sara Ahmed, 'Feminist Killjoys (and Other Wilful Subjects)', Scholar and feminist online 8(3), Summer 2010: 4.

84　SLBdB 'Chronologie', MPII xxvi.

85　'What Love Is – And Isn't', *Mccall's* 71, August 1965, 133. (In FW 100.)

86　'Sartre Talks of Beauvoir', *Vogue*, July 1965, p.73.

87　'Notes' autour de *Tout compte fait*, MPII 973.

88　'Notes' autour de *Tout compte fait*, MPII 978.

89　'Notes' autour de *Tout compte fait*, MPII 997–8.

90　ASD 275.

91　'The Situation of Women Today', FW 145.

92　'The Situation of Women Today', FW 133, 134

93　'The Situation of Women Today', FW 139.

94　'Women and Creativity', FW 158.

95　'Les Belles Images (par Simone de Beauvoir, Gallimard)', *La cité*, May 1967, p.14.

96　SLBdB, 'Chronologie', MPII xxxi.

97　ASD 144.

98　BI 151.

99　杰奎琳·皮亚捷对波伏瓦的采访, *Le Monde*, 23 December 1966.

100　BI 183.

101　SLBdB, 'Chronologie', MPII xxxi.

102　ASD 414.

103　波伏瓦的讨论见 ASD 369.

104　ASD 142.

105 'Preface to Through women's Eyes', trans. Marybeth Timmermann, FW 253.

106 TWD 13.

107 TWD 70.

108 TWD 80.

109 TWD 107.

110 Henri Clouard, 'La Revue littéraire', *Revue des deux mondes*, March 1968: 115–24, p.118.

111 Clouard 'La Revue littéraire', pp.118–19.

112 Jacqueline Piatier, 'Le Démon du bien: "La Femme rompue" de Simone de Beauvoir', *Le Monde*, 1968.

113 ASD 144.

114 ASD 143.

115 ASD 147.

116 ASD 490.

117 Bruno Vercier, 'Les livres qui ont marqué la pensée de notre époque,' Réalités, August 1971.

118 'Libération des femmes, année zéro', *Partisans* 54–55: 1970, Maspero.

119 波伏瓦在《归根到底》中声称是她们在接近她；而安妮·泽林斯基则说是波伏瓦在接近她们（*Le cinquantenaire du 'Deuxième Sexe'*, 310–13）。

120 据西尔维回忆，波伏瓦从未做过流产手术。她认为流产手术应该被合法化，但是如果有足够充分的避孕措施，流产的概率应该很低。(Schwarzer, p. 30).

第十五章

1 ASD 131.

2 引自纪德笔下人物白鲁斯，OA 237.

3 Woolf, 29 December 1940, 引自 OA 514.

4 OA 244.

5 OA 410.

6 OA 547.

7 Revue des livres, Vie Sociale, March 1970, pp.157–160. http://gallica.bnf.fr/ark:/12148/bpt6k62832097/f34.item.r=beauvoir

8 Henry Walter Brann, review of 'La Vieillesse by Simone de Beauvoir', *The French Review* 44(2), December 1970: 396–7.

9 Edward Grossman, 'Beauvoir's Last Revolt', *Commentary* 54(2), 1 August 1972: 56–9, here 56.

10 ASD 147.

11 OA 148.

12 Simone de Beauvoir, *A walk Through the Land of old Age*, in PolW 363.

13 Schwarzer, Introduction, p.13.

14 见 A 10–11.

15 'Response to Some Women and a Man', FW 209.

16 'Response', FW 210.

17 'Response', FW 210.

18 'Beauvoir's Deposition at the Bobigny Trial', FW 220.

19 'Beauvoir's Deposition at the Bobigny Trial', FW 226.

20 'Beauvoir's Deposition at the Bobigny Trial', FW 226.

21 'Abortion and the Poor', FW 217.

22 ASD 134.

23 Jean-Marie Domenach, 'Simone de Beauvoir: Tout compte fait', *Esprit* 1972 (December): 979–80.

24 ASD 154.

25 见 ASD 57 ff, 163.

26 Carlo Jansiti, *Violette Leduc*, Paris: Grasset, 1999, 447–8.

27 ASD 193.

28 ASD 484.

29 ASD 489.

30 ASD 500.

31 1949年11月对克洛丁·肖内的采访，由"世纪之光"（Les jours du siècle）广播节目转播，法国国际广播电台，1999年2月17日。

32 Francis Jeanson, *Simone de Beauvoir oul'entreprise de vivre, suivid'entretiens avec Simone de Beauvoir*, Paris: Seuil, 1966, p.258.

33 FC 202.

34 Alice Schwarzer, 'I am a feminist', *Simone de Beauvoir Today: conversations 1972–1982*, London: Hogarth Press, 1984, p. 16. 又见 pp.29 ff. 关于1949年

和20世纪70年代波伏瓦女权主义的延续性的精彩讨论,见Sonia Kruks, 'Beauvoir and the Marxism Question', in Laura Hengehold and Nancy Bauer (eds), *A Companion to Simone de Beauvoir*, Oxford: Wiley-Blackwell, 2017.

35 Schwarzer, p.34.

36 Schwarzer, pp.37–8.

37 'Preface to Stories from the french women's Liberation Movement', trans. Marybeth Timmermann, FW 260.

38 Alice Schwarzer, 'The Rebellious Woman – An Interview with Alice Schwarzer', trans. Marybeth Timmermann, FW 197.

39 Sylvie Chaperon, 'Introduction' to 'The MLF and the Bobigny Affair', FW 189.

40 Claire Etcherelli, 'Quelques photos-souvenirs', *Les Temps Modernes* 63(647–8), January–March 2008: 6. 朗兹曼把埃切列利的书《埃利丝的真实生活》(*Élise ou la vrai vie*)介绍给波伏瓦,它讲述了独立战争期间一个阿尔及利亚男人和一个工厂女工之间的禁忌之爱。这本书后来还赢得了一些奖项。20世纪70年代,埃切列利加入波伏瓦和朗兹曼,成为《摩登时代》的编辑。

41 Etcherelli, 'Quelques photos-souvenirs', p.61.

42 Bair, p.676 n. 13.

43 A 54.

44 A 63.

45 Cohen-Solal, Sartre, p.500.

46 Preface to 'Everyday Sexism', *Les Temps Modernes* 329 (December 1973), trans. Marybeth Timmerman, in FW 240.

47 Simone de Beauvoir, 'Preface to divorce in france', trans.Marybeth Timmerman, FW 248. First published in Claire Cayron, *Divorce en France*, Paris: Denoël-Gonthier, 1974.

48 'Introduction to women Insist', trans. Marybeth Timmerman, FW 250.

49 见 ASD 499.

50 Gerassi, p.30. December 1970 interview.

51 Gerassi, p.32. December 1970 interview.

52 这篇访谈发表在 1975 年 6 月 23 日、6 月 30 日和 7 月 7 日的《新观察家》周刊上。引自 Hazel Rowley, *Tête-à-tête*, p.333.

53 'Simone de Beauvoir interroge Jean-Paul Sartre', in Situations X, 'Politique et autobiographie', Paris: Gallimard, 1976, pp.116–17.

54 Schwarzer, p.73.

55 'My Point of View: An Outrageous Affair', trans. Debbie Mann and Marybeth Timmermann, FW 258.

56 'When All the Women of the World ...', trans Marybeth Timmermann, FW 256.

57 A 100.

58 A 110–11.

59 'D' abord, je ne donnais pas à lire mesmanuscrits – à personnesauf à Simone de Beauvoir – avantqu' ilssontimprimés: par consequent, elleavait un r.leessentiel et unique.' (Michel Sicard, 'Interférences: entretien avec Simone de Beauvoir et Jean-Paul Sartre', *Obliques* 18–19 (1979): 326.)

60 Xavier Delacourt, 'Simone de Beauvoir adaptée: Une fidélité plate', *Le Monde*, 1978. http://www.lemonde.fr/archives/article/1978/01/30/simone-de-bcauvoir-adaptee-une-fidelite-plate_3131878_1819218.

html#YOXP2bX45I01dulu.99

61 WT, pp.74–5.

62 见约瑟·达扬和马尔卡·里博斯卡于1978年拍摄的纪录片《西蒙娜·德·波伏瓦》，纪录片文本于1979年由伽利玛出版社出版。http://www.ina.fr/video/ CAB7900140801

63 Video: 'Film "Simone de Beauvoir" ' sur Samedi et demi, Institut National de l'Audiovisuel, France, https://www.ina.fr/video/CAB7900140801/film-simone-de-beauvoir-video.html

64 Julien Cheverny, 'Une bourgeoise modèle: Simone de Beauvoir', *Figaro Magazine*, 17 February 1979, p. 57.

65 Schwarzer, p.103.

第十六章

1 Charles Hargrove, 'Thousands escort Sartre's coffin', *The Times* [London, England] 21 April 1980: 4. The Times Digital Archive. Online, 27 March 2018.

2 Bair, p.587.

3 Bair, p.588.

4 Sylvie Le Bon de Beauvoir, 与玛格达·瓜达卢佩的访谈, 'Interview avec Sylvie Le Bon de Beauvoir', *Sapere Aude*, Belo Horizonte, v. 3, n. 6, pp. 357–65, 2 semestre 2012, p.364.

5 Bair, p.512.

6 A 3.

7 Bair, p.595.

8 'La fin d'un philosophe', *Le Point*, 23–29 November 1981.

9 A 254, 353.

10 Hazel E. Barnes, 'Beauvoir and Sartre: The Forms of Farewell', Philosophy and Literature 9(1): 28–9.

11 Cohen-Solal, *Sartre*, p.518.

12 FC 328.

13 Beauvoir, 引自与阿莉塞·施瓦策尔的访谈, p.107.

14 http://www.lemonde.fr/archives/article/1980/05/12/la-mort-de-jean-paul-sartre_2822210_1819218.html?xtmc=jean_paul_sartre_deces&xtcr=11

15 https://www.lexpress.fr/culture/livre/sartre-face-a-son-epoque_486893.html

16 'Jean-Paul Sartre dies in Paris hospital,' The Times [London, England] 16 April 1980: 1. The Times Digital Archive. Online, 27 March 2018.

17 'Obituary', *The Times* [London, England] 16 April 1980: 16. The Times Digital Archive. Online, 27 March 2018.

18 Schwarz, W. (1980, 16 April). 'Sartre, sage of left, dies', *The Guardian* (1959–2003).

19 J-P Sartre: As influential as Rousseau (1980, 16 April), *The Guardian* (1959–2003).

20 https://archive.nytimes.com/www.nytimes.com/learning/general/onthisday/bday/0621.html

21 https://www.washingtonpost.com/archive/local/1980/04/16/jean-paul-sartre-existential-author-dramatist-dies/120a0b98-9774-4248-a123-1efab2d68520/?utm_term=.2cad98e8c74e

22 Simone de Beauvoir to Bianca Lamblin, autumn 1982, 引自 *Lamblin, A Disgraceful Affair*.

23 Bair, p.598.

24 见 Lanzmann, *Patagonian*, p.352.

25 Bair, p.601.

26 Michèle le Doeuff, 'Sartre; l'uniquesujetparlant', *Esprit – changer la culture et la politique*, 5: 181–91.

27 SdB in Beauvoir, Simons and Todd, 'Two Interviews with Simone de Beauvoir', p.24.

28 SdB in Schwarzer, *Simone de Beauvoir Today*, p.210.

29 'Foreword to Deception Chronicles', FW 272.

30 'Women, Ads, and Hate', FW.

31 'The Urgency of an Anti-Sexist Law', trans. Marybeth Timmermann, FW 266. First published in *Le Monde* as 'De l'urgenced' uneloi anti-sexiste', March 18–19, 1979.

32 'Women, Ads, and Hate', FW 275.

33 Lanzmann, *Patagonian*, p.257.

34 引自 Lanzmann, Patagonian, pp.258–9.

35 Schwarzer, p.110.

36 Bair, p.604.

37 Etcherelli, 'Quelques photos-souvenirs', p.61.

38 Beauvoir, in SdB, Simons and Todd, 'Two Interviews with Simone de Beauvoir', p.20.

39 Beauvoir, ibid.

40 《模糊性的道德》的开头和《归根到底》的结尾,以及波伏瓦的学生日记都参考了帕斯卡的思想。帕斯卡也认为人的一生是模糊的。

41 萨特也淡化了这些思想家对他作品的影响,转而强调当时更时髦的现象学(以及之后的心理分析和马克思主义)。见 Kate Kirkpatrick, Sartre on Sin, Oxford: Oxford University Press, 2017; *The Mystical Sources of Existentialist Thought*, Abingdon: Routledge, 2018.

42 HdB, *Souvenirs*, p.8.

43 HdB, *Souvenirs*, p.12; Lanzmann, Patagonian, p.525.

44 Claude Jannoud, 'L'.uvre: Une vulgarisation plus qu'unecréation', *Le Monde*, 15 April 1986.

后记

1 Voltaire, 'PremièreLettre sur Oedipe' in *Oeuvres* (1785) vol. 1.

2 'Simone De Beauvoir', *The Times* [London, England] 15 April 1986: 18. The Times Digital Archive. Online 24 March 2018.

3 Appreciation, Michael Dobbs, 15 April 1986, *The Washington Post*. https://www. washingtonpost.com/archive/lifestyle/1986/04/15/appreciation/39084b0c-a652-4661-b226-3ad12385b4d3/?utm_term=.55d325922220

4 Liliane Lazar, 'Simone de Beauvoir (9 January 1908–14 April 1986)', *Dictionary of Literary Biography Yearbook: 1986*, edited by J. M. Brook, Gale, 1987, pp. 199–206, here pp. 200, 201.

5 P. de Boisdeffre, 'LA REVUE LITTERAIRE: Deux mortsexemplaires, un mêmerefus: Jean Genet et Simone de Beauvoir', *Revue des deux mondes* (1986): 414–28, here pp. 416, 419, 420.

6 Richard Heller, 'The Self-centered Love of Madame Yak-Yak', *Mail on Sunday*, 1 December 1991, p. 35.

7 Lanzmann, *Patagonian* p. 351. 1990 年,波伏瓦写给萨特的信被西尔维出版。朗兹曼写道:"我知道海狸绝对不会发表这些信件,就算发表也不会允许以这样的方式。因为她之前告诉过我这件事,在 1983 年出版的萨特写给她的信的那本书的前言中也明确表示了这一点,而且我和她一起生活过,我了解这一点。"而西尔维将之出版的理由见 Ursula Tidd, 'Some Thoughts on an Interview with Sylvie le Bon de Beauvoir: Current issues in Beauvoir studies', *Simone de Beauvoir Studies* 12 (1995): 17–26.

8 Lamblin, p.137.

9 'Simone de Beauvoir interroges Jean-Paul Sartre', in Situations X, 'Politique et autobiographie', Paris: Gallimard, 1976, pp.116–17.

10 ASD 143.

11 见 Cohen-Solal, *Sartre*, p.261. 又见 Marine Rouch 2018 关于波伏瓦的读者把她当作偶像的方式 [' "Vousêtesdescendue d'un piédestal": une appropriation collective des Mémoires de Simone de Beauvoir par ses lectrices (1958–1964),' *Littérature* 191 (September 2018)].

12 SdB in Alice Schwarzer, Simone de Beauvoir Today, p.93.

13 ASD 144.

14 *Simone de Beauvoir*, film by Josée Dayan and Malka Ribowska, text published by Gallimard: Paris, 1979; film made in 1978.

15 Schwarzer, *Simone de Beauvoir Today*, p.37.

16 Moi, 2008, p.39

17 Beauvoir in SdB, Simons and Todd, 'Two Interviews with Simone de Beauvoir', p.24.

18 索罗金认为《他人的血》(*The Blood of Others*)很无聊(见 SdB to Sartre, 27 January 1944, LS 384)。阿尔格伦说它"哲学意味太重"(SdB to NA, Friday, 20 August 1948, TALA 210, 212)。

19 SdB to Schwarzer, *Simone de Beauvoir Today*, p.110.

20 FC 283. 强调为笔者所加。

21 PL 606. 最近几十年来，学者们重新思考萨特和波伏瓦之间的相互影响，其中对波伏瓦的关注大大超过了前几代研究者。根据西尔维的说法，波伏瓦把她和萨特的关系描述为"一对双星"，声称这是绝对的友谊和相互支持。2008 年，西尔维以法语出版了波伏瓦的回忆录，因为她相信这些书能让我们无论是在智识还是个人生活上，更公正地看待波伏瓦，以及波伏瓦的所思、所想、所计划，还有她在遇到萨特之前的自己和在成为我们所熟知的波伏瓦之前的自己。Sylvie Le Bon de Beauvoir, in Magda Guadalupe dos Santos 'Interview avec Sylvie Le Bon de Beauvoir', *Sapere Aude*, Belo Horizonte, 3(6), 357–65, 2 semestre 2012, p. 359.

22 ASD 235.

23 ASD 619.

24 见 DPS 58–61, 66 especially 16 August 1926.

25 Nietzsche, 'Schopenhauer as Educator', in *Untimely Meditations*, trans. R. J. Hollingdale, Cambridge: Cambridge University Press, 1997, 163.

26 见 Plato's *Symposium*.

27 SS 166.

28 Elizabeth Fallaize, The novels of Simone de Beauvoir, 'Introduction', p.1.

29 PC 120.

人名索引

译名	原名	页码
阿道夫·希特勒	Hitler, Adolf	136、139、140、150
阿德里安娜·里奇	Rich, Adrienne	385
阿尔贝·加缪	Camus, Albert	6、202、331
阿尔弗雷德·富耶	Fouillée, Alfred	57、179、269、注释17、注释19
阿尔弗雷德·金赛	Kinsey, Alfred	258、359
阿方斯·都德	Daudet, Alphonse	44
阿加莎·克里斯蒂	Christie, Agatha	173
阿莱特·埃尔凯姆	Elkaïm, Arlette	322、335、347、354、385、388、389、395
阿兰	Alain	67、121、168~169、204、363
阿莉塞·施瓦策尔	Schwarzer, Alice	374~376、384、398、402、411、注释36、注释79
阿内丝·尼恩	Nin, Anaïs	373
阿瑟·柯南·道尔	Doyle, Arthur Conan	173
阿什利·蒙塔古	Montagu, Ashley	注释62
阿图尔·叔本华	Schopenhauer, Arthur	117、269、363
埃德蒙·胡塞尔	Husserl, Edmund	134、137、153、173、191、204、219、277、309、注释42
埃尔温·皮斯卡托	Piscator, Erwinl	246

埃弗利娜·雷伊	Rey, Evelyne	297、335、347
埃莱娜·贝特朗·德·波伏瓦	Beauvoir, Hélène Bertrand de	22、27、31、33~38、40~41、44、46~47、49~51、53、58~59、64~65、69、76~77、89、90~91、104、108、114、116~117、123、130、133、142、150、163、169、172、175、184、189、212、214~216、272、298、337、354、360、390、406、注释11、注释26
埃莱娜·拉西蒂奥塔基斯	Lassithiotakis, Hélène	370
埃伦·赖特	Wright, Ellen	238、244~245
埃马纽埃尔·穆尼耶	Mounier, Emmanuel	274
埃米尔·法盖	Faguet, Émile	357
埃丝特·赫林	Herring, Esther	注释31
艾梅·塞泽尔	Césaire, Aimé	286
安德烈·布雷顿	Breton, André	256
安德烈·戈尔兹	Gorz, André	390
安德烈·纪德	Gide, André	65、121、153、168~169、170、173、190~191、204、363、注释73
安德烈·卢梭	Rousseaux, André	274
安吉拉·卡特	Carter, Angela	197

安妮·科恩-索拉尔	Cohen-Solal, Annie	5、226、395
安妮·泽林斯基	Zelinsky, Anne	380、注释72
奥尔加·科萨基维奇	Kosakiewicz, Olga	142~145、147~149、150~153、155、157~158、160~166、170~174、176、178、180、184~186、195、198、201~204、225、229、265、268、292、297~299、312、324、329、338、360、378、397、注释34、注释39
奥斯卡·王尔德	Wilde, Oscar	205、373
奥维德	Ovid	4
柏拉图	Plato	3、54、80、221、284、414
邦雅曼·贡斯当	Constant, Benjamin	209
保罗·布尔热	Bourget	44
保罗·克洛代尔	Claudel, Paul	256
保罗·尼藏	Nizan, Paul	87、89、90~93、96~97、114、125、131、138、183
保罗·瓦莱里	Valéry, Paul	205、363
贝当	Pétain	184~185、190
贝蒂·弗里丹	Friedan, Betty	336、注释68
贝尔·胡克斯	Hooks, Bell	15、17、424

比安卡·比嫩费尔德	Bienenfeld, Bianca	13、154~155、158、
（比安卡·朗布兰）	（Lamblin, Bianca）	161~162、170、187、209、
		328、397、408~409、注释36
毕加索	Picasso	24、203、392
碧姬·芭铎	Bardot, Brigitte	318~320
波德莱尔	Baudelaire	143、363、387
伯纳德·沃尔夫	Wolfe, Bernard	238、244、246
伯特兰·罗素	Russell, Bertrand	354、379
布兰奇·克诺夫	Knopf, Blanche	295
C.赖特·米尔斯	Mills, C.Wright	309、332
查尔斯·巴尔比耶	Barbier, Charles	67
查尔斯·狄更斯	Dickens, Charles	135、363
查尔斯·迪兰	Dullin, Charles	132、166、203
查理·卓别林	Chaplin, Charlie	24、214、246
D.H.劳伦斯	Lawrence, D.H.	283
达维德·马塞	Macey, David	333
戴尔德丽·贝尔	Bair, Deirdre	15、23、63、74、107、
		155、223、395、397、
		409、注释11、注释35、
		注释36、注释70
丹尼尔·拉加什	Lagache, Daniel	139
德尼·狄德罗	Diderot, Denis	276、363
多丽丝·莱辛	Lessing, Doris	303
多萝西·帕克	Parker, Dorothy	262

多洛雷丝·瓦内蒂	Vanetti, Dolores	212~213、221、223、226~228、230、236~237、246~248、250、252、255、284、402
费奥多尔·陀思妥耶夫斯基	Dostoevsky, Fyodor	173、204、217、221、285、363
费尔南德·贡捷	Gontier, Fernande	202
菲利普·勒热纳	Lejeune, Philippe	注释64
弗吉尼亚·伍尔夫	Woolf, Virginia	5、14、25、44、120、124、205、236、311、363
弗拉迪米尔·纳博科夫	Nabokov, Vladimir	318、320
弗朗茨·法农	Fanon, Frantz	245、287、332~333
弗朗茨·卡夫卡	Kafka, Franz	137、188、204、209、359
弗朗索瓦·密特朗	Mitterand, François	399、400~401
弗朗索瓦·莫里亚克	Mauriac, François	18、79、81、204、266
弗朗索瓦丝·贝特朗·德·波伏瓦（婚前姓布拉瑟尔）	Beauvoir, Françoise Bertrand de (e Brasseur)	28~34、36~37、39~42、45、47~48、52、55、58~60、63~65、68、76、103、105、108、130、181、189、192、195~196、200~202、337~339、注释15
弗朗西斯·让松	Jeanson, Francis	254、327
弗朗辛·迪马	Dumas, Francine	343
弗里德里希·霍尔德林	Holderlin, Friedrich	204

弗里德里希·尼采	Nietzsche, Friedrich	3、71、82、113、121、124、204、283、363、414
弗洛伊德	Freud	113、132、153、204、267、365
伏尔泰	Voltaire	20、331、363、407
G.W.F. 黑格尔	Hegel, G.W.F	186、195、198、204、209、228、235、255、263、307、309、330、363、404、注释19、注释42、注释57
戈特弗里德·莱布尼茨	Leibniz, Gottfried	83、89、92、121、137、204、387、407、注释20、注释47
龚古尔兄弟	Goncourt, Jules and Edmond de	44
贡纳尔·默达尔	Myrdal, Gunnar	238~239、250
古斯塔夫·布拉瑟尔	Brasseur, Gustave	29、30~31、40
古斯塔夫·福楼拜	Flaubert, Gustave	209、262、369
果戈理	Gogol	173
H.M. 帕什利	Parshley, H.M.	294~295、404
汉娜·阿伦特	Arendt, Hannah	373
黑兹尔·罗利	Rowley, Hazel	6、121、注释52
亨丽埃特·尼藏	Nizan, Henriette	90、125
亨利·柏格森	Bergson, Henri	4、60、134、153、179、204、387、425、注释19、注释20

贝尔纳·亨利·莱维（皮埃尔·维克托，本尼·莱维）	Lévy, Bernard Henri (Victor, Pierre ; Benny)	108、358、379、385~386、395
亨利·德·蒙特朗	Montherlant, Henri de	256
亨利·德拉克鲁瓦	Delacroix, Henri	139
亨利·克卢阿尔	Clouard, Henri	356
亨利·米勒	Müller, Henry	153、273
J.M. 辛格	Synge, J.M.	104、124
吉勒·德勒兹	Deleuze, Gilles	293、379
吉塞勒·哈利米	Halimi, Gisèle	327~328、333、360、369、377
加布里埃尔·马塞尔	Marcel, Gabriel	217
贾迈勒·阿卜杜勒·纳赛尔	Nasser, Gamal Abdel	352
贾米拉·布帕查	Boupacha, Djamila	327~328、333~334
杰杰（杰拉尔丁·帕尔多，费尔南多·杰拉西）	Gégé (Pardo, Geraldine ; Gerassi, Fernando)	69、79、89、123
杰奎琳·皮亚捷	Piatier, Jacqueline	356、注释71
居伊·德·莫泊桑	Maupassant, Guy de	44、224
卡尔·雅斯贝斯	Jaspers, Karl	188、204
卡罗琳·埃尔布兰	Heilbrun, Carolyn	20
卡洛·莱维	Levi, Carlo	6、328
凯瑟琳·埃梅里希	Catherine Emmerich	124
凯瑟琳·德纳芙	Deneuve, Catherine	360
凯特·柯克帕特里克	Kirkpatrick, Kate	3、4

凯特·米利特	Millett, Kate	296、403
科莱特·奥德里	Audry, Colette	131~133、136、142、176、300、注释31
可可·香奈儿	Chanel, Coco	261
克尔凯郭尔	Kierkegaard, Søren	186、188、204、219、221、301~302、404、注释18、注释47
克莱尔·埃切列利	Etcherelli, Claire	377~378、404、注释75
克洛德·列维-斯特劳斯	Lévi-Strauss, Claude	83、226、236、335、358
克洛德·贝尔纳	Bernard, Claude	56
克洛德·弗朗西斯	Francis, Claude	202
克洛德·朗兹曼	Lanzmann, Claude	9、10、289、290~293、296~298、304、308~309、311、313、318、321~322、324~325、327、332、338、341、349、352~354、358、366、377、386、388、390~393、397~398、401、404~406、409、注释61、注释64、注释75、注释82
克洛丁·肖内	Chonez, Clodine	注释74
库尔特·冯内古特	Vonnegut, Kurt	346、注释70
库尔特·魏尔	Weill, Kurt	246
拉尔夫·舍恩曼	Schoenman, Ralph	379

拉格里耶尔	La Grillère	32、37、103
拉罗什富科	La Rochefoucauld	204
莱昂·布卢姆	Blum, Leon	150
莱奥教皇十三世	Pope Leo XIII	76
勒·柯布西耶	Le Corbusier	24、246
勒内·马厄	Maheu, René	87~89、90~96、98、102、106~107、109、112、114~115、118、125~127、138、310、407、注释26
雷蒙·阿隆	Aron, Raymond	94、97~98、113、133~134、204
雷蒙·格诺	Queneau, Raymond	203~204
里昂·布兰斯维克	Brunschvicg, Léon	83、注释20
理查德·赫勒	Heller, Richard	16
理查德·赖特	Wright, Richard	238、244~245、250、255、305
丽贝卡·韦斯特	West, Rebecca	124
利昂内尔·鲁莱	Roulet, Lionel	133、169
列奥塔尼·赞塔	Zanta, Léontine	56
列夫·托尔斯泰	Tolstoy, Leo	283
列娜·佐妮娜	Zonina, Lena	334~336、351
卢尔德	Lourdes	61
路易莎·梅·奥尔科特	Alcott, Louisa May	43、100、236、381
路易斯·阿姆斯特朗	Armstrong, Louis	24、238

罗贝尔·布拉齐亚克	Brasillach, Robert	328
罗贝尔·伽利玛	Gallimard, Robert	396
罗杰·瓦迪姆	Vadim, Roger	319
罗曼·罗兰	Rolland, Roman	168
马德莱娜（西蒙娜的表姐，马德莱娜·德·毕晓普）	Madeleine（Bisschop, Madeleine de）	36、44、103
马德莱娜·毕晓普	Bisschop, Madeleine de	36、44、103
马德莱娜·戈贝伊	Gobeil, Madeleine	341、注释7、注释34、注释67、注释69
马丁·海德格尔	Heidegger, Martin	173、185、188、191、204、219、223、277
玛格达·瓜达卢佩	Guadalupe, Magda	注释78
马基·萨德	Sade, Marquis de	306、333
马克思	Marx	105、113、124、127、186、214、225、267、286、289、309、335、365
马里内·鲁什	Rouch, Marine	279、315、425
马塞尔·杜尚	Duchamp, Marcel	245
马塞尔·普雷沃	Prévost, Marcel	44
马塞尔·普鲁斯特	Proust, Marcel	65、190~191、204、363
马尔卡·里博斯卡	Ribowska, Malka	387、注释60、注释77
玛格丽特·杜拉斯	Duras, Marguerite	360
玛格丽特·米德	Mead, Margaret	282~296

玛格丽特·西蒙斯	Simons, Margaret	9、232、309、398、404、412、425、注释7
玛丽·维尔（玛丽·吉拉尔）	Ville, Marie (Girard, Marie)	137、177、注释39
迈尔斯·戴维斯	Davis, Miles	24、286
梅里尼亚克	Meyrignac	32、102、103~104、108
米拉·科马罗夫斯基	Komarovsky, Mirra	注释62
米歇尔·福柯	Foucault, Michel	352
米歇尔·孔塔	Contat, Michel	382~383
米歇尔·莱里斯	Leiris, Michel	203~204、231~232
米歇尔·勒·德夫	Le Doeuff, Michèle	398、425
米歇尔·维安	Vian, Michelle	265、313、322
莫里斯·布朗肖	Blanchot, Maurice	209、220
莫里斯·布隆代尔	Blondel, Maurice	82
莫里斯·德·冈迪拉克	Gandillac, Maurice de	72、87、98、103
莫里斯·梅洛-庞蒂	Merleau-Ponty, Maurice	7、66、70、72~74、78~83、85~87、90、103、123、204、220、230、266、277、305、309、310、317、387、397
穆罕默德·哈桑内因·海卡尔	Heikal, Mohamed Hassanein	352
纳尔逊·阿尔格伦	Algren, Nelson	8、13、158、240~243、246、248~251、255~259、264~265、267~268、

		284~287、296~297、299、300、304、308、310、318、320、323、324、325、327、330、337、342~346、366、370、410、注释62、注释83
纳塔莉·索罗金	Sorokine, Nathalie	172、177、191、217、225、242、348、408、注释83
南希·鲍尔	Bauer, Nancy	425
尼古拉·柏多耶夫	Berdyaev, Nikolai	219
尼基塔·赫鲁晓夫	Kruschev, Nikita	334、336
帕斯卡	Pascal	18、75、121、223~224、248、387、394、404、注释22、注释80
帕斯卡尔·布吕克内	Bruckner, Pascal	394~395
佩吉	Péguy	121
皮埃尔·吉耶	Guille, Pierre	113、125、127
皮埃尔·普莱姆林	Pfimlin, Pierre	311
皮埃尔·维克托（贝尔纳·亨利·莱维）	Victor, Pierre（Bernard Henri Levy）	108、358、379、385~386、388
普罗塔哥拉	Protagoras	263
乔治·爱略特	Eliot, George	44~45、236、276、382
乔治·巴塔耶	Bataille, Georges	66、203
乔治·贝特朗·德·波伏瓦	Beauvoir, Georges Bertrand de	28~33、37、39、40、

		44~45、47、50~52、
		54~55、58、64、70、76、
		105、115、117、130、153、
		188~189、392
乔治·古尔维奇	Gurvitch, Georges	219
乔治·帕蒂森	Pattison, George	425
乔治·桑	Sand, George	262、315、363、373
乔治·史蒂文斯	Stevens, George	242
乔治·贝尔纳诺斯	Bernanos, Georges	204
琼·康迪特	Condit, Jean	243
让·巴吕齐	Baruzi, Jean	73、81、134
让·吉东	Guitton, Jean	274
让·季奥诺	Giono, Jean	168
让·科	Cau, Jean	289、293、298
让·拉克鲁瓦	Lacroix, Jean	81
让·拉辛	Racine, Jean	248、387
让·路易·让内勒	Jeanelle, Jean-Louis	426、注释21
让-路易·韦亚尔-巴龙	Veillard-Baron, Jean-Louis	注释31
让·普永	Pouillon, Jean	389、390
让·瓦尔	Wahl, Jean	176、185、191、205、219
让-保罗·萨特	Sartre, Jean-Paul	2、4~19、21、23~25、
		52、61、70、73~74、79、
		82、87~89、90~100、
		102~104、105~125、

		127~142、144~158、160~191、194~206、208~209、211~215、217、219、221、223~233、236~239、242~248、250~259、265~266、268、272~273、275、277、280、282、284~294、296~303、305~306、308~309、311~316、318、320~325、327、329~345、347~354、357~358、361~362、365~366、368~370、372~373、377~379、381~398、401~402、405~413、注释7、注释19、注释28、注释44、注释45、注释48、注释49、注释52、注释60、注释66、注释70、注释80、注释82、注释83、注释84
让娜·梅西耶	Mercier, Jeanne	232
让-皮埃尔·布拉	Bourla, Jean-Pierre	190、192
让-皮埃尔·布莱	Boulé, Jean-Pierre	218

让-雅克·卢梭	Rousseau, Jean-Jacques	57、92、315、413
热尔曼·格里尔	Greer, Germaine	374
热纳维耶芙·塞维尔	Sevel, Geneviève	注释42
儒勒·凡尔纳	Verne, Jules	261
萨莉·斯温·谢利 （萨莉·斯温）	Shelley, Sally Swing （Sally Swing）	252、255、注释52
赛珍珠	Buck, Pearl S	173
圣奥古斯丁	Augustine	54、75、198
舒拉密斯·费尔斯通	Firestone, Shulamith	359、374
司汤达	Stendahl	80、136、147、205
斯宾诺莎	Spinoza	209、330、注释17、注释47
斯大林	Stalin	140、289、334、336
斯捷帕·杰拉西	Gerassi, Stépha	403
苏格拉底	Socrates	3
索菲娅·托尔斯泰	Tolstoy, Sophia	363
索尼娅·克鲁科斯	Kruks, Sonia	425
托莉·莫伊	Moi, Toril	2、15、17、98~99、280、425
万达·科萨基维奇	Kosakiewicz, Wanda	143、148~149、152、156、163~164、168、171~174、181、190、195、203~204、225、233、292、297、335、344、347、369、378、397
威廉·巴雷特	Barrett, William	14

威廉·福克纳	Faulkner, William	137、204
威廉·莎士比亚	Shakespeare, William	135、173
威廉·詹姆斯	James, William	96
维奥莱特·勒迪克	Leduc, Violette	225、260、301、305、373
维奥莱特·诺齐埃	Nozière, Violette	136、注释31
维克多·雨果	Hugo, Victor	224
沃尔特·惠特曼	Whitman, Walt	124
西尔维·勒·邦·德·波伏瓦	Le Bon de Beauvoir, Sylvie,	9、64、107、158、325、338~339、341、347~349、354、358、361~362、368~369、378、385~386、390~393、398、402~403、405、413、426、注释11、注释21、注释66、注释72、注释82、注释84
希拉·罗博特姆	Rowbotham, Sheila	注释23
西蒙娜·若利韦	Jollivet, Simone	118~119、124、132、203
西蒙娜·薇伊	Weil, Simone	70~72、127、152
西蒙娜·韦伊	Veil, Simone	377
夏尔·戴高乐	de Gaulle, Charles	204、311、313、331、334、341
萧伯纳	Shaw, George Bernard	264、363
雅克·埃米勒·马叙	Massu, Jacques Émile	311
雅克·德里达	Derrida, Jacques	331

雅克·拉康	Lacan, Jacques	209
雅克·马里坦	Maritain, Jacques	204
雅克·尚皮涅勒	Champigneulle, Jacques	51、60
雅克-洛朗·博斯特	Bost, Jacques-Laurent	8、148~149、150~152、154、156~159、160~166、168~169、170~174、176、178、181、183~187、190~191、195~196、202~205、225~226、229、244、246~247、259、268、289、290、292、297~299、308、312、324、327、329、337~338、341、354、358、366、378、385、388、390~393、397、405
亚当·克莱顿·鲍威尔	Clayton Powell, Adam	245
亚历山大·索尔仁尼琴	Solzhenitsyn, Aleksandr	334、373
伊丽莎白·巴丹泰	Badinter, Elisabeth	410
伊丽莎白·拉库万（扎扎）	Lacoin, Elisabeth see Zaza	35~36、49、50、52~53、68、71~72、77、79、80、82~87、90、94、104、114、122~123、129、136、141、260、266、310、316~317、387、393、394、注释12

伊丽莎白·詹韦	Janeway, Elizabeth	359
伊丽莎白·法雷泽	Fallaize, Elizabeth	234
伊曼努尔·康德	Kant, Immanuel	18、78、89、153、179、186、209、223、注释9、注释18
伊曼纽尔·列维纳斯	Levinas, Emmanuel	204、219
伊娃·隆格伦-戈特琳	Lundgren-Gothlin, Eva	注释57
伊万·莫法特	Moffat, Ivan	242
伊薇特·鲁迪	Roudy, Yvette	399、400
英格丽德·加尔斯特	Galster, Ingrid	192
于勒·拉尼奥	Lagneau, Jules	67、78、121、179、注释22
约翰·杰拉西	Gerassi, John	107、注释26、注释34、注释53
约翰·斯图尔特·穆勒	Mill, John Stuart	18、注释9
约瑟·达扬	Dayan, Josée	291、387、注释60、注释77
约瑟芬·贝克	Baker, Josephine	24、318
约瑟夫·芒西	Mancy, Joseph	124
詹姆斯·乔伊斯	Joyce, James	204
朱莉娅·克里斯蒂娃	Kristeva, Julia	142